KB241491

HANGIL
LIBRARIUM
NOVAE HUMANITATIS
한길신인문총서 22

한길사

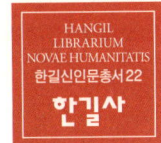

Art and Critique in the Project of Modernity
Can Art redeem us?

by Rhi Shun-ye

Published by Hangilsa Publishing Co., Ltd., Korea, 2013

예술과 비판, 근원의 빛

예술은 우리를 구원할 수 있을까

이순예 지음

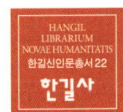

HANGIL
LIBRARIUM
NOVAE HUMANITATIS
한길신인문총서 22
한길사

이순예(李順禮)는 서울대학교와 독일 빌레펠트 대학교에서 공부했다. 아도르노의 문명비판적 시각으로
칸트『판단력 비판』이래 독일 철학적 미학의 발전과정을 조화미 범주의 추상화 과정으로 분석한 연구로
박사학위를 받았다. 현재 이화여자대학교에서 강의하고 있다. 프랑크푸르트학파의 비판이론을 연구하면서
예술론과 사회이론의 접목을 통한 이론적 전망의 확대가능성을 모색하고 있다. '내재비판'의 접근법으로
근대 패러다임의 한계지점을 찾아내고 그로부터 벗어나는 사유를 실험하는 중이다.『예술과 비판,
근원의 빛』은 이러한 한계지점을 찾아내는 분석적 연구를 일단락 지은 내용이다. 다음 단계의 연구에서는
아도르노의 사상에 좀더 집중할 것이다. 근대 패러다임에서 벗어날 필요가 절박한 만큼, 근대는 진지하게
연구되어야 한다는 입장을 견지하고 있다. 독일 비판철학의 전통에 주목해 근대에서 벗어날 힘은
근대의 합리성에서 나올 수밖에 없다는 생각을 받아들인다. 합리성이 근대의 패착을 반복하지 못하도록
그 합리성을 자기 반성시키는 비합리성의 힘에 주목하는 아도르노의 예술론에 기대를 걸고 있다.

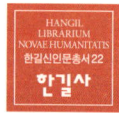

예술과 비판, 근원의 빛
예술은 우리를 구원할 수 있을까

지은이 · 이순예
펴낸이 · 김언호
펴낸곳 · (주)도서출판 한길사
등록 · 1976년 12월 24일 제74호

주소 · 413-756 경기도 파주시 광인사길 37
　　　www.hangilsa.co.kr　　　http://hangilsa.tistory.com
　　　E-mail: hangilsa@hangilsa.co.kr
전화 · 031-955-2000~3　　팩스 · 031-955-2005

상무이사 · 박관순 | 총괄이사 · 곽명호
영업이사 · 이경호 | 관리이사 · 김서영 | 경영기획이사 · 김관영
기획편집 · 배경진 서상미 김지희 홍성광 이지은
전산 · 한향림 | 관리 · 이중환 문주상 장비연 김선희

CTP 출력 · 알래스카 커뮤니케이션 | 인쇄 · 오색프린팅 | 제본 · 경일제책

제1판 제1쇄 2013년 5월 25일

값 25,000원
ISBN 978-89-356-6009-4 93160

◆ 잘못 만들어진 책은 구입하신 서점에서 바꿔드립니다.

이 도서의 국립중앙도서관 출판시도서목록(CIP)은 e-CIP홈페이지(http://www.nl.go.kr/ecip)와
국가자료공동목록시스템(http://www.nl.go.kr/kolisnet)에서 이용하실 수 있습니다.
(CIP제어번호: CIP2013004622)

이 책은 2007년 정부(교육인적자원부)의 재원으로 한국연구재단의 지원을 받아 수행된 연구임(KRF-2007-812-A).

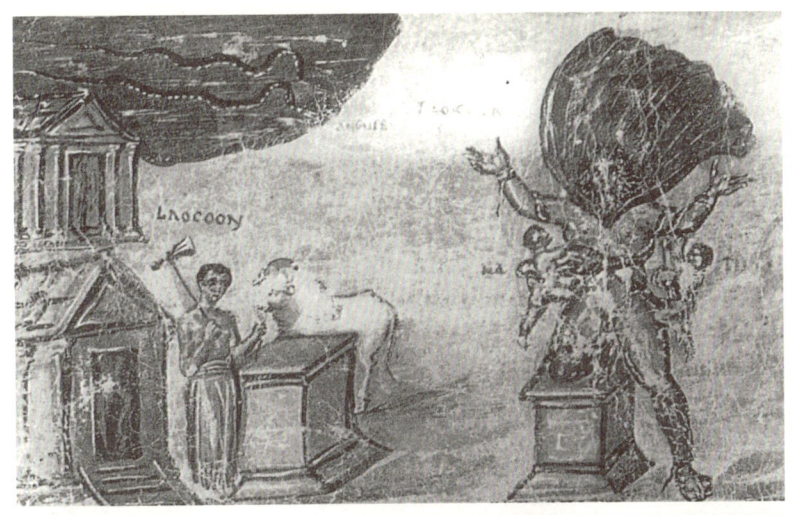

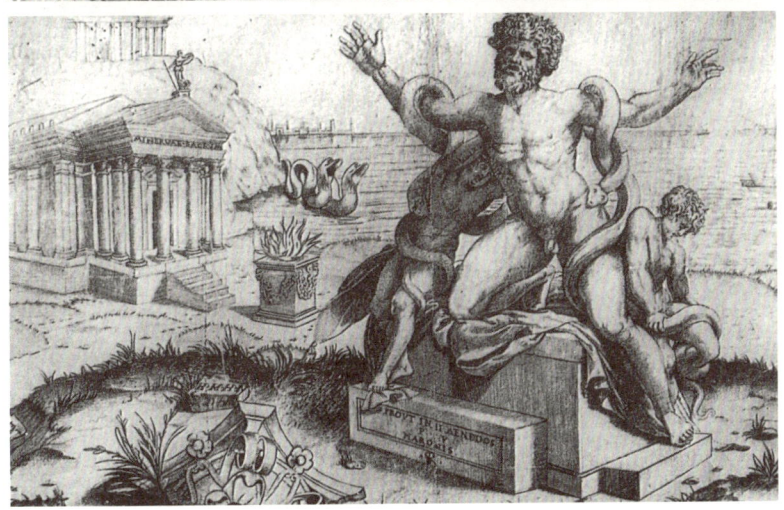

「라오콘 군상」 원시적인 형태

하늘의 뜻을 받들어 진보의 도정에 나서기보다는 지금, 여기를 보살피는 편에 선 라오콘. 그런 라오콘과는 미래를 함께할 수 없다. 라오콘은 과거에 속해야 한다. 신들은 결의를 관철시켰고, 인간에게는 고통이 배당되었다. 라오콘의 고통은 진보의 낙관(落款)이다.

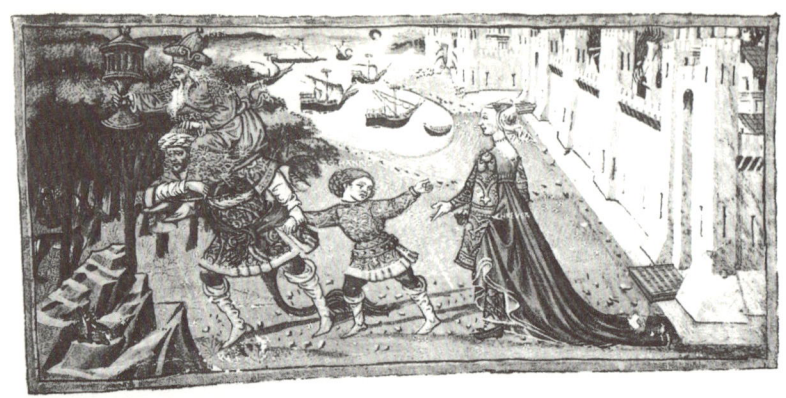

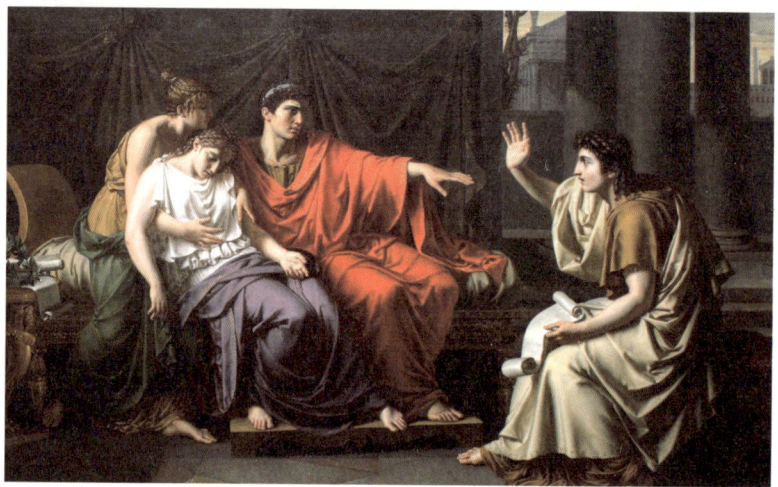

위 「집 떠나는 아이네이아스 일행」
나라를 일으키고 대를 잇는 사명을 타고난 영웅은 현재를 돌보면 안 된다. 어머니가 깨우쳐주
신 대로 살려면 집을 왜 떠나는지 잊지 말아야 한다. 그 떠남의 순간을 고통으로 몸에 새긴다.
부인과 작별하는 이 고통의 순간은 앞으로 더욱 강렬해질 것이다.

아래 「아우구스투스, 옥타비아 그리고 리비아에게 『아이네이스』를 읽어주는 베르길리우스」
제국의 왕은 아이네이아스의 후손이다. 시인에게서 선조의 행적을 보고받은 황제는 보편사의
필연에 압도당한다. 황제의 자리에 오르기까지, 험한 역정이었고 아울러 빛나는 성취였다. 자
신의 치적 역시 이 보편사의 일부를 이룰 것이다. 그러므로 정당했다.

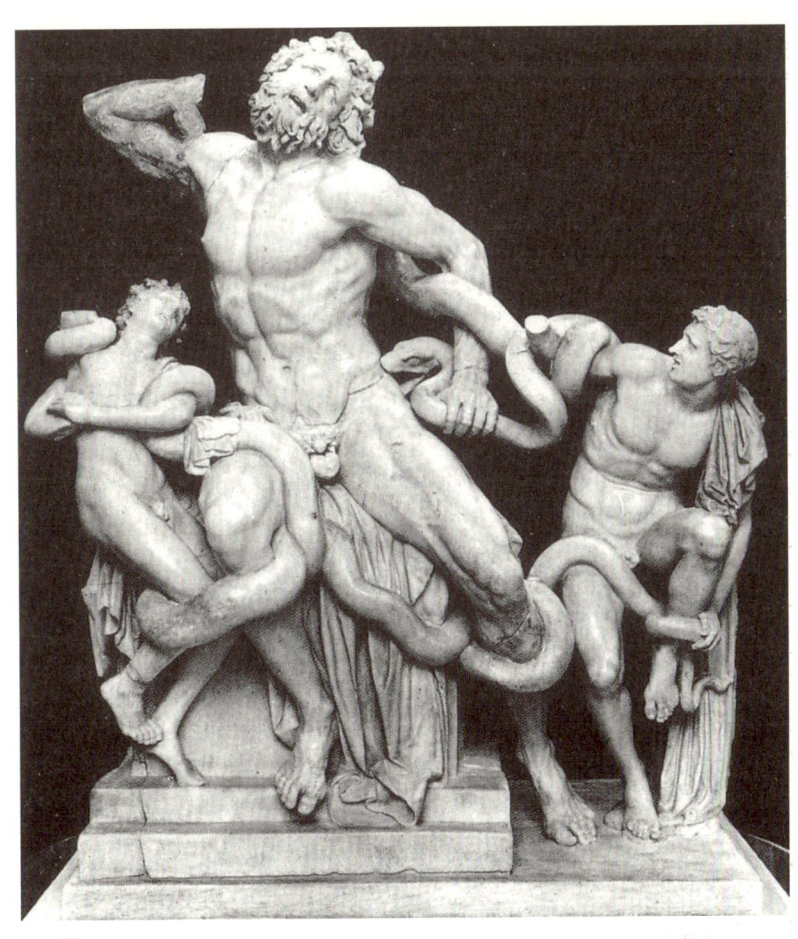

「라오콘 군상」그리스 청동상을 로마 시대에 복제한 것. 1세기경, 대리석, 높이 242cm, 로마, 바티칸 박물관
신의 뜻을 거스르면 화를 입는다. 그래서 보편이 밝고 지나간 인간의 육체로 경고해야 했다. 경고를 지키면 보상받는다. 살아 도망치는 오른편 큰 아들을 보라. 라오콘의 몸을 옥죄는 고통은 진보서사가 작동하기 시작했음을 알려주는 신호다.

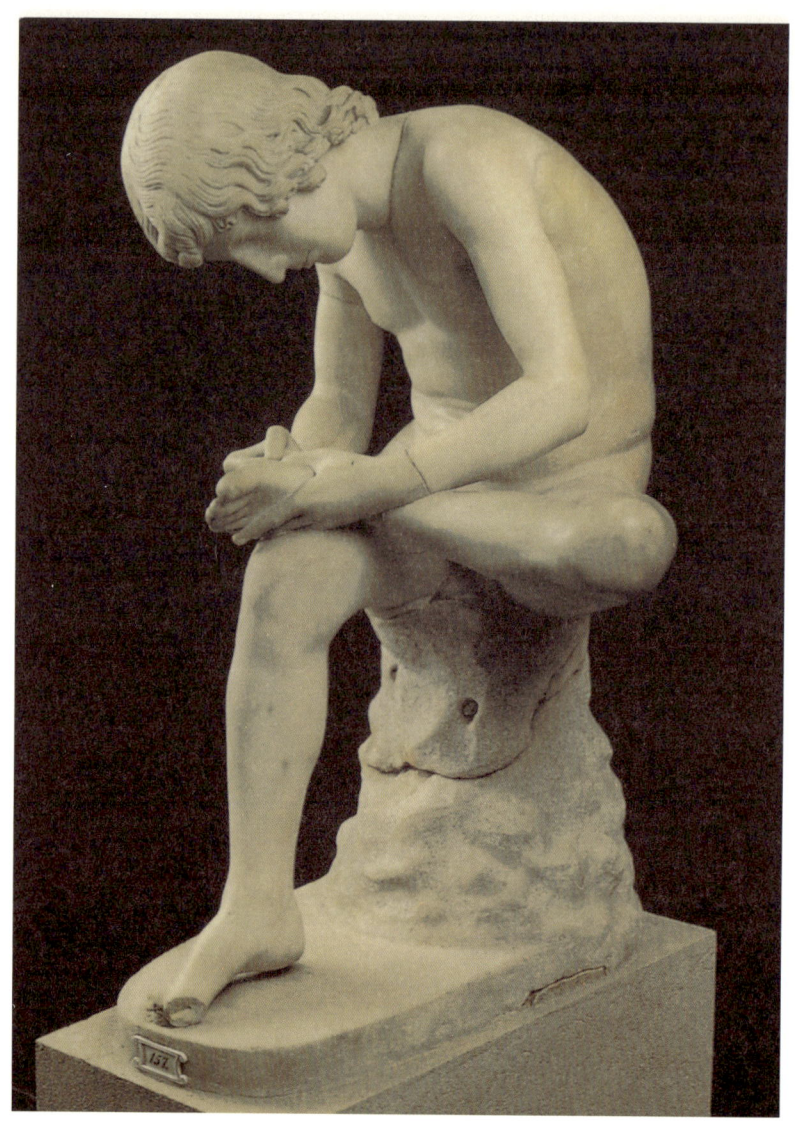

「가시 뽑는 소년」 기원전 5~3세기, 베를린 국립 페르가몬 박물관

천진함은 영혼의 작용이다. 사로잡히면 천진함을 잃는다. 살에 박힌 가시에 사로잡히지 않는 아이. 박힌 가시는 영혼을 피부 표면으로 불러내었다. 피부에 접해 있음으로 가시도 영혼의 왕국에 들었다. 그래서 영혼은 이음매를 타고 흐를 수 있었다. 돌을 통과하고 다시 살로 돌아오는 영혼.

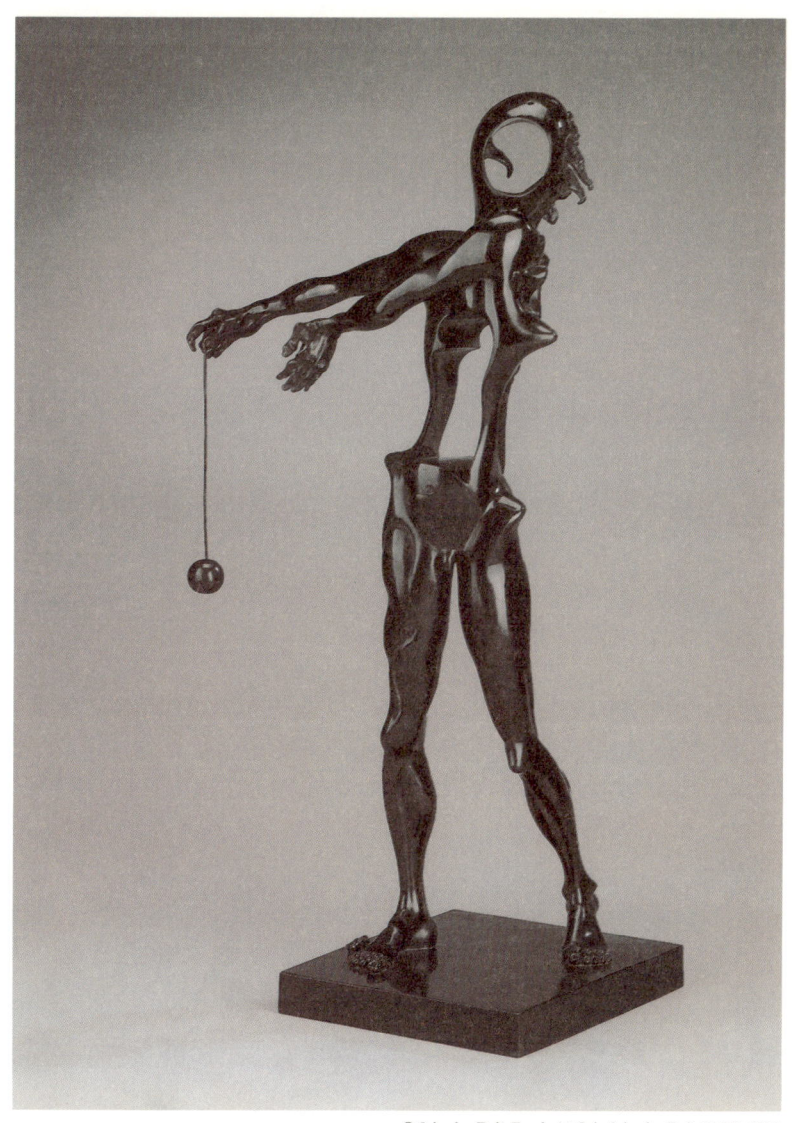

달리, 「뉴턴에게 경의를 표함」 1969, 브론즈, 70×40×132cm, 앙드레 프랑수아 프티 컬렉션
과학주의가 인간을 분열시켰다. 영혼과 마음이 중력의 법칙에서 자유로울 수 있음을 확인시키
면서. 하늘로 날아간 자유. 공중분해되면서 사라졌음을 볼 수 있게 만드는 섭리는 자연이다. 회
복의 지향점이 뚜렷한 이상, 분열은 기회다. 다시 채우면 된다. 미메시스.

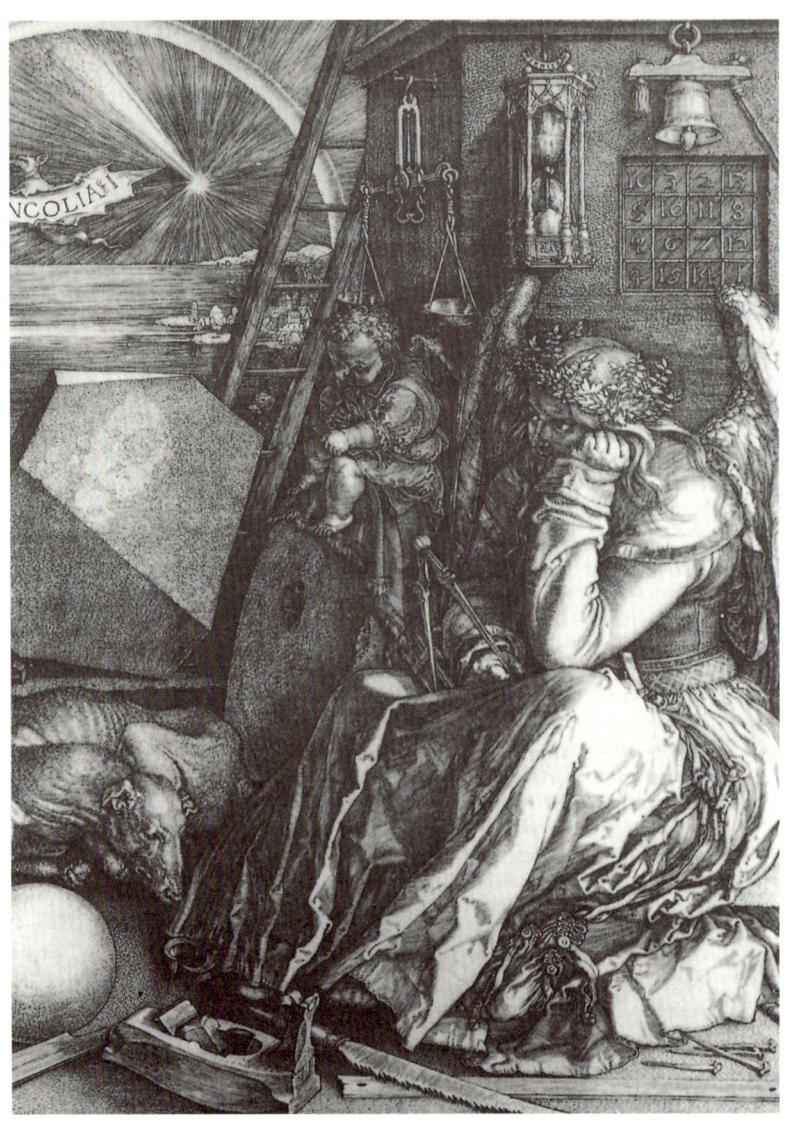

뒤러, 「멜랑콜리아 I」1514, 23.8×16.9cm, 베를린 동판화 수집실

자연은 우리에게 그냥 다가오지 않는다. 이 땅에 올 때 등 뒤에 달려 있던 날개를 접었음을 깨
달아야 비로소 발밑의 땅이 보이는 식이다. 땅 위에서도 날려고 하면 안 된다. 원래 날 수 있는
존재임을 의식하는 인간에게만 땅은 새롭다. 그러면 두뇌는 분석을 멈춘다.

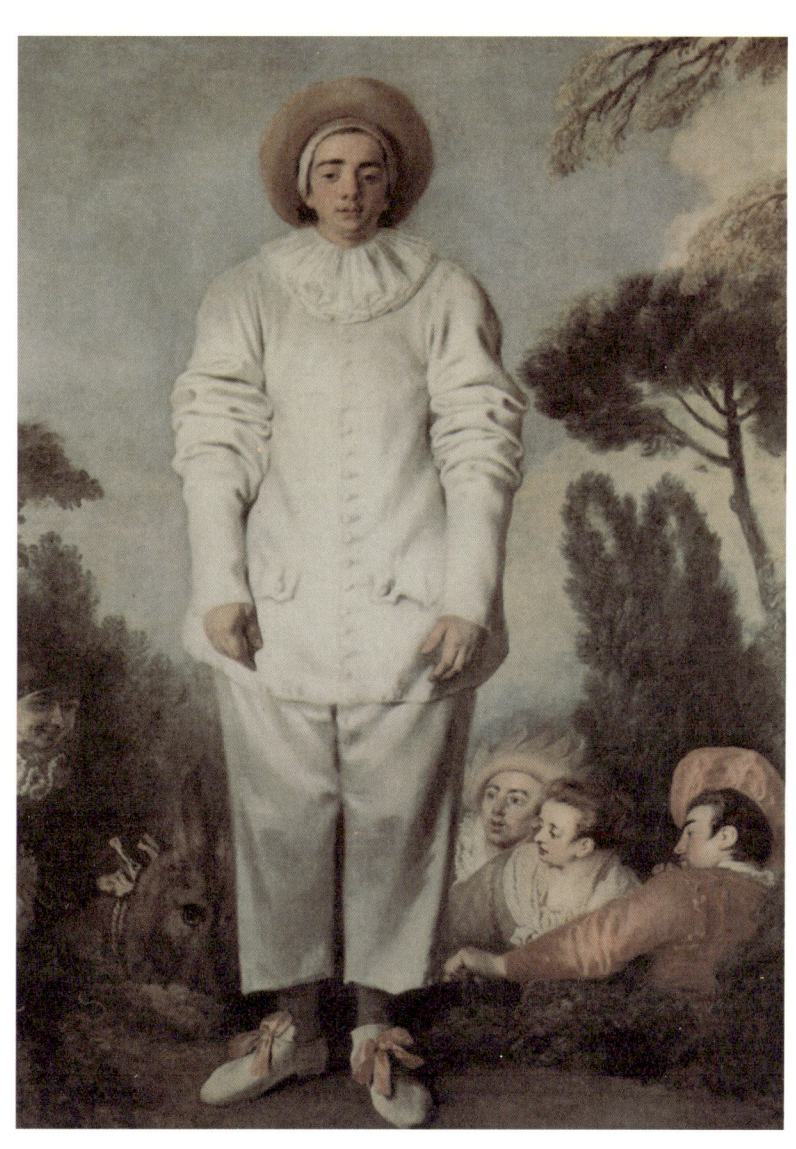

와토, 「질」 1719, 유채, 184×149cm, 파리, 루브르 박물관
체계의 지시를 물리치고 뜨거운 피로 살을 팽창시켰던 영혼. 그런데 지금 피조물의 영혼은 슬프고, 우스꽝스럽게 보인다.

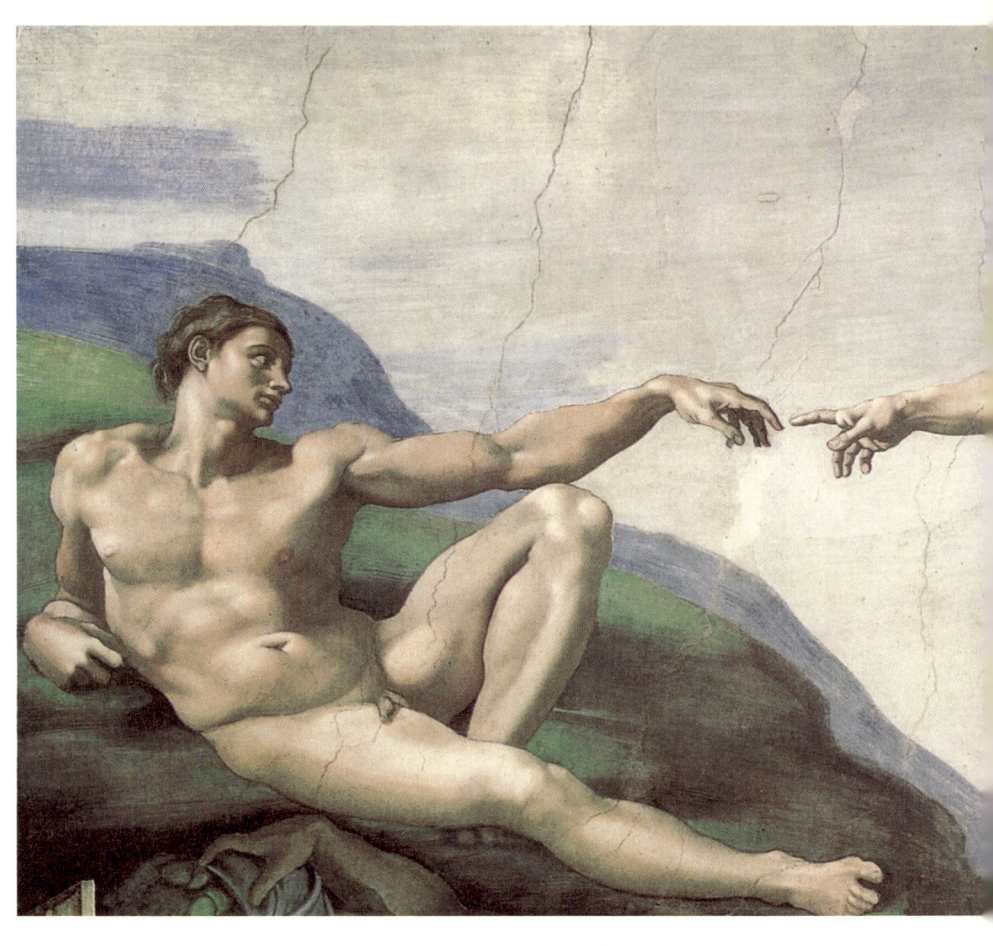

미켈란젤로, 「아담의 창조」 1508~12, 시스티나 천장화 일부, 로마, 바티칸 박물관
아담. 체계의 지시가 더 이상 살을 파고들 수 없음을 웅변하는 근육질의 나신(裸身).

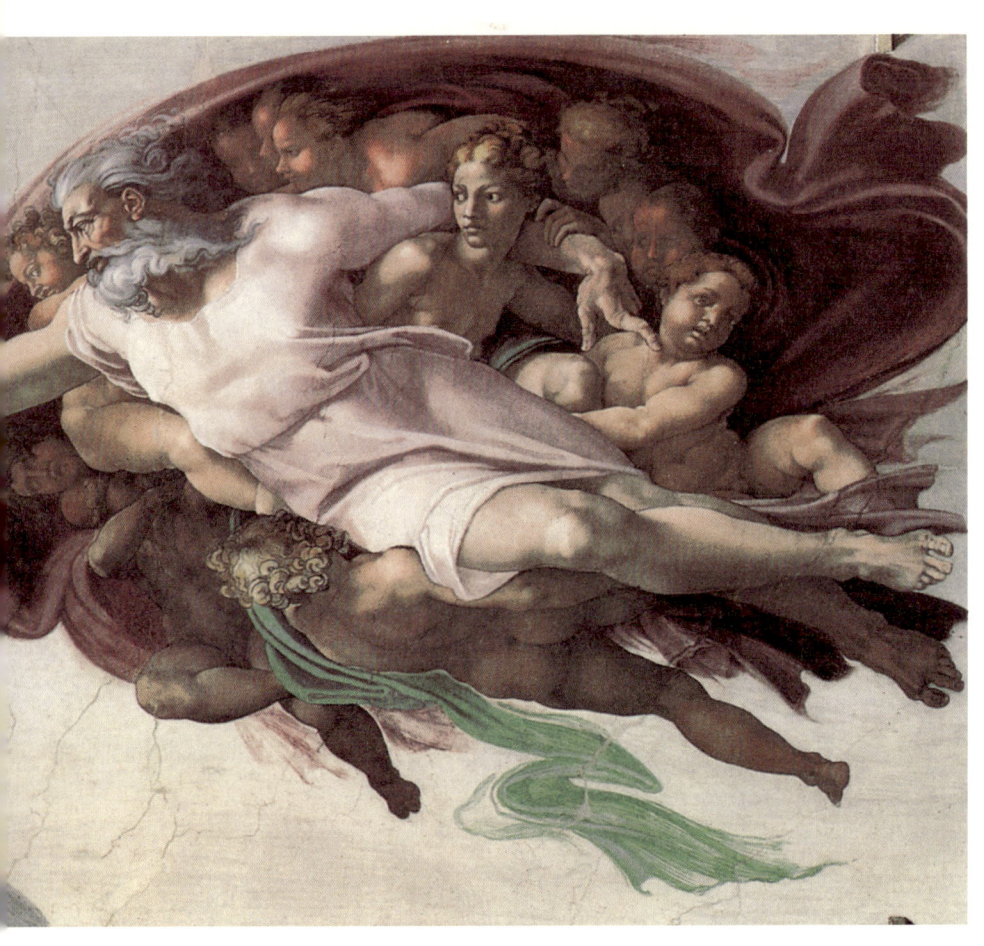

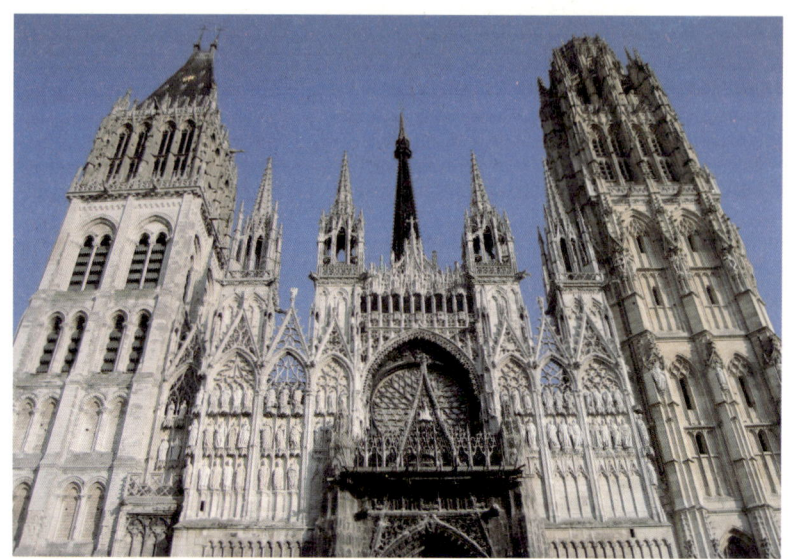

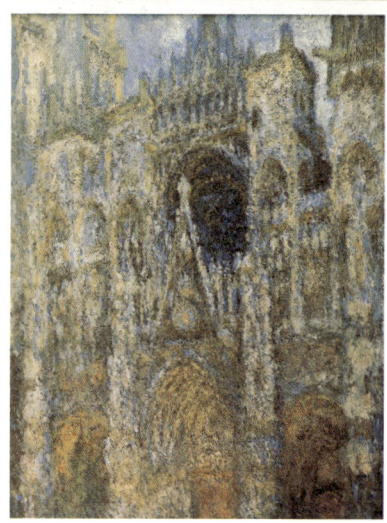 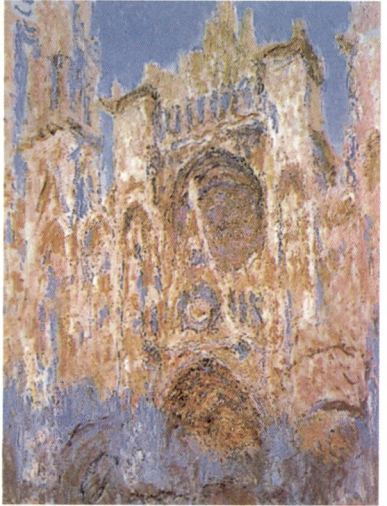

위 루앙 성당의 실제 모습.

아래 모네, 「루앙 성당」 1893. 캔버스에 유채, 91×63cm, 파리, 오르세 박물관
인간의 시각능력은 성당의 실체를 파악하지 못한다. 빛이 견고한 성당 문을 뚫고 들어갈 수 없음과 마찬가지다. 시각적 구성은 물자체로부터 분리된 현상계에 속한다. 화가 모네의 시선은 성당의 물자체를 겨냥하지 않았지만 그렇다고 시각적 구성의 다양성에 공을 들이지도 않았다. 그의 시선은 세상이 물자체로부터 분리되는 순간을 조준했다. 물자체와 현상계의 이원성이 주제인 한, 색채는 부차적이다.

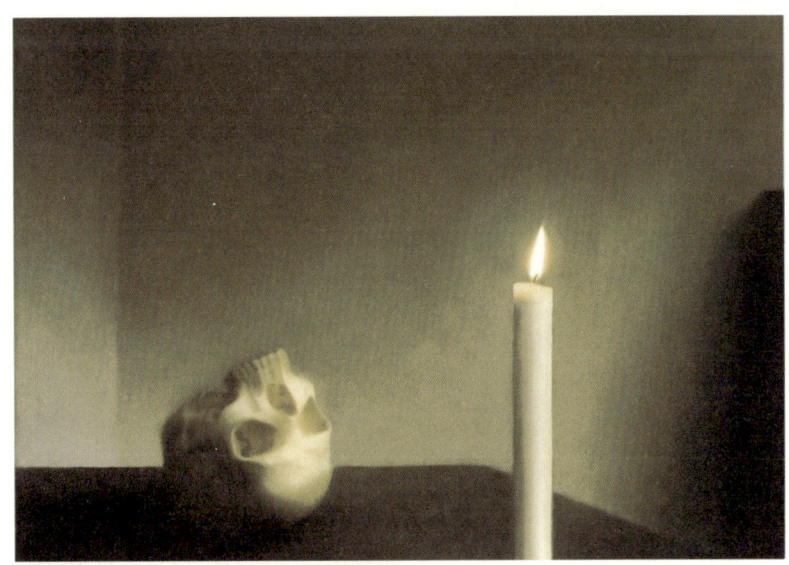

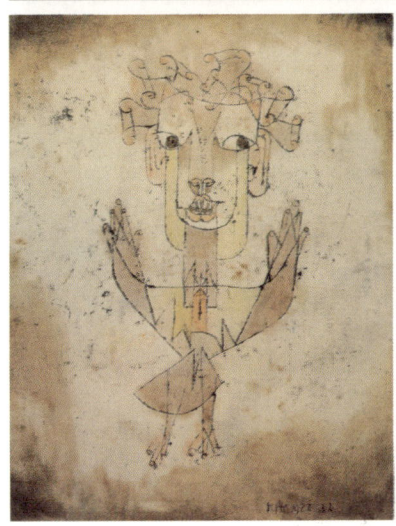

위 리히터, 「촛불과 해골」 1983, 캔버스에 유채, 100×150cm
빛만 바라보다가 자신이 빛이 되어버린 인간.

아래 클레, 「앙겔루스 노부스」 1920/22
역사의 진보가 현실에 남겨놓은 폭력의 현장을 공포에 찬 눈빛으로 응시하면서 거칠 것 없는 진보의 세파에 떠밀려가던 천사. 시간을 정지시킨 독일의 사회주의자들은 이 천사가 드디어 날개를 접고 쉬는 줄 알았다. 하지만 실제로는 날아가던 천사를 인위적으로 주저앉힘으로써 시간의 돌팔매질이 천사의 날개 위로 쏟아지게 만들었을 뿐이다.

위 말레비치, 「흰색 위의 흰색 사각형」1918년경, 캔버스에 유채, 78.7×78.7cm, 뉴욕, 현대미술관
지움을 다시 부정하는 흰색의 겹침은 최고의 경지에 오르고자 하는 정신의 자기 부정이다.

아래 말레비치, 「검은 사각형」1929, 캔버스에 유채, 80×80cm, 뉴욕, 현대미술관
유토피아를 향한 열망을 시간의 정지로 구현하는 색의 폭력.

예술과 비판, 근원의 빛
예술은 우리를 구원할 수 있을까

3 칸트의 『판단력 비판』

4 비판문법의 객관화

일러두기

1. 예술작품과 함께 회색 박스 안에 들어 있는 글(예: 42~43쪽)은 저자의 감상비평을 뜻한다.
2. 회색 박스 안에 글만 들어 있는 경우는 해당 작품에 대한 정보이거나(예: 289쪽) 원전 텍스트 인용(예: 395~396쪽, 398쪽)이다.
3. 국내에 번역되지 않은 독일어 텍스트(예: 아우구스투스의 『고백록』 등)에서 인용할 때는 저자가 직접 옮겼다.

시작하기 전, 짧은 생각들[1]

프롤로그

어떤 전설

옛 그리스 지역에는 태곳적부터 사람들 사이에서 입으로 전해지던 이야기가 있었다. 유럽인은 역사단계로 들어선 이래 그 이야기를 두고 이러쿵저러쿵한 줄거리를 엮어냈다. 도시국가 트로이에서 신의 사제로 살던 라오콘(Laokoon)과 그의 두 아들. 다음의 전설은 그들의 비극적인 운명을 들려준다.

옛날에 어떤 사제가 있었는데 그는 신에게 가까이 가기보다 오히려 인간 편에 서서 직무를 수행했다. 신들이 그에게 복수하고 사제는 비극의 주인공이 된다. 목마[2]가 몰고 올 재앙을 알게 된 라오콘은 무자비하기 짝이 없는 신들의 의지를 헤아리려들지 않았다. 신들은 새로 다른 나라를 세워 영원히 번성토록 하기 위해 도시국가 트로이를 몰락시키기로 정한 터였다. 사제인 그에게 자신들의 뜻을 알렸지

---

1) 이 프롤로그에는 졸저 『예술, 서구를 만들다』(서울: 인물과 사상, 2009)를 부분적으로 차용해 재구성한 내용이 들어 있음.
2) 목마: 일명 트로이의 목마.

만 라오콘은 인간의 편에 서서 신들의 결의에 맞섰다. 결국 신들에게는 라오콘과 그의 아들들을 희생시키는 길밖에 다른 도리가 없었다. 뱀 두 마리가 에게 해를 가로질러 라오콘의 일터, 제단으로 몰려와 사제 라오콘과 두 아들을 휘감는다.[3]

이 비극적인 라오콘 전설은 오늘날에도 사람들의 심금을 울린다. 그가 행한 일, 그가 받은 고통이 모두 참으로 인간적이기 때문이다.

영웅 아이네이아스 이야기

아이네이아스는 배를 타고 바다를 7년간이나 떠돈 뒤 가까스로 아프리카 해안에 정박할 수 있었으나, 운명이 정한 목적지는 이탈리아 반도 서부 해안이므로 여왕 디도[4]와의 사랑은 뒤에 남겨두고 다시 출항해야만 했다. 불타는 트로이를 억지로 빠져나온 뒤 겪은 일들은 그로서는 헤아리기 어려운, 신의 뜻이라는 이름의 운명이었다. 로마를 건국해야 하는 운명 말이다.

그리스 군대가 떠나면서 여신 아테나(Athena)에게 바치겠노라고 한 목마가 재앙임이 드러나자 아이네이아스는 오로지 성곽을 지키기 위해 떨쳐 일어난다. 꿈에 나타나 이런저런 암시들을 일러주는 헥

---

3) Bernard Andreae, *Laokoon und die Kunst von Pergamon*, "Die Tragödie des Laokoon", (Frankfurt am Main, Fischer, 1991), pp.14~15의 내용을 요약함.
4) 디도(Dido): 카르타고의 여왕. 그녀는 베르길리우스(Vergilius)의 서사시 『아이네이스』(*Aeneis*)에서 난민으로 표류하던 아이네이아스 일행을 손님으로 받아들였다가 아이네이아스와 사랑에 빠진다. 그러나 그가 신의 뜻을 받들어 다시 떠나자 스스로 목숨을 끊는 비련의 여인이다.

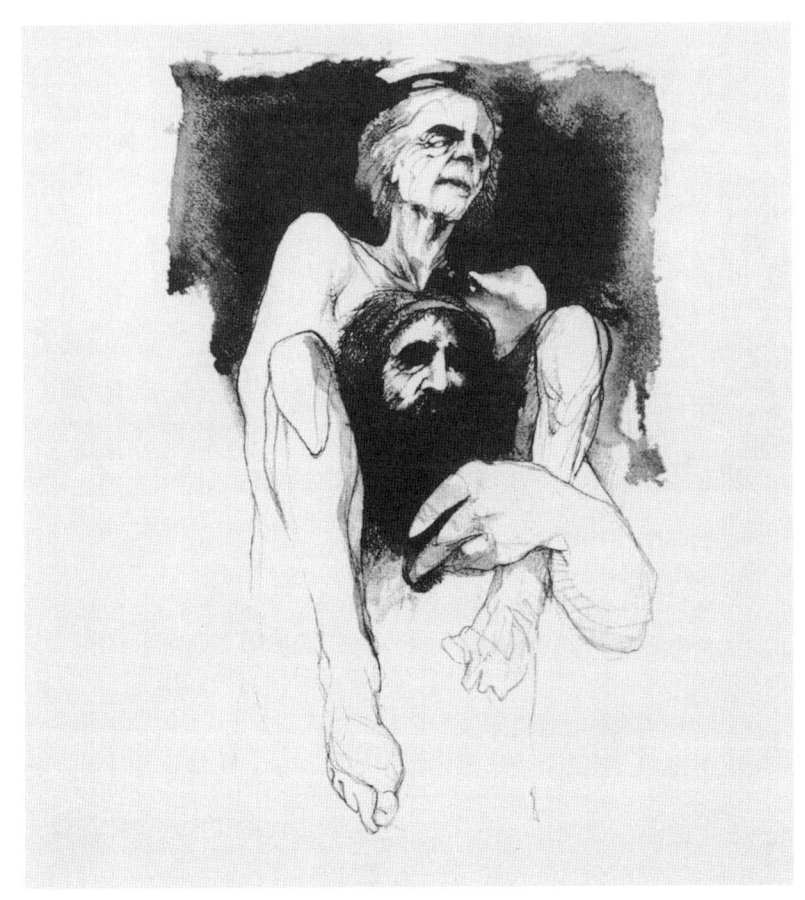

「아버지 안키세스를 업고 가는 아이네이아스」.
고향을 떠나지 않겠다 하시는 아버지를 업었다.
걸리는 아들은 손을 쥐어주었다.
피비린내 나는 전쟁을 부른 헬레나를 억하심정으로 쏘아보는 와중에
어머니 비너스가 '가족을 지켜야 한다'는 사명을 일깨워준다.
아들과 아버지는 혈육이다. 피와 살을 나눈…….

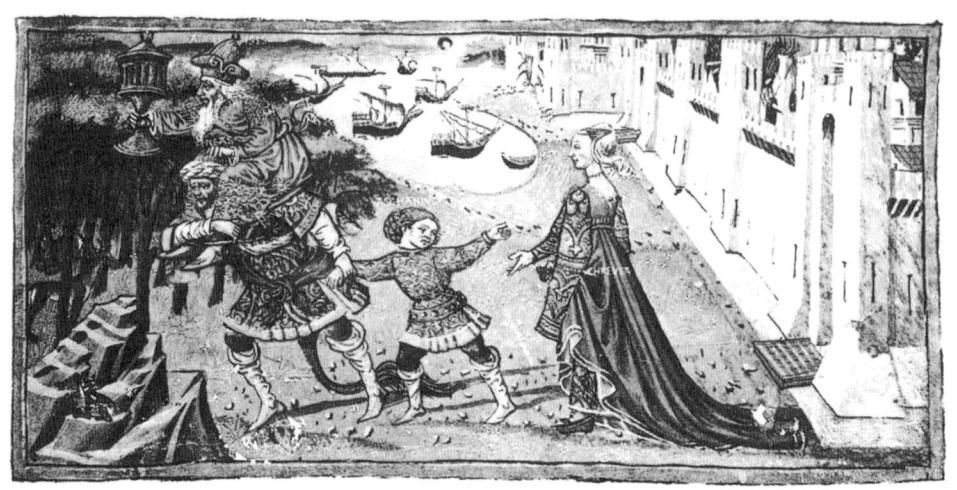

「집 떠나는 아이네이아스 일행」.
나라를 일으키고 대를 잇는 사명을 타고난 영웅은 현재를 돌보면 안 된다.
어머니가 깨우쳐주신 대로 살려면 집을 왜 떠나는지 잊지 말아야 한다. 그 떠남의 순간을
고통으로 몸에 새긴다. 부인과 작별하는 이 고통의 순간은 앞으로 더욱 강렬해질 것이다.

토르(Hektor)도 뒷전으로 물리쳤다. 목마에서 물밀듯 몰려나오는 적
들 앞에서 허탈해진 그는 이 피비린내 나는 전쟁의 원인인 헬레나
(Helena)를 복수심에 가득 차서 쏘아보았다.

그의 어머니인 비너스(Venus)가 그에게 하늘이 부여한 의무를 생각
하라고 타이른다. 어서 빨리 성을 벗어나 떠나라고 재촉한다. 그런
데 아버지 안키세스(Anchises)가 고향을 떠나지 않겠다고 해, 이번에
는 '아들로서의 책임'과 '역사의 부름' 사이에서 모순에 빠진다. 힘
겨운 갈등을 끝낼 도리가 없다. 그래서 다시 아무 생각 없이 그저 전
투에만 매진하려 한다. 그러자 아내가 나서서 그에게 '역사의 부름'
을 상기시킨다. 결국 노쇠한 아버지를 업은 채 어린 아들의 손을 끌
면서 불타는 고향 도시 트로이를 벗어난다.

하지만 정작 아내의 모습은 운명을 예고하는 환영 속에서만 보일 뿐

이다. 운명의 수수께끼는 수년간 이리저리 떠도는 가운데 조금씩 풀려나간다. 매번 그는 신의 부름에 따르고 사적인 행복을 포기한다. 아직 필부로서 지니고 있던 원시적인 '자연'과 가혹한 '운명'이 서로 거스르면서 충돌했다. 그때마다 그는 늘 당시에 일어난 일의 역사적 의미를 되새기고 사명감에 따라 행동한다. 그러면서도 여느 그리스 영웅들처럼 개인적인 명망을 추구하지는 않는다. 다만 개인의 범위를 뛰어넘는 아주 어려운 과제가 문제시되었을 뿐이니 바로 로마 건설이라는 과업이었다.[5]

로마의 궁정시인 베르길리우스는 이러한 아이네이아스 이야기의 신화적 기원을 언어로 고정시킨다. 그리하여 로마 건국의 역사적 필연성이 유럽인의 의식 속에 자리 잡기 시작했다. 베르길리우스의 서사시는 로마제국의 이념을 정당화한다. 정당화됨으로써 이 이념은 현재의 정치적 지배세력 관계까지 초월한다. 그리고 역사적인 세력관계를 초월함으로써 이 서사적 형상화는 고전의 유효성을 거머쥐게 된다. 영웅 서사시 『아이네이스』는 작품을 주문하고 돈을 지불했던 황제마저 그 앞에 세우는, 군주를 비추는 거울이 되었다.

새로운 삶은 이전의 존재를 파괴하면서 시작된다. 딛고 올라서야 하는 것이다. 이 새로운 세계질서는 자기 단련과 엄격한 규율을 고집함으로써만 지켜질 것이었다. '조화롭고 아름다운' 도시국가 문명이 막을 내리고 도전과 극복으로 팽창해나가는 제국의 세기가 시작되어야만 했다. 불타는 트로이를 탈출하면서 아이네이아스는 도시국가에서 세계제국으로

---

5) Publius Vergilius Maro, *Aeneis*, bearbeit von Ernst Bury, Teil 1: Textauswahl mit Wort-und Sacherläuterungen, (Stuttgart: Ernst Klett, 1987), pp.8~9 그리고 pp.36~38(Liber II)의 내용을 요약함.

의 '진보'를 인류문명사에 불러들였다. 하지만 그 자신은 무엇 때문에 늘 '버리고 떠나는' 삶을 살아야 하는지 몰랐다.

디도는 왜 죽어야 했는가? 스스로 선택한 길은 아니었다. 진보해야 하는 인류문명이 그를 그렇게 쓰고자 했을 따름이다. 문명의 새로운 시작을 위해 늘 떠나야 했던 아이네이아스. 그에게 전체의 필요가 운명으로 할당되었을 뿐이다. 아이네이아스는 영웅의 새로운 이상형이 되었다. 대의를 위해 몸 바치는 위대한 인물들의 역사가 시작된 것이다.

예술과 권력 — 바티칸의 라오콘 군상

신화가 여전히 상징적인 힘을 지니고 있던 시절, 사람들은 현실역사에서 일어나는 세속의 일들에 신화적 전승을 끌어들여 설명하곤 했다. 안티케[6]의 예술작품이 지닌 강력한 상징성은 바로 이러한 신화적 배경이라는 마르지 않는 샘에 뿌리를 둔 덕분에 서구역사에서 오래 지속될 수 있었다. 특히 조각상의 경우 시간을 초월하는 호소력을 잃지 않았다. 그 강렬한 신화적 상징을 권력자들이 정치적인 목적에 직접 이용하려들었음은 물론이다.

헬레니즘 세계에서 정치적 변동이 일어나자 페르가몬[7]의 한 왕은 신화가 들려주는 자국과 로마의 관계를 이용하기로 마음먹는다. 왕이 원했으므로 예술가들은 어떻게든 형상물 하나를 내놓아야 했다. 「라오콘 군

---

6) 안티케(Antike): 넓게는 기원전 1200년에서 기원후 600년경 사이의 지중해 지역 문화를 일컫는 '고대'(古代)라는 뜻의 독일어. 하지만 그리스에서 헬레니즘을 거쳐 로마제국에 이르는 특정한 역사를 지칭하는 좁은 의미로 많이 사용된다. 이 글에서도 고대 그리스 로마 지역의 문화라는 뜻의 좁은 의미로 사용했다.
7) 페르가몬(Peragamon): 오늘날 터키 지역에 해당하는 소아시아 서부 해안에 위치했던 고대 그리스 도시국가.

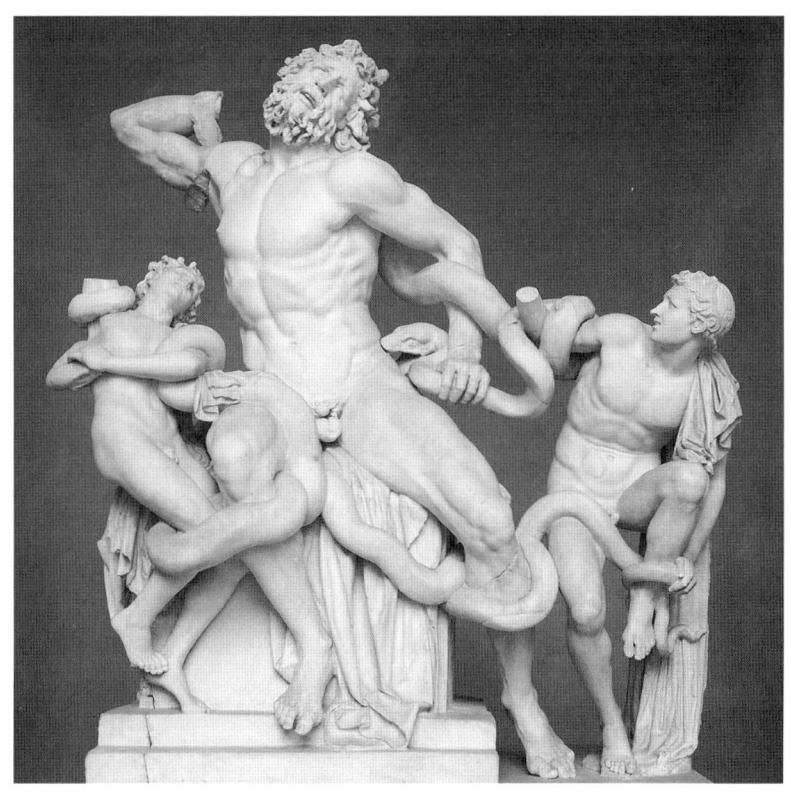

「라오콘 군상」, 그리스 청동상을 로마 시대에 복제한 것, 1세기경,
대리석, 높이 242cm, 로마, 바티칸 박물관.
신의 뜻을 거스르면 화를 입는다.
그래서 보편이 밟고 지나간 인간의 육체로 경고해야 했다.
경고를 지키면 보상받는다. 살아 도망치는 오른편 큰아들을 보라.
라오콘의 몸을 옥죄는 고통은 진보서사가 작동하기 시작했음을 알려주는 신호다.

상」(Laokoongruppe)의 청동 원본이 만들어졌다(기원전 140년경). 성공의 열쇠는 망하는 트로이와 건설되어야 할 로마의 직접적 연관성을 보여주는 형상을 창조하는 데 있었다. 예술가들은 전설로 내려오는 이야기를 조형물로 변환시키면서 라오콘의 큰아들을 오른편에 배치하고는 막 뱀을 떼어내고 도망치는 순간에 고정시켰다. 이러한 고정을 통해 큰아들은 새로 시작하기 위해 망한다는 서사에 정확하게 부응하는 상징으로 비상할 수 있었다.

비극적인 라오콘 전설은 역사적 소용돌이 가운데서 인간들이 범하는 오류를 경고하는 언설(言說)이다. 신의 뜻을 거스르면 화를 입는다는 줄거리를 사람들은 그토록 오랫동안 입에서 입으로 전승시켜왔던 것이다. 그런데 페르가몬 왕이 권력을 치장할 조각상을 하나 내놓으라는 명령을 내리자 곧장 이 전설이 예술품으로 탈바꿈되었다. 경고의 언설을 진보서사와 연결시키는 대형 국책사업이 추진되고, 예상 밖의 성공을 거두었는바, 이 청동 상은 트로이의 운명과 로마 건국 사이에 직접적인 관련성이 있음을 지시하는 차원을 훌쩍 넘어선다. 당대 권력을 치장하는 정도가 아니라 '새로 시작함' 자체를 상징하는 조형물이 등장한 것이다. 그래서 이 청동 상은 새 정권이 등장하면서 자신의 '새로 시작함'이 필연적임을 정당화할 필요가 있을 때마다 거듭 소환되는 운명을 떠안는다.

「라오콘 군상」이 들어올린 '탈출'의 형상만큼, 세계사적으로 의미 있는 시기마다 그 도망치는 순간에 내장된 상징적 힘을 분출시켜내는 조형물은 없었다. 진보서사의 상징체계를 현실에 접속시키기에 충분한 파괴력을 지닌 형상이다. 그래서 그 도망치는 아들은 서구 2천 년 역사에서 저지할 수 없는 세계사의 진보를 상징하는 대표적 형상으로 될 운명을 할당받는다. 바야흐로 도망치는 아들들의 역사가 시작되었다. 이름하여 진보의 세계사가 그 첫 장을 연 것이다.

황제와 교황

한편 모진 노력을 다 기울여 이룩한 로마 세계에 문화적 위기가 엄습했다. 고전예술은 이제 생명력이 고갈되어 그냥 방치되었고 새로운 형상화의 가능성도 별로 남아 있지 않은 듯 보였다. 그리고 로마에 예술작품이 지나치게 많은 탓인지 예술에 대한 권태감이 만연했다. 싫증이 날 만하기도 했다. 게다가 로마 세계, 물질적 효용만을 좇으면서 설립된 이 세계에는 원래부터 정신적인 발전이 멈춰진 상태였다. 예술은 시류에 뒤떨어진 것으로 생각되었다. 궁전들을 장식하기 위해서나 쓸모가 있을까. 이런 상황에서 황제는 어떻게 해서라도 인상 깊은 예술작품들을 손에 넣으려 했다. 권력 강화의 일환으로. 예술작품을 내세워 권력을 과시하는 일이 아직은 매우 효과적이었다.

로도스(Rhodos)의 세 예술가 아게산드로스(Agesandros), 폴뤼도로스(Polydoros), 아테노도로스(Athenodoros) 등이 티투스(Titus)로부터 「라오콘 군상」 제작을 의뢰받았을 때, 그들은 자신들 앞에 두 가지 난제가 가로놓여 있음을 간파했다. 그들은 대중의 거친 취향에 부응하면서도 조각품이 지녀온 고전적인 영향력을 계속 확보해야 했다. 예술가들은 기술적 대담함에 승부를 걸었다. 예술적으로나 정신적으로 교착상태에 빠진 이 시기에 독창적인 창작인지 모작인지 등을 따져 묻는 일은 없으리라 확신했다. 그래서 헬레니즘의 창조력을 거슬러 따라잡았다. 그들은 놀랄 만한 솜씨로 옛 원본을 확대했다. 이 석고 군상은 요컨대 복제품인 것이다. 이 복제품은 한때 사라졌다가 다시 발견되어 오늘날 바티칸 박물관에 자리하고 있다.

1506년 이 군상이 발굴되었을 때 교황 율리오 2세(Julius II)는 자신에게 하늘의 뜻이 내려졌다고 받아들였다. 그리고 사돌레토(Jacopo Sadoleto)는 6운각의 음율로 이 사명을 노래했다. 위대한 옛 로마가 다시 도래했다고 하면서. 이제 두 번째 로마가 자유로운 이탈리아 반도의 중심부에 과거 로마 제국의 영화를 새롭게 떨쳐 보여주어야 했다. 이렇게 하여 「라오콘 군상」은 교황의 정치에 날개를 달아주었다. 하지만 거기서 그치지 않았다. 또 다른 한편으로 이 군상은 예술가들의 눈을 열어주는 '작품'이기도 했다. 미켈란젤로가 "놀라운 예술작품"이라고 치켜세운 이 군상이 당시의 낡아빠지고 메마른 예술양식에 종지부를 찍고, 이른바 '근대양식'이 들어서도록 했다고 바사리(Giorgio Vasari)는 기록하고 있다.

바로크의 예술가들로부터 의고전주의자(擬古典主義者) 빙켈만(Johann Joachim Winckelmann)에 이르기까지 모두 한결같은 목소리로 높이 평가한 것에서도 알 수 있듯이, 이 군상은 창조적인 그리스 정신과 로마의 규율을 탁월하게 일치시킬 줄 알았던 아우구스투스(Augustus) 시대 궁정예술의 열광이 어떤 것이었는가를 증언한다.[8]

라오콘 전설을 신화적 상징으로 끌어올려놓은 이 조형물은 이후로도 상징의 신화적 효력을 잃지 않는다. 죄 없는 인간이 비극적인 사건에 휘말리고 이를 명령하는 신의 의지를 본래 인간으로서는 헤아릴 길 없는 것임을 상징하는 '영원한' 예술작품이 된 것이다. 「라오콘 군상」은 사건의 역동성을 고스란히 담아내면서도 그 역동성에 형식통일을 부여함으로써 '성공한' 예술작품이 될 수 있었다. 서로 거스르는 힘들이 균형을 이루도록 구성되어 전체적인 모습은 통일되게 나타났다. 사건이 말해주는 부분들의 역동성이 전체 속에서 조화를 이루도록 배치되어 있다.

---

8) German Hafner, *Die Laokoon-Gruppen*, Ein gordischer Knoten, (Stuttgart: Steiner, 1992), p.46.

도망치는 아들

석고 조형물「라오콘 군상」이 세상에 내놓은 이 모티프는 신화세계에서 역사로 접어드는 '건너뜀'에 대한 상징부호다. 이 건너뜀을 근대인은 역사에 철저하게 편입시켰다. 살아남은 결과에만 집중하면서. 그래서 신화는 무의식의 차원으로 넘겨졌다. 무의식과 역사의 이중주로 이루어진 이 '건너뜀'은 무의식을 부정하는 역사의 자기 부정이기도 하다.

이 '부정을 위한 공존'을 역사는 제도화시켰다. 글 쓰는 작업 말이다. 신화적 세계를 벗어났다는 의식은 무엇보다도 글 쓰는 이의 심리적 출발점이며, 글 쓰는 매순간을 지배하는 시간의식이다. 진보는 기록함으로써 의식된다. 서사적 처리란 글 쓰는 이가 자신이 건너뛰어 넘는 이 간격을 스스로 의식하고 형상화해야 한다고 여기는 근대적 자기 의식을 개념화한 용어다.

바이스(Peter Weiss)의 글「라오콘 혹은 언어의 경계」[9]는 이 과정의 심리학을 쓴다. 오른쪽 아들은 뱀들과 벌이는 힘겨운 싸움을 아마도 머지 않아 끝낼 것이다. 그런데 죽음의 순간을 벗어나면서 아버지와 동생은 그대로 놔둘 수밖에 없다. 이는 탈출의 노고와는 또 다른 가혹함이다. 살아남는다는 일의 두 얼굴.

큰아들은 반드시 도망쳐 살아남아야만 한다. 트로이를 멸망시키기로 한 신들은 고집 세고도 인정 많은 사제 라오콘을 제거해 아이네이아스가 이탈리아로 갈 수밖에 없도록 했다. 진보의 이름으로 트로이에 신의 저주가 내린 것이다. 그런데 이 역사적으로 필연적인 신의 저주는 트로이의 몰락과 로마 건설이라는 외적 사건만을 강제하지 않는다. 도망치는

---

9) Peter Weiss, *Laokoon oder über die Grenze der Sprache*, *Rapporte*, (Frankfurt am Main: Suhrkamp, 1968).

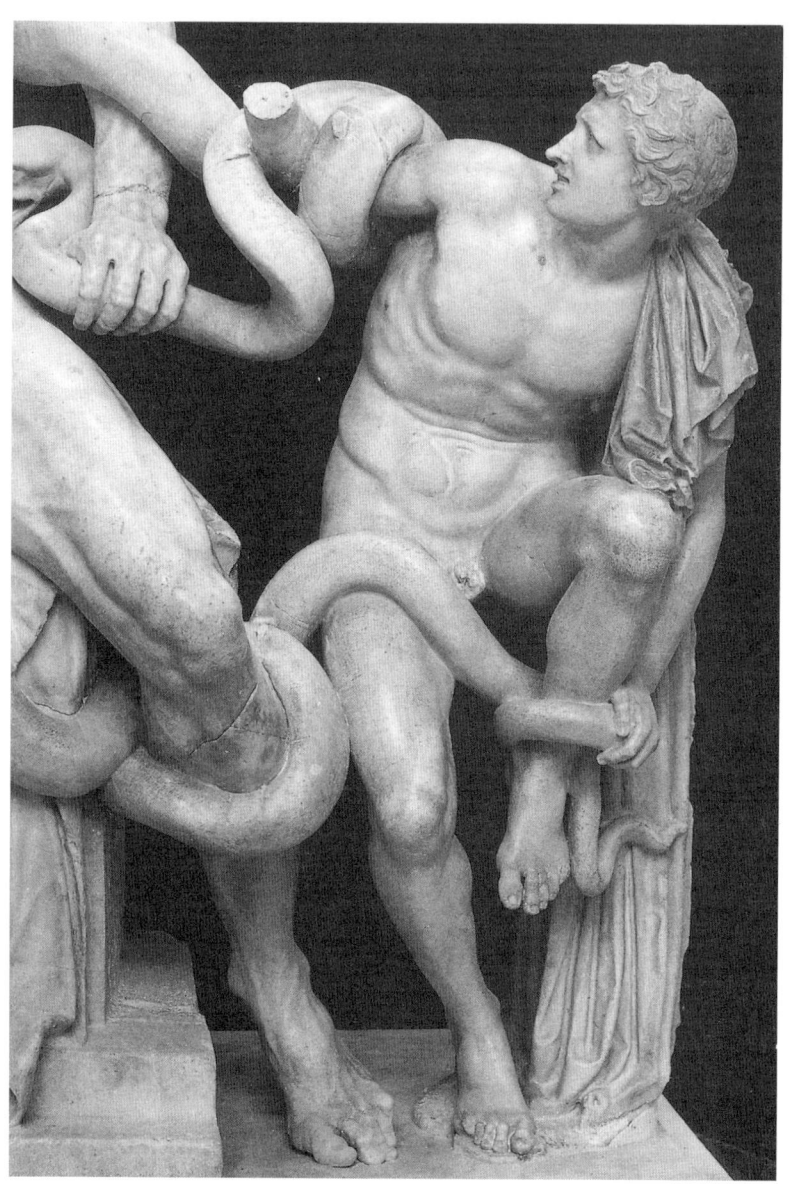

「라오콘 군상」(부분).

아들이 새로 건설되는 세계에 반드시 끌고 들어가야 하는 '살아남은 자의 심리' 역시 필수품이다. 도시국가 트로이에서 세계제국 로마로 확대되는 세계사적 진보는 이 심리적 동력 없이는 이루어지지 않는다. 도망친 아들이 사람 사는 세계로 들어간다는 이 신화의 서사적 연결은, 한 마디로 살아남은 자가 사건을 보고할 수밖에 없음을 의미한다. 살아남은 자의 필생의 작업은 신화단계에서 일어난 비극적 사건을 역사 속에 옮겨 놓는 것이다. 이는 보았기 때문에 행동해야 하는 강제다. '보고하는' 언어는 역사의 강제를 실현시켜 진보를 추동한다. 진보하는 역사는 기록을 존재근거로 삼을 수밖에 없다.

아버지와 동생은 이미 가망이 없는 상태다. 동생은 벌써 죽은 듯 의식을 잃었으며 아버지도 살려달라고 소리치지 않는다. 이들은 오로지 몰락하고 있음을 보여준다. 이 끔찍한 광경을 벗어나는 일은 그 두 사람 몫이 아니다. 그들은 죽는다. 죽는 상태로 고정된다. 그러나 도망치는 아들, 그만큼은 치명적인 몰락의 순간에 더욱 정신을 차려 교활해진 터다. 이 석고 군상에서 오른편 큰아들은 마치 관찰자가 사건을 들여다보는 듯한 자세다. 올려다본다. 이 소년은 구경하듯이 라오콘 비극을 겪고 있다. 그렇다! 그는 몰락의 순간조차 관찰자였다.

도망친 아들에게 이 드라마의 결말은 '체험'된다. 엄청난 일을 당해 떨고 있는 자신을 덮쳤던 경악의 순간으로써 말이다. 같은 순간을 겪었지만 그는 동생이나 아버지와 달리 살아남았기 때문에 이 순간 눈에 들어오는 인상을 마음에 담지 않을 수 없었다. 그래서 '기억'이 발생한다. 살아남음은 결말을 기억하는 일이다. 기억하고 있으므로 사는 동안 그 끔찍한 장면이 꿈속에서 계속 출몰한다. 사지(死地)를 살아서 도망 나온 그가 겪은 충격과 엄청난 사건을 겪은 후 의식되는 끝 모를 단절감. 이는 모두 살아남은 자가 온전히 당해야 할 몫이다.

하지만 혼자 감당하는 이의 고독과 단절감은 새로운 시작을 하도록 몰아가는 추동력으로 탈바꿈될 수밖에 없다. 그 고독과 단절감을 오래 버텨낼 도리가 없으므로. 거기서 벗어나야 한다. 벗어나기 위해 새로 시작하는 수밖에 없다. 따라서 계속 살아남는다는 것은 그가 떠나온 과거에서, 허나 공포와 단절감 때문에 계속 붙들려 있는 과거에서 벗어남을 뜻한다. 정말 벗어나기 위해 심리적으로 붙들려 있던 공포를 부정하는 작업을 하지 않으면 안 된다.

과거를 부정해야 미래가 열린다. 그런데 어찌할 수 없는 공허감이 파고들어 극복해야만 하는 몰락의 순간, 의식 속에 깊이 새겨진 검은 간극을 처리할 수 없도록 만든다. 존재를 몰락시키는 사태에 완전히 압도당하는 것이다. 그러면 그 순간 눈앞에 나타나는 어떤 것도 파악해내지 못하는 무기력에 사로잡힌다. 공허감에 짓눌린 끝에 찾아오는 무기력 때문에 새로운 시작을 가능하게 하는 자기 부정을 할 수 없게 된다. 무기력이 살아남겠다는 의지를 꺾어버릴 기세다. 결국 그 겪은 사건을 부정하지 않으면 새로운 시작은 아예 없다는 이야기다. 그러므로 의식 차원으로 넘어온 이 과거의 사건을 부정해야 할 대상, 즉 신화로 만들 필요가 있다. 구체적인 대상 앞에서는 무기력이 극복될 수 있으므로.

살아남는 순간을 경험하면서 그 순간을 살았던 이는 자신이 두 세계 사이에 걸쳐 있다고 생각하게 된다. 무기력과 변화. 그래서 어쨌든 변화 쪽으로 가보려고 살아남겠다는 의지를 발동시켜 움직이지 않았던가. 일단 살기로 했으므로 무기력이 변화의지를 압도하는 일만큼은 막아야 한다. 살아남고자 하는 그는 파국의 고정된 순간을 어떤 식으로든 파악해서 처리해야 한다. 파악과 처리는 과거로부터 해방됨을 뜻한다.

그가 지금 당장 할 수 있는 일은 몰락의 순간을 지금 그가 보는 상태에서 그 구성요소들로 분해해내는 작업이다. 그러면 사건이 보인다. 보이면, 다시금 구성요소들을 새롭게 연결해 과거의 지나간 일로 만들 수 있다. 이 기획을 위해 그는 도구가 필요하다. 바로 언어다. 언어만이, 그리고 그것이 서사적인 한에서, 관찰자인 그가 살아남으려고 하기 때문에 자꾸만 그의 수중에서 미끄러져 달아나는 원 소재에 도달할 수 있도록 한다. 그는 이미 포기된 세계를 다시 발견한다. 이 언어적 재발견은 그의 현재에 속한다.

나는 나의 기억이다

아우구스티누스(Aurelius Augustinus, 354~430). 어느 날 문득 그는 늘 해오던 일을 그만두었다. 자신의 생애를 더 이상 기록하지 않았다. 단절. 10년도 넘는 침묵. 찬란했던 안티케 문명이 쇠잔해가던 시기에 살았던 이 남자는 삶을 자기 의지대로 꾸려가겠노라 마음먹고 노력도 했지만 뜻대로 되지 않는 현실을 깨닫고 깊이 상심했다. 공허감이 엄습했다. 그는 인간의 심장이 사물들 사이에 끼어 펄떡이면서 변화에 봉착했다가 다시 벗어나곤 하는 것을 보았다. 의미를 거머쥐려 발버둥 쳤다. 모든 것이 시간 속으로 산산이 부서져나가는 허무에서 해방되고 싶었다. 더 이상 잡다한 소용돌이에 휘말려 갈기갈기 찢기고 싶지 않았다. 삶의 방향을 뚜렷하게 설정하는 것이 최고의 명예로 보였다. 그래서 그렇게 하기로 또 마음먹었다. 옛날에도 그랬던 것처럼.

하지만 이번에는 달랐다. 얼마 지나면 결국은 또다시 과거가 될 것이 뻔한데, 예전처럼 또 집중하고 마음가짐이나 가다듬는 일에 매달려 자신을 분열시키는 어리석음을 피해 가기로 한 것이다. 그래서 대신 이미 일어났던 일들로 손을 뻗쳤다. 그때 있었던 일을 잊기 위해. 그렇게 해서 마침내 기독교로 개종하기까지 자신의 삶을, 그리고 어머니가 돌아가시던 시점까지 일어난 일을 쓴 뒤 이제는 과거를 잊을 수 있게 되었노라 선언한다. 선언은 해석을 요구하는 법. 결국 또다시 신을 향해서 그렇게 하는 자기 행위의 의미를 묻지 않을 수 없었다. 그는 신께 묻는 가운데 왜 이렇게 쓰고 있는지를 곱씹기 시작한다. 이렇게 해서 마침내 지나간 삶을 실어 나르는 언어들을 나열하는 일을 정말로 그만두는 시점에 이르렀다.

> 주여, 당신은 영원이십니다. 하지만 그렇기 때문에 당신은 내가 당신께 말하는 바를 알지 못합니까? 아니면 시간 속에서 일어나는 그무엇이 시간의 제약을 받는다고 생각하는 겁니까? 도대체 나는 무엇 때문에 당신께 이 모든 이야기를 차례대로 나열하고 있는 거지요? 당신이 그 이야기들을 나로 인해 알게 되도록 하기 위해서가 아니라는 점만은 명백합니다.(『고백록』, XI, 1:1 p.233.)[10]

기도하는 가운데 그에게 깨달음이 왔다. 이야기함으로써 이야기하는 자신은 물론 자신의 이야기를 읽는 독자들이 신에게로 향하는 가운데 의미를 세울 수 있게 된다는 깨달음이었다. 언어로 서술하는 일은 바로 의미를 부여하는 행위였다! 그래서 그는 세상 모든 일에 대해서도 이런 방식으로 의미를 확인해야겠다고 마음먹었다. 그 모든 것을 문자로 해보겠다는 열의가 가슴속 저 깊은 곳에서부터 솟구쳐 나왔다. 오래전부터 염원해오던 일도 이렇게 하면 이루어질 것 같았다. 바로 '당신의 율법에 대해 숙고하는' 일 말이다.

당장 팔을 걷어붙였다. 활자 속에 숨겨진 의미를 숙고하는 이 순수한 기쁨! 들뜬 마음으로 그는 신에게 자신이 신의 율법에 대해 무엇을 알고 있으며 무엇을 모르는가를 고백했다. 이리저리 곱씹는 동안 「창세기」 해석이 나왔고, 곱씹음의 해석은 기도문의 형식을 취하게 되었다.

---

10) 『고백록』은 Kurt Flasch, *Was ist Zeit?*, Augustinus von Hippo, das XI. Buch der Confessiones; historisch-philosophische Studie; Text, Übersetzung, Kommentar, (Frankfurt am Main: Vittorio Klostermann, 1993)에서 재인용했다. 앞으로 『고백록』으로 표기하고, 쪽수는 Kurt Flasch의 저서에 실린 곳을 기입한다.

아우구스티누스는 『고백록』 제6권에서 창조사를 개념적으로 통찰하기까지의 어려운 과정을 털어놓고 있다. 그는 「창세기」 첫 구절을 영원한 로고스[11]로부터 시간의 세계가 발생하는, 그 순차적 드러남에 대한 증언으로 해석했다. 그는 해야 한다면 자신이 이론적 논증도 내놓을 수 있노라고 했다. 자부심에 가득 찬 그의 곱씹음은 이런 식으로 진행되었다. 자신은 "태초에 하나님이 하늘과 땅을 창조하셨다"는 구절을 믿지만, 즉 신앙적으로 믿는 것이야 반석처럼 굳건하지만, 그래도 어떻게 그리되었는지를 지적으로 확인하겠다는 마음을 굽힐 생각이 없다고. 그래서 이 강한 남자는 모세에게 해명을 요구하고 나섰다.

> 그가 헤브라이 말을 하므로 그 음성은 나의 귀에 헛되었다. 그 말 중 아무것도 나의 정신에 와 닿지 않았다. 그가 라틴어를 했더라면 그가 무슨 말을 하는지 알아들었을 것이다. 허나 그 말해진 바가 참되다는 걸 내가 어떻게 안단 말인가?(『고백록』, XI, 3:5, p.237.)

우선 듣기 시작해 믿은 다음에야 깨달음이 온다. 깨닫게 되기까지 아우구스티누스의 마음에서 일어난 경과는 이러했다.

---

11) 로고스(Logos). "태초에 말씀이 있었다. ……말씀이 신이었다"는 『성서』의 구절(「요한복음」)에서 '말씀'으로 번역된 그리스어 logos는 사실 현대어 '말씀'에 완전히 부합하지 않는 단어다. 괴테의 『파우스트』에도 logos를 번역하느라 고심하는 주인공이 나온다(제1부). '의미' '힘' '행동'으로까지 번역될 수 있는 이 단어에는 그리스 철학의 흔적이 남아 있다. 소크라테스, 헤라클레이토스, 플라톤 등은 이 단어를 '세계영혼'의 의미에서 사용했다. 그 후 서구철학이 발전하면서 logos는 '이성'이라는 의미가 그 중심에 들어섰다. 또한 논리학(Logic)이라는 분과학문의 명칭으로 굳어지는 한편, 생물학(Biologie), 어문학(Philologie) 등처럼 차용되는 경우도 생겼다. '논리적인'(logisch)이라는 형용사도 있으며, 20세기에 들어와서는 물류와 행정에도 적용되었다(로지스틱스Logistics).

아닙니다. 진리는 나의 내면에서, 내 사유의 둥지에서 이렇게 말할 것입니다. '그는 진실을 말한다.' 헤브라이 말도, 그리스 말도, 라틴 말도 아니며 그 어떤 야만족 말도 아닙니다. 혀와 입술의 도움으로 음절이 소리 나는 말이 아닙니다. 그러면 나는 그 즉시 확신하게 되어 신뢰를 가지고 당신의 사람인 그이에게 이렇게 말할 것입니다. '당신은 진실을 말하고 있소'.(『고백록』, XI, 3:5, p.237.)

하지만 우리가 "하늘과 땅이 있다"고 인지하는 일이 신의 영원한 법칙과 어떤 연관관계에 있다는 말인가? 세계는 신의 말씀으로 창조되었다. 신께서 입을 열어 "여기 있는 이가 나의 사랑하는 아들이다"(『마태복음』, 3:17)라고 말씀하셨다. "이 음성은 생겨났고 사라졌다. 그것은 시작했고 끝났다. 음절들은 발화되었다가 잦아들었다."(『고백록』, XI, 6:8, p.241.) 입에서 나와 말해진 단어들이란 시간의 흐름 속에서 차례로 울려나오는 것으로서, 이 감각적 퍼짐의 순서에 따라 피조물의 변화가 산출된다. 말의 '이야기되는' 순서대로 창조가 이루어진 것이다. 이렇듯 "당신이 말함으로써 창조해낸 사물들은 모두 동시에 생겨난 것도 아니며 영원하지도 않습니다."(『고백록』, XI, 7:9, p.243.)

하지만 그렇다고는 해도 존재하기를 시작하고 존재하기를 멈추는 것, 이른바 시간적인 것은 모두 그 시작하고 멈추는 일을 "아무것도 시작되지 않고 어느 것도 멈추는 일이 없는 영원한 이성 속에서 일어나는 인식에 따라서"(『고백록』, XI, 8:10, p.243.) 한다. 이것이 진실인 것이다. 창조의 날들에 대해 이야기하고 있는 「창세기」를 읽다가 아우구스티누스는 어떤 근본적인 원리를 터득했다. 그는 사물들이 자기 자신의 근거들로부터 점차로 발생해 나온다는 사실을 간파하고는 무릎을 쳤던 것이다. "바로 당신의 말씀이며 우리를 향해 말을 건네는 근원이기도 합니다."(『요한복음』, 8:25.) 언어가 우리를 이 근원으로 이끌어준다. 한마디로 여기서 아우구스티누스가 발견한 것은 '언어의 정신'이었다.

아우구스티누스가 『고백록』을 쓰면서 저 유명한 시간에 대한 논문을 삽입하게 된 데에는 이러한 깨달음의 과정이 있었다. 본래 감각적으로 울려나면서 시간적인 변화에 속하는 것인 언어 속에서 인간의 정신이 계시(啓示)의 말씀으로 상승한다는 깨달음이었다. 이런 식으로 상승이 일어나지 않는다면, 신의 말씀에 담긴 객관적·지적 내용을 파악하는 일이 어떻게 가능하겠는가.

> 그들(시간 속에서 울리는 단어들)은 단 한번도 존재한 적이 없습니다. 날아가버리고 지나가버리기 때문이지요. 하지만 나의 신이 내게 내린 말씀은 영원 속에 남습니다.(『고백록』, XI, 6:8, p.241.)

시간적인 것, 흘러 지나가는 것은 존재하지 않는다. 그것은 온통 신의 말씀에 신경을 곤두세우고 있는 정신이 그 말을 우선순위에 따라 질서지음으로써 생명을 부여하고 유효하게 만들 때에야 비로소 존재하게 된다. 정신은 인간의 영혼에 뿌리를 두고 있다. 따라서 유한하다. 이 정신은 대상들을 영원한 상태로 불러내지 못한다. 끝나는 날 없이 지속되는 영원의 현재로 만들지 못하는 것이다. 영원은 모든 것을 동시에 그리고 단번에 불러낸다. 정신은 대상들을 단지 순차적으로 파악할 뿐이다. 정신이 근원으로 향할 때, 그렇게 방향을 설정할 때 흐르는 것이 시간이다.

시간은 여기서 활동하는 특정한 기능방식이다. 신을 향해 시간이 무엇인지 아직 모르겠다고 고백하는 가운데 아우구스티누스는 문득 자신이 이 말을 시간 속에서 하고 있다는 사실을 깨달았다. 이 모든 혼란에도 불구하고 우리 인간은 시간의 규정 가운데서 살지만, 시간 그 자체는 자연적 경과가 아니라는 사실이 명백해졌다. 이런 생각 끝에 아우구스티누스는 시간이란 우리의 정신과 영혼(Geistseele)이 활동한 결과물이라는 결론을 내렸다.

> 지나간 일을 두고 참된 이야기를 한다고 칩시다. 이 경우 우리는 기억에서 지나간 사물 자체를 불러내는 것이 아니라 말들을 불러내는 것입니다. 그리고 이 말들은 우리가 옛날의 그 일들을 지각(知覺)하는 과정에서, 지나가면서 정신에 발자국을 단단히 찍듯 남겨놓은 심상들을 근거로 주조해내는 것입니다.(『고백록』, XI, 18:23, p.257.)

과거에 존재했던 것은 또한 어떤 식으로든 존재해야만 한다. 허나 존재란 언제나 현재 진행형인 사건일 뿐 아닌가. '존재한다'는 것은 현재에 무엇이 '실체'로서 있다는 말이다. 언어는 이런 상태를 불러오기 위해 필요한 의식형성을 매개한다. 단어들은 '현실성'을 실어 나른다.

정신을 현실에 실현시키는 시간을 아우구스티누스는 세 개의 사적 차원에서 직접 경험했다고 밝힌다. 자신의 기억, 현재 주어진 것에 대한 자신의 파악, 그리고 미래를 향한 기대. 이 셋은 아우구스티누스가 신께 기도하는 가운데 내면에서 발전시킨 것이다. 즉 그 자신에게만 속한 세계인 것이다. 그는 이렇듯 자신에게 허용된 사적 세계를 지시하는 단어들을 붙들어 쥐고 온갖 궁리를 다한다. 이때의 이런저런 궁리가 바로 『고백록』의 내용이다.

이와 같은 자기 주장, 너무도 숭고해서 거의 신적인 경지라고 해야 할 만큼 강한 자기 주장으로 아우구스티누스는 마침내 어떻게 해서 자신이 인생을 이야기할 수 있고, 자기 이야기가 의미를 지닐 수 있게 되었는지를 설명한다. 그러면서 뜯겨져 흘러가버리는, 의식의 바깥으로 내동댕이쳐지는 시간에 저항해 자신을 유지한다는 것은, 자기 자신이 생겨 나온 그 발생의 경로 속으로 되짚어 감을 의미한다고 했다. 왜냐하면 현재 존재하는 것, 이것이 현재 존재할 수 있는 것은 과거의 어느 시점이 있었기 때문에 발생한 것이므로. 따라서 과거라는 시점은 현재 존재하는 것, 오직 그것만 지금 존재할 것을 요구할 수 있다고 했다. 우리 행위와 우리의 인식은 과거와 미래로 분할된다.

이런 한에서 현재에는 아무런 시간적 확장이 부여되어 있지 않다. 오직 과거와 미래를 연결하는 활동성으로만 존재할 뿐이다. 유일한 실재인 벌써 존재했던 것이 흘러 지나가는 과정에서 생겨난 심상(心象), 이 마음의 상들을 우리의 정신이 기억해내는 경우, 다시 말해 개별적인 단어들로 현재화하는 경우 우리는 자신에 대한 의식을 갖게 된다. 진정한 자신은 과거에 대한 언어적 구성물, 즉 기억(Erinnern) 속에 존재한다. 지나간 사건을 언어로 재구성하는 영혼의 현재.

영혼은 적극적이다. 재구성하면서 영혼은 현재를 계속 활동시킨다.

아우구스티누스가 『고백록』을 쓰면서 참회하는 마음으로 과거 행적을 기록하다가(제1~9권) 갑자기 태도를 바꾸어 자신의 행위, 즉 기록하는 일의 의미를 묻고 스스로 답하는 내용(제11~13권)을 덧붙이게 된 연유다. 이처럼 태도를 바꿀 수밖에 없는 현재의 심경을 제10권에서 토로한다. 일단 자신의 윤리적·종교적 상태를 점검한 후 제11권에서 세칭 '시간론'을 피력하고 이어 창세기와 삼위일체설을 논하는데, 이 과정에서 인간의 존재와 활동을 모두 정신능력으로 '규정'해야 한다는 근대적인 태도가 형태를 갖추어나간다. 소년기에 치기로 친구들과 어울려 이웃 과수원에서 배를 훔친 사건을 '악'의 발현으로 규정하고, 몸을 유지하기 위한 감각적인 요인들이 모두 정신과의 관련 속에서 파악되고 평가된다. 결론은 육체의 단죄이지만, 원죄를 인식하는 인간의 정신이 안티케의 조화로운 정신보다 더 우월하다는 결론에 이른다. 안티케의 조화로운 세계상에서 중세의 이원론적 세계관으로 바뀌어가는 철학적 계기들이 모습을 드러낸다.

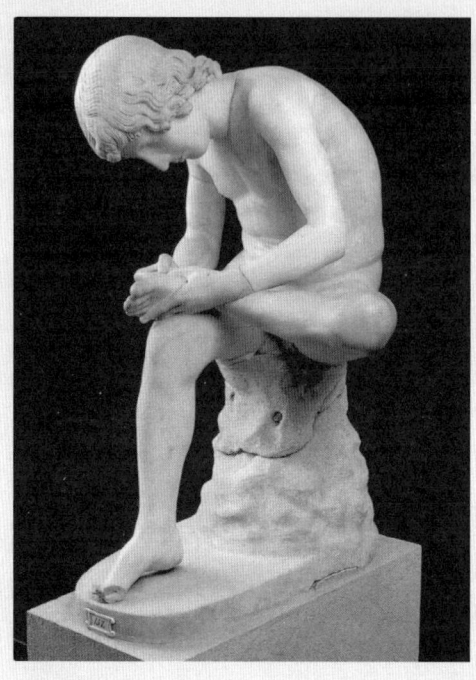

「가시 뽑는 아이」.
천진함은 영혼의 작용이다.
사로잡히면 천진함을 잃는다.
살에 박힌 가시에 사로잡히지 않는 아이.
박힌 가시는 영혼을 피부 표면으로
불러내었다. 피부에 접해 있음으로
가시도 영혼의 왕국에 들었다.
그래서 영혼은 이음매를 타고 흐를 수 있었다.
돌을 통과하고 다시 살로 돌아오는 영혼.

우연의 진정성

아마도 어린아이이기 때문에 가능했을지 모른다. 이토록 천진난만한 모습을
할 수 있다니. 무념무상의 마음이 몸에 그대로 들어가 박힌 자태다. 마음의 지향과
몸의 자태가 하나로 굳어진 상태. 별로 아픈 눈치는 아니다. 그냥 뽑아야 해서 뽑
고 있을 뿐, 다른 목적은 없다. 발바닥의 가시는 고통의 원인이 아니라 움직임의
원인이다. 왼쪽 발바닥에 무언가가 느껴져 돌덩이 위에 걸터앉아 들여다보았다.
두 손으로 발의 양 볼을 붙잡고 오른쪽 무릎 위에 올려놓고 보니, 거기 가시가 있었
다. 아 그래, 뽑아야지. 가시를 잘 보기 위해 몸을 조금 낮추니, 등이 구부러지면서
둥글려지고 대신 고개는 푹 숙이지 않아도 되었다. 딱 알맞은 돌덩이를 고를 수 있
어 천만다행이다. 다리를 너무 길게 내뻗지 않아도 되니까. 걸터앉은 돌이 조금만
더 작았더라도, 이처럼 편안하게 한쪽 다리를 들어 올릴 수 없었을 것이다. 돌의
높이도 그렇지만, 평평한 바닥이 정말 일품이다. 한쪽 다리를 올려놓고 있어도 몸
이 전혀 수고스럽지가 않다. 왼쪽 다리를 오른쪽 무릎 위에 올려놓아야 하는 이유
가 가시 때문이 아니라 마치 이렇게 편안한 자세를 취하기 위해서인 듯, 아이는 정

말 천진하다.

마찬가지로 어린아이이기 때문이었을 것이다. 어른이었다면 빨리 이 성가신 일을 해치우고 계속 뛰어가려는 마음이 앞서 이런 움직임의 순간을 고정시키지 못했을 것이다. 아니면 이왕 몸을 돌 위에 확실하게 붙였으니, 내친김에 충분히 쉬어야겠다는 마음뿐일 터. 등을 뒤로 약간 밀어내면서 앞쪽으로 젖힌 목은 살짝 수그린 얼굴의 무심함을 떠받들고 있다. 돌 위에 앉아서 이렇게 무심할 수 있기 때문에 돌 의자가 그냥 상체의 연장처럼 보인다. 돌 의자에도 소년의 무심함이 흐른다.

아이의 시선은 돌 의자에서 상체를 타고 빙 둘러 올라오던 흐름을 다시 아래로 내려뜨려 발바닥과 무릎이 포개진 부분을 지나 오른쪽 다리로 흐르게 한다. 시선이 오른 발끝까지 흐르면 돌 의자가 다시 이어받는다. 흐르던 대로 계속 흐를 수 있다. 소년의 기(氣)는 외부로 빠져나가지 않는다. 돌 하나, 그리고 내려뜨리는 시선이 있을 뿐인데 몸의 기가 밖으로 흘러나왔다가 다시 몸속으로 흘러들어가는 순환이 완성되는 까닭이다. 다가와서 돌 위에 앉았다가 다시 돌을 떠나는 시간의 흐름이 여기서는 정지된다. 돌과 소년의 몸은 기의 순환을 완성시키면서 완전히 하나가 된다. 영혼의 움직임이 몸을 타고 흘렀다면 돌이라고 해서 흐르지 못할 이유가 없다. 무심한 몸과 무심한 돌이 하나가 된 것이다.

어른이었다면 시간을 계산하고, 가시에 찔린 살의 손해, 일을 하지 못하고 즐기지도 못하는 손해를 계산했을 것이다. 어른은 목적 없는(zwecklos) 행위를 알지 못한다. 자기 살에 대한 이용권을 행사해보았기 때문이다. 노동을 위해서든, 쾌락을 위해서든 살을 사용해 얻고 싶은 것을 얻어본 적이 있다. 살을 써본 경험에 따르면, 살은 최대한 유용하게 쓰여야 한다. 유용하게 잘 쓰려고 노력하는 동안, 살은 그냥 시간의 흐름을 통과시키는 수단에 불과하다. 늙기 전에 잘 써야 한다는 강박이 생긴다. 그러므로 시간이 멈춘 곳에서만 영혼은 본모습을 내보일 수 있다.

지금 이 순간 아이는 발바닥을 보느라 시간을 잊었다. 시간이 멈춘 까닭에, 살이든 돌이든 지금은 원래의 쓰임새대로 쓰일 수 없다. 영혼이 살과 돌을 두루 통과해 흐르느라 모두를 움직이게 했고, 그래서 살과 돌은 영혼이 되었다. 이 조형물은 아이의 영혼을 표현하지 않는다. 조형물이 그대로 아이의 영혼이다. 돌이 영혼이 되기 위해서는 딱 한 번의 움직임으로 족하다. 영혼이 움직여 머문 돌은 물질과 비물질의 이분법을 무너뜨린다. 이분법이 무너지는 순간이 움직임이다.

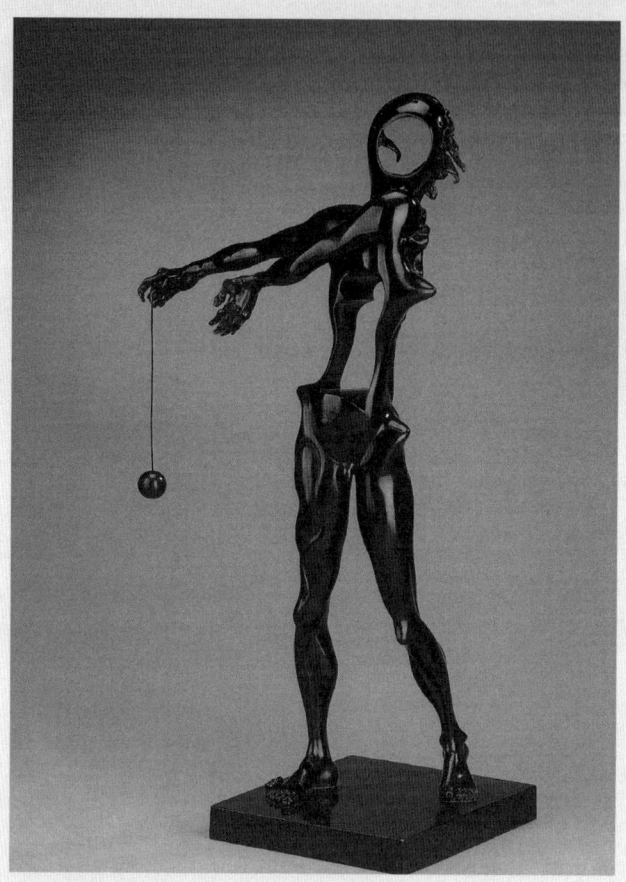

달리, 「뉴턴에게 경의를 표함」, 1969, 브론즈, 70×40×132cm,
앙드레 프랑수아 프티 컬렉션.
과학주의가 인간을 분열시켰다. 영혼과 마음이 중력의 법칙에서
자유로울 수 있음을 확인시키면서. 하늘로 날아간 자유.
공중분해되면서 사라졌음을 볼 수 있게 만드는 섭리는 자연이다.
회복의 지향점이 뚜렷한 이상, 분열은 기회다. 다시 채우면 된다. 미메시스.

뉴턴의 업보

사과가 알맞게 익었을 때, 신께서 우리에게 베푸신 선물이라 여기며 맛있게
따먹지 않았다. 인간이 거두어주지 않으므로 사과는 더 이상 나무에 매달려 있을
이유가 없었고, 그래서 땅으로 떨어졌다. 떨어지는 사과를 보면서 뒤늦게나마 신

의 섭리를 깨우쳤다면, 인간은 이런 몰골을 하지 않아도 좋았을 것이다. 떨어진 사과를 주워서 먹지 않고 관찰했다. 왜 떨어졌는지 그 이유를 직접 밝혀내겠다고 마음먹었다.

신이 지상에 사과나무를 내려주신 뜻은 열매를 맛있게 먹고 자손을 번성하며 살라는 것이었다. 하지만 인간은 신의 뜻을 어기고, 신께서 내려주신 열매를 가지고 한번 신이 되어보겠다는 실험을 했다. 실험에서 성공하면 정말로 자신이 신이 될 수 있을 것이라고 믿었다. 사과가 왜 떨어졌는지를 밝히기 위해 떨어지는 과정을 관찰했다. 끝 모르게 솟아오르는 파란 가을 하늘도, 떨어지는 빨간 사과를 부드럽게 받아준 초록 잔디밭도 다 소용이 없었다. 공연히 한눈이나 팔게 할지 모르므로 다 물리치고 오직 떨어지는 사과만 보아야겠다고 마음먹었다. 어떻게 하면 떨어지는 사과만 볼 수 있을지를 궁리했다.

어려운 점은 있었다. 나무에 매달려 있는 사과나 땅에 떨어진 사과가 아니라 떨어지는 사과여야 하기 때문이다. 사과가 떨어질 때마다 달려가서 볼 수는 없다. 신이 되겠다는 프로젝트를 기획하면서 그처럼 불확실한 우연에 기댈 수는 없었다. 어렵지만 길은 있었다. 떨어지는 사과를 만들면 되었다. 우연히 떨어지는 사과가 아니라 떨어지는 상태에 머문 사과를 만들어내면 떨어지는 원인을 찾을 때까지 계속 실험 대상으로 삼을 수 있을 것이다.

사과가 아래로 떨어지는 순간, 그 '설치된' 순간을 보기 위해 하늘도 바람도 땅도 잔디도 없는 실험실에 들어갔다. 관찰하고 분석해야 하기 때문에 실험실을 떠날 수 없다. 인내심을 가지고 들여다보고 있노라니 떨어지는 사과에 매인 신세가 되었다. 이건 꼭 사과를 실에 매달아 붙들고 있는 꼴이다. 관찰하고 분석해서 신이 된다는 일은 아예 처음부터 신으로 존재해온 하느님과는 경우가 달랐다. 하지만 그래도 드디어 밝혀냈다. 사과만이 아니라 세상의 모든 떨어지는 물체에 적용되는 법칙을 발견한 것이다. 만유인력 법칙이다. 인간지성의 승리다. 인간은 역시 만물의 영장이다.

뉴턴의 후손들, 즉 근대인은 실험실에서 자연법칙을 터득하고 그 법칙에 따라 사물을 인식하는 능력으로 지상에서 행복한 삶을 꾸려갈 수 있다고 굳게 믿었다.

그런데 인간이 정신능력을 타고났다는 사실에 스스로 대견해하면서 실험실을 떠나려 하니, 몸 상태가 예전 같지 않다. 정신능력을 신적인 경지에서 발휘하려는 마음만 앞세우다보니, 하늘도 바람도 땅도 잔디도 없는 실험실에 갇혀 있던 몸이 그동안 어떻게 되었는지 돌볼 겨를이 없었다. 인간은 정신이나 마음과 더불어 몸도 타고났다는 사실을 실험실에 머무는 동안 잊고 지낸 것이다. 나름의 부피와 무게를 지닌 몸은 절대로 신적인 경지에 오를 수 없다. 중력 법칙의 지배를 받기 때문이다. 떨어지는 사과와 똑같은 성질이다.

그렇다면 지금껏 저 밖에 서 있는 사과나무의 열매를 관찰한 것이 아니라 실험실에서 자기 몸을 관찰했던 것인가! 자기 몸이 바로 자기 머리의 관찰 대상이라니! 관찰하는 동안 법칙을 깨달은 정신은 신적인 경지에 도달해 중력의 법칙에서 자유로운 공중으로 비상했는데, 그리고 인간의 정신이 신처럼 되도록 하기 위해 심혈을 기울인 마음도 덩달아 무중력 공간으로 올라가버렸는데, 법칙의 지배를 받는 몸은 그럴 수가 없다. 법칙을 깨우치는 동안 인간은 법칙의 지배를 받는 몸과 이 법칙에서 자유로운 정신으로 나뉘었다. 그런데 정신은 신적인 경지에 도달했으므로, 몸이 아직 지상에 남아 있다는 사실을 안다. 정신만 신적 상태에 오르고 몸은 지상에 남은 인간은 불행하다.

고통스럽다. 몸을 구성하고 있는 피와 살이 머리와 마음에서 분리된 채, 신적 경지를 구가하지 않기 때문이다. 인간의 정신은 자신의 피와 살이 검은 물체로 굳어지는 과정을 그냥 바라보고 있을 수밖에 없다. 이렇게 해서 인간은 자신이 둘로 나뉘었음을 기정사실로 받아들인다.

뉴턴의 후손들은 한번 신이 되어보겠다는 야심을 품었다가 좌절을 맞본 사람들이다. 비록 좌절했지만 신의 경지가 어떤지 그 황홀함을 안다. 그래서 정신능력을 포기할 생각은 없다. 몸을 관리하는 쪽으로 마음을 굳혔다. 조금만 소홀하면 반란을 일으키거나 아예 분리 독립을 선언하는 몸을 어떻게 다스릴 것인가를 두고 그동안 이런저런 생각들이 참 많기도 했다. 그러더니 어느 때인가부터 자본주의 체제와 손을 잡기 시작했다. 시간이 지날수록 몸 관리 산업은 더 화려해지고 더 효율적이게 되었다. 결국 앞으로도 계속 이처럼 자신을 나눈 상태로 살아가는 수밖에 없을 것 같다.

그런데 이런 상태에 처해 있으면서도 자기 삶의 주인은 자기라고 말할 수 있는가? 물론이다. 자신이 둘로 나뉘어 있음을 선명하게 의식하고 있다면, 인간은 여전히 정신적인 존재로서 만물의 영장이라는 지위를 유지할 수 있을 것이다. 따라서 존재가 분열되어 있음을 뚜렷하게 의식하는 일은 뉴턴의 후손들이 계속 인간으로 남기 위해 꼭 지니고 있어야 하는 덕목이 되었다. 뉴턴의 업보다.

새로운 법칙을 발견하고 이를 적용하여 무언가를 계속 발명해내면, 필요한 만큼 누리면서 살 수 있을 것 같았다. 그런데 잘될 것 같던 이 행복 기획이 생각만큼 뜻한 대로 풀려나가지 않았다. 오히려 실험실에 머무는 동안 굳어져버린 몸을 바라보아야 하는 처지가 되었고, 그래서 비참해졌다. 자신의 몸에 자연법칙의 지배를 받지 않으려는 욕구가 심어져 있음을 그토록 선명하게 몸으로 직접 확인해야 하다니!

세상만물의 이치를 깨우쳤지만, 행복을 가져다주는 깨달음은 아니었다. 인식과 욕구는 인간이 살아가기 위해 모두 필요한 능력이다. 모두 가지고 있어야 하지만, 서로 충돌하는 까닭에 잘 구분해야만 했다. 실험실에서는 피와 살의 욕구에 굴복하면 안 되었고, 사랑하는 사람을 만날 때는 곤충표본을 대하던 실험실의 습관을 버리지 않으면 곤란했다. 그래서 구분하는 훈련을 해야 했다. 자신을 보존하기 위해 불가피한 일이었다. 그런데 자신을 보존하기 위해 자신의 분열을 인정하는 일은 생각보다 쉽지 않았다. 우선 머리가 원하는 일과 몸이 요구하는 일을 분별할 줄 알아야 하는데, 썩 잘되고 있는 것 같지는 않다.

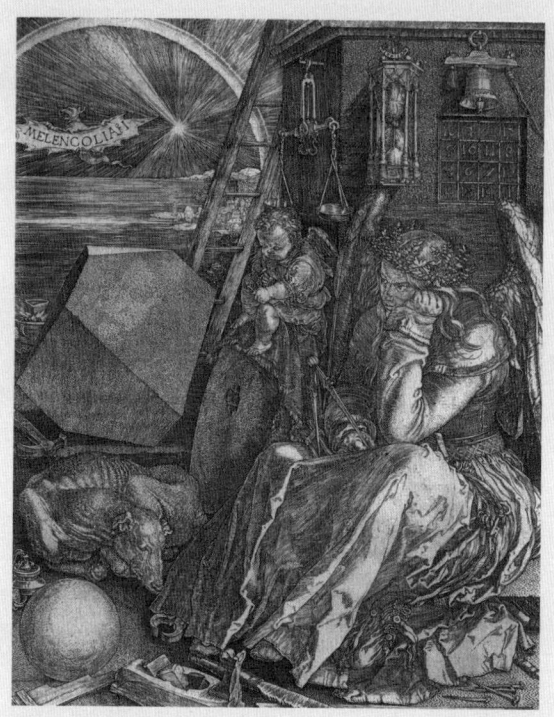

뒤러, 「멜랑콜리아 I」, 1514, 23.8cm×16.9cm, 베를린 동판화 수집실.
자연은 우리에게 그냥 다가오지 않는다. 이 땅에 올 때 등 뒤에 달려 있던
날개를 접었음을 깨달아야 비로소 발밑의 땅이 보이는 식이다.
땅 위에서도 날려고 하면 안 된다. 원래 날 수 있는 존재임을 의식하는
인간에게만 땅은 새롭다. 그러면 두뇌는 분석을 멈춘다.

빛과 무질서 속에서의 예술

햇빛은 줄기차게 밀려오는데, 난 이렇게 턱을 괴고 여기에 앉아 있다. 사
람들은 내가 두 팔을 벌리고 뛰어 일어나 태양을 맞아들여야 옳다고 믿겠지만,
그럴 생각은 추호도 없다. 그러기는커녕 박쥐처럼 어디 눈에 안 띄는 데로 잦
아들고 싶다. 저울과 모래시계가 다 무어란 말이냐! 사다리를 타고 올라가 찬
란한 태양을 영접하는 데, 몇 분이나 걸릴지 계산이라도 해야 한다는 말인가!
사다리 중간에서 넘어지지 않으려면, '할 수 있다'의 추가 '무슨 소용이란 말이
냐'의 무게에 걸려 그냥 거꾸러져버리면 안 되니까, 그래서 저울을 지참하도록

거기 걸어두었더란 말이냐?

하긴 이 모든 도구가 다 어디에 소용되는지 내 모르는 바 아니다. 그리고 돌 덩이를 기하학의 원리에 따라 다듬어내는 것쯤은 일도 아니다. 하지만 깎인 돌이 놓여야 할 장소로 들어다 옮길 마음은 없다. 뭣하러? 그래도 빛이 있으니까 아예 눕고 말 수는 없다. 마음을 고쳐먹고 다시 처음부터 시작해보려 컴퍼스를 집어 들었다. 우르르 몰려오는 잔상들, 아우성 소리, 그리고 회한. 앞을 응시하지만 보이는 건 없다. 옆의 누렁이마저 가라앉는다. 머리를 떠나지 않는 생각 때문에, 마음은 즐거움을 잃고 우울해져버렸다. 대체 내가 보고 겪은 일들의 의미란 무어 란 말인가?

도구들, 숫자들이 어떤 세상을 만들어내는지 아주 잘 안다. 빛은 반드시 필요 하다. 계산을 해야 하니까. 하지만 수치를 재고 있는 동안 나는 자유롭지 못하다. 개념에 얽매인 나를 또렷하니 보게 해주는 빛이 달갑지 않다. 따지고 보면, 빛은 원래가 자유로운 나를 위한 필연이었다. 이제는 악연이 되었다.

나는 안다. 주어진 도구들을 참신하게 쓰면 쓸수록, 개념의 생산품들만 풍성 해진다는 사실을. 하지만 나 자신은 개념에 들어맞지 않는 존재다. 남자도 아니고 여자도 아닌 것이다. 이 세상은 모든 것이 이것 아니면 저것을 선택하도록 되어 있 고, 한번 선택하면 그 회로에서 벗어날 수 없다. 지금은 접고 있지만, 나에게 아직 날개가 있음을 나는 뚜렷하게 의식한다. 나는 개념이 아닌 자연 속으로 비상하고 싶은 것이다!

스스로를 뒤죽박죽으로 만든 까닭도 그 때문이다. 개념들이 내가 가는 길을 방해하지 못하도록, 기호들의 변별력을 무력화시킬 필요가 있었다. 문명인들은 이 런 나의 행위를 예술이라고 한다. 내 행위의 결과물에 대해서는 미리 무어라 단정 할 수 없다. 무엇이 나올지 나도 모른다. 개념들의 사용처를 누구보다도 잘 알지 만, 내 본성을 억압하는 물품을 만들지 말아야 한다는 것 역시 당위다. 내 존재이 유를 긍정해야 하니까.

억압을 당해본 사람이 고통을 잊는다면, 존재이유를 부정하는 행위다. 고통 과 긍정은 개념으로 할 수 있는 일이 아니다. 개념을 통한 긍정은 비진리일 뿐이다.

그래서 하지 않는다.

정말로 이이는 아무것도 하지 않는다. 거칠 것 없이 떠오르는 해를 맞이하지 않아 지금은 지구의 회전도 정지되었다. 눈의 총기를 안으로 빨아들이는 시선과 총기가 가라앉은 몸집이 더 큰 부피로 빛의 가벼움을 아래로 끌어내릴 뿐이다. 주변 사물을 모조리 아무짝에도 쓸모없이 만드는 이 몸집은 스스로에 대해서도 대책이 없다. 이 몸은 이렇게 컸으면서도 성적으로 분화되기를 거부했다. 남자인지 여자인지 모르게 된 이이는 자기 내부의 자연이 분화하는 일마저도 못하게 막았다. '아무 일도 하지 않음'을 이처럼 당당하게 드러내다니!

계몽의 빛이 찬란하게 비치면, 종을 울려 사람을 깨우고 시간을 맞추어 일하도록 소리 높여 외쳐야 한다. 저울로 재고 칼로 자르고 제대로 기록하면 분명 세상은 반듯하게 세워질 것 아니겠는가? 그러면 무지갯빛 감도는 행복한 세상이 올 것이다. 행복해지기 위한 도구들이 모두 손에 닿을 만하다. 그런데 이이는 왜 손을 내뻗지 않고 안으로만 웅크리는 것일까?

무엇 하나 제자리에 놓은 것이 없는 무질서를 잘도 참고 있다. 종도 시계도 저울도 그냥 벽에 걸려 있을 뿐이다. 서로 잘 맞추기만 하면 유용하게 쓰일 계몽의 도구들을 저렇게 놔두다니. 흔들어 울리고, 거꾸로 돌려놓고, 반듯하게 들어서 물건을 달아야 하는 것이다. 그래야 햇빛 쏟아지는 이 해변에 어울리는 풍경이 연출된다. 빨리 배라도 한 척 건조해 저 희망의 나라로 노 저어 가야 하지 않을까? 자원은 주변에 부족함이 없이 널려 있다. 이이가 움직이면 모든 것이 성사될 것이다. 몸도 튼튼하고 눈빛을 보니 총기도 있어 보인다. 다만 뒤에 날개가 달려 있다. 지금은 접고 있지만 아마도 저 날개 때문임이 분명할 듯싶다. 단박에 날아서 비상할 수 있는데, 계산하고 자르고 이어 붙이는 일을 꼭 해야 하는지 내심 궁리나 하고 있는 것이다!

날개를 그토록 자랑스러워하면서도 몸을 잔뜩 웅크린 이 정체불명의 존재는 뭐란 말인가? 그래서, 자신이 납득되질 않아 손에 컴퍼스를 들고 앞에 놓인 종이에 자신의 고민을 토로한단 말인가? 무얼 자르고 이어 붙일지를 적고 있지 않음은 분명하다. 그런 일은 기록의 대상이 아니다. 그냥 일어나서 움직이면 되는 일이다. 계산의 도구들을 앞에 두고 한없이 내면으로 가라앉는 이이는 도구들이 궁극적으로는 쓸모없다는 생각을 할지 모른다.

건설하면 뭣하나? 금방 다시 파괴의 순간이 올 터인데! 그렇다고 정작 햇빛 찬란한 이 건설의 장소를 떠나지도 않는다. 날개도 있으면서 말이다. 그냥 건설과 파괴에 대해 사유하고 있을 뿐이다. 사유하는 육중한 몸집은 그 풍성한 부피로 계몽의 도구들을 제각기 떼어놓는다. 그러자 그의 날개도 꺾여버린다.

이이의 비상하지 못한 자유의지에 시민사회는 '자율성'이라는 개념을 부여했다. 손에 든 컴퍼스의 유용성만이 아니라 뒤에 원래 달렸던 날개의 당위에 대해서도 사유하라는 임무와 함께. 예술의 자율성은 자유의지를 개념의 세계에 내재시키느라 발생한 상흔이다.

1

다시 처음으로

21세기로 접어든 현시점에서 이른바 '근대의 원형'을
다시 본격적으로 들여다보아야 하는 까닭은
오늘날 인류가 겪는 문제들이
바로 근대의 결과물에서 비롯되고 있기 때문이다.
근대를 추진하기 위해 인간이 자기 스스로를
강압적으로 재구성해야 했기 때문에
급기야 자기 교정이 불가능해졌다는 깨달음은 소중하다.

출발점으로서의 근대성

분석과 자연스러움

'지구'라는 생존조건을 떠안고 살아가는 인간 집단은 현재 우리가 추적할 수 있는 시간의 범위만을 두고 보더라도 무수한 변화를 겪었다. 순수하게 자연의 도전으로 간주할 수 있는 변화에서부터 인간이 공동체를 이루고 살면서 만들어낸 구조적인 파국에 이르기까지, 그동안 인간의 삶은 여러 차례 근본적인 위기에 봉착했다. 위기는 개인의 삶을 뿌리째 뒤흔들어놓았고, 살아남기 위해 스스로를 철저하게 재구성할 수밖에 없었던 사람들은 새로운 패러다임을 엮어나갔다.

그중에서 베버(Max Weber)가 탈주술화(Entzauberung)라고 특징지은, 인간의 지적능력이 불러일으킨 변화[1]는 오늘날 지구에서 살아가는 인간

---

1) 베버는 수천 년간 지속되어온 서구의 주지주의화와 합리화의 결과를 세계의 탈주술이라 명명했다. 이는 다음과 같은 믿음에서 비롯되었다. "비밀스럽고 예측할 수 없는 힘들이란 원칙적으로 존재하지 않는다. 모든 사물은 원칙에 있어 계산을 통해 지배할 수 있다." Max Weber, *Wissenschaft als Beruf*, Gesammelte Aufsätze zur Wissenschaftslehre, (Tübingen: J.C.B. Mohr, 1973), pp.582~613; 막스 베버, 전성우 옮김, 『직업으로서의 학문』, (파주: 나남, 2009), 44쪽.

의 삶을 가장 깊이 규정하는 요인으로 남았다. 이 '분석해서 지배하는' 흐름은 더 나은 세상을 약속하면서 인류에게 새로운 규범으로 군림하더니 마침내 지구촌 어느 구석도 자신과 무관한 채로 남겨두지 않았다. 인간의 분석능력이 근대성(Die Moderne)이라는, 진보와 행복을 결합시킨 새로운 패러다임에 따라 세계와 인간 자신에 대한 지배권을 획득해낸 결과다. 하지만 근대성도 이제 어느덧 낡은 것이 되어버렸고, 이 '낡은 새로움' 앞에서 인류는 다시 한 번 근본적인 변화를 요청받고 있다.

탈주술화란 '주술'(呪術)이라는, 존재하지도 않는 껍질에 갇힌 세계의 진면목을 '발굴'해냄을 뜻하는 말이다. 인간이 미망(迷妄)의 자기 의식을 자연 대상에 덧씌운 채 그 덫에서 헤어나지 못해왔음을 깊이 깨닫고 자신과 세상을 계몽하겠다는 의지를 몸소 관철시켜나갔다는 이야기다. 따라서 근대는 늘 무언가를 새롭게 해명해서 내놓아야 했고, 19세기 내내 서구인은 이를 '진보'라는 이름하에 정리했다. 진보는 자연으로부터 좀 더 많은 것을 얻어내려는 인간의 노력과 의지에 역사의 객관적 법칙이라는 정당성마저 부여한 어휘였다. 이러한 진보가 '근대성'이라는 우리 삶을 깊숙이 규정해온 패러다임의 한 축을 이룬 핵심 요인임은 분명하다. 하지만 전부는 아니었다. 근대인을 '탈주술화' 과정으로 내몰던 요인에는 진보관 이외에도 한 가지가 더 있었다. 바로 근원으로 회귀 또는 본래 타고난 자연스러움을 회복하고자 하는 염원이었다.

근대인은 계몽만 철저하게 한다면 만물이 본래의 성질을 회복해 제 본분을 다할 것이라 믿어 의심치 않았다. 초자연적이고 종교적인 형이상학이 만물의 운동을 가로막고 있으므로 여기서 주술의 외피를 벗겨내 사물이 자신의 고유한 원리에 따라 제대로 움직이기만 하면 모든 것이 제자리를 찾을 것이라고 낙관했다. 그리고 여기서 '제자리'란 바로 자연스럽고 조화로운 상태를 뜻했다. 이런 상태에 오르기 위해서는 무엇보다도 낡은 틀을 벗어던질 용기, 칸트가 요청했던 '오성을 사용할 용기'[2)가 필요할 따름이었다. 한마디로 근대인은 분석해나가면 결국에는 모든 것이 조화롭게 마무리될 것이라는 이상에 사로잡혀 있었던 것이다. 그들은 유토피아를 꿈꾸었고, 유토피아에 도달하기 위해 앞으로 달려나갔다. 이처럼 조화로운 결말을 믿었던 근대인은 인간의 내부자연, 즉 피와 살의 욕구에 대해서조차 마찬가지 태도를 취했다. 인간이 종교적 도그마에서 벗어나 자연스러운 본성을 되찾으면, 물질을 누리는 데서도 왜곡된 행태를 보이지 않을 것이라 굳게 믿었다.

사정이 이러하다면 인간이 지상에서 행복한 사회를 이룩하지 못할 이유는 하나도 없었다. 어떻게 해서든 물질적 풍요를 거둬들이기만 한다면, 언젠가는 유토피아가 도래할 것이었다. 이처럼 '자연'과 '진보'가 서로에게 활동의 토대이자 자기 확신의 근거로 작용하는 한, '근대성'은 계속 새로운 패러다임으로 작동할 수 있었다. 이 새 패러다임에 따르면 새로 생겨나는 것이 새로운 질서를 선도하는 힘을 발휘한다. 인류는 질서구성 능력을 지닌 새로움에 미래를 의탁했다.

이 새로운 패러다임에 따라 '진보하면서 구성한다'는 독특한 문화지형이 유럽 사회에 조성되었다. 18세기 이후 서구인이 세계적인 주도권을 거머쥘 수 있었던 이유를 찾자면, 무엇보다도 이러한 문화지형에서 '자본주의'라는 경제체제를 구축했다는 사실을 꼽아야 할 것이다. 자본주의는 '구성하는 새로움'이라는 근대성의 원칙이 가장 성공적으로 관철된 경우라 할 수 있다. 이 경제체제는 지구상의 모든 나라를 '선진'과 '후진'으로 구분하면서 물질과 인간의 욕구를 '탈주술화'시켰다. 결국 자본주의는 세계적인 규모로 팽창할 수밖에 없었다. 탈주술화 작업의 대상을

---

2) Vgl. Immanuel Kant, *Beantwortung der Frage: Was ist Aufklärung?*, Was ist Aufklärung?, (Göttingen: Vandenhoeck & Ruprecht, 1994), pp.55~61; 임마누엘 칸트, 이한구 옮김, 『칸트의 역사철학』, (서울: 서광사, 1992), 13~22쪽. 앞으로 인용할 때는 (Kant, 원서 쪽수; 1992, 역서 쪽수.)로 표기.

찾아내 외피를 벗기고 본모습을 드러내도록 하는 일에는 '낙후된 삶'을 지속적으로 발굴하는 작업이 결부되어 있게 마련이다.

계몽의 주체는 새로 등록된 '낙후'를 통해 미래를 약속할 수 있었다. 그리고 미래는 미망의 껍질을 벗겨내는 순간으로 현재화되어야만 했다. 그렇지 않으면 계몽이 현실적인 추진력을 확보하는 데 어려움을 겪을 수밖에 없기 때문이다. 끊임없이 미래를 약속하면서 자본주의는 지구에서 승자의 자리를 차지했다. 그러고는 '후기'를 넘어 소멸기에 접어들었다는 진단마저 나오는 오늘날까지, 약속할 미래를 현재화시킬 대상을 찾아 여전히 분주하게 움직이고 있다.

계몽이 자연스러움을 회복시킬 것이라는 믿음은 그 자체로서 매우 독특한 사유의 복합체이지만, 특히 자본주의라는 경제영역에 들어와서는 돌이키기 어려운 결과를 초래했다. 무엇보다도 서구인이 자본주의 경제체제라는 '하부구조'를 꾸리는 과정에까지 '잘못된 생각을 바로잡는 일'이 '사물의 참된 질서'로 귀결되리라는 믿음을 관철시켰기 때문이다.[3]

그들은 물질적인 '결과'를 탈주술화 작업에 대한 정당화의 근거로 삼았다. 어떻게 해서 이러한 '믿음'의 결과가 사유 차원에만 머물지 않고 현실세계에까지 실질적인 작용력을 발휘했는가를 추적하면, 서구의 유구한 철학전통인 관념론을 발견할 수도 있을 것이다. 하지만 다른 관점

---

3) 베버의 논문 「개신교 윤리와 자본주의 정신」은 물질의 자본주의적 재구성 작업을 신교도들이 얼마나 신뢰했는가를 말해주고 있다. '재구성'이란 엄청난 도전과 변화를 의미하는 것인데, 신교도들은 이를 전적으로 새로운 질서를 수립하는 차원에서만 받아들였던 것이다. 저자인 베버 역시 이러한 순진성이 초래할 암울한 미래를 예견하고 중국에는 "정신 없는 전문가"와 "심장 없는 향락자" 들이 "기계화된 화석화"를 인류가 이루어낸 전대미문의 성취로 여기게 될지도 모를 일이라는 진술로 논문을 마무리했다. Max Weber, *Die Protestantische Ethik und der Geist des Kapitalismus*, Hrsg. und eingeleitet von Dirk Kaesler, (München: C.H. Beck, 2006), p. 201. 이 책은 앞으로 『개신교 윤리』로 표기.

에서 원인과 결과의 순서를 뒤집어 관찰하면 마르크스가 지적했듯이, 물신성(Das Fetische)이라는 자본주의의 부인할 수 없는 성격이 뚜렷이 드러난다. 이처럼 유물론이든 관념론이든, 경제생활에서 물질과 인간의식이 수미일관하게 조응할 수 있음을 증명하려는 노력이 기울여졌고, 그 일을 담당한 이론가들의 노력은 결실을 보았다. 물질이 인간사회에 편입되는 가장 자연스러운 질서로서 자본주의를 내세우는 일이 마침내 전 지구적으로 통용되는 세기가 도래했고, 갈수록 더 큰 힘을 발휘했다.

과학주의의 승리

자본주의는 세계체제로 자리 잡았다. 나는 자본주의 현 단계를 '후기'라는 접두어로 특징지으려 하는데, 일반적인 의미로부터는 약간 벗어난 뜻에서다. 이 단어를 쓰면서 내가 주목하는 정황은 타고난 능력과 습득한 노동력을 통해 자본주의 경제체제에 참여하는 인간들 사이의 관계가, 국가나 의회 같은 고전적인 정치세력뿐 아니라 미디어 등의 새로운 통제장치에 의해 간접적으로 변화된 흐름이다. 현재 자본주의 세계체제는 이 '간접성'을 바탕으로 작동한다 해도 과언이 아니며, 간접적인 채로 현대인의 생존가능성 그 자체가 되었다. 현대사회에서는 자본주의 계산법으로 두뇌와 마음을 제대로 계몽하지 않으면, 생존가능성이 그만큼 줄어든다.

따라서 자본주의를 경제적인 측면에서만 파악하면 여러 가지로 미흡하다. 우리는 주식거래와 환율에 관한 정보를 너무도 자연스럽게 받아들이고, 일상의 적지 않은 부분을 이런 정보의 생산과 유통에 내주고 있다. 또 미디어 환경이 일상에 자연스럽게 자리 잡은 결과, 자기 자신의 욕구에 대해서마저 즉자성을 잃은 상태로 살아가는 처지다. 이 모두가 바로 인류가 오랫동안 '탈주술화' 작업에 매진해온 결과 나타난 현상이며, 세계와 자신의 '사용가능성'을 극대화시키기 위해 열심히 노력한 끝에 도달한 경지다. 그렇다면 자신의 욕구에 대해 '간접적인' 이 상태가 인간이 종교적이고 형이상학적인 주술에서 벗어나 되찾으려고 했던 인간의 본모습인가? 그리고 자본주의적인 계산법은 인간과 세계를 조화로운 관계로 묶어내는가?

아무래도 이 물음에 긍정적인 답을 하기는 어려울 것 같다. 인간이 탈주술화 작업을 수행해 생산력을 제고해나간다기보다는, 오히려 자본주의 경제 시스템이 인간과 세계를 '효율적으로 분석하는' 주체가 되었다고 하는 편이 더 낫기 때문이다. 자본주의적 재구성은 지구상에 자연스럽고 안정된 질서를 가져다주지 못했다. 그러면서도 여전히 모든 것을 들쑤셔 인류가 '효율성'의 미망에 사로잡힌 채 움직이도록 몰아가고 있다. 움직임에는 계속 가속도가 붙고, 행복과 자연스러움에 대한 갈망을 언제 포기했는지 현대인은 기억조차 하지 못한다. 근대성 기획의 가장 탁월한 성과라고 할 수 있는 자본주의 세계체제에 살면서도 그런 기획을 왜 추진했는지, 애초의 약속 따위는 잊고 사는 현대인은 일상이 그저 피로할 따름이다.

피곤한 현대인은 그렇다면 어떻게 자신을 추슬러야 하는가? 앞으로 이 물음을 화두로 '공동체 구성'과 '개인의 행복' 사이의 긴장관계를 살펴볼 것이다. 이 책은 오늘날 우리가 직면한 문명의 피로감을 한번 파헤쳐보고, 아직 우리에게 어떤 가능성이 남아 있는지 생각해보려는 견지에서 시작됐다. 이 피로감은 모두가 앓고 있는 현대병이지만, 개인적인 것으로 치부할 수는 없음도 분명하다. '문명의 피로감'이라는 표현에는 이 문제를 구조적인 차원으로 옮겨놓겠다는 나의 의지가 포함되어 있다. 앞에서도 서술했듯이 모두 열심히 움직이고 있지만, 처음 그 움직임을 가능하게 했던 '행복한 결말'이 기대지평에서 사라진 상태에 대한 위기감을 표현한 언어이기도 하다.

베버의 합리화 테제를 살펴보면 현대문명이 애초의 약속을 방기하게 되는 구조가 드러난다. 베버가 밝힌 '자본주의적 인간'의 등장은 원래 탈주술화를 추진하는 사람(개신교도)의 합리적 태도를 떠받들던 '비합리적 심성' 즉 분석의 결과에 대해서는 '신께 맡기는 태도'에 크게 힘입은 사건이었다. 이렇듯 근대의 출발은 합리화가 결과에 무조건 승복하는 윤리와 동전의 양면을 이루면서 한 인간의 삶을 추동하는 패러다임이었다. 하지만 합리적 분석과 비합리적 윤리의 동거는 인간이 분석 결과를 어떻게 해석하느냐에 따라 운명이 달라질 수 있는 매우 불완전한 것이었다.

베버가 예측했듯이 합리화는 모든 것을 계산을 통해 지배할 수 있다는 믿음을 불러들였고, 그런 믿음으로 비합리적 심성도 분석의 대상으로 탈바꿈시켰다. 과학주의가 승리를 거둔 것이다. 과학주의는 인간의 심리와 기호는 물론 무의식과 욕구마저 모두 분석하면서 아무런 거리낌이 없었다. 과학주의의 승리는 자본주의에 더할 나위 없는 기회였다. 현대 자본주의는 과학 분석의 결과를 원자재로 삼아 구조적 위기를 극복하고 계속 승리를 구가하고 있다.

21세기로 접어든 현 시점에서 이른바 '근대성의 원형'을 다시 본격적으로 들여다보아야 하는 까닭은, 오늘날 인류가 겪는 문제가 바로 근대성 기획의 결과물에서 비롯되고 있기 때문이다. 그런 기획을 추진하기 위해 인간이 자기 스스로를 강압적으로 재구성해야만 했기 때문에 급기야 자기 교정이 불가능한 상태가 되었다는 깨달음은 소중하다. 문명인의 재계몽은 근대 시민사회 또는 자본주의 세계체제를 연구하는 생산적인 출발점이 될 수 있다.

자기 계몽과 질서구성

마음껏 따지고 구분하라!

서구에서 18세기는 신분제 질서에서 벗어나 민주주의 시민사회를 설립하기 위한 인류의 노력이 이런저런 대사건들로 가시화된 시기에 해당한다. 그리고 1789년의 프랑스는 오랫동안 이 시기의 대변자로 군림해 왔다. 하지만 근대사회로의 이행기를 프랑스혁명을 중심으로 설명하던 패러다임은 20세기 후반 무너져내렸고, 설명틀의 무능을 근대사회 자체의 오류나 정지로 설명하는 풍조가 한동안 지속되었다.

그리고 이런 '탈근대' 패러다임이 기세를 떨치는 동안 '근대'를 바라보는 시각 자체도 많이 달라졌다. 대혁명과 엇비슷한 시기에 일어난 사건들을 더 이상 중심에서부터 '일탈' 혹은 '좌절'로 해석하지 않고, 독일과 영국 등 유럽 각국이 제각기 다른 방식으로 근대사회로 이행하는 세기적 변화를 견인했다고 설명하기 시작한 것이다.[4] 푸코(Michel Foucault)

---

4) 독일은 대혁명에 버금갈 만한 사회변혁의 기회를 갖지 못했으며, 영국 역시 마찬가지였다. 영국의 의회민주주의 발전에는 '무혈명예혁명'이라는 왕관이 씌워지고, 독일은 항상 '실패한 혁명'의 좌절감에 시달리는 나라로 자리매김되었다. 광장에서 일어나는 혁명을 통한 사회변혁을 시민사회 성립과 발전의 모범으로 삼

의 저술들은 새로운 설명틀을 구축하는 데 결정적으로 이바지했다.[5] 그는 프랑스와 독일이 서로 다른 길을 걸어왔음에 주목하면서 독일의 근대화 과정이야말로 계몽을 통해 세상을 바꾸려 한 서구이성이 자신을 가장 확실하게 관철해낸 경우에 해당한다는 평가를 내리기도 했다.[6]

1784년에 발표된 칸트의 논문 「계몽이란 무엇인가라는 물음에 대한 답변」은 근대독일의 '대사건'이었다. 이 논문은 '계몽의 용기'를 역설하는 문장으로 시작해[7] 당시 군주인 프리드리히 대왕에 대한 복종을 요구하는 문장[8]으로 끝난다. 한마디로 자유는 바라면서도 혼란은 막고 싶은 철학자의 생각이라고 하겠다. 그런데 관념의 자기 반성이 불러일으킬 수 있는 온갖 불일치를 그대로 노출하고 있는 까닭에 오늘날까지 논란이 분분한 형편이다. 논란의 핵심은 칸트가 계몽의 대상과 주체를 두고 일관되지 못한 논지를 편다는 내용으로 요약된다. 자기 계몽(Selbstaufklärung)의 용기를 독려하는 전반부에서는 계몽의 대상에 제한을 두지 않는다.

는 역사철학 탓이었다. 이 역사철학은 20세기 후반 열정적으로 공격받았고, 더불어 진보관도 재검토 과정을 겪었지만 그렇다고 완전히 힘을 소진했다고 보기는 어렵다. 프랑스혁명을 여전히 변혁의 왕도(王道)로 여기는 관점이 있는가 하면, 의회민주주의 제도가 지구상에서 최선의 제도로 받아들여지고 있지 않은가. 그런 한편으로 좌절의 나라 독일이 20세기 후반에 발전시킨 복지국가제도는 오늘날 한국사회에서 매우 높이 평가되고 있다.

5) 20세기에 푸코가 수행한 칸트의 비판기획에 대한 재조명은 이순예, 「근대성, 합리와 비합리성의 변증법」, 『담론201』, 13:1, (한국사회역사학회, 2010)에서 논증한 내용(9~10쪽 참조.)을 토대로 서술했음.

6) 푸코는 혁명주체세력의 보수화로 사회가 경직된 프랑스에 비해 복지국가 시스템을 구축하고 이념 갈등도 조절하는 등, 합리적 관리의 면모를 보여준 제2차 세계대전 이후 독일사회의 발전과정에 주목한다. Michel Foucault, *Was ist Kritik?*, Walter Seitter 옮김, (Berlin: Merve, 1992), p.22 참조.

7) Kant, 앞의 책, p.55; 1992, 13쪽. "계몽이란 우리가 마땅히 스스로 책임져야 할 미성년 상태로부터 벗어나는 것이다. ……너 자신의 오성을 사용할 용기를 가져라!"

8) 같은 책, p.61; 같은 책, 21쪽: "너희들이 하고자 하는 일에 관해 너희들이 원하는 만큼 따져보라, 그러나 복종하라!"

오직 자기 힘으로 일어설 것을 독려하고, 더 나아가 용기가 부족해 계몽이 미흡해질까 걱정하는 편이다.

하지만 계몽의 조건으로서 '자유'를 언급해야 할 시점에 이르자 가차 없이 태도를 바꾼다. 계몽의 결과가 '무해'하게 나타나는 경우와, 계몽 주체가 속한 '기계장치', 즉 공동체에 해를 끼치는 경우를 선명하게 가르고 나서는 것이다. 그러다가 마침내 '기계장치'의 관리인을 자처한 계몽 절대군주 프리드리히 대왕의 군대가 시민적 자유(Bügerliche Freiheit)를 제한해 들어와도 이를 받아들여야 한다는 역설에 이른다. 이 역설의 목적은 인간을 더 이상 '기계'로 대접하지 않아도 되는 상태의 실현이다.

> 이에 반해, 시민적 자유의 정도를 한층 제한하는 것은 국민 각자가 자신의 능력을 충분히 발휘할 수 있는 여지를 부여하는 것이다. 그때 이런 딱딱한 껍질 밑으로부터 자연이 가장 조심스럽게 보호하는 싹을, 곧 자유사상을 향한 경향과 소명을 계발하게 되면, 이것은 점차 국민성에 반작용하게 된다. (이에 따라 국민은 점점 행동의 자유를 발휘하게 된다.) 그리고는 마침내 이 반작용이 통치 원리에까지 미치게 되어 정부는 기계 이상인 인간을 그의 품위에 어울리게 대접해야 유리하다고 생각하기에 이른다.(Kant, 1994, p.61; 1992, 21~22쪽.)

시민적 자유의 제한이 정신적 자유를 증폭시키는 결과를 가져올 것이라는 전망, 그리고 정신의 계몽을 구조 변혁보다 우선으로 여기는 칸트의 역사철학이 잘 드러나는 글이다. 아울러 이러한 역사철학이 당대 현실에 대한 진단에서 비롯되었음도 분명하게 드러난다. 칸트는 인간이 국가와 사회라는 기계의 부품으로 기능하고 있음을 직시했던 것이다. 기계가 작동하지 않으면 생존 자체가 불가능하다고 판단했고, 망가진 기계로 삶을 유지하려면 훨씬 더 많은 비용을 지불해야 한다는 생각도 했을 것이다. 상황이 이렇게 되면 인간의 자기 완성은 기대하기가 더욱 어려워진다. 사회 구성원인 인간이 성숙한 인격을 갖추고 있어야만 사회 구조를 개선해볼 수 있다는 칸트의 논리에 따르면 사회 혼란은 곧 퇴보를 말한다.

이러한 견지에서 칸트는 이성의 공적 사용과 사적 사용을 구분해야 함을 역설했다.[9] 그런데 칸트의 논지를 살펴보면 '구분'이란 결국 자기 계몽의 결과 터득한 인식에 대해 주체가 즉자적인 태도를 취해서는 안 된다는 이야기가 된다. 알지만, 안다는 것의 의미를 두고 사회 차원에서 재검토해야 한다는 뜻인 것이다. 자신의 사회적 역할, 개인과 사회의 관계에 대해 생각한 후 인식한 바를 현실에 적용하는 태도는 인식을 통한 자기 반성이나 다름없다. 결국 이 텍스트에서 칸트가 제시하고자 했던 바는 계몽과 반성의 불가분성이라고 할 수 있다. 칸트는 계몽이란, 반성을 동반하는 경우에 한해 사회구성의 원리로 자리 잡을 수 있는 정신활동임을 명시했다.

투항의지로 변질된 자유의지

신분제 사회에서 벗어나 시민사회의 구성원이 되기 위해서는 누구든 자기 계몽의 용기를 발휘해야만 했다. 하지만 구성원으로 계속 살아가는 일은 계몽만으로 다 해결되지 않는다. 시민사회는 여전히 위계질서에 의존하고, 사회조직 내의 권위주의 역시 여전하기 때문이다. '구분'하라는 칸트의 주장을 우리는 권력과 자본의 지배를 받는 '공적' 관계에 '너의

---

9) 칸트는 직업과 직접 관련된 활동에 대해서 '사적'(Privat)이라는 표현을 쓰고 오늘날 '공론장'이라 할 만한 영역에서 벌이는 활동은 '공적'(Öffentlich)이라 일컬었다. 오늘날의 언어습관과는 매우 다른 용법이다. 여기서 중요한 것은 조직의 일원으로 업무를 수행하는 경우와 공론장에서 갑론을박하는 경우의 '구분'이다.

인식을 모두 다 넘겨주지 말라'는 명령으로 읽을 수 있다. 칸트는 프리드리히 대왕 치하의 계몽절대주의 체제에서 인간이 생존권과 자유를 유지할 방도를 고민했던 것이고, 우리는 여기서 최초의 '근대적인' 생존방식을 발견하는 것이다. 칸트가 제기한 '영역구분'의 요청을 푸코는 '지배받지 않으려는' 비판의 태도가 발현된 것으로 파악했다. 이성의 자기 실현을 위해 매진하는 계몽이 시민사회라는 조건을 받아들여 영역구분의 원칙을 통해 사람들 사이의 질서를 구성하고 개인의 자유도 실현하려 했다는 결론이다.

현대 자본주의 세계체제는 칸트가 '기계'로 진단했던 프리드리히 대왕 치하의 계몽절대주의(프로이센)보다 훨씬 더 강력한 장치들로 개인을 체계에 포섭시키고 있다. 그래서 20세기 후반부터는 계몽의 용기보다는 체계로부터 벗어나는 개별성의 영역을 지켜내려는 선 긋기에 더 많은 이론적 노력이 기울여졌음도 사실이다. 하지만 체계로부터 벗어나겠다는 의지의 발현을 '개인의 자발성'으로 간주하고, 이 개별성을 발판으로 근대 과학주의를 극복하겠다고 나선 탈근대 담론은, 개인의 의지에 발목이 잡힌 채 결국 체계의 확대재생산에 기여하고 말았다.

실패의 결정적 요인은 무엇보다도 이성의 체계를 갑갑해하면서 등장한 20세기의 (신)자유의지가 18세기의 자유의지만큼 강력하지 못했기 때문이다. 개인의 자발성이 현실의 구체적인 관계 속에서 실현되어 체계가 제공하는 가능성과는 다른 방식의 가능성을 내다보도록 할 만큼 충분히 '자유롭지' 못했던 것이다. 자유의지를 품긴 했지만 20세기 문명인은 자신의 삶을 이전과 다른 방식으로 꾸리지 못했다.

현실의 구조가 완강했다는 변명도 18세기 질풍노도의 경험 앞에서는 빛이 바랠 수밖에 없다. 제대로 된 자유의지라면 강고한 구조를 폭파시키기라도 해야 한다. 비록 새로운 질서수립으로는 나아가지 못하더라도. 이는 독일의 질풍노도 운동이 주는 교훈이다.[10] 그래야 이전과는 다른 무엇이 새로 시작될 수 있으며, 최소한 새로운 시작에 대한 열망이라도 품을 수 있기 때문이다. 자유의지란 현실을 제대로 분석한 후 그 분석결과를 토대로 적용가능성을 고려하는 무언가가 아니지 않은가.

자유의지는 오히려 본성이다. 자신의 몸과 마음을 권력의 처분권 아래 두고 싶지 않은, 절대적으로 자유롭고 싶은 본능 때문에 발현되는 내적 욕구인 것이다. 20세기에 계몽인은 자신들이 체계에 억눌려 있다는 사실을 의식하고는 있었다. 그래서 벗어나고 싶기도 했다. 그런데 체계가 제공하는 선택의 자유를 체계 자체와 분리시켜볼 만큼 철저하지는 못했다. 그래서 패착을 두고 만 것인데, 분석의 오류에 기인하는 착각인지 의지박약에서 파생한 결함인지 가려볼 필요도 있을 것이다. 부분담론들마다 결론은 제각기일 터다. 하지만 여하튼 착각을 한 탈근대 담론의 세례를 받아 20세기 후반 문명인은 선택의 자유를 개별성 확보의 기회로 삼았다. 결과는 자본의 팽창 메커니즘에 대한 투항으로 나타났다.

질서와 자유의 연대로 시민사회가 유지되도록 하기 위해 칸트가 수립했던 근대의 기획은 그동안 현실에서 그리 성공적이지 못했다. 하지만 지구상에 사는 인간이 자유·평등·박애의 이상을 포기하지 않으면서 물질적인 욕구를 충족하고 싶어하는 한, 여전히 유효한 구성의 기획으로 남을 수밖에 없다. 질서구성은 시민들 각자가 책임감을 사회활동의 토대로 삼을 때에만 기대할 수 있는 사안이기 때문이다.

---

10) 이순예, 「질풍노도의 해석학」, 『담론201』, 15:4, (한국사회역사학회, 2012), 40~57쪽 참조.

근대 시민사회와 예술

칸트와 아도르노

근대는 사회영역의 분화와 개인의 분열을 필연적으로 동반하는 기획이었다. 이러한 이념을 사회적으로 실천했던 서구 시민사회가 예술에 특별한 관심을 기울인 까닭은, 바로 그 분화된 영역들로부터 벗어나 인간을 유기체로 바라볼 수 있는 가능성을 가상(Schein)의 세계에서 발견했기 때문이다. 허구이면서도 마치 현실적인 구속력을 지닌 듯 자처하는 예술의 독특성에 칸트는 예외적인 관심을 기울였고, 그 가상의 세계가 현실세계의 경험법칙 및 도덕률과 맺는 '주관적 필연성'을 논구했다.

예술에 문외한이었던 칸트가 『판단력 비판』[11]을 통해서만 『순수이성

---

11) Immanuel Kant, *Kritik der Urteilskraft*, Herausgegeben von Karl Vorländer, Mit einer Bibliographie von Heiner Klemme. -7. Aufl, - (Hamburg: Meiner, 1990); 임마누엘 칸트, 백종현 옮김, 『판단력 비판』, (서울: 아카넷, 2009). 앞으로 인용할 때는 (Kant, 원서 쪽수; 2009, 역서 쪽수.)로 표기. (번역용어 중에서 '취미판단'은 '감식판단'으로, '취미'는 '감식안'으로 '미' 혹은 '아름다운 것'은 '조화미로', '미감적'은 '적적'으로 교체했음. ansinnen은 '요구하다' 대신 '요구주장하다'로 번역함).

감식판단(Geschmacksurteil): 기존의 연구들은 이 용어를 대체로 '취미'라고 번

비판』[12]과 『실천이성 비판』[13]으로 생긴 형이상학적 간극을 메울 수 있다고 생각했던 까닭을 우리는 진지하게 받아들일 필요가 있다. 현실에 발을 딛고 사는 인간은 분석 차원을 넘어서는 '아름다움'이라는 통합의 계기에 의해서만 온전한 유기체로서의 인격을 회복할 수 있음을 통찰하라고 칸트가 간청하고 있기 때문이다.

이러한 관점에서 한국의 인문학계를 돌아보면 오히려 칸트의 간청과는 반대방향으로 나갔다는 인상을 받는다. 인문학의 사회과학화라고 칭할 만한 흐름이 1980년대부터 최근까지도 계속되고 있기 때문이다. 실생활의 유용함을 내세워 구체적인 지침을 인문학에 수용하는 연구들이

역한다. 나는 영어 taste로 번역되는 독일어 Geschmack를 '취미', 즉 영어 hobby로 이해될 수 있는 한국어로 옮기는 일이 적당하지 않다고 생각한다. taste에는 '식별하다'는 뜻이 포함되어 있는 반면 'hobby'는 개인의 주관적 기호에 방점이 찍혀 있는 단어다. 인간은 혀의 어느 부위를 자극하는지 정확하게 식별하여 '짠맛' '신맛' '단맛'이라 '판정'하는 능력을 가지고 있다. 이 용어의 독특성은 전달과정에 있다. 두뇌가 인지한 혀의 자극지점을 적시하지 않고 대응하는 용어를 별도로 고안하여 '……맛'이라고 사회화시키는 것이다. 우리말에서도 이 독특성을 살려야 할 것이다. 한편 엔스 쿨렌캄프는 Geschmack을 '가치를 부여하면서 판단하는, 선택하는 기관'이라고 이해한다. "Daß der Geschmack die Instanz einer wertenden Beurteilung, einer Wahl ist, (……). In: Jens kulenkampff, *Kants Logik des ästhetischen Urteils*, (Frankfurt am Main: Klostermann, 1994), p.15. 우리말 '취미'로는 독일어 Geschmack에 있는 '가치부여하는'이라는 뜻이 잘 살아나지 않는다.

12) Immanuel Kant, *Kritik der reinen Vernunft*, Nach der ersten und zweiten Original-Ausbage herausgegeben von Raymund Schmidt. Mit einer Bibliogr. von Heiner Klemme. -3.Aufl.- (Hamburg: Meiner); 임마누엘 칸트, 백종현 옮김, 『순수이성 비판 1·2』, (서울: 아카넷, 2006). 앞으로 인용할 때는 (Kant, 원서 쪽수; 2006, 역서 쪽수.)로 표기. Verstand는 오성과 지성 모두 병기해 '오(지)성'으로 번역함.

13) Immanuel Kant, *Kritik der praktischen Vernunft*, Hrsg. von Karl Vorländer. Mit einer Bibliogr. von Heiner Klemme. -10. Aufl.- (Hamburg: Meiner, 1990); 임마누엘 칸트, 백종현 옮김, 『실천이성 비판』, (서울: 아카넷, 2002). 앞으로 인용할 때는 (Kant, 원서 쪽수; 2008, 역서 쪽수.)로 표기.

많았다. 유익한 인문학도 물론 가능하며 필요할 것이다. 하지만 또 다른 한편에서는 인문학의 내재적 요구를 지키는 연구들도 묵묵한 흐름을 이루어야 마땅하다. 장기적이고도 거시적인 차원에서 전망을 모색하는 것이 어쩌면 인문학의 본령일 수 있다.

파시즘의 발생과 그 결과 그리고 과거청산 문제에 이르기까지, 나치독일의 흥망성쇠는 독일 지식인의 지적 참여를 강력하게 촉발한 주제였다. 소설작품을 쓰는 한편으로 선거전에 직접 참여하는 등 이른바 참여적 지식인이었던 소설가 그라스(Günter Grass)는 나치즘 문제를 사회과학적인 계층계급론에 입각해 다루었다. 독일 근대화 과정의 파행과 결부된 중산층의 경제적 허약성, 그리고 그에 따른 심리적 미성숙이 강력한 정치 지도자를 불러들였고, 독일 소시민 특유의 '속물성'이 모든 '악'의 근원이라 판단했다. 그래서 그는 중산층의 허위의식에 일침을 가하는 소설을 썼다. 『양철북』에서 주인공은 중산층의 온갖 일탈을 폭로하고 그들의 미망을 일깨우기 위해 엄청난 파괴력을 지닌 소리를 지른다.

반면 프랑크푸르트학파의 비판이론가 아도르노(Theodor W. Adorno)는 내재비판의 접근법으로 파시즘을 분석한다. 아도르노 역시 중산층의 허약성에 문제가 있다는 분석에서 출발한다. 하지만 문제를 공론화하고 해결책을 모색하는 과정에서는 개인의 다양한 자질들을 특정 집단의 속성에 귀속시키는 계층계급론에서 벗어나 한 개인을 구성하는 내적 요인에 주목한다. 소시민 개인은 왜 내면적으로 허약해졌는가? 경제 기반이 무너지면서 그의 의식에는 무슨 일이 일어났는가?

이런 물음에 대해 아도르노는 다음과 같이 응답한다. 인간적 요인들이 한 개인에게서 균형을 이루어 온전한 주체로 서는 과정이 얼마나 어려운지를 보아야 한다고. 물적 기반이 흔들리면 주체가 형성될 가능성도 사라진다는 사실을 직시해야 한다고. 따라서 그의 이론구성에서는 물질적 토대와 인간의 행동이 서로 필연적인 상관성으로 묶여 있기는 하나, 꼭 직접적인 인과성을 드러내는 것은 아니라는 입장이 확고하다. 그 둘 사이에 개인의 의식활동(Bewußtseinsleistung)을 독립된 변수로 개입시키는 아도르노는, 항상 이 '의식'을 통해 사회구조와 개인의 행동을 설명한다. 그는 파시즘의 야만성을 고발한 사회비판서 『계몽의 변증법』을 쓰면서도 인간 사유활동의 내부구조를 밝히는 데 주력했다. 그 결과 이 책은 이른바 인문학적 사회비판의 새로운 모델을 제시한 저술이 되었다.

계층계급론이 밝혀낸 성과들을 개인의 실존을 가능하게 하는 조건으로 한정시켜 받아들였다는 점에서 아도르노의 이론구성은 칸트 비판철학의 현대화로 평가될 수 있을 것이다. 그라스가 창조한 고발자 마체라트(Matzerath: 『양철북』의 주인공)는 시민사회를 향해 소리를 지른다. 시스템은 외부의 충격을 받아 흔들린다. 하지만 깨진 유리는 곧 수선할 수 있다. 충격이 밖에서 주어지는 한, 유약한 소시민은 유약한 채 그대로이고 시스템은 복구된다. 소시민은 호메로스 서사시 『오뒷세이아』의 주인공처럼 자기 행동의 결과를 자기가 감당해야 한다.

아도르노가 시민적 개인의 원형이라고 분석한 오뒷세우스(Odysseus)는 자연의 순환을 진보(집으로 가기 위해 계속 항해하기)를 위한 토대로 이용했기 때문에 뒷감당을 해야 하는 처지가 된다. 그래서 계속되는 자연의 도전을 온몸으로 겪어내야 했다. 파시즘의 박해를 직접 받았던 아도르노의 연구는 물질적 진보가 인류에게 초래하는 문제의 원인을 인간사유의 특정한 유형에서 찾아내는 성과를 거두었다. 이른바 '도구적 사유'다. 이 사유방식은 문명의 진보와 더불어 사람들 사이에서 '관성'으로 굳어진 상태다. 그리고 문명이 발달할수록 사람들이 도구적 사유에 의지해야 할 필요도 커진다.

이러한 도구적 사유에서 벗어나는 것이 문제를 해결하는 첩경일 것이다. 『판단력 비판』을 통해 자연강제에서 벗어나는 인간적 가능성을 증명한 칸트의 유업을 이어받아 아도르노는 『미학이론』[14]에서 예술의 반성능력에 다시 한 번 기대를 걸 수 있다는 견해를 피력한다. 자기 파괴적인 관성에서 헤어나지 못하는 인류의 문명이지만, 문명의 꽃인 예술이 그 내부에서 제동을 걸 수 있다는 믿음을 유지한다. 이러한 믿음을 확보하기 위해 아도르노는 『부정변증법』[15]에서 도구적 사유의 관성을 차단할 변증법적 사유의 현대화를 추진했다.

교양시민

예술작품이 활성화시키는 반성능력이 사회통합에 기여할 수 있음을 간파하고 예술에 자율성을 부여한 근대 사상가들의 고민은 오늘날 우리에게 사유의 지렛대로 매우 유용할 수 있다. 신분제 사회에서 시민사회로 넘어오면서 예술은 근본적인 성격변화를 겪게 된다. 사회통합을 추진하는 역할을 부여받는 한편, 일정하게는 그 사회로부터 독립성을 획득해낸 것이다. 따라서 자율적이게 된 예술은 사회구성원이 스스로 삶의 조건들을 들여다보는 거울이 되어야 했다. 한마디로 요약하자면, 시민사회는 예술작품을 통해 갈등이 발생하는 조건들을 구성원 개개인이 직접 들여다보도록 하는 방식으로 사회통합을 추진했다고 할 수 있다.

그런데 이렇게 해서는 갈등이 '해소'되지 않는다. 직접적인 충돌을 피할 수 있을 뿐이다. 이와 같은 예술론에는 개인주의 문화와 자본주의의 경쟁관계를 유지하면서도 사회의 공동체적 성격을 포기하지 않으려 했던 근대 사상가들의 고민이 고스란히 담겨 있다. 고민 끝에 그들은 다양성을 인정하면서도 공공의 복리를 추구하는 사회를 지상에 실현시키기

---

14) Theodor W. Adorno, *Ästhetische Theorie*, (Frankfurt am Main: Suhrkamp, 1990); 테오도르 W. 아도르노, 홍승용 옮김, 『미학이론』, (서울: 문학과지성사, 1997).
15) Theodor W. Adorno, *Negative Dialektik*, (Frankfurt am Main: Suhrkamp, 1997); 테오도르 W. 아도르노, 홍승용 옮김, 『부정변증법』, (파주: 한길사, 1999).

위해 '예술작품'이라는, 허구이면서 동시에 이념인 사회적 기관을 고안해냈다. 이러한 예술의 이념에는 사회적 갈등을 감당하겠다는 의지가 표명되어 있는바, 상징체계를 통한 갈등의 간접화를 추구했다고 할 수 있다. 유럽의 여러 나라 가운데서도 독일은 이 갈등의 간접화를 사회적 프로그램으로 실행하고 있는 사회구성체에 해당한다.

이 '갈등의 간접화' 프로그램이야말로 현재 온갖 갈등으로 불행한 시간을 보내고 있는 한국사회 구성원들이 유럽 시민사회를 바라볼 때 많이 고려해야 할 사항이라고 여겨진다. 유럽의 문화지형을 이끌어온 계층이 분명 사회경제 기반을 토대로 형성된 이른바 '시민층'에 해당함은 사실이다. 하지만 그럼에도 사회과학적 계층계급론만으로 유럽의 시민문화가 형성되는 과정을 설명하기에는 여러 가지 어려운 점이 따르는 까닭에 그동안 이런저런 부연설명이 덧붙여졌다. 특히 독일의 경우, 시민층의 허약성이 모든 문제의 원인으로 지적될 정도였다. 18세기에 시민혁명을 통해 계급관계를 재편하지 못했기 때문에 그 후 시민사회 성립과정에서도 파행을 거듭했다는 줄거리였다.

이 줄거리로 시민사회 운영과정에서 발생하는 문제들을 '설명'하는 관행은 아마도 프롤레타리아 혁명으로 다시 한 번 계급관계를 재편할 기회를 마련하겠다는 희망의 소산일 것이다. 이런 희망에 따라 사회경제적 관계와 문화 패러다임을 관련짓다보니 계속 어긋나는 지점에 대한 부연설명이 필요했다고 할 수 있다. 이른바 사회과학 패러다임에서 이탈하는 요인이 너무 많았던 것인데, 유럽의 다른 나라들에 비해 그런 이탈요인들이 사회문화적으로 무척 큰 비중을 차지했던 독일이 '교양시민'(Bildungsbürger)이라는 용어로 사회과학적 틀과 이탈의 내포를 결합시켜 자국의 독특한 문화지형을 설명한 방식에 대해 새롭게 주목할 필요가 있다.

교양시민이란 근대 시민사회구성의 주역으로서 상정된 '개인'이 사회적 역할을 담당하기에 필요한 자질을 '형성'해나간다는 뜻을 담고 있다. 형성의 의미를 지닌 독일어 Bildung이 '교양'으로 번역되어 시민에 대한 수식어가 되었다. 교양시민은 개인이 자신을 보편인으로 형성해서 사회구성에 참여한다는 패러다임의 인문학 버전이다. 각자 처한 사회경제적 토대는 다를지언정 그 기반 위에서 보편인으로 자신을 형성하는 기획인데, 내면의 완성이 핵심이다. 외적 조건들은 그야말로 자기 형성의 '조건'에 불과하다. 앞으로 살펴볼 칸트의 '미적 주체' 논증은 누구든 자기완성의 경지에 오를 수 있음을 철학적으로 뒷받침했다는 점에서 우리에게 혁신적인 의미를 제공한다.

칸트의 비판기획은 '내적 일치'라는 형식주의 규정에 따라 '보편인'의 위상에 오를 수 있음을 확신하는 인간유형을 탄생시켰다. 미적 주체는 보편인이 되고자 하는 개인이 내적 일치를 이루기 위해 분열된 사회경제적 조건을 '의식'하고 있어야만 함을 가감 없이 드러내는 용어다. 근대인은 자신을 분열된 존재로 추락시키는 객관적인 조건들을 주체적으로 '의식'함으로써 분열의 순간에서 벗어날 수 있는 가능성을 확보하는 존재다. 이 가능성에 대한 의식이 바로 '미의식'이다. 따라서 근대인은 이 가능성의 순간을 분열을 프로그램으로 하는 객관세계의 진행(세계행정: 헤겔)에 그대로 흘려보내면 절대 안 된다. 이를 위해서 그에게는 객관세계로부터 벗어난 독자적인 공간이 필요하다. 그리고 이 공간은 객관세계보다 더 큰 흡인력을 지녀 근대인을 객관세계로부터 이탈시켜야 한다. '예술'이라는 '무중력의' 공간이 근대사회에 등장했다.

예술의 자율성 테제는 시민사회로 넘어오는 과정에서 예술이 사회적으로 담당해야 할 과제의 특수성에 따라 제출된 것이다. 예술이 정치권력과 종교로부터 분리되어 자신의 고유성을 주장할 필요가 있었던 까닭은 바로 근대 시민사회 형성과정에 적극적으로 개입하기 위해서였다. 따라서 시민예술의 독자성과 이를 기반으로 수행되는 사회성을 짚어볼 필요가 있다. 그리하면 시민사회에서 예술론과 사회이론은 서로 결부될 수밖에 없다는 사실이 증명될 것이다. 이러한 견지에서 전통적인 비판문법을 계승한 아도르노의 예술론에 주목할 필요가 있다.

2

예술과 비판

합리와 비합리는 동전의 양면이다.
탈근대 담론이 투항하면서 푸념하듯,
비합리가 주체와 무관하게,
저 밖에 별도로 존재하는 것이 아니다.
탈주체의 비합리를 새로운 전망의 담지자로 내세운 결과,
21세기 우리는 '일목요연하지 않음'이 구성하는
체계의 폭력을 톡톡히 경험하게 되었다.

비판문법을 완성시키는 예술

개념들, 도구들

나는 앞으로 '비판문법'이라는 개념을 비판의 현실적 조건과 비판하는 주체의 내적 상태에 따라 계속 재구조화되는 패러다임이라는 뜻으로 이해하면서 사용할 것이다. 그런데 이 표현은 내가 박영도의 박사학위 논문[1]에서 발견하고 차용한 것이다. 역사적인 흐름과 공시적 분석을 유기적으로 결합해나가면서 서술하는 박영도의 논문은, 비판이 현대사회에서 새롭게 활성화시켜야 할 문제의식이 무엇인지를 선명하게 드러내준다. "현대 비판문법의 구조변동을 살펴"보고 그 "해체와 복구의 과정"(박영도, 5쪽)을 내부 원리에서 밝혀내려는 논문의 시도는 비판을 계속 유효한 패러다임으로 제시하는 성과를 거두었다. 내가 '비판문법'이라는 그의 개념을 차용한 것도 이 성과를 이어가고자 하는 의도에서다.

그런데 '문법'이란 개별적 발화를 가능하게 하는 '보편'이지만, 또 다른 한편으로는 당면한 사안과 주어진 사물을 타고난 정신능력으로 의식

---

1) 박영도, 「현대 사회이론에서의 비판 패러다임의 구조변동」, 서울대학교 대학원 사회학과 박사학위 논문, 1994.

망에 포섭해 들이는 '도구'이기도 하다. 정신능력의 구조 면에서는 보편에 해당하지만, 구체적 사물과 관련되는 것을 배제할 수 없기 때문에 이중적인 층위에서 움직인다. 이처럼 양면성을 지닌 문법의 토대 위에서 개인은, 마주한 사물과의 관계를 선택해 줄거리를 구성한다. 이 '취사선택'의 과정에서 박영도는 예술을 완전히 배제시켰다. 나는 예술을 한가운데로 불러들여 새로운 줄거리를 엮을 것이다.

연원

문법은 언어에 내재한 인간 정신능력의 특정한 구조다. 이 정신구조의 보편성에 의지해 개인의 언어는 전달력을 보장받는다. 비판문법은 비판이라는 특수한 양태의 정신활동이 현실에서 공유되면서 사안에 개입할 수 있는 의식구조를 창출한다. 따라서 비판문법이 성립하려면 개인의 의식이 현실 속으로 침투해 사물들을 재배치시켰음을 확인할 수 있어야 한다. 이는 의식의 보편성을 확인하는 과정이기도 하다. 현실의 재구성이라는 비판문법의 기획의도가 실제로 관철되려면 이 확인과정에 대한 믿음이 있어야 한다.

그렇게 타고나서 달리 사용될 수 없는(a priori) 인간의 정신능력이 어떤 구조를 지녔는지 밝혀냄으로써 세상의 신비에 접근할 수 있다는 믿음을 바탕으로 사유하기로는 칸트가 처음이었다. 그는 현상계(Erscheinungswelt)와 물자체(Ding an sich)라는 이원론을 가지고 세상의 '신비'를 우주의 '질서'로 탈바꿈시켜놓았다. 그가 지구상에 도입한 이원론은 본래 인식론을 구축하기 위한 분석의 도구였다. 이 세상의 사물들에는 분석적으로 처리하는 오성(Verstand)의 활동에 조응하는 부분이 있음을 인식론의 토대로 삼은 것이다. 인간이 대상으로부터 얻은 감각자료들을 오성범주에 편입시켜 산출해낸 개념으로 이루어진 세계가 현상계다. 나머지는 분석할 수 없는 채로 남아 있다. 즉 물자체의 세계다. 칸트의 인식론은 인식할 수 있음과 없음을 구분하는 질서의 체계로 귀결된다.

그런데 이런 방식의 질서구축은 인간이 세상의 신비를 모두 열어젖힐 수 없다는 한계의식을 드러낸 것이기도 하다. 물론 '알 수 없음'마저 분석의 한계지점이라는 계몽의 언어로 명명함으로써 분석이 가능한 현상계를 우선 삶의 터전으로 삼도록 했다. 하지만 경계선 너머의 어두운 부분 역시 형이상학적 구속력을 잃지 않고 있는 것이다.

이 세상을 신비롭게 감싸주던 초자연적 형이상학을 무너뜨린 계몽은 인식가능과 인식불가능을 형이상학적으로 규정하는 이원론으로 대체되었다. 타고난 분석능력으로 세상을 계몽하겠다는 의지로 출발한 근대는 이렇게 하여 끝내 형이상학적 이원론에 갇히고 말았다. 이원론은 계몽의 빛이 밝혀낸 세계의 또 다른 신비다. 그런데 계몽은 어둠의 신비마저 밝혀내려는 의지를 버릴 수 없다. 하지만 빛은 더 이상 소용에 닿지 않는다. 이제는 어디까지만 밝힐 수 있는지 그 경계선을 구분하는 능력이 더 필수적이다. 비판의 태도가 요청되는 것이다. 계몽의 빛이 다하는 지점에서 근대성의 비판이 시작된다.

어원

'비판'의 첫 시작은 '구분하다' '떼어놓다'라는 의미를 지닌 그리스 낱말 κριτική이라고 한다. 오늘날에는 어떤 사태나 사람과 관련된 자료들을 가지고 그 대상에 대해 가치평가를 내린다는 뜻으로 널리 사용되고 있다. 이처럼 일상적인 용법으로 우리에게 익숙한 단어이지만 다른 한편에서는 이론적인 담금질을 통해 전문용어로 거듭나기도 했다. 철학은 이 단어에서 일상으로 수렴하는 통로인 심리학적 측면을 제거했다. 이러한 철학적 단련을 거쳐 '비판'(Kritik)은 특정한 내포를 지닌 패러다임을 가리키는 말이 되었다.

칸트가 이 단어의 철학적 변용에 결정적인 틀을 제공했다. 독자적인 철학체계를 수립해나가는 작업을 하면서 칸트는 자신의 일을 사람들에게 '비판의 기획'으로 납득시키려 했다. 그의 작업은 경험론과 합리론의 내재적 통합을 토대로 고전관념론의 기틀을 마련하는 결과를 가져왔다. 비판의 기획은 철학사에서 새로운 형이상학적 전망을 여는 사업이었다. 달라진 형이상학은 현실적으로 '사물들의 재배치'를 유발하게 된다. 이런 견지에서 칸트를 독일의 로베스피에르라 칭할 수 있을 것이다. 인문학이 사회관계에 실질적으로 침투하는 근대적 모델이 여기서 발생했다. 그래서 시민혁명에 대한 대안으로서의 독일 관념론이라는 역사적 평가도 등장하게 된다.

이 단어의 철학적 담금질은 칸트가 "철학은 모든 선험적 인식의 가능성과 원리(칙)들과 범위를 규정해주는 학문을 필요로 한다"[2]고 선언하면서 시작되었다. 특정한 선험원칙에 따라 인식이 구성될 수 있는 범위가 제한되어 있다는 이 선언은 전통적인 형이상학을 무너뜨리는 결정적인 일격이었다.

> 우리는 사물을 단지 현상으로서만, 직관과 사유의 형식들 속에서, 가능한 체험의 대상으로서만 인식한다. 체험을 넘어서는, 초험적 형이상학은 우리 이성에 자연스러운 변증학의 환상이다. 학문으로서의 형이상학은 단지 체험 자체의 선험적 전제들과 조건들의 체계로서만 가능하다. ……형이상학에 앞서 인식 비판, 순수이성 비판이 선행되어야 한다.[3]

---

2) Kant, p.42; 2006, 219쪽.

3) Rudolf Eisler, *Kant-Lexikon*, Nachschlagewerk zu Kants sämtlichen Schriften, Briefen und handschriftlichen Nachlaß, (Hildesheim: Georg Olms AG, 1994), p.354.

『칸트 사전』을 펴낸 아이슬러(Rudolf Eisler)가 주목한 바에 따르면 "물자체, 초감성계에 대한 선험적 인식이라는 예전의 교조적인 의미에서의 형이상학이 더 이상 가능하지 않음"[4]을 보여준 책이 『순수이성 비판』이다. 따라서 형이상학의 가능성은 이성능력 전반에 관한 비판을 전제한다.

> 비판이란 무엇이 가치가 있는지 없는지를 판단하는 것인바, 여기서는 선험적이고 순수한 인식과 인식요소들의 (이론적) 가치가 문제되는 것이다. 경험에서 독립된 순수한 인식법칙성에서 유래하는 것이 인식에 대해 갖는 의미, 그 범위와 적용가능성 등이 탐구되며, 선험적인 것의 범위와 한계 들이 탐구된다.(Eisler, p.314.)

칸트는 이 한계들의 탐구에 자신의 철학자로서의 자존심을 걸었다. 또한 "우리가 어떻게 선험적인 인식에 도달할 수 있는가. 그 인식의 정확성과 신뢰성의 근거는 무엇인가"(Eisler, p.320.)를 묻는 자세로 시작했기 때문에 그 누구보다도 탁월한 연구를 수행할 수 있었노라 쾌재를 부르기도 했다.[5] 칸트가 갑론을박하면서 사용한 표현들을 현대적인 어법으로 가다듬는다면 이런 문장이 구성될 것이다. 비판은 인식가능성의 조건을 검토하는 연구다. 이 '비판의 기획'으로 칸트는 마침내 형이상학에 앞서 수행해야 할 물음에 제대로 된 답변을 내놓았다는 확신을 가질 수 있었다. 그는 자신의 철학체계를 구상하는 데 매진했다.

어떤 조건에서 우리가 주어진 대상으로부터 인식을 구성해낼 수 있는가를 묻는 비판적 태도에는 조건들이 서로 맞지 않는다면 인식이 구성되

---

4) 같은 곳.

5) Eisler, 앞의 책, p.320 (Immanuel Kant, Der handschrifliche Nachlaß 5046) 참조.

지 않는 경우도 생긴다는 전제가 들어 있다. 이처럼 가능성의 조건을 묻게 되면서 인간은 이 세계가 가능성과 불가능성으로 나뉘어 있음을 터득하게 되었다. 가능성의 조건을 물어야 하는 인간의 운명 역시 이중적이다. 조건에서 자유로울 수 없음이 분명하지만, 무엇이 가능한지를 물을 수 있는 자유는 누리고 있다는 것 역시 부인할 수 없는 사실이기 때문이다.

끊임없이 가능성의 조건을 물어야 하는 운명이 된 인간은, 마침내 무언가를 가능하게 하려면 어떤 조건이 창출되어야 하는가를 두고 고심하는 단계로 진입하게 되었다. 인식론에서 시작된 비판의 기획이 형이상학적 이원론의 구조가 해명되고 널리 알려지면서 이를 극복하려는 의지와 결합한 것이다. 비판문법이 시작되었다. 여기서도 첫 삽을 뜬 이는 칸트였다. 말년에 쓴 『판단력 비판』은 인간이 형이상학적 이원론을 극복할 가능성을 논구하는 책이다. 자신이 철학적으로 천착한 내용을 하나의 체계로 완결시키겠다는 목적의식으로 작업했던 칸트는 그 가능한 조건을 인간의 정신능력에서 찾았다. 사회의 분열과 모순을 해소하겠다는 목적을 가진 사상가들이라면 가능성의 조건을 사회관계에서 찾을 수도 있을 것이다. 그러면 비판문법은 사회변혁적 전망과 결합된다.

역사

역사적으로 고찰해보면 비판문법이 요청된 때는 체계의 폭력성이 사람들에게 '의식'되는 시기였다. 인류의 지성사에서 비판문법 전통이 계속 이어져온 것을 보면, 체계가 자신의 폭력성을 스스로 감당하지 못하는 시기가 거듭되었다고 해야 할 것이다. 사람들이 체계의 무능을 자기 자신의 삶으로 직접 변제해야만 하는 상황이 실제로 종종 발생했다는 이야기다.

개인의 힘으로 어쩔 수 없는 사회적 폭력 앞에서 개인은 존재의 의미와 일상의 질서에 대해 의문을 품지 않을 수 없다. 인간은 이웃의 힘을 빌리지 않고는 생존 자체가 불가능한 존재다. 따라서 대체로 체계의 폭력성에 길들여진 채 살아가게 마련이며, 이는 사회적 존재인 인간이 피할 수 없는 운명이기도 하다. 체계가 자신의 구실을 그럭저럭하는 동안, 즉 구성원들을 사회적으로 통합시키면서 개인의 사생활에 안정적인 근거를 제공하는 동안에는 사회적·실존적인 '문제들'이 있을지 모른다. 하지만 존재와 일상의 당연한 지속이 고민해야 할 문제의 대상으로 떠오르지는 않는다. 근본적인 회의가 만연해 있다면, 이는 구성원들에게 체계의 지속가능성이 불확실하게 비춰졌음을 뜻한다.

한마디로 '비판'은 전환기의 패러다임이라고 할 수 있다. 구성의 조건들을 재검토하는 태도가 한 사회의 공론장을 주도하는 패러다임으로 자리 잡았다면, 전반적인 변화의 필요성이 대두되었다고 보아야 하기 때문이다. 물론 변화를 절실하게 요청하는 상황이라고 해서 언제나 똑같은 조건의 지배를 받는 것은 아니므로, 해당 시기의 조건들에 대해서는 좀 더 미시적으로 파고들 필요가 있다. 그동안은 상황의 성격에 따라 다른 방식으로 대처해왔고, 앞으로도 그렇게 해야 할 것이다. 결국 비판문법은 거듭 재구성의 역사를 가지게 되었다. 기존체계의 무능을 새로운 시작의 발판으로 삼아야 하는 비판문법은 궁극적으로 '질서'를 추구하는 패러다임이다. 그리고 소망스러운 질서를 실현시키는 조건을 창출하기 위해 현존하는 관계들, 해체 일로에 있는 현실의 관계들을 재편하는 길을 택한다는 특징이 있다.

비판문법의 역사에서 칸트가 수행한 '비판의 기획', 마르크스의 '변혁론' 그리고 프랑크푸르트학파의 '비판이론'은 연속성과 혁신성의 표본을 보여준다. 칸트의 기획은 신분제적인 관계들을 시민사회의 관계들로 재편하는 근대의 역사철학에 이론적인 근거를 제공했다. 마르크스는 이 역사철학 기획의 현실적 실현을 가로막는 물질적인 조건을 분석했다. 프랑크푸르트학파는 물질적인 조건이 역사철학의 추진 주체인 인간을 무기력하게 만드는 후기 자본주의 현실을 탄핵했다. 물질의 힘 앞에서 근대적인 주체의식을 더 이상 발휘하지 못하게 된 인간이 근대의 역사철학을 계속 추진할 수는 없다는 진단이다. 인간의 의식이 근대적인 틀을 갖추지 못하도록, '반'(反)근대적인 영향력을 행사하는 자본주의 세계체제는 더 이상 체계구성의 조건들을 제공하지 못한다. 후기 자본주의는 근본적인 체제개편의 압력에 시달린다.

근원의 빛

비판문법의 출발시점은 18세기 말이다. 이러한 판단은 칸트가 자신의 철학적 체계구상을 저술 작업을 통해 완결시킨 연도를 근거로 한다.[6] 물론 푸코처럼 종교전쟁 기간 그리고 중세 후반부에 나타난 성직자들의 변화에서 '비판적 태도'의 맹아를 발견하고 15~16세기까지 거슬러 설명하는 방식도 가능하다.(Foucault, p.44 참조.) 하지만 푸코 역시 본격적인 논의는 1784년에 발표된 칸트의 논문 「계몽이란 무엇인가라는 물음에 대한 답변」을 거점으로 시작한다. 계몽은 주체가 자기 자신에 대해 어떤 관계를 맺는가, 즉 타고난 인식능력을 자율적으로 사용하는가를 묻는 것이라면, 비판은 '무언가 다른 것'과의 관계 속에서 주체가 취하는 특정한 태도를 지칭한다. 따라서 이때 주체는 "경찰 행세를 하려들 수는 있지만, 자신의 법칙을 관철할 수는 없는 영역을 들여다보는"(Foucault, p.9.) 입장이다. "진리를 알지 못하고 진리가 될 것도 아닌 비판은 진리에 대한 수단이자 도구다."(Foucault, pp.8~9.) 여기서 푸코가 주목하는 것은 바로 진리에 대한 주체의 태도. 직접성을 포기하고 제3의 요인을 매개자로 받아들이는 태도.

---

6) 『순수이성 비판』(1781), 『실천이성 비판』(1788), 『판단력 비판』(1790).

푸코의 설명에 따르면 이런 태도가 16세기 이래로 유럽 문명권에서 형성된 사정은 기독교 문명의 독특한 성격에 대체로 원인이 있다. 이른바 기독교의 구원론은 개인이 자발적으로 초월자에 복종하도록 만든다. 이런 자발적 복종의 문화지형에서 교회는 인간지배기술을 열정적으로 개발했다. 일상적인 삶의 세세한 부분까지 침투하는 지배의 기술을 확보한 기독교 권력은 개인이 도그마화된 진리에 도달하는 특수하고도 개별적인 방식까지 지시했다. 이와 같은 구성원에 대한 구체적인 통제는 이전 안티케 시절에는 없던 그야말로 새로운 요인이었다.

안티케 시절과는 전혀 다른 사회구성 방식이 등장했고, 개인을 통제하는 기제들을 확보함으로써 중세는 오랫동안 거대한 체계로 군림할 수 있었다. 특히 15, 16세기에 이르면 "어떻게 지배할 것인가?"(Foucault, p.11.)가 하나의 사회적 화두로 자리 잡아 16세기에는 온 유럽 사회에 지배기술이 꽃을 피운다. 하지만 분명한 것은 지배의 강도가 높아갈수록 정반대의 물음도 맞물려 일어난다는 사실이다. 푸코는 "어떻게 하면 지배받지 않을까"(Foucault, p.11.) 하는 물음이 없었을 리 없음을 강조한다. 물론 곧바로 '지배받지 않겠다'고 하지는 않았다. 그보다 먼저 일단 지배관행에 이의를 제기하는 물음이 나타났다. "그렇게는 아니고, 그걸 위해서가 아니고 저기 저 사람들에 의해 지배받지 않는"(Foucault, p.12.) 방법을 묻는 방식으로 기존질서에 대한 저항이 시작된 것이다.

그런데 이러한 물음은 권위에 따라 진리라고 지정된 것을 받아들이지 않는 태도이며, 납득할 만한 근거가 충분하다고 판단될 때 수용하겠다는 의지를 표명한 것이나 다름없다. 중세 후반에 두드러진 이런 흐름에서 '비판'이라고 하는, 서구문화에 특징적인 태도가 나온 것이라고 푸코는 정리한다. 진리에 토대를 둔 권력메커니즘을 통해 개인을 지배관계 속에 복종시키는 것이 중세의 지배양식이었다.

따라서 지배가 강화될수록 지배관행에 의문을 품는 주체에 의해 새로운 방식의 물음들이 꼬리를 물고 나타나기 시작한 것이다. 주체는 진리의 권력효과에 근거해 진리를 묻는 한편 권력에 대해서는 그것이 진리담론에 기초한 것인지를 물었다.(Foucault, p.15.) 여기서 권력·진리·주체가 서로 제3의 것과 맺는 관계 속에서 상대방의 존립근거를 찾는 일련의 관계망이 형성된 것이다. 푸코는 이처럼 제3자를 통해 자신과 대상의 관계를 정립하는 태도가 서구 근대문명을 특징짓는 '비판'이라고 했다.

그렇다면 비판은 진리와 권력에 대한 주체의 '매개된 관계'라고 정리할 수 있을 것이다. 그런데 이런 태도는 중세 후반부에 모습을 드러낸 '지배받지 않으려는' 의지의 산물이었다. 이는 칸트의 탁월한 저술들만이 아니라 그 당시 이런저런 토론들에서도 나타나는 공통점이다. 이러한 견지에서 푸코는 이 비판적 태도를 중심으로 15, 16세기 이래 서구 근대문명을 하나의 동질성으로 묶을 수 있다고 했다. 칸트의 1784년 논문은 이런 태도의 범례적 실천에 해당한다.

잘 알려져 있듯이 칸트는 이 논문을 '계몽의 용기'를 북돋는 처음의 인상과 달리 '따지기는 마음대로 해도 복종을 하라'는 일성(一聲)으로 마무리한다. 그동안 사람들은 용기를 내도록 호소하는 전반부와 복종을 종용하는 후반부의 논리적 불일치를 해명하기 위해 다방면으로 노력했다. 대체로 자기 검열의 결과라는 식으로 정리되었다. 계몽군주라고는 하지만 어쨌든 독재자가 지배하는 절대주의 체제 아래서 공직생활을 한 칸트의 나약한 지식인으로서의 처지가 환기되곤 했다. 하지만 푸코는 입장이 달랐다. 비판의 정신으로 읽으면 철두철미 일관성을 유지하는 논문이라고 주장했다.

"본래적인 의미에서 하는 비판이라면 계몽과의 관계에서 어떤 입장을 취하겠는가?"(Foucault, p.17.) 앞선 시기의 모든 비판적 움직임이 칸트에게는 계몽의 유산으로 전해진 터였다. 그러면 이에 대한 칸트 자신의 비판적 태도는 어떻게 되는가?

계몽에 대한 칸트의 비판적 태도란 앎에 대해 이렇게 말하는 것이다. 즉 넌 네가 어디까지 알 수 있는지를 아는가? 원하는 만큼 따져 봐라. 하지만 넌 어디까지가 네가 위험에 처하지 않고 따질 수 있는 지점인지 대체 아는가? 그런데 비판은 이렇게 말할 것이다. 우리의 자유에 관해서라면 용기를 더 내느냐 덜 내느냐보다는 우리가 우리의 인식과 그 한계에 대해 가지고 있는 관념이 중요하다고. 그러므로 자율성의 원칙을 발견하기 위해 누구 다른 이가 '복종하라'고 말하는 상황이 필요한 것이 아니다. 그보다는 자기 자신의 인식에 대해 제대로 된 관념을 가지고 있을 필요가 있다. 그러면 '복종하라'는 자율성 자체에 근거하게 될 것이다.[7]

이런 푸코의 '해설'에 따라 칸트가 개진한 계몽과 비판은 하나로 결합한다. "앎에 대한 용기란 바로 인식의 한계를 인식하는 것이다."(Foucault, p.18.) 칸트가 복종에서 벗어나는 비판적 작업에 비해 인식에 대한 인식으로서의 비판을 더 우선적인 과제로 설정했음은 부인할 수 없는 사실이다. 역사적으로도 계몽의 용기보다는 칸트가 수행한 방식의 비판이 훨씬 더 광범위하게 추진되었다.

여기까지가 칸트의 작업에 대한 푸코의 논지다. 이제 이러한 논지를 펴는 푸코의 자세를 살펴보자. '포스트모더니스트'인 그가 근대주의자 칸트를 대하는 태도에는 의외의 일면이 있다. 바로 '동일시' 전략을 택하고 있는 점 말이다. 물론 내용이 아닌 태도, 즉 형식적인 동일시다. 칸트의 철학적 작업들을 다루면서 칸트가 18세기 말 당시의 지적 전통에 대해 취했던 자세, 바로 그 비판적 태도를 취하고 있는 것이다. 이번에는 20세기까지 이어져온 서구계몽의 역사를 비판의 구도에 세우는 것이 관건

---

7) Foucault, p.17.

이므로 푸코에게는 칸트에 비해 2세기 동안의 지적 성과들이 더 보태졌다는 사정이 다를 뿐이다. 그래서 방법론이 좀더 세련되게 분화되거나 분석의 도구들이 현대화되었다는 차이는 있을 수 있다.

하지만 푸코 역시 20세기까지 이어져온 서구이성의 계몽활동을 두고 그 가능성과 한계점에 대해 묻고 있음은 분명한 사실이다. 이러한 푸코 철학의 세련됨에 그동안 많은 이들이 열광을 보낸 터다. 그래서 여기서는 더 이상 언급하지 않기로 한다. 우리가 알아보고자 하는 바는 푸코의 사상이 아니라 푸코가 밝혀낸 칸트의 작업방식에 대해서이기 때문이다. 칸트는 전환기에 그때까지 전해 내려온 패러다임을 완전히 다시 재구성하는 작업을 했고, 그 접근방식은 이성을 막다른 지점까지 밀고나가 한계지점들을 밝혀내는 것이었다. 한계에 대한 확인이 가능성의 출발이었다.

칸트는 중세 기독교 지배의 거대한 체계가 변화를 요청받았을 때, 그 체계와의 관련 속에서 개인의 자유를 물었다. 개인의 자유라는 화두가 인류 역사에 처음 등장했을 때, 천재적인 개인이나 특권층의 차원을 넘어 그야말로 '보편인'이라는 이념으로밖에는 정당화될 수 없는 '필부'로서의 개인이 체계의 구성원이 되는 방식을 물었던 것이다.

체계의 부속품이 아닌 당당한 구성원이 되려면 개인은 우선 스스로를 계몽해야 하며, 이 자기 계몽의 길은 의식의 자유를 통해 비로소 열린다. 개인의 자유가 인류지성사에 실천적 함의를 지닌 진지한 물음으로 등장하는 하나의 방식을 제시한 이가 바로 칸트였던 것이다. 이런 의미에서 푸코가 다룬 시기, 즉 중세 후반기부터 칸트의 '세계사적' 논문에 이르는 동안에 그 역사적 연속성에서 모습을 드러낸 비판의 태도는 앞으로 이 책에 근원으로 작용할 것이다. 비판문법이 새로운 패러다임으로 변환을 요청받을 때 늘 돌아볼 거점이 되는 곳이다. 빛은 계속된다.

비판이론의 전망

앞으로 나는 칸트의 세 비판서를 통해 비판문법이 처음 구성되었음을 계속 환기시키면서 논의를 전개할 것이다. 무엇보다 칸트가 『순수이성 비판』과 『실천이성 비판』 이외에 『판단력 비판』도 썼으며, 이 세 번째 비판서야말로 칸트가 기획한 체계구상의 산물임을 강조할 필요가 있다는 판단에서다. 현상계와 물자체를 형이상학적 이원론으로 확립한 칸트로서는 무언가 제3의 요인이 절실했고, 『판단력 비판』에서 '미적 판단력'을 발견함으로써 이원론을 극복할 수 있었다.

이 사실을 논증하는 데 철학은 이제껏 매우 성실했다. 하지만 미적 판단력으로 완성되는 비판의 기획이 어떤 사회적 의미를 지니는가에 대해서는 그다지 열심히 고민하지 않았다. 더구나 사회이론은 비판문법을 논하면서 『판단력 비판』을 완전히 제외시킨다. 이 책은 『판단력 비판』의 사회학적 의의를 적극 부각시켜야 하는 과제를 지닌 셈이다.

이처럼 제3비판서가 제외된 채로 칸트의 철학은 주체철학적 비판문법 패러다임의 효시로 사회이론 분야에서 적극적으로 연구되었다. 헤겔을 비롯해 독일의 철학자들이 이 패러다임의 완성도를 높이는 데 크게 기여했다. 하지만 마르크스에 이르러 이 패러다임은 근본적인 의문에 부쳐진다. '주체의 의식'이 아니라 '사회적 노동'이 사회를 구성하고 인간의 삶을 유지하는 데 더 결정적인 요인으로 부각되었기 때문이다. 마르크스주의는 비판문법을 객관화시켰다. 하지만 사회적 노동범주는 객관화된 비판문법의 역사철학적 실현과정 속에서 오히려 의문에 부쳐졌다. 러시아 혁명은 마르크스주의가 내놓은 전망을 결정적으로 훼손시켰다. 이 책에서는 비판문법이 스스로 한계에 직면하는 '객관화' 과정을 살펴볼 것이다.(제4부: 비판문법의 객관화)

비판문법의 파탄이 그 '객관화'에서 비롯되었음을 간파하고 객관화의 족쇄를 풀려는 시도가 20세기 중반, 객관화의 결실이 지구상에 체계로 모습을 나타내기 시작한 시기에 이루어졌다. 독일 프랑크푸르트학파의 비판이론은 비판문법을 '비판의 태도'로 재검토하면서 비판의 사회적 가능성과 한계를 따져보고자 했다. 한계지점에서 다시 근원으로 돌아가본 것이다.

이 학파의 제1세대 이론가인 아도르노에 의해 다시 주체의 의식이 회복되어야 한다는 테제가 제출되었다. 하지만 인간이 의식활동을 통해 하나의 통일된 세계를 구축할 수 있음을 논증한 칸트의 성과를 재확인하고자 함은 아니었다. 그런 사실만으로 비판문법이 추진력을 확보하는 세상이 아니었기 때문이다. 아도르노는 세상이 일목요연하게 전망할 만하지 않은 데 무엇보다 큰 원인이 있다고 진단했다. 그 일목요연하지 않음을 의식활동의 대상으로 삼아야 하는 인간이 그래도 무언가 전망을 확보할 수 있으려면 일목요연하지 않음을 발생시키는 구조를 천착해야 할 것이다. 세상을 해명하려는 계몽의 의지는 인간과 세상이 서로 얽혀드는 방식으로 방향을 돌려 발휘되어야 한다. 계몽주체는 여전히 주체와 객체의 합리적인 관계맺음을 추구한다. 18세기 칸트는 이런 관계맺음이 실질적으로 구성된다는 전제 위에서 비판의 기획을 추진했다. 20세기 아도르노의 비판이론은 그러한 구성가능성을 전제하지 않는다. 전제할 수 없음이 너무도 명백하게 드러나는 현실을 아도르노는 외면하지 않았다.

이 차이는 절대적인 것이다. 그리고 21세기를 맞이한 우리는 더 이상 주체와 객체의 합리적인 관계맺음이 가능함을 논증하는 '순진한' 철학으로 세상에 대응할 수 없음을 안다. 근대가 현실역사에서 패착을 보이고 말았음에 대해 지난 세월 이른바 '탈근대' 담론으로 우리는 충분히 정서적 반응을 보인 터다. 탈근대 담론이 정서적 반응에 불과한 까닭은 세상의 일목요연하지 않음에 분석적으로 접근하지 않았기 때문이다. 합리적이어야 하는 세상이 왜 그토록 억압적일 뿐이냐고 현실을 탄핵하면서 시작했지만, 그 일목요연하지 않음 앞에서 자신을 그냥 놓아버린 것이다. 일목요연하지 않음으로 세상과 자신을 같게 만들었다. 스스로 일목요연하지 않게 되면 세상과 나름 '소통'할 수 있으리라 믿었던 것일까? 파행은 계속되었다.

반면 비판이론가 아도르노는 역사현실이 불합리하고 부당한 방식으로 '구성'되는 까닭이 주체의 구성능력 자체에 있다고 '분석'했다. 대상과 합리적인 관계맺음을 추진하는 주체는 합리성을 관철시키기 위해 비합리를 창출한다. 합리와 비합리는 그러므로 동전의 양면이다. 탈근대 담론이 투항하면서 푸념하듯, 비합리가 주체와 무관하게, 저 밖에 별도로 존재하는 것이 아니다. 탈주체의 비합리를 새로운 전망의 담지자로 내세운 결과, 21세기 우리는 '일목요연하지 않음'이 구성하는 체계의 폭력을 톡톡히 경험하고 있다.

자본주의는 이런 우연성을 이윤창출의 가장 효과적인 계기로 들어앉혔다. 아도르노는 근대주체가 폭력적인 체계를 구축했다는 사실을 분석하면서 근대를 자기 반성시키는 이론을 구상했다. 주체는 자신이 그동안 무엇을 했는지 반성해야 한다. 자신이 만들어놓은 결과물에 투항하고는 그냥 편안한 일상을 누리면서 투덜대는 대신.

자기 반성하는 근대[8]

근대의 패착은 비인격적인 체계를 구축함으로써 인격체인 개인의 사회적 자유를 보장하겠다는 구도 자체에 있을 것이다. 유럽의 지식인과 예술가 들은 18세기 계몽주의 문화운동시절부터 이 점을 직감했다. 그래서 주기적으로 비합리주의가 득세하는 문화지형을 만들어냈다. 18세기 말 독일에서 일었던 질풍노도의 광풍은 분석적 계몽에 대한 사회적

---

8) 여기서부터 102쪽까지의 내용은 이순예, 앞의 글, 2010, 24~30쪽에서 차용했음.

저항의 결정판이었다. 그 결과 독일은 분석적 계몽과 질풍노도의 변증법을 문화적 자산으로 가지고 있는 나라가 되었다.

칸트의 이성 비판은 이 문화적 자산을 철학적 프로그램으로 변환시킨 것이었다. 근대성 기획은 체계의 폭력성을 충분히 인지한 상태에서 제출된 것이었다. 따라서 합리화 과정을 어떻게 상대화시킬 것인가에 대한 고민으로 점철되어 있다. 합리화가 인간사회에 가져다주는 생산력 증대와 사회조직 결성을 삶의 중요한 부분으로 수용하면서도 동시에 합리화의 독주와 일방통행은 막아야 한다는 생각을 늦추지 않은 것이다. 여기에는 계몽된 문명세상은 과학 이외에도 도덕과 예술이 함께 어우러져 구성될 때에만 과학적 합리화의 병폐에 압도당하지 않을 수 있다는 확신이 들어 있다.

따라서 근대성은 본래 합리가 비합리를 의식하면서 자신을 상대화할 가능성을 스스로 도입한 프로그램이었다고 보아야 한다. 도덕과 예술은 바로 이론이성이 인간과 사회를 총체적으로 지배할 가능성을 차단할 '비합리적' 계기를 문명사회에 도입하는 영역이다. 하지만 합리와 비합리를 평면적으로 공존시킬 수는 없으므로 철학자에 의해 추상화 작업이 실행되었다. 따라서 근대는 궁극적으로 이성의 복합체로 모습을 드러낼 수밖에 없었다.

근대의 폐해는 명백했다. 하지만 질풍노도와 낭만주의를 통해 비합리의 광풍을 이미 경험한 독일은 이웃한 프랑스처럼 탈근대 담론에 이성중심주의를 교정하는 역할을 맡기지 않았다. 오히려 이성의 자기 반성에 기대를 걸었다. 칸트가 18세기에 수행했던 이성 비판을 20세기에 다시한 번 시도했고, 아도르노와 하버마스를 비롯한 프랑크푸르트학파에 의해 뚜렷한 윤곽을 얻게 되었다.

20세기의 사상가들은 더 이상 철학적 추상화 과정을 통해 합리와 비합리를 통합하려고 시도하지 않았다. 생활세계의 규범을 체계에 '도입'하려 한 하버마스가 현실의 조정매체를 결정적인 요인으로 설정했음은 이런 경향을 단적으로 드러내준다. 하버마스의 방대한 철학적 사유는 오히려 자신의 선택이 옳았음을 정당화하기 위해 동원된 측면이 강하다. 관념철학 전통이 현실적인 문제들을 다루면서 방향모색의 길잡이 역할을 하고 있는데, 이런 경향은 아도르노에게서도 마찬가지로 확인된다. 물론 전혀 다른 사유다.

아도르노는 18세기 이후 자율성을 획득한 예술에서 그 가능성을 찾는다. 예술작품만이 합리와 비합리를 제대로 '매개'할 수 있다는 판단에서다. 20세기로 접어들면 이미 합리성은 현실을 구성하는 원리로 기능하지 못한다. 오히려 체계가 자행하는 폭력의 원천이 되어 체계 바깥을 야만으로 타락시킨다. 아도르노는 하버마스가 심혈을 기울여 정당화하려한 복지국가 체제를 원칙적으로 부정하고 공격하는데, 독일 복지국가의 물적 토대가 나토체제에 있다고 보기 때문이다. 군수산업은 아프리카 대륙과 아랍문화권을 계속 '체계 바깥'으로 밀어낸다.

"오늘날 전체 경제 시스템은······ 이 나라들에서 사회생산의 상당부분이 대량살상수단, 무엇보다도 핵무장과 여기에 따르는 그 모든 연관 사업에 몰입하는 가운데 유지된다는 사실입니다."[9]

따라서 아도르노가 의도하는 '매개'는 합리적으로 조직되는 체계가 비탄력적으로 굳어지지 않도록 새로운 동력을 '도입'하는 것이 아니다. 이러한 도입이 불가능한 이유는 비합리적인 파괴가 이미 합리적인 체계의 내부에 들어와 있기 때문이다. 파괴가 곧 생산으로 계산되는 자본주의 세계체제에서 합리와 비합리는 궁극적으로 하나다. 그런데 분석적 계몽에 길들여진 사람들은 합리성이 관철되는 부분만을 인지한다. 이러한

---

9) Theodor W. Adorno, *Vorlesung über Negative Dialektik*, (Frankfurt am Main: Suhrkamp, 2003), p.20; 테오도르 W. 아도르노, 이순예 옮김, 『부정변증법 강의』, (서울: 세창출판사, 2012), 18쪽.

배제와 무시의 전략은 합리성 자체의 자기 기만이다.

기만은 반드시 대가를 치른다. 그러므로 문명이 유지되려면 비합리의 반격을 미리 알려주는, 그래서 합리성이 폭주하고 있음을 뚜렷이 부각시키는 계기가 내부에 상존해야 한다. '바깥'에 있는 무언가를 내부의 역학에 '동화'시켜 끌어들이는 것이 아니다. 합리적으로 조직된 체계 내에서 합리성의 관성을 들추어내는 일을 하는 계기는 '비합리'라는 이름을 얻을 수밖에 없다. 그리고 계속 '들추어내는' 역할을 담당하는 한, 합리에 반대하는 계기는 체계에 동화되지 않은 '비동일자'(das Nichtidentische)로 남을 것이다.

계몽은 체계를 구축해나가는 과정에서 합리성이 구성을 담당해야 한다는 기본 입장을 버릴 수 없다. 실제로는 합리성에 체계를 구축할 구성인자가 들어 있지 않은데도 '그렇다'는 가정에서 출발해야 하는 계몽은 계속 비합리를 산출해낸다. '매개'란 바로 이 사실을 사람들에게 '의식'시키는 일이다. 이렇게 해서 아도르노는 '매개'라는 개념에서 형이상학적 부담을 제거해낸다. 현실권력을 움직여야 하는 법 대신 가상의 세계인 예술을 그 담당자로 내세운다. '이질적인 영역들을 동시에 표상함'이라는 의미에서 매개는 사실 칸트가 초월철학의 구도에서 이성 비판을 수행하면서 현상계와 물자체 사이에 "다리를 놓는"(Kant, p.33; 2009, 184쪽.) 판단력의 활동을 성격 규정한 내용이다.

계몽은 시민의 개별적 역량을 신뢰하는 가운데 추진될 수밖에 없다. 그러면서도 계몽의 결과를 체계로 구축해 개별시민을 다시 그 체계의 부분들로 배치하는 역학을 고수해야 한다. 개인은 체계의 부속품으로 투입된다. 이 사정은 신분제 사회나 근대 시민사회나 마찬가지일 것이다. 당착은 근대가 부속품으로 써야 할 개인에게 자유를 약속하면서부터 시작되었다. 이 자유에 대한 약속이 없다면 근대의 기획은 현실적인 힘을 발휘할 수 없을 것이다.

그래서 계몽된 개인은 체계에 복속당하기 위해 자유의지를 발휘해야 한다는 역설에 빠진다. 부자유스러운 현실이 바로 자유의지에 따라 구성되는 까닭에 사회현실에서 삶을 꾸려가는 개별시민은 필연적으로 분열된다. 사회의 분화를 통해 진보와 더 많은 자유를 개인에게 보장하겠다는 약속을 밑천으로 시작한 근대이지만, 체계구축을 통해 약속을 실현하는 전략을 택한 까닭에 구성원들을 기만하는 결과를 초래하고 만 것이다. 역사철학적 기획으로서의 근대성은 분열과 기만의 프로그램이다.

이러한 역사철학 구도 때문에 근대성은 항상 현실의 문제를 미래에 충족될 사건으로 미룰 수 있었고 실제로 그렇게 해왔다. 탈근대는 '지금, 여기'를 프로그램으로 내세워 '미루기 작전을 쓰는' 근대성의 기만을 무력화시키겠다고 나섰지만, 또 다른 기만을 자행할 수밖에 없었다. 이번에는 비합리가 체계의 합리적 구성을 해체시킬 수 있다는 순진성에 책임이 있었다. 순진한 기대로 들뜬 채 진입한 신자유주의 세계체제는 19세기라면 철저하게 비합리적인 채로 내버려두었을 부분까지 자신의 계산법으로 포섭해들이고 있다. 대중매체에 의해 기획된 애호(愛好) 그리고 성산업은 탈근대 담론의 자본주의적 역설에 해당한다. 이 역설의 힘으로 체계는 갈수록 더 비대해지고 있다.

아도르노가 한때 우리나라에서 탈근대 담론의 이론가로 알려진 까닭은 그가 비판의 화살을 근대성의 '미루기 작전'에 조준했기 때문이다. 원자탄 투하 등 근대의 패착이 절정에 달한 20세기에 근대의 역사철학을 공격했다고 해서 아도르노를 '감성의 이론가'로 분류하는 것은 탈근대 담론의 동일성 신화에 해당한다.

그가 감성을 중요하게 여긴 것은 사실이지만, 감성으로 이성의 복합체를 해체할 수 있다고는 절대 생각하지 않았다. 다만 감성을 이성의 타자로 만들어버리는 근대성이 악의 근원임을 명시했을 따름이다. 그리고 그 까닭도 분명히 밝혔다. 『부정변증법』에서 구성은 궁극적으로 이성의 사안이라는 점을 관념철학의 변증법 논의를 통해 재확인한 것이다. 감성을 이성으로부터 분리시킨다고 해서 기존의 체계가 다른 방식으로 구성될 리 없다. 다른 방식으로 구성하기 위해서라도 감성은 이성과 아주 특별한 관계를 맺고 있어야 한다. 타자가 아닌 비동일자가 되어 현재의 체계가 완결되지 못하도록 방해해야 하는 것이다.

아도르노의 이론구성은 위 사실을 계몽하면서 체계에 대해 비동일적인 감성이 열어주는 전망을 타고 근대의 역사철학적 텔로스가 체계 안으로 들어오도록 방향지어져 있다. 겉보기에는 탈근대 담론의 '지금, 여기'를 실현하려는 의도가 살아 있는 듯하지만, 탈근대주의자들처럼 즐거움을 위해 현재와 미래를 뒤섞어놓은 것은 아니다. 역사철학을 현재화시킨 이유는 미뤄봐야 근대의 약속이 실현되지 않음을 일깨우기 위해서다. 아도르노의 계몽은 체계란 이성이 구성활동을 한 결과로 단단한 토대 위에 세워놓은 실체가 아니라 그렇게 확정하고 싶은 이성의 기만이 성공한 결과물에 지나지 않는다는 사실을 폭로하는 데 집중된다.

아도르노 역시 이성 비판 전통에 의지해 사회적 계몽을 시행하고자 하는 비판이론가였음은, 그가 인간의 이성이 태생적으로 자기 반성능력을 발휘할 수 있음을 확신하는 데서 증명된다. 다만 사회철학자들과 달리 예술을 재계몽의 담당자로 설정한다는 차이가 있을 뿐이다. 따라서 아도르노는 탈근대의 대중예술은 거부할 수밖에 없었다. 예술이란 원래 이성의 특수한 활동양태로서 분열된 채 살아가는 개인에게 자신을 돌아볼 수 있게 하는 거울 역할을 해주는 '허구'로서, 자신을 정립해야 하는 것이다. 그런데 자본주의가 발전하자 예술이 대중에게 다가간다는 미명 아래 분열 자체를 실체화하면서 조각난 욕망을 충족시키는 대체재가 되려고 했다. 그러더니 끝내 예술은 자본주의체제에 포섭되고 말았다. 더 나쁜 것은 갈수록 체계를 한층 공고화시키는 역군(役軍)을 자처한다는 사실이다.

장식과 오락은 허구(Fiction)로서의 정체성을 버리고 실재(Real)가 되고

자 한 예술의 오류이자 타락이다. 탈근대 담론은 이 잘못된 욕망을 현실에 실현시키려 했다. 자본주의 세계체제에서 허구가 실재로 둔갑하는 길은 상품뿐이다. 실재의 차원으로 내려와 대체재가 된 허구는, 자본주의 문화산업의 생산품이지 예술작품이 아니다. 대중예술은 형용모순인 개념이다. 잘못 들어간 형용사 때문에 예술은 본래 기능인 반성을 수행하지 못하고 대체재 구입을 위한 계산능력을 한층 더 활성화시키는 역할을 떠맡게 되었다. 탈근대는 예술마저 소비영역에 편입시킴으로써 이론이성의 전권을 강화시켰다. 예술은 '대중'이라는 형용사를 폐기함으로써 이론이성을 상대화하는 반성능력을 회복해야 한다.

아도르노 예술론의 사회적 가능성

아도르노는 합리성을 포기하지 않고도 근대 합리주의에 대한 재검토 작업이 가능함을 입증했다. 이러한 아도르노의 노력으로 20세기에 이르도록 서로 대립적이라고만 여겨졌던 비합리가 합리성을 고양시키는 계기로 받아들여지게 되었다. 매우 이례적인 성과이지만, 전혀 새로운 계기를 인류의 지성사에 보탠 것은 아니었다. 아도르노는 새것을 끌어들이지 않고, 이미 존재해온 요인을 재배치함으로써 근대성을 '자기 반성'이라는 구도에 세워놓았기 때문이다. 스스로를 합리적이라고 자처하는 사유가 유기체인 대상으로부터 자신의 코드에 맞는 부분만 취해 '합리적인 것'을 구성해내면, 나머지에는 '비합리'라는 낙인이 찍혀버리는 것이 서구 합리적 사유의 구도임을 터득하도록 배치시킨 것이다.

합리적 사유의 이러한 면모를 아도르노는 동일성 사유의 관성이라고 지칭했다. 자본주의 사회에서 사는 문명인이 해오던 대로만 계속해나갈 수밖에 없는 운명임을 일깨우는 표현이다. 이런 관성은 극복되어야만 한다. 하지만 자각하는 일이 먼저다. 그러면 스스로를 거스르는 일은 반드시 시작된다. "부정변증법이 사유의 자기 반성을 요구한다면, 그것은 분명히 사유가 참이려면 어쨌든 오늘날에는 사유 자체에 반대해서도 사유해야 한다는 것을 함의한다."(Adorno, p.358; 1999, 472쪽.) 자신이 어디에 있는지를 알면 갈 방향도 제대로 찾는다는 아도르노의 생각만큼 주체에 대한 깊은 신뢰를 보여주는 경우도 없을 것이다.

이러한 신뢰를 토대로 아도르노는 철학적 미학과 사회학을 결합한 독특한 이론을 구성했다. 이는 예술을 통해서만 가능한 결합이었다. 예술과 철학을 결합해서 사유했던 독일 근대의 전통이 20세기에 들어 다시 전망을 제시하는 힘을 발휘한 경우인데, 이 움직임을 "미학적 예술체제"[10]의 확립이라 이름 붙인 프랑스 철학자 랑시에르(Jacques Rancière)는 예술을 "윤리적 이미지 체제"(랑시에르, 26쪽.) 아래 포섭시킨 그동안의 오류를 바로잡고 근대의 원형을 복원할 것을 주장했다.

독일이 '시인과 사상가의 나라'로 자신을 정립하면서 추구했던 바에 대해서는 지극히 복합적인 논의가 필요하다. 아울러 사회체제가 아닌 예술체제가 담당해야 할 과제를 사회적으로 어떻게 공론화해낼 것인지 하는 문제도 간단치 않다. 이 모든 '본격적인' 문제들은 별도의 연구를 통해 그야말로 한번 '본격적으로' 다룰 필요가 있다. 여기서는 비판문법의 재구성과 관련된 논의에 주제를 한정할 수밖에 없다.

근대는 언어가 해독해내는 것(Bedeutung)과 철학적·메타포적 의미내용(Sinngehalt)의 어긋남이 특징인 사물의 질서를 구성해내므로 "세계정신은 그러나 결코 정신이 아니라 바로 부정자다." 그런데 헤겔은 이 부정자를 "세계정신에 복종해야 할 자들에게 넘겨버렸다."(Adorno, p.298; 1999, 401쪽.) 동일성 사유를 더 포괄적으로 적용하는 방법이나 궁리한

---

10) Jacques Rancière, *LE PARTAGE DE SESSIBLE*: *esthetique et politique*, (Paris: La Fabrique-Editions, 2000); 자크 랑시에르, 오윤성 옮김, 『감성의 분할』, (서울: 도서출판 b, 2008), 29~31쪽 참조.

것이다. "즉 세부에 침잠하는 그의 방식은 마치 약속이라도 하듯이 총체적이고 절대적인 것으로 처음부터 정립되었던 정신을 드러내려는 것이다."(Adorno, p.298; 1999, 400쪽.)

반면 아도르노는 칸트의 구도에 충실해 가상의 세계를 도외시한 학문적 추론이나 경험적 귀납의 방식으로는 진리가 도출될 수 없다는 입장을 견지했다. 진리는 무의도적 존재(Intentionsloses Sein)다.

개념의 의도를 무력화시키고 개별자와 이질자 들도 유효해지는 방식으로 개념을 배치하면, 진리는 우리의 의식으로 파고들게 되어 있다. 아도르노의 인식론은 객체의 우위를 인정하는 데 특징이 있다. 근본적으로 동일성 사유를 프로그램으로 하는 의식철학은 인식 대상 앞에서 자신의 한계를 인정해야 하며, 개념이 스스로를 상대화하는 가운데 비개념자가 인식구성에 참여하도록 길을 터주어야 한다. "철학적 반성은 개념으로서 비개념적인 것을 확인한다."(Adorno, p.23; 1999, 66쪽.) 이러한 방식으로 수행되는 구성은 전통적인 의미에서 미적 구성이며, 예술은 미적 구성이 경험적으로 실현되는 유일한 영역이다.

근대의 꽃, 예술

예술이 "근대의 꽃"[11]이라는 테제를 내세웠을 때, 언명 자체가 잘못되었다고 논박하는 경우는 드물 것이다. 무엇보다도 일단 큰 뜻을 부여하지 않고 받아들이기 쉽기 때문이며, 여기에 '꽃'이 해로울 리 없다는 판단도 보태진다. 하지만 그 꽃은 근대의 진액이 모두 합심해서 어우러졌을 때에만 피어나는 것이므로 꽃이 안 피어난다면 어떤 조치를 취해야 한다는 데까지 생각이 미치지는 못한다. 꽃의 향기와 색채를 향유하려고만 해온 근대인은 자신들 삶의 토양인 근대가 계속 망가져가도 망가지는

---

11) 이순예, 『예술, 서구를 만들다』, (서울: 인물과 사상, 2009), 71쪽 참조.

줄을 몰랐다. 더 큰 즐거움을 주는 조화(造花)를 만들어낸 탓이다. 꽃의 유기체성을 부정하고 인간에 대한 효용성만을 살린 근대인은 가짜 꽃을 보면서 '망가뜨리는 관성'을 계속 유지해나가도 된다는 마음을 먹었다.

21세기로 접어들면서 인류가 삶의 토양을 돌보고 삶의 방식 자체도 재검토해야 한다는 생각이 갈수록 힘을 얻고 있다. 하지만 어떻게 할 것인가를 두고는 아직 뚜렷한 합의에 도달하지 못한 처지다. 나는 한국의 공론장에서 고민의 방향이 다변화되었으면 좋겠다는 의도를 가지고 비판이론을 연구하고 있으며, 인간이 타고난 이성능력들 가운데 판단력을 활성화시킬 의도로 예술론을 전개한 아도르노에 주목한다.

물론 한국에서도 사회구성체론과 관련해 예술이 진지하게 논의되었던 적이 있었다. 80년대 리얼리즘 논쟁이다. 하지만 이 논쟁의 결과 예술은 독자적인 의미를 크게 훼손당했다. 한국의 리얼리즘론이 계층계급론에 예술의 생산과 수용을 종속시켰기 때문이다. 이른바 진보진영이 사회의 민주화를 위해 제출한 한국적 반영론은 이론이성에 전권을 부여하고 열정적으로 예술의 사회과학화를 추진했다. 그러한 까닭에 인간의 정신과 심장을 도구적 이성과는 다른 방식으로 계몽해야 할 예술은, 한국사회에서 자신의 역할을 수행할 기회를 완전히 박탈당하고 말았다.

인간의 도구화가 극심해지는 21세기에 이 경향에 맞서야 하는 주체는 바로 인간 자신이다. 맞설 가능성은 인간 스스로 자신을 자본의 도구로 전락시키지 않는 데 있다. 아도르노의 예술론은 이 '색다른' 가능성을 계몽한다. 나는 그가 제시하는 방식 그대로가 유효하다거나 그의 자본주의 분석이 올바르기 때문에 철학적 미학을 사회의 전망을 모색하는 과정에 적극 수용해야 한다고 생각하지는 않는다. 오직 '도구적 이성의 폐해를 교정하는 가장 강력한 계기는 판단력'이라는 아도르노의 판단에 귀 기울일 필요가 있다는 믿음을 가지고 있을 뿐이다.

3

칸트의 『판단력 비판』

18세기 계몽인은 현실의 한계를 폭파하는 가운데
절대를 '엿보는' 기회를 가졌다.
이 세기말적 경험을 치른 끝에 계몽인은 자신을
근대인으로 정립할 필요를 느끼게 되었다.
현실은 부당하다. 따라서 현실을 외면해서는 안 된다.
극복되어야만 한다. 하지만 현실극복은 절대적 가치를 추구하는
정신의 지향에 따라 수행되어야 했다.
'매개를 통한 반성'이라는 정식이 도출되었다.

심중에서 우주로

지구는 숙명이다

18세기 이래 지구에 발붙이고 사는 인간의 삶을 크게 뒤바꾸어놓은 근대적 변화는 '땅에 발을 딛고 서서 하늘을 보면 해가 뜨고 달이 지지만, 이러한 관찰은 진리가 아니다'라는, 이른바 인식론상의 대반전(反轉)에서 비롯되었다고 할 수 있다. 직접 보았으면서도 본 그대로 믿으면 안 되는 까닭은 우리 인간이 움직이는 지구 위에 서 있기 때문이다. 보고 있는 천체이든, 보는 자신이든, 돌고 있는 지구든, 사물은 모두 그 자체로서는 한결같다. 이 한결같은 사물들이 내가 지구 위에 발을 딛고 있다는 사태로 인해 뒤죽박죽되고 마는데, 돌고 있는 지구 위에 발을 붙이고 있으면서도 자신이 정지한 상태에서 본다고 여기는 까닭이다.

게다가 하늘을 보고 있는 '나'는 이 '지구 위에 서 있다'는 사태를 변경할 수 없다. 지구를 떠나면 죽기 때문이다. 그러면서도 보는 그 순간에는 '나' 때문에 어떤 사태가 벌어졌는지를 직접 깨닫지 못한다. 우주라는 전체 구도에 비춰보고 나서야 비로소 납득한다. 이렇게 하여 이제 진리는 더 이상 직접적이지 않게 되었다. 칸트가 인류 문명사에 끌어들인 인식론상의 변혁, 이른바 '코페르니쿠스적 전회'는 인식주체로 하여금 자신을 상대화시켜볼 것을 강요했다.

생각하는 사람이라면 받아들이지 않을 수 없게 된 이 '주체의 자기 상대화'가 근대의 출발이자 근대성 논의의 핵심을 이룬다고 할 수 있다. 무한한 우주를 통해 유한한 존재인 자신의 실존을 확인받는 과정은 인간으로 하여금 자신이 우주의 일부임을 깨닫고 그 사실을 수용하도록 하는 것이었다. 인간은 이제 부분과 전체 사이의 유기적인 관계를 이해할 수 있게 되었고, 상대화를 통한 확실성 확보라는 매우 '근대적'인 심리상태도 갖게 되었다. 감각적 확실성이 부정되었음에도 불구하고 불가지론에 빠지지 않았으며, 진리에 직접 도달할 수 없음을 받아들이면서도 자기 확인의 근거는 여전히 보유하고 있다는 안정감을 유지했다.

이 모든 것이 세상만물을 파악하는 나 역시 그 세상에 속함을 터득한 결과였다. 인식과정에서 맞닥뜨린 예기치 않은 강제, 즉 자기 상대화를 토대로 미천한 자신 역시 우주 질서에 통합되어 있음을 깨달은 덕택이다. 주체는 이 가능성을 매개로 자신이 하나의 완결된 소우주를 이루고 있다는 통찰에 이를 수 있었다. 개인은 인격적 정체성을 확보했다.

근대성이란 이처럼 부분과 전체, 무한과 유한, 상대성과 절대성 등 서로 이질적인 두 개념을 하나의 켤레로 묶어 여기서 발생하는 긴장을 본질로 하는 패러다임이다. 당대의 지적 전통에 '비판적 태도'로 접근한 칸트가 영국의 경험론과 대륙의 이성론을 '헤쳐 모여'의 방식으로 결합한 사건, 이른바 '코페르니쿠스적 전회'에서 시작된 이래로 이 패러다임은 계속 복잡성을 더해왔고 지금도 한층 복잡해지는 중이다.

그동안 탈근대로 패러다임을 바꾸어야 한다고 주장하는 논의들이 많았고, 이를 통해 근대를 바라보는 태도에도 큰 변화가 일어난 것은 사실이다. 하지만 그렇다고 결정적으로 달라진 지점을 확정하기란 쉽지 않은 터다. 21세기에도 우리의 삶은 여전히 근대적 조건 위에 유지되면서[1] '근대적 긴장'으로 평탄치 않을 것이 더 분명한 까닭이다.

주어진 조건의 '가능성과 한계를 묻는' 비판의 기획으로 칸트가 일궈낸 가장 획기적인 성과는 초자연적이고 일원론적인 형이상학이 지배하던 18세기에 형이상학적 이원론의 철학체계를 확립한 것이었다. 형이상학적 이원론이란 하나의 가능한 영역이 끝나는 지점에서 성질이 전혀 다른 영역이 시작됨을 뜻한다. 이러한 의미로 구축된 이원론은『순수이성비판』과『실천이성 비판』을 통해 인류의 문명사에 확고하게 자리 잡는다. 서로 다른 두 영역을 가능하게 하는 조건을 각기 검토하면서, 그 한계점이 명백하게 드러나도록 한 칸트의 문제처리방식이 거둔 가장 확실하고도 큰 성과라 할 것이다.

『순수이성 비판』은, 순수한 이론이성이 순전히 사변적인 개념 또는 이념에 월권적으로 객관적 실재성을 부여하고, 경험에 의존하지 않고서는 도무지 알 수 없는 것까지도 한낱 순수한 이성만으로도 알

---

1) Ulrich Beck, *Weltrisikogesellschaft*, (Frankfurt a. M.: Suhrkamp, 2008), p.26, pp.43~47, p.108, pp.352~355, p.407 참조. 벡은 콩트(Auguste Comte)와 뒤르켐(Emile Durhkeim) 같은 사회학자의 우려가 기우였음을 지적한다. 그들은 합리적인 사회질서를 구축하고 통합하는 일이 쉽지 않다고 걱정하는 편이었다. 하지만 현실은 오히려 베버의 우려대로 되지 않았는가? 인간이 합리화에 박차를 가한 끝에 승리해 제 손으로 감옥 같은 세상을 만들어놓은 것이다.

위험마저 유용성의 관점에서 제압할 정도로 합리성의 자기 통제가 극대화될 것이라고 내다보았던 베버와 달리, 벡은 불확실한 것, 의도하지 않은 것, 계산되지 않은 것 등이 재난 및 선취되지 않은 가능성의 발원지가 될 것이라고 확신한다. 사정이 이러하기 때문에 통제합리성이라는 근대의 주도이념을 불신할 수밖에 없다는 입장이다.

그래서 "우리는 정말 모른다!"는 케인스의 항의가 더 일리 있게 들린다면서 벡은 위험의 불확실성은 어떤 수단으로도 완화되지 않는다고 주장한다. 오히려 합리적인 통제의 노력들이 비합리적인, 계산할 수 없고 예측할 수 없는 결과 들을 새로 불러일으킬 뿐이다. 요즈음 우리의 삶이 근대적 조건에서 벗어났다고 주장하는 포스트모더니스트들에 대해서, 벡은 근거 없는 말이라고 일축한다. 아울러 이순예, 앞의 글, 2010, 14쪽, 주5) 참조.

수 있다고 참칭하는 것에 대한 순수한 이성의 자기 비판이다. 그러니까 그것은 순수한 이론이성이 경험적으로 사용되는 것을 방지하기 위한 것이다. 반면에, 『실천이성 비판』은 순수한 실천이성에 대한 비판이 아니라 〈실천이성 일반에 대한 비판〉(V16 = O31 참조)으로서 〈경험적으로 조건지어진 이성이 자기만이 전적으로 의지의 규정 근거를 제공하려는 월권〉(V16 = O31)을 비판한다. 그리하여 이 비판을 통해 밝혀지는 것은 오히려 순수한 이성은 그리고 순수한 이성만이 무조건적으로 실천적일 수 있다는 것, 다시 말해 〈순수한 이성은 그 자신만으로 의지를 규정하기에 충분하다〉(V15 = O30)는 것이다.[2]

"경험적으로 조건지어진 이성"이 경험적 조건의 가능성 영역을 벗어나서까지 자신을 관철시키려 한다면 이는 '월권'에 해당하므로 저지되어야 한다. 인간이 경험할 수 있는 조건을 제공하지 않는 영역, 즉 경험적 가능성을 벗어나는 영역에 대해는 무조건적으로 자신의 원칙을 관철해내는 실천이성이 활동하도록 놔두어야 한다. 결국 칸트에게는 이론이성의 월권을 탄핵하는 『순수이성 비판』이 "무조건적으로 실천적일 수 있는" 이성의 자율적 의지규정 가능성을 확인하는 『실천이성 비판』으로 넘어가는 출발점이었다. 두 비판서는 그러므로 논리적 인과관계에 놓여 있다고 할 수 있다.

체계충동

그런데 여기서 확립된 이원론을 서로 다른 것이 나란히 이웃해 있는 상태라는 차원에서 이해한다면 이에 대해 체계라는 말을 붙이지는 못할

---

2) 임마누엘 칸트, 백종현 옮김, 「옮긴이 해제」, 『실천이성 비판』, (서울: 아카넷, 2008), 28쪽. 앞으로 (백종현, 「옮긴이 해제」; 2008, 쪽수.)로 표기.

것이다. 이원론의 체계란 나뉜 두 개 이상의 무엇이어야 한다. 두 개가 다시 하나로 통일되어 더 큰 전체를 이루고 있어야만 하는 것이다. 칸트는 바로 그 '체계로서의 철학'을 수립하고자 했다. 이는 칸트가 고수했던 철학자로서의 자기 이해에 해당하는 것으로서 저술과정 내내 그의 의식에 잠복해 있다가, 마침내 『판단력 비판』을 통해 가시적 성과를 거두기에 이른다.

아마도 칸트는 이 제3비판서를 쓰고 나서야 비로소 '철학자임'에 대한 자기 확인을 내면화할 수 있었을 것이다. 서로 다른 것들을 하나로 모아들이는 '건축학적 구조'를 고안하고, 두 벽과 하나의 지붕으로 이루어진 건물처럼 서로 성질이 다른 부분들, 즉 자연철학과 도덕철학에 지붕을 얹어주는 일이 가능함을 확신했다. 그 결과 마침내 판단력의 선험원칙에 따라 배열되는 미적 가상의 세계를 '발견'했다. 그런데 이 모든 일들은 '체계에 대한 열정'으로 추진되었다고 할 수 있다. 이 '가상의 세계'는 초월철학의 체계 내에서 '부분체계'를 이루면서 아울러 독자성도 인정받고 있다. 칸트의 체계구상은 이처럼 '전체를 이루는 부분'과 '통일 속에서의 자율'을 요체로 하는 것이다.

부분들로 이루어진 전체라면, 그 부분들이 각각 독립성을 유지한 채 하나의 체계로 모아져야 할 것이다. 제3비판서의 「서문」들[3]은 이런 전제 아래 서로 다른 가능성의 조건들을 변별적으로 검토하는데, 여기서 칸트의 체계구상이 뚜렷한 모습을 드러낸다.[4] 하지만 철학자로서의 칸

---

3) 칸트는 「서문」을 두 번 썼다. 본문에 실린 「서문」 이외에 독립적으로 출판된 『제1서문』이 있다. Immanuel Kant, *Die Erste Einleitung in die Kritik der Urteilskraft*, Nach der Handschrift herausgegeben von Gerhard Lehmann, (Hamburg: Meiner, 1990).
4) 칸트는 『제1서문』의 한 단락에 직접 '체계로서의 철학에 대하여'라는 제목을 붙였다.

트를 처음부터 깊이 구속해온 '체계충동'은 말년의 저작에서 구체적인 외피를 입기 이전, 이미 두 번째 저술 작업의 진행을 혼란스럽게 만든 바 있다.

그러면 이 '혼란'을 잠시 살펴보기로 하자. 칸트가 체계철학자일 수밖에 없음을 이해하는 데 도움이 될 것이다. 전기적 사실을 토대로 칸트 철학의 체계구상을 역추적하는 아래의 글은 혼란이 체계수립에 결정적인 계기였음을 알려준다.

> 『실천이성 비판』이 한때의 구상과 달리 『순수이성 비판』과 한 책으로 묶이지 못한 데에는 여러 가지 이유가 있겠지만, 무엇보다도 당시 아직 이론이성과 실천이성 기능의 공통원리에 관한 의견을 정립하지 못한 칸트로서는 —— 이를 찾는 본격적인 작업은 『판단력 비판』 (1790)에서 비로소 수행되고 있다 —— 이론체계상의 문제의식이 강하게 남아 있었을 것이고, 게다가 두 이성 비판의 표적과 과제가 정반대의 것이었기 때문에 그럴 수밖에 없었을 것이다."(백종현, 「옮긴이 해제」, 2008, 27쪽.)

칸트 역시 처음에는 여느 철학자들처럼 자신의 체계구상을 담은 책 한 권을 쓸 요량이 아니었을까 짐작하게 하는 대목이다. 이러한 사정은 『순수이성 비판』의 재판 출간을 준비하면서 "순수이성의 철학체계에 선행해야만 할 비판적 탐구의 전체를 완성하는 데 기여할" "순수실천이성 비판이 추가"될 것임을 알리는 당시의 출판물에서 직접 읽어낼 수 있다.(백종현, 「옮긴이 해제」, 2008, 26쪽.) 하지만 그는 예상과 달리 『실천이성 비판』을 따로 완성시켰고, 『순수이성 비판』에서 분리·독립된 독자적 체계로서 도덕철학이 필요하다고 주장하면서 그 근거도 제시했다.

제1비판서와 제2비판서의 분리는, 그러므로 경험적으로 '임의적'인

판단에 따른 것이 아니라 사안의 특성상 어쩔 수 없이 따로 갈 수밖에 없는 초월철학적 귀결이었다. "표적과 과제가 정반대"인 두 번째 비판서의 서술을 처음 계획했던 대로 제1비판서에 포함시킬 수는 없었다. 그래서 제1비판서와 별도로 제2비판서를 독립시켰던 것이다. 두 책이 이처럼 '필연적'인 분화 과정을 겪어야만 하는 초월철학적 근거에 대해서는 칸트가 직접 언급한 구절들을 통해 이것을 정당화하는 논지를 어렵지 않게 제시할 수 있다. 아래의 서술은 칸트가 책을 쓰면서 처음의 단선 구도를 포기하고 '건축학적' 체계구상으로 생각을 바꿔야만 했던, 작업과정의 '혼란'과 직접 관련된 까닭에 보다 구체적이라는 장점이 있다.

형이상학을 위해 순수사변이성 비판이 이미 저술되었듯이, 본래 윤리형이상학의 기초로서는 순수실천이성 비판 이외에 다른 것은 없다. 그렇기는 하지만 한편으로는 순수실천이성 비판이 순수사변이성 비판처럼 그렇게 아주 필요한 것은 아니다. 왜냐하면 인간이성은 도덕적인 것과 관련해서는 아주 평범한 지성에서조차 쉽게 매우 정확하고 세밀하게 사용될 수 있기 때문이다. 이성이 이론적이고 순수한 사용에서는 전적으로 변증적인 데 반해서 말이다. 다른 한편으로 순수실천이성 비판을 위해서는, 만약 그것이 완수되려면, 실천이성의 사변이성과의 통일이 어떤 공통의 원리에서 서술될 수 있어야 한다는 것을 나는 요구하는 바다. 왜냐하면 마침내는 단 하나의 동일한 이성만이 있을 수 있는 것이고, 이것이 단지 적용되는 데서만 구별되어야 하는 것이니 말이다. 그러나 여기서 나는 전혀 다른 방식의 고찰을 끌어들여 독자를 혼란시키지 않고는 그런 완벽함을 성취할 수가 없다. 그 때문에 나는 '순수실천이성 비판'이라는 명칭 대신에 '윤리형이상학 정초'라는 명칭을 썼다. (BXIII 이하=IV 391 이하.)[5]

순간적인 착오는 제거될 수 있다

칸트는 "『실천이성 비판』이 출간되기 3년 전까지만 해도 이에 대한 집필계획이 없었을 뿐 아니라, 그것이 또한 불필요하다고 생각"(백종현, 「옮긴이 해제」, 2008, 25쪽.)해서 제1비판서를 재판 출간 때 보완하는 수준에서 정리하려 했던 이유를 마치 기술적 필요성 때문인 양 거론하고 있지만, 사실은 여기서 자신의 체계구상의 핵심을 노출하고 있음을 우리는 어렵지 않게 간파할 수 있다. 윤리형이상학은 자연형이상학과는 "전혀 다른 방식의 고찰"이 필요한 사안인바, "하나의 동일한 이성"이 "단지 적용되는 데서만 구별"되는 그 메커니즘이 드러나도록 해야 한다는 생각이었던 것이다.

이 생각은 나중에 건축학적 구조를 지닌 체계구상으로 모습을 드러낸다. 하지만 두 비판서를 잇는 '가교'로서의 판단력을 발견하기 이전에는 '이성의 서로 다른 사용'이라는 초월철학적 원칙을 고수하면서도 각 영역이 아직은 혼란스러운 상태로 칸트에게 의식된 터라고 할 수 있다. 하지만 집필과정이 혼란스러운데도 칸트에게 이 원칙은 늘 강고하게 유지되었고, 일관성 있게 관철되어 마침내 '체계완성'이라는 성과를 거두어내었다. 처음에는 "독자들을 혼란"시키지 않기 위해 '비판' 대신 '정초'라는 명칭을 사용한 『윤리형이상학 정초』를 출간하고 "이제 나는 지체 없이 윤리형이상학의 완성 작업에 착수할 것이다"(1785.9.13. 「Schuetz에게 보낸 편지」.)라고 하면서 제1비판서의 보완작업을 시도했다.(백종현, 「옮긴이 해제」; 2008, 25쪽.)

1788년 칸트는 마침내 『실천이성 비판』을 독립된 책으로 마침내 세상에 내놓는다. 그리고 이 분리독립이 바로 통일로 나아가는 출발점이었다. 이성의 적용영역 구분이 체계구상의 밑그림으로 자리 잡으면서 두

---

5) 임마누엘 칸트, 백종현 옮김, 『윤리형이상학 정초』, 73쪽.

영역은 사실 '하나의' 이성이 작용한 결과로 구성된 것이므로 궁극적으로는 통일될 수 있는 성질의 것이라는 데 생각이 미치게 되었기 때문이다. '이성의 참칭'과 '월권적 전제'를 막을 방도를 강구한 '비판기획'이 바야흐로 철학체계의 완성이라는 도정으로 방향을 틀었고, 『판단력 비판』으로 끝내 성사되었다.

그런데 이중성이 하나의 체계를 이룬다면, 이는 가능성의 원칙들이 서로 배타적일 때 한해서다. 다시 말해 어떤 가능성의 한계가 다른 가능성의 조건으로 되는 방식의 이중성이어야 하는 것이다. 칸트에 따르면 인간은 서로를 배척하는 가능성들이 이중으로 적용되는 세계에서 살 수밖에 없다. 인간이 보유하고 있는 이성능력 자체가 이중성의 근거다. 지구상에서 살아가는 인간이 자신의 이성능력을 현실에 적용할 때, 이성에 따른 객체구성의 가능성은 인간의 감성능력에 따라 제약된다. 인간에게서 현실세계란 감각적 자료들이 자연 대상으로 구성되어 드러난 질서, 즉 현상계에 국한될 뿐이다.

그런데 인간은 눈앞에 보이는 세상이 전부가 아니라 그 너머에 또 다른 세계가 있음을 알며, 이에 대해서도 사유한다. 칸트식의 표현에 따르면 저쪽의 다른 세상에 대해서도 이성을 사용하는 것이다. 이쪽과 저쪽을 가르는 경계는 인간의 감성능력이다. 이성이 감성과 결합해 경험적으로 사용될 가능성의 범위는 인간에게 부여된 감성능력 범위 내로 제한되어 있다. 그런데 자신의 사유능력을 의심하지 않는 인간은 이 제한된 영역을 넘어서까지 동일한 방식으로 이성을 사용하려 한다. 일종의 관성이지만 이는 분명한 '월권'이다. 월권도 권력행사인지라 그 결과물을 발생시킨다. 가상(Schein)이다.

초월적 가상이란 인간 이성에 있어서 "자연스럽고 불가피한 환상"(A298=B354)으로서, 주관적 원칙에서 비롯한 것이면서도 객관적인 것으로 행세하는 그런 것이다. 이런 순수이성의 자연스럽고 불가피한 변증성은 우매한 자가 지식의 결여(허위)에 의해 빠지거나, 궤변가가 의도적으로 사람들을 혼란시키기 위해 만들어낸 변증성(궤변)이 아니라, 인간의 이성에 고착해 있는 것이요, 우리가 그것을 일종의 환영이라고 폭로한 뒤에도 여전히 인간 이성 앞에 얼씬거려, 인간을 늘 순간적인 착오에 빠뜨리게끔 하며, 그 때문에 이 착오는 그때그때마다 제거될 필요가 있는 그런 것이다.[6]

이성적 존재인 인간이 비록 불가피하게 일어나는 것이라 하더라도 이성의 권한남용을 그대로 허용해버릴 수는 없다. 근절책을 세워야 마땅하다. 그래서 칸트는 『순수이성 비판』 제2부 「초월적 변증학」을 썼다. 그는 여기서 이성적 존재로서의 인간의 자기 계몽에 모든 문제가 달려 있음을 전제로 순간적인 착오의 제거가능성을 논증한다. 그래서 우리는 이 「변증학」을 인간이라면 자신의 이성능력이 어떤 방식으로 구조화되어 있는지를 파악하고 있어야만 한다는 요청으로 읽을 수 있다. 따라서 칸트가 문명인을 위해 마련해준 자기 계몽의 지침서로 받아들일 필요가 있는 것이다.

무릇 초월적 이성개념은 항상 오로지 조건들의 종합에서 절대적 전체만을 향해 나아가고, 다시 말해 단적으로 모든 관계맺음에서 무조건적인 것에서 외에는 결코 끝내지 않는다. 순수이성은 모든 것을 오(지)성에 위임하는데, 오(지)성은 먼저 직관의 대상들과, 아니 오히려 구상력에서의 그것의 종합과 관계맺는다. 그러나 순수이성은 오(지)성개념들의 사용에서 절대적 전체만은 자기 수중에 남겨놓고,

6) 임마누엘 칸트, 백종현 옮김, 「옮긴이 해제」, 『순수이성 비판 1·2』, (서울: 아카넷, 2006), 71쪽. 앞으로 (백종현, 「옮긴이 해제」; 2006, 쪽수.)로 표기.

범주에서 사고되는 종합적 통일을 단적인 무조건자에게까지 끌고 가려 추구한다. 그래서 우리는 범주가 추구하는 저것을 오(지)성통일이라고 부르듯이, 이것을 현상들의 이성통일이라고 부를 수 있다. 그리하여 이성은 오직 오(지)성사용과만 관계있는데, 그것도 이 오(지)성사용이 가능한 경험의 근거를 포함하는 한에서만 그러한 것이 아니라—무릇 조건들의 절대적 전체는 경험에서 사용가능한 개념이 아니다. 왜냐하면 어떠한 경험도 무조건적이지 않으니 말이다—오(지)성에게, 오(지)성이 그것에 관해서 아무런 개념도 가지고 있지 않고, 또 모든 오(지)성활동들을 각 대상과 관련해서 하나의 절대적 전체로 통합할 것을 노리는 어떤 일정한 통일을 향해 가도록 지시규정하기 위해서 그러하다. 그러므로 순수이성개념들의 객관적 사용은 항상 초험적이다. 순수오(지)성개념들의 객관적 사용은 순전히 가능한 경험에 제한되어 있으므로, 그것의 본성상 항상 내재적이어야 함에도 불구하고 말이다.(Kant, pp.358~359; 2006, 548~549쪽.)

운명에 눈뜨다

순수이성으로부터 모든 것을 "위임"받은 오성은 "가능한 경험에 제한"되어 있는 개념들을 객관적으로 사용할 때 "내재적"으로 머물러 있을 뿐, 이성개념들이 객관적으로 사용될 때처럼 경험세계를 넘어서면 안된다. 그리고 오성개념이 자신의 가능성에 내재적으로 머물러 있는 동안, "이성은 오직 오(지)성사용과만 관계"한다. "오(지)성에게, 오(지)성이…… 하나의 절대적 전체로 통합할 것을 노리는 어떤 일정한 통일을 향해 가도록 지시규정하기 위해서"다. 한마디로 이성이 오성개념의 사용을 규제한다는 이야기다.

지시방향은 하나의 절대적 전체로 통일을 이루라는 것이다. 여기서 칸트 철학체계의 가장 기초적인 밑그림이 도출된다. 이른바 현상계와 물자체의 이원적 분리가 이루어지는 방식에 대해 알려주고 있기 때문이다. '분리'란 오성개념의 사용으로 불러 올려지는 현상계가 물자체의 세계에 의해 경계지음을 당한다는 뜻이다. 경계지음을 당하면서 오성개념의 경험적 실현가능성 내에 머물러 있어야만 하는 현상계는, 그 '가능성'이란 것이 가능한 '경험'에 따라 제약된 조건을 충족시키는 경우에 한정된다는 한계를 지닌다. 이 제한은 바로 인간의 감성능력이 이성능력에 가하는 제약으로서 오성은 이 한계 내에 머물러 있음으로써만 객체구성이라는 자신의 역할을 수행할 수 있다. 결국 현상계의 한계는 이성의 속성에 기인하는, 따라서 인간에게 본래 그렇게 심겨 있다는 의미에서 태생적인 한계다.

인간은 이 한계범위 이내로 자연 대상에 이성능력을 적용하는 활동을 제한해야 한다. 그 나머지 부분에 오성개념을 적용하면 헛것(Schein)을 보게 된다. 여기서 분명한 것은 헛것이라고 해서 없는 것은 아니라는 사실이다. 물자체란 말 그대로 인간의 인식능력을 '위해' 현상하지 않고 그 자체로 남아 있는 영역이지 않은가. 이런 식으로 일컬어지는 세상은 우리가 비록 오성개념을 통해 경험적으로 접근할 수는 없지만 그렇다고 인간에게 완전히 차단된 채로 남아 있는 곳이 아니다. 이런 영역에 대해서도 인간은 접근능력을 가지고 있다. 이성에는 여전히 초월적 이성개념들이 들어 있기 때문이다. 이에 대해 칸트는 다음과 같이 기술했다.

우리가 이제 초월적 이성개념들에 대해서 '그것들은 오직 이념일 뿐이다'라고 말해야 한다 하더라도, 우리는 그것들을 결코 남아 넘치는 아무것도 아닌 것으로 보아서는 안 될 것이다. 이것들에 의해 어떤 객관이 규정될 수 있는 것은 아니지만, 그럼에도 그것들은 근본적으로 그리고 부지불식간에 지성에 대해 지성을 확장적이고 통일적으로 사용하는 데 규준으로 쓰일 수 있기 때문이다. 곧 초월적 이성개념들에 의해 오(지)성은 그의 개념들에 따라 그가 인식할 것 이상을 인식하는 것은 아니지만, 이 인식에서라도 더 좋게 더 멀리 지도된다. 그뿐만 아니라 어쩌면 이 초월적 이성개념들은 자연개념에서 실천적 개념들로 이행하는 것을 가능하게 해주고, 그렇게 해서 도덕적 이념들 자체에 지주를 제공하고 이성의 사변적 인식들과의 연관성을 제공하는 것인지도 모르겠다. 이 모든 것들에 대한 해명은 앞으로의 탐구에서 기대해야 할 것이다.(Kant, pp.360~361; 2006, 550~551쪽.)

칸트는 스스로 기대한 바를 직접 충족시켰다. 『실천이성 비판』과 『판단력 비판』을 차례로 세상에 내놓은 것이다. 마침내 건축학적 체계구축이라는 철학적 결실을 거두어들였다. 그런데 그 길로 매진하는, "앞으로의 탐구"를 촉발시킨 동기가 매우 흥미롭다. 바로 인식론적 한계에 대한 자각이었던 것이다. 경험적 현실에서 경험할 수 있는 대상으로 그 내용을 채울 수 없는 "이념"의 세계를 별도로 인정하지 않을 수 없었기 때문에 그 미지의 영역에 대한 탐구를 새로 시작하는 열정이 솟아났다고나 할까. 이런 의미에서 『순수이성 비판』은 인간의 운명에 대한 자각과 수용의 기록이다.

알지 못하기 때문에 확실해지는 세계

오성의 월권을 오류로 확인하는 인간은 스스로에 대해 양가적일 수밖에 없다. 오류를 범하는 자신의 한계를 어쩌지 못해 의기소침해지는 한편, 오류를 오류로 알아볼 수 있음에 대해서는 의기양양한 마음도 생긴다. 이 의기소침함과 의기양양함의 복합감정이야말로 가상의 세계의 확실성에 대한 강력한 지시자다. 비록 월권의 결과지만, 그래서 제대로는 아닌 헛것의 모습을 하고는 있지만 현상계 밖의 세계, 그 무언가 규정불가능한 것들의 세계가 분명히 존재함을 일깨워주기 때문이다. 오성개념으로 규정될 수 없는 것들이 분명 존재함을 확인하는 과정, 즉 우리가 헛것을 보게 되는 과정은 논리적으로 다음과 같이 서술될 수 있다.

여기서 칸트가 초월적 가상의 자리(출처)로 지목하고 있는 '이성'이란 좁은 의미로 이성을 일컬을 때의 "원리(칙)들의 능력"으로서, 규칙들의 능력인 오(지)성과 구별되는 것이다.(A299=B356) 이렇게 구분된 의미에서 이성의 인식은 원리들로부터의 인식으로서, 원리들로부터의 인식이란 (삼단논법에서 매개념을 통해 결론의 인식에 이르듯) "보편에서 개념을 통해 특수를 인식"(A300=B357)하는 것을 말한다. 오(지)성이 선험적 보편명제를 제공하고, 그것이 대전제로 쓰일 수 있는 한에서 그런 보편명제를 원리라고 할 수 있다. 그러나 순수오(지)성의 원칙들은 단지 개념에 의한 인식이 아니다. 예컨대 인과의 법칙은 단지 원인이라는 개념에서 결과라는 개념을 추출한 것이 아니라 순수직관 중에서 주어진 잇따름의 시간법칙으로 드러난 것이다.

그런데 보통 이성은 삼단논법에서 보듯이, 추론에 있어서 보편에서 특수로 내려가는 과정을 단지 개념들을 통해서만 행한다. 그러나 또한 이성은 반대로, 단지 개념만을 통해 특수명제에 포함되어 있는 보편명제를, 그리고 이 보편명제로부터 더 보편적인 규칙을 소급해서 추리해감으로써 궁극의 무조건적인 것〔무조건자〕으로 나가려 하기도 한다. 주어진 원리들을 다시 최소수의 원리들로 소급시킴으로써 원리들의 한 체계를 이루려는 노력, 즉 "이성통일"(A326=B383) 작용이 있는 것이다. 이제 이런 소급추론에서 도달한 궁극의 무조건적 개념은 "초월적 이념"(A327=B384)이라 일컬어야 할 것, 다시 말해 더 이상 경험할 수 없는, "경험의 한계를 넘어"서는, 따라서 '경험중에 한 대상으로 나타날 수는 없는' 것이다.(백종현, 「옮긴이 해제」; 2006, 71~72쪽.)

오성에게 "어떤 일정한 통일"을 향해 가도록 지시규정하는 이성이 비록 "오직 오(지)성사용과만 관계"하지만 "오(지)성통일"과 "이성통일"은 궁극적으로 어긋난다. "오(지)성활동들을 각 대상과 관련해서 하나의 절대적 전체로 통합할 것을 노리"도록 지시하는 이성이 자기 스스로는 보편으로 소급하는 추론에서 끝내 "무조건적 개념"에 도달하기 때문이다. 이는 통일을 향한 이성의 내부 관성, "원리들의 한 체계"를 이루려는 이성의 지향에 원인이 있는 일이다. 이 무조건자(Das Unbedingte)에 오성 개념이 끌어들여졌을 때, 헛것이 나타난다.

가상의 세계로 넘어가는 문턱에서 오성은 활동을 멈추어야 한다. 경계를 넘어오지 말라는 이성의 지시를 따라야만 하며, 이 '경계 넘어'는 오성개념의 사용과는 완전히 다른 방식으로 이성이 활동해야 인간에게 열리는 세상임을 인정해야 한다. 이 '다른 방식의 사용'에 대한 서술이 『실천이성 비판』이다. 여기서 칸트는 오성사용에 '통일'이라는 방향성을 제시한 이성이 '무조건적으로 실천적일 수 있는' 사용가능성도 지니고 있음을 논증한다. '하나의 동일한 이성'이 "적용되는 데서만 구별"되는 두 영역이 이렇게 하여 드디어 확정되었다.[7]

---

7) 『판단력 비판』서론 참조. "그러므로 오(지)성과 이성은 한쪽이 다른 쪽에 해를 입힐 필요 없이, 경험이라는 동일한 지반 위에서 서로 다른 법칙을 수립한다. 왜냐하면 자연개념이 자유개념에 따라 법칙수립에 영향을 미치지 않듯이, 자유개념 또한 자연의 법칙수립을 조금도 방해하지 않기 때문이다. 이 두 법칙수립과 그에 속하는 능력들의 공존을 동일한 주관 안에서 적어도 모순 없이 생각할 수 있는 가능성은 순수이성 비판이 증명했다. 순수이성 비판은 이에 대한 반론들을 그 두 법칙수립 안에 있는 변증법 가상들을 들춰냄으로써 일축한 바 있다." (Kant, p.10; 2009, 157쪽.)

그런데 앞에서 서술했듯이 이 "구별"은 그냥 차이가 아니라 '상호배척'이다. 서로 다른 근거에서 출발한다는 수준의 의미가 아니라, 상대방이 할 수 없는 것을 자신의 가능성의 근거로 삼는 것이다. 오성으로 하여금 자신의 개념사용이 경험할 수 있는 조건에 제약되어 있음을 직시하도록 하는 가상은, 무조건자의 '실천'영역이 미지인 채로 남겨져 있음을 알려준다. 그런데 이 실천가능성은 오성개념의 경험가능성의 조건이 제한된다는 사실을 토대로 한다.

이처럼 서로 상대를 배척하는 가운데서 자신의 존립가능성을 도출하는 사정에 따라 각각에 대해 '자연계'와 '자유의 영역'이라는 명칭이 부여되었다. 상호배타적인 이성사용의 원칙들을 특징짓기 위해 배타적인 개념의 켤레가 동원되었다고 할 수 있다. 이 배타성은 '형이상학이란 무엇인가'라는 물음에 대해 '특수'와 '일반'으로 나누어 대답하게 하는 근거가 된다.

> 이로써 우리가 알 수 있는 바는, 칸트가 "감각적인 것에 대한 인식으로부터 이성을 통해 초감각적인 것에 대한 인식으로 전진해가는 학문"(XX, p.260.)이라고 "정의"하는 형이상학은, 그 궁극목적은 물론 초감각적인 것의 파악에 있지만, 그러나 초감각적인 것뿐만이 아니라 그 현관에는 비감각적인, 그러면서도 "감각적인 것의 영역에"(XX, p.260.) 속하는 것 또한 들여놓고 있다는 사실이다. 저 초감각적인 것에 대한 인식들이 특수 형이상학(metaphysica specialis)을 구성한다면 이 비감각적인, 그러나 감각적인 영역에도 속하는 것들에 대한 인식들이 일반형이상학(metaphysica generalis)을 이룬다.(XXVIII, p.617 참조)(백종현, 「옮긴이 해제」; 2006, 32쪽.)

이 완결된 이중성의 체계를 마무리한 칸트의 뿌듯한 마음은 "후세 사람들이 그의 묘비명으로 삼기도 한『실천이성 비판』의 「맺음말」 첫 대목의 절제된 표현"(Kant, 「옮긴이 해제」; 2008, 6쪽.)에 잘 드러나 있다.

> 그에 대해서 자주 그리고 계속 숙고하면 할수록, 점점 더 새롭고 점점 더 큰 경탄과 외경으로 마음을 채우는 두 가지 것이 있다. 그것은 내 위의 별이 빛나는 하늘과 내 안의 도덕법칙이다.(Kant, p.186; 2008, 327쪽.)

여기서 '나'는 머리 위 하늘에서 빛나는 별을 바라보면서 "내가 외적 감성세계 안에서 차지하고 있는 자리(Platz)에서 시작해서, 내가 서 있는 그 연결점을, 무한 광대하게 세계들 위의 세계로, 천체들 중의 천체로, 뿐만 아니라 그것들의 주기적인 운동의 한없는 시간 속에서 그 시작과 지속을 확장"(Kant, p.186; 2008, 327쪽)하는 실존적인 확인을 함과 아울러, 내 안에 자리 잡은 도덕법칙을 통해서는 "나의 볼 수 없는 자아, 내 인격성에서 시작해서 참된 무한성을 갖는, 그러나 오(지)성에게만은 알려지는 (intelligibel)세계 속에 나를 표상한다."(Kant, p.186; 2008, 327~328쪽.)

숭고한 피조물

감각적으로는 지구상의 한 지점(Platz)에서 출발해 천체의 주기적 운동과 시간의 지속으로 무한 질주하는 한편, 또 다른 한편에서는 볼 수 없는 곳에 자리 잡고 있는 도덕법칙이 "전 감성세계(Sinnenwelt)로부터 독립해 있는 생을 나에게 개시(開示)"(Kant, p.186; 2008, 328쪽.)해준다. 이 순간 별이 빛나는 감성세계도 도덕법칙이 열어주는 예지계도 모두 '나'를 향하고 있다. 이 두 세계를 '나'는 하나의 유의미한 전체로 묶는다. 땅에 발을 딛고 하늘을 바라보는 '나'를 통해 우주적 무한과 감각적 찰나가 하나로 된다. 뿌듯한 일이다. 칸트의 철학적 작업은 이때의 뿌듯함에 분명한 근거를 제시했다. 분명 실체가 있는 뿌듯함이지 그냥 느낌에 불과한 것이 절대 아니라는 주장이다.

필연적인 근거는 유한자의 심중(心中)이다. "짧은 시간 생명력을 부여받은 후에는, 다시금 (우주 안의 한낱 점인) 유성에게로 되돌려줄 수밖에" 없는 "질료"(Kant, p.186; 2008, 328쪽.)로 된 동물적 피조물인 내가 감각 세계에서 차지하고 있는 한 '지점', 즉 '내 안'에 자리 잡고 있는 도덕법칙이 "감성세계로부터 독립해 있는 생을 나에게 개시(開示)"(Kant, p.186; 2008, 328쪽.)하므로, 결국 두 세계는 바로 심중에서 연결된다고 할 수밖에 없다. 이러한 구도 속에서 무한과 유한, 영원과 찰나, 질료를 입은 피조물과 예지계의 도덕법칙이 서로 연결된다. 칸트가 애초에 기획한 자기 상대화를 통한 절대자로의 통합이란, 따라서 심중에서 우주로 나가는 길을 발견하는 것이라고 하겠다.

여기서 '심중'이란 서로 다른 두 세계의 연결이 '나'를 통해 성사됨을 분명하게 해주는 메타포가 된다. 뿌듯함의 근거는 그렇다면 내가 직접 자기를 상대화하면서 우주적 절대로 자신을 확장시켰다는 자기 확인에 있다. 동물적 피조물이 예지계를 열어주는 도덕법칙에 따라 자신을 정립하고 나서 느끼는 뿌듯함인 것이다. 형이상학적 이원론은 결국 지구에 발붙이고 사는 인간의 자기 초월가능성에 대한 근거가 된다.

동물적 피조물인 인간의 자기 초월에 대해서는 칸트가 『실천이성 비판』에서 워낙 잘 논구했고, 또 사람들도 그런 가능성이 있다는 사실에 대해 크게 이의를 제기하지 않는 편이다. 무엇보다도 칸트가 여기서 '인간다움'에 대한 더없이 탁월한 철학적 성찰을 보여주기 때문일 것이다. 물론 진정한 인격성을 획득하는 과정의 고단함을 두고 논란이 분분하기는 했다. 특히 탈근대 담론은 인간의 자기 초월을 집중 공격했는데, 초월을 인간이 동물적 조건을 극복해야 한다는 식으로 이해해 억압적이라는 낙인을 찍기도 했다. 그래서인지 한편으로는 형이상학적 이원론이 근대적 분열의 원인이므로, 현상학적 접근방법으로 그 이원론을 극복해야 한다는 논리에 많은 이들이 귀를 기울이기도 했다. 하지만 이런 주장을 하는 탈근대 논객들이 간과하는 바가 있다.

그들이 그토록 칸트에게 원인을 돌리는 근대적 분열이란, 칸트의 이원론 때문에 발생한 현상이 아니며 인간이 '자기 분열'이라는 근대적 병에 시달리고 있음을 그들이 처음으로 알아낸 것도 아니라는 사실이다. 근대적 분열은 이미 18세기 말에 칸트가 그 극복을 위해 심혈을 기울인, 인류 문명사의 객관적 진행의 결과일 뿐, 탈근대론자들이 담론분석을 통해 새롭게 근대의 병폐로 지목하고 그래서 담론으로 극복하겠다고 나선, 그런 '발굴된' 내용이 아닌 것이다.

칸트는 고단함을 통해 자기 초월의 경지에 도달하는 경우, 인간이 진정 숭고한 존재로 자신을 정립할 수 있다는 사실을 확정하면서 이런 과정에 진입하는 인간이 분열된 상태임을 분명히 했다. 형이상학적 이원론이란 바로 인간의 분열에 대한 철학적 근거지음이나 다름없다. 아마 칸트 스스로도 이러한 뜻밖의 결론에 만족하지 못했을 것 같다. 나는 칸트가 『판단력 비판』을 저술한 이유가 여기에 있다고 생각한다.

이제 잠시 분열에 대해 이야기해보도록 하자. 그러면 그 분열을 극복할 '초월철학적' 구상에 대한 이야기로 자연스럽게 넘어갈 수 있다.

근대적 분열

과거와 단절하고 미래로 투사하는 현재

일반적으로 18세기는 '계몽주의'라는 이름 아래 유럽에서 세상을 합리적으로 설명하는 문화운동이 활발했던 시기로 이해되어왔다. 이러한 설명방식에 따르면 19세기에 니체, 쇼펜하우어 등과 같은 생의 철학자(Lebensphilosophie)들이 앓았던 허무주의와 염세주의는 합리주의의 편협함에 온몸으로 맞선 '저항의 철학'이 된다. 서구 지성사를 주도하는 합리주의에 대한 반동으로 비합리주의가 득세해 패러다임을 크게 바꾸어놓았다는 주장이 힘을 얻었다. 이 과정에서 합리성은 자신의 내포를 확장할 기회를 얻었으며, 비합리적인 태도 역시 역사발전을 견인하는 역할을 담당했다는 견지에서 합리와 비합리 모두 인간의 삶에 본질적인 요인이 아니겠냐고 새삼스럽게 확인하는 언술도 뒤따랐다.

이런 방식의 '해석'은 일견 인간의 타고난 속성을 깊이 고려하고 있는 것처럼 비쳐지지만, 사실은 합리와 비합리를 철저하게 분리시킨 이분법을 인간에게 도식적으로 적용하고 있을 뿐이다. 그래서 살아 있는 인간의 구체성을 파악하는 데는 오히려 걸림돌로 작용해왔음을 부인할 수 없다. 하지만 합리주의에 대한 반동으로 비합리주의가 나타났고 다시 보완된 합리주의가 새롭게 공론장을 주도한다는 관점은 여전히 유지되었다. 또한 계속 힘을 발휘한 결과, 지난 시기의 인류문명사를 계몽과 반계몽의 패러다임으로 고정시켜놓았다. 이것이 어쩔 수 없는 역사현실임을 인정하라는 요청들이 설득력을 얻는 한편으로 향후의 역사도 같은 도식에 따라 진행되지 않겠느냐는 생각이 그대로 굳어지고 만 형편이다. 21세기로 접어든 현재의 우리가 전망부재로 힘겨워하고 있다면, 과거를 바라보는 관점부터 재점검할 필요가 있다.

과거를 다시 바라보기 위해 18세기로까지 거슬러 올라가야 하는 근거는 분명하다. 이 시기에 일어났던 여러 가지 변화의 결과와 그런 결과를 가져온 조건들에 우리의 현재가 여전히 매어 있기 때문이다. 그 조건들은 이른바 '근대성'이라고 하는 새로운 세계이해의 패러다임이다. 이 새로움은 과거와의 단절과 미래를 향한 투사라는 두 극점 사이에서 현재를 꾸려가는 인간이 떠안아야 하는 긴장을 동반했다. 근대는 이 긴장을 새로운 구성의 추동력으로 전환시켰고, 온갖 부담에도 불구하고 끝내 긴장을 프로그램으로 하는 패러다임 구축에 성공했다. 성공한 근대가 우리의 현재다.(Beck, 앞의 책과 제3부 제1장 주1) 참조.)

현재가 결코 소망스럽지 않은 상태인 것은 분명하다. 더 나은 미래를 위해 노력하면서 '좋았던 옛날'을 유토피아로 투사한 역사철학 때문에 일어난 어긋남 때문에 우리는 전망부재의 늪에 빠져 있다. 이런 견지에서 근대의 기획은 실패했다고 해야 마땅할 것이다. 아울러 역사철학을 폐기하라는 주장도 설득력을 갖는다. 하지만 긴장을 유발하는 근대적 조건이 유토피아와 더불어 사라졌다고 말할 수는 없을 것이다. '긴장'은 여전히 우리의 일상을 규정하는 보편적 조건으로 남아 있다.

서구에서 18세기는 전환기였다. 신분제 사회에서 시민사회로 이행하는 시기였던 만큼 근본적인 변화가 많이 일어났다. 프랑스의 사회혁명, 영국의 의회제도 그리고 고전독일 철학 등을 그 구체적 성과로 지목할 수 있을 것이다. 이런 성과들 때문에 18세기를 합리주의에 바탕을 둔 문화운동이 활발했던 시기로 바라보면서 '계몽주의'라는 표식으로 시대 자체를 단일화시키는 관점이 유지되었다고 하겠다. 하지만 이런 관행은 위의 구체적 성과들에 유럽사회가 계속 미래구성의 전망을 의탁하는 동안에만 용인되었다.

혁명이든 의회제도든 관념론이든 요즈음에는 모두 그 유효성이 상대화되고 구성능력 면에서도 신뢰를 크게 잃은 실정이다. 합리적인 성과를 중심으로 18세기를 바라보는 관점 역시 설명력을 심각하게 훼손당했다. 따라서 지금까지의 관행에서 벗어나 틀지어지지 않은 시선으로 새롭게 이 시기를 들여다볼 필요가 있다. 다른 눈으로 보면, 새로운 사태가 전개될 것이다. 무엇보다도 그런 성과를 불러온 움직임을 추동한 인간들의 구체적인 모습이 드러나기 때문이다.

'살아 있는 인간의 생생한 구체성'은 그 자체로 보자면 어느 시대를 연구 대상으로 삼든 처음부터 요청되는 덕목일 것이다. 18세기의 독특성은 이 '개별인간의 구체성' 자체가 시대의 화두로 떠올랐다는 데 있다. 사회구성에 박차를 가하던 19세기는 생생함 대신 구조적 보편성에 더 큰 관심을 기울였다. 반면 보다 앞선 르네상스 운동 중에는 기독교의 초자연적 형이상학에서 인간의 '피와 살'을 해방시키는 사건이 일어난 바 있다. 일단 경험해보았기 때문에 이런 생생함은 사람들의 뇌리에서 사라지지 않았다. 서구인은 이 시기의 역사적 경험을 '인식'의 대상으로 삼았고, 차츰 그 '구체적 생생함'에 대한 사유를 본격화시켰다. 그리고 끝내 자신의 문제로 만드는 데 200년 정도가 걸렸다.

"1500년경에는 한갓 사실에 불과했던 것이, 1700년 이후에는 문제로 되었다".[8] 르네상스적 인간에서 근대인으로 나아가기 위해서는 자기

8) Alfred Baeumler, *Das Irrationalitätsproblem in der Ästhetik und Logik des 18.*

스스로를 구체적인 인간으로 '의식'하는 단계를 거쳐야 했는데, 바로 18세기에 이 의식화 작업이 전사회적 의제로 떠올랐다는 이야기다. 이 시기에 인간학적 과제로 등장한 '개체성'(Individualität)은 21세기로 접어든 오늘날까지 인류가 제대로 해결하지 못한 채 여전히 '문제'로 남아 있다. 아직 근대인도 되지 못한 처지라는 한탄이 나올 법한 상황인데, 아마도 개체로 자신을 정립하라는 근대성의 요구가 인간에게 너무도 큰 부담이 되었기 때문일 것이다.

르네상스적 천재와 근대적 개체

르네상스기에 사람들은 천재의 창조성으로 개체성을 경험했다. 천재란 자기 내부에서 무언가를 만들어낼 수 있는 힘을 끌어올리는 사람이다. 당시 이런 천재는 예술가였다. 예술작품은 내부의 힘이 창작물로 가시화되는 과정을 직접 확인할 수 있게 해준다는 점에서 특별한 대접을 받았다. 외부의 지시 없이 만들어진 구체적인 대상에 열광하는 르네상스기는 그야말로 새로운 생활감정(Lebensgefühl)의 발흥기였다.

비록 균열이 시작되기는 했어도 중세적 세계관이 완강하게 버티고 있던 시기였다. 하지만 체계의 지시를 자기 삶의 깊숙한 부분으로까지 끌어들이는 일은 중단하겠다는 태도만큼은 확실했다. 체계로부터의 이탈은 그동안 기독교 형이상학에 의해 억눌렸던 감성을 회복시키는 것으로 구체화되었다. 예술작품에 표현된 르네상스적 감성회복은 체계로부터의 이탈 그 자체를 경험하게 해주는 것이었다. 이러한 이탈의 순간은 구체성을 확보한다. 따라서 일회성에 머물지 않았다. 그리고 회복된 감성은 체계로부터의 이탈을 가속화시켰다. 어느덧 이탈이 프로그램이 되었다.

Jahrhunderts bis zur Kritik der Urteilskraft, (Tübingen: Max Niemeyer, 1967), p.1.

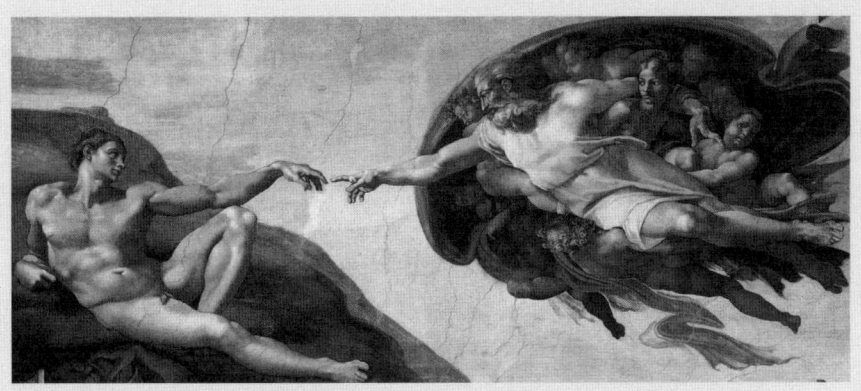

미켈란젤로, 「아담의 창조」, 1508~12, 시스티나 천장화 일부, 로마, 바티칸.
아담. 체계의 지시가 더 이상 살을 파고들 수 없음을 웅변하는 근육질의 나신(裸身).

피와 살이 확장되는 순간

아담은 더 이상 변명하지 않는다. 살에 피가 흘러 이처럼 팽팽해졌는데, 살의 연원(淵源)을 따지느라 이 생생함의 순간을 놓치고 싶지 않다. 그런 어리석음은 이브의 몫이다. 선악과가 어디서 났는지 대답해야 했던 여인네. 하지만 지금은 숨을 쉬면 피가 끓어 넘치고 살이 확장될 뿐이다. 공간이 필요했다. 사과를 든 여인은 시간과 더불어 뒤로 물리쳐졌다. 여인네는 살아 있음의 원인을 일깨우는 거울이었다. 거울 앞에 서면 살은 여전히 부끄러웠고, 내 앞에 마주 선 타자를 그대로 둘 수는 없었다. 그래서 잎사귀로 가렸던 것이다. 이제 거울을 치우니, 가릴 필요가 없어 좋다.

피와 살이 확장되는 현재, 이 현재가 앞으로도 계속 퍼져 나갔으면 좋겠다. 열망은 살에 피가 흐르는 순간 지펴졌지만, 그 깨어남의 순간을 배반하라는 지시와 짝을 이룬다. 살아 있음은 너무도 찬란해서 타자를 삼켜버리고 거친 근육이 당당한 남자는 영원을 향한 열망을 신께 간구한다. 신은 육체의 열망에 영혼을 불어넣어주신다. 육체는 영혼으로 드높여진다. 창조자와 나란히 자리한 육체는 이제 더 이상 정신의 타자가 아니다. 정신의 부림을 받던 구차한 처지에서 벗어났다. 선악과와 여자를 의식에서 제외시킨 결과는 육체적 감성의 독립이다. 독립한 감성은 정신과 동격이 되었다.

그래서 도도한 흐름을 일구어 사회 구석구석을 누볐다. 차츰 체계의 완강함에 균열이 생기는 한편, 프로그램으로 정착된 이탈은 점점 구체성을 상실해갔다. 마침내 이탈 자체로는 더 이상 무언가를 구성할 수 없는 단계로 접어들었다. 체계도 힘을 잃고 이탈도 구성력을 상실했다. 마르크스의 표현을 빌리자면, 체계 속에서 오랫동안 자리를 차지하고 있어 단단하게 굳어져버린 것들이 모두 "증발한다"(verdampft).[9]

서구에서 18세기의 화두는 개체성의 발현을 구체적인 인간 일반에 대한 문제로 확대시키는 것이었다. 근대인이 르네상스기의 경험을 사유해야 한다고 여긴 까닭은 바로 이러한 사회적 필요 때문이었다. 신분제 사회에서 시민사회로의 이행은 사람들이 자신을 개체(das Individuum)로 정립하는 과정과 더불어 진행되어야만 했다. 사람들은 더 이상 자신을 신민(臣民)이나 피조물로 여기지 말아야 할 뿐 아니라 독립된 인격체로 우뚝 서야 했다. 과거를 부정하고 체계에서 이탈하는 일을 도모하기 위해 무엇보다 먼저 감성이 호출되었고, 앞에서 살펴보았듯이 일정한 성과를 거두었다. 기독교 형이상학은 힘을 잃었다. 하지만 르네상스적 감성의 역할은 여기까지로 제한될 수밖에 없었다. 인간이 자신을 스스로 개체로 정립하고 인격적 독립성을 확보하는 과제 앞에서는 힘을 발휘하지 못했다.

더 큰 형이상학적 뒷받침이 필요한 일이었다. 그리고 시민사회라는 체계는 아직 모습을 드러내지 않은 터였다. 18세기는 체계가 부재한 가운데 인간이 자신을 개체로 직접 구성해야 하는 과제를 떠안았다. 르네상스를 경험한 인간이 새로운 유토피아를 찾아 막 길을 떠난 상태였던 것이다. 유토피아는 늘 완벽하고 좋은 체계로 표상되었다. 하나의 체계를

---

9) Karl Marx und Friedrich Engels, *Das Kommunistische Manifest*, Mit einer Einleitung von Eric Hobsbawm, (Hamburg: Argument, 1999), p.44 이하 참조.

등지고 나왔지만, 새로운 삶 역시 새로운 체계 안에 정착시키고 싶었다. 18세기는 그 중간단계였다.

감성에 따른 체계이탈이 "자연적인 체계를 해체하는 분석능력" (Baeumler, p.X.)의 활성화와 함께 어우러진 까닭에, 18세기는 감성능력과 분석능력 모두에 모순투성이인 시기로 비쳐졌다. 분석능력의 활동을 중심으로 이 시기를 파악하는 이들은 이성의 세기였다고 주장하고, 감성의 즉자성이 일궈낸 성과를 중시하는 이들은 감성복권이라는 패러다임을 적용했다. 하지만 둘 다 타자의 존재를 인정하는 가운데 자신을 주장할 수 있는 패러다임이다. 아울러 감성과 이성이라는 용어를 계속 사용하는 한, 두 패러다임 모두 모순을 한가운데로 불러들일 수밖에 없는 처지이기도 하다. 이러한 긴장에 주목한다면, 18세기를 비합리주의로 설명하는 편이 더 나을 수도 있다. "비합리적인 것이 철학적 문제로"(Baeumler, p.5.) 인지된 시대였던 탓이다.

그리고 합리와 비합리가 그 어느 하나의 용어로 수렴될 수 없을 만큼 혼재된 긴장의 시대를 '미학의 세기'라고 지칭한다면, 이는 세기의 과제였던 개체구성 기획에 주목한 결과다. 여기서는 합리와 비합리가 개체성 확보를 위한 두 거점으로 자리매김된다. 따라서 합리적인 틀에 포섭되지 않는 인간적 요인들을 비합리라 하여 부정할 필요가 없으며, 비합리가 체계의 도그마에서 벗어나게 해줄 것이라는 환상에 젖어 합리성에 따른 질서구성을 배척하지 않아도 된다. 합리와 비합리를 동시에 모두 고려하는 이러한 관점은 살아 있는 구체적 인간을 있는 그대로 생생하게 보겠다는 시대정신에도 부합한다.

미학의 세기에 인간은 '분열'이라는 새로운 역사적 경험을 하게 된다. 하지만 합리적인 자아와 비합리적인 무의식이라는 구분을 실체화하는 현대의 주관적인 분열이 아니다. 근대적 분열은 객관성에 근거하고 있다. 개체의 구체성을 확보하는 과정에서 필연적으로 등장하는 분열이기 때문이다. 인간을 인간으로 인정하는 일은 미학적인 차원에서만 가능하다. 따라서 18세기에 비로소 개체성이 사유의 대상이 되었음은 앞에서 서술한 대로다. 중세처럼 종교적 인간관이 지배하는 문화지형에서는 인간이 객관적 실재(신의 피조물)로 설정되어 개념 파악의 대상이 되지 못했다.

'살아 있음'의 아포리아

반면 거침없는 기세로 등장하기 시작한 과학은 인간을 더 이상 살아 있는 구체적 인간으로 바라보지 않는다. 따라서 인간은 그저 이론적인 존재가 될 뿐이다. 또 몸을 입은 자연산물이라는 관점에서 보면, 인간은 물질세계의 객관적 법칙에 종속된다. 그렇다면 인간에 대한 전면적이고 구체적인 파악은 윤리학에서만 고려될 수 있는 듯 여겨진다. 하지만 윤리학에는 항상 개체성을 말살하는 규범을 전면에 내세우는 위험이 도사리고 있다. 그래서 구체적인 인간이라는 표상이 무조건적 법칙이라는 표상으로 대체되거나 사회적 주체라는 표상으로 넘어가 하릴없이 사라지고 만다.(Baeumler, p.3 참조.) 그럼에도 구체적인 개체의 가능성은 포기되지 않았다. 미적 차원에서 한때 천재가 직접 구현했던 그 '구체성'을 다시 불러낼 수 있다고 생각했기 때문이다.

여기서 '미적'이란 인간적인 요인들이 있는 그대로 모두 등장하는 차원이라는 의미다. 합리와 비합리가 그 어느 것으로도 틀지어지지 않은 채로 남아 있어야 하는 까닭에 이런 이분법적 용어로는 성격을 규정할 수 없는 영역이다. 이 미적 차원에서는 당연히 살아 있는 인간이 종교적 실재성을 벗어버린 상태로 모습을 드러낸다. 더 나아가 개념 파악에서도 벗어나 있다. 고정된 실재도 아니고 개념의 틀에서도 벗어난 상태에서 이제 그는 인간으로 자신을 구체화시켜야 한다. 객관적 법칙의 적용을 받지 않는 '살아 있음'을 증명해야 하는데, 개체로 구체화해야 하므로 윤리적 규범에 의탁할 수도 없다. 그에게는 절대적 자유가 최종 심급으로 남을 뿐이다.

이 절대적 자유가 분열의 근원이다. 체계로부터 이탈하는 것을 인간적인 요인이 회복된 것으로 경험한 근대인은 그 인간적 요인의 '살아 있음'을 훼손하지 않기 위해 모든 척도를 배척했다. 아무리 느슨한 상태라도 특정한 척도를 동원해 인간을 파악하면 개체는 구체성을 잃고 일그러질 것이기 때문이다. 어떤 척도도 개입하지 못하도록 방어하는 계기란 바로 절대적 자유라는 이름으로 불릴 수밖에 없다.

개체가 자기 구성의 토대로 삼기 위해 불러들인 최후의 척도인 이 자유는 그런데 한계개념일 따름이다. 사실 살아 있는 인간의 구체적 일회성이란 피와 살의 한계에 갇힌 개체의 존재방식을 긍정적인 언어로 표현한 것에 불과하지 않은가. 어쨌든 일회적인 구성이 가능하기 위해서는 그 무엇보다도 최소한 가능과 불가능을 구분하는 능력만큼은 구비하고 있어야 하며, 이 한계지점에 대한 인식이 개체구성의 전제임을 받아들여야 한다. 이 전제에서 출발해야 하기 때문에 인간을 인간으로 파악하기 위해서는 '자유'가 필연적이고도 무조건적으로 요청되는 것이다. 들끓는 피를 가두고 있는 살은 인간적 제한성의 정수이지만, 그 살의 생생함에 내재해 있으면 개체는 자신의 한계를 의식하지 못한다.

그 살아 있음을 벗어나야 하는데, 벗어나는 자유를 누리는 개체는 제약이 없는 상태를 의식하고 이 무제약에 대한 의식으로 자신이 살아 있음을 확인해야만 하는 것이다. 인간을 인간으로 인정하는 일은 이렇듯 그 인정받아야 하는 인간적 요인과는 전혀 다른 계기를 인간의 의식에 끌어들이는 결과를 가져왔다. 근대의 인간학적 기획은 끝내 자신의 인간적 한계 밖으로 나가는 의식활동을 통해 자신을 인간으로 확인한다는 프로그램으로 귀착되었다. 근대인은 있는 그대로의 자신을 확인하기 위해 분열을 수용하지 않을 수 없는 운명에 빠지고 말았다.

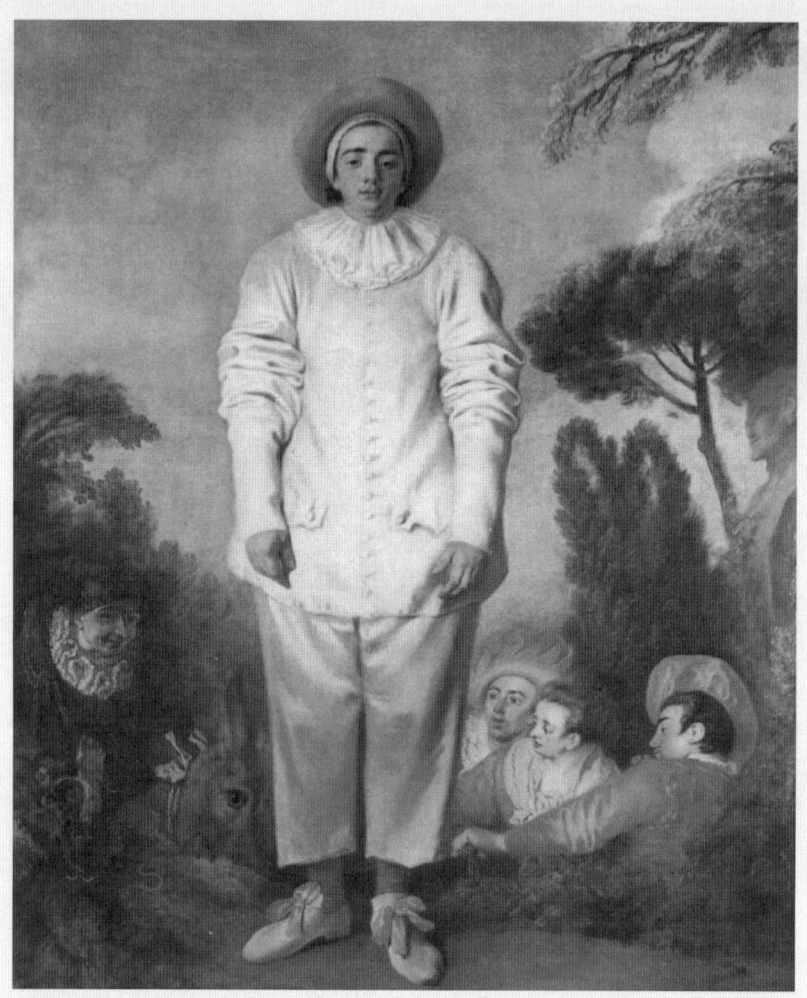

와토, 「질」, 1719, 유채, 184×149cm, 파리, 루브르 박물관.
체계의 지시를 물리치고 뜨거운 피로 살을 팽창시켰던 영혼.
그런데 지금 피조물의 영혼은 슬프고, 보기에 우스꽝스럽다.

찬란함은 누리고 사과의 노동은 부정한 대가

내 살 속에서 나를 온전하게 느끼던 그때를 잊을 수가 없다. 내 몸은 그냥 생생한 채 하나였고, 남성은 당당했었다. 타자를 물리친 후라 그 당당함에는 자기 창조의 힘마저 깃들어 있지 않았던가. 그런데 지금 나는 빛을 발하는 흰 천으로 그 팽팽했던 살의 공간을 나에게 다시 돌려주려고 안간힘을 쓰고 있다. 한번 치운 거울을 다시 앞에 세울 수는 없는 일. 열망이 충족되었던 순간은 아무리 해도 부정될 수 없기 때문이다.

허나 그 순간의 존재를 인정한다고 해도 현재는 절대로 다시 생생해지지 않는다. 기억으로 그 찬란함의 실체를 확인할 뿐인 나는 내가 열망했던 육체의 영원을 열망의 대상으로 만들어볼 요량이었다.

열망을 기억하는 살에 찬란한 흰 천을 입혔다. 내가 기획했으므로 열망은 다른 이들의 몫이다. 부풀려진 옷을 보려고 사람들이 모여들었다. 하지만 그들은 열망하지 않았다. 발 아래서 웅성거리기나 한다. 나의 뒷모습을 조사하는 그들은 내가 옛날에 치웠다고 여겼던 거울이다. 다시 나타난 거울이 앞에서 내 모습을 제대로 비춰주기라도 하면 좋으련만, 정면으로 들이대지는 않고 언저리에서 흘끔거리고 있다. 다시 시작하려면 옷부터 고쳐 입어야 할 터인데. 무얼 어떻게 해야 할지 모르는 지금 나는, 오래전 살에 피가 돌게 해준 사과를 부정했던 대가를 치르고 있다.

그때 피가 돌아 팽창하기 시작한 살을 부끄러워하지 않았던가. 그러다가 또 완성의 경제에서는 홀로 우쭐했었다. 찬란함은 누리고 사과의 노동은 부정했다. 그런데 지금 그 찬란함의 기억을 옷에 떠넘기고 처음 부정의 순간을 기억에 되살려야 하다니 너무 가혹하다. 찬란함과 부정이 공존하는 순간, 그 충돌을 '서 있음'으로 버텨내고 있다. 버티면서 내가 이 큰 옷을 지어 입었음을 확인한다. 내 몸은 옷에서 분리되어 있다. 나는 그 사실을 안다. 그래서 우울하다.

이 우울을 감당해야 한다. 원죄이니까. 사과를 먹어서 살과 피가 부풀어 올랐었는데, 사과는 사유하지 않고 사과를 딴 행위에 대해서만 사유한 아담은 과오를 범했음을 인정해야 한다. 물질은 담론으로 치환되지 않는다. 먹어야 사는 존재인 인간이 물질을 담론화하면 물질은 기억으로 퇴각한다. 찬란한 기억이 우울의 원인이다. 살과 피를 부풀어 오르게 한 '원인'을 분석하려는 관성에서 벗어나면 부풀리는 노동이 고스란히 시야에 들어온다. 함께 먹지 않았던가? 이브의 원죄를 상쇄하는 유일한 방법이다.

미적 주체

파괴를 부르는 분석

> 무제약적이고 결코 실현될 수 없는 최후의 가치를 생각해낸 것이 가
> 장 칸트다운 창작이었다.(Baeumler, p.10.)

『순수이성 비판』을 세상에 내놓은 후 수정증보판을 계획하던 칸트가
마침내『실천이성 비판』에서 '실현될 수 없는 최후의 가치'가 현실에서
경험적으로 구성되는 삶의 존재근거임을 밝혀내기까지, 18세기 유럽의
문화지형에도 적지 않은 변화가 있었다. 변화는 독일의 질풍노도 운동으
로 집약되었는데, 세상을 합리적으로 설명하는 계몽이든 비합리적 측면
에 주목하는 반대운동이든, 양자 모두 구성능력을 완전히 상실한 상태에
서 몰아닥친 폭풍우였다.

세기말다운 혼란이었지만, 폭력은 일단 개인의 내부로 향한 후, 밖으
로 폭발했다. 아직 구조적 폭력을 모르던 시절이었다. 진실한 사랑으로
인생의 파트너를 선택해야 한다는 계몽이 현실에서 결실을 맺을 수 없음
을 비관한 베르테르(Werther)는, 바로 그 사랑의 목적인 자신의 육체를 파
괴한다.(괴테,『젊은 베르테르의 슬픔』.)

베르테르는 일부일처제라는 현실의 경계를 자기 몸 안에서 부수고 사랑하는 자유를 누렸다. 이런 격정은 현실에서 불가능한 일을 다른 방식으로 실현시키고자 하는 의지의 소산이다. 따라서 무제약자의 힘을 현실에 끌어들이는 결과를 가져왔다. 질풍노도의 폭력은 바로 이처럼 가능과 불가능함을 구별하지 않으려는 의지에 근거를 둔 사회 현상이었다. 현실적 불가능성을 '넘어서려는' 시도는 현실적 한계에 직접 노출된 사람일수록 더욱 절박했다. 실러의 『군도』에 나오는 두 형제 가운데 동생 프란츠(Franz) 같은 경우가 그러했다.

프란츠 ……나는 이 자연에 대해서 마음껏 화를 낼 만한 큰 권리도 있지. 내 명예를 거는 한이 있어도 이 권리를 행사하고 말 테다. 어째서 내가 어머님의 뱃속에서 장남으로 태어나지 않았지? 어째서 내가 외아들로 태어나지 않았지? 어째서 자연은 저주받은 형제들 중 나를 비웃는 거지? 하필이면 내게 말이다. 내게는 마치 자연이 내가 태어날 때 찌꺼기만 모아준 것으로밖에는 생각되지 않는다. ……마치 자연은 모든 인종 중에서 가장 흉측한 것만 모아서 그것을 반죽해가지고 나를 구워낸 것으로밖에는 생각이 안 드는군. 제기랄! 자연은 어떤 놈에게는 주고 내게는 주지 않는다는 권리를 도대체 누구에게 받았단 말인가? ……내가 무엇을 할 것인가는 나만의 일이다. 가장 위대한 놈이 되느냐 아니면 가장 보잘것없는 놈으로 끝을 맺느냐 하는 권리는 누구나가 공평하게 갖고 있는 것이다. 요구는 요구와 부딪히고, 충돌은 충돌과 부딪히고, 힘은 힘과 부딪혀서 부서지는 것이다. 그렇기 때문에 권리는 강자의 것이 된다. 우리 힘의 한계는 곧 우리의 법률이 되는 것이다. ……나라는 한 인간을 만들어낸 아버지를 혼내주고 싶다! ……나 자신을 염두에 두고 사랑이 이루어진 것이 아니기 때문에, 내가 그런 사랑을 인정해줄 필요는 눈곱만치도 없다.

……도대체 어디에 신성이란 것이 있단 말인가? 그런 행위가 짐승들의 야욕을 채우기 위한 행위와 다를 것이 뭐냐? 그런 것들은 냉혹한 필연성에 불과하지 않느냐. ……내가 주인행세를 하는 데 방해가 되는 내 주위의 모든 것을 남김없이 없애버려야 한다. 귀여운 점이 없어서 갖지 못했던 것을 억지로 빼앗으려면 무슨 일이 있어도 내가 주인행세를 해야 한단 말이야.[10]

못생긴 차남으로 태어난 현실적인 한계 앞에서 몸부림치는 한 인간의 독백이다. 조금 먼저 세상에 나왔다는 이유만으로 당연히 왕이 되는 형과 달리 동생에게는 모든 것이 제한되어 있다. 형이 듬뿍듬뿍 받는 만큼 자신은 박탈당하는 것이다. 형처럼 될 수 없는 현실은 부당하다. 자신은 이런 부당한 처지를 원하지 않았고, 선택한 적도 없었다. 형은 수려한 용모를 지녔고 자신은 흉한 외모를 소유했으니 이 차이야말로 부당함의 극치다. 이런 부당함은 또 다른 불평등의 원인이 된다. 마음이 강퍅해지는 것이다.

사랑하지 않으면서 형의 여자를 유린한다. 프란츠는 자신의 악행을 '둘째로 태어남'의 필연과 '장자상속'이라는 사회제도의 결합 탓으로 돌린다. 둘째로 태어난다는 것은 장자상속의 폐해를 고스란히 감수할 운명이라는 이야기인데, 이런 운명을 받아들일 이유가 없다. 그러므로 자연의 횡포라고 할 수밖에 없다. 피해자는 자연의 부당함을 고발하고 그런 자연에 대해 마찬가지의 횡포를 부릴 권리가 있음을 선언한다.

현세에서의 삶을 자연의 '섭리'가 아닌 '횡포'로 받아들이는 프란츠는

10) 프리드리히 실러, 김광요 외 편역, 『군도』, 『독일희곡선』, (서울: 한국문화사, 1995), 385~387쪽.

18세기의 아들이다. 그는 체계의 일부로 남기를 거부했다. 장자상속 체계의 부속품으로 사느니, 몸으로 직접 대가를 치르면서 이탈하는 편을 택한 것이다. 그런데 이 18세기의 아들은 이탈을 감행하면서 이것이 분명한 근거가 있는 선택임을 '논증'하고 그 근거에 따라 '행동'한다. 자신을 그토록 절망하게 만든 장자상속의 현실이 아무런 도덕적 근거를 지니고 있지 않은 터에 그 체계를 위반한다고 해서 자신이 도덕적으로 비난받을 이유가 없다는 논리를 발굴해내고는 의기양양해한다. 이탈과 분석은 자연에 대한 최고의 횡포다. 인과율에 따른 분석이란 자연을 인과율의 적용 대상으로 격하시켜버리는 행위다.

여기서는 분석하는 사람이 중심에 들어서고 자연으로 굳어진 체계는 뒤로 밀려난다. 자연의 점지를 운명으로 받아들이지 않을 만큼 지적으로 각성한 이상, "오성을 사용할 용기"(Kant, p.55; 1992, 13쪽.)를 발휘하는 데 거침이 없다. 자연의 횡포가 용인되는 고리가 너무도 명백하게 드러났다. 이른바 '인륜'이라는 것 때문에 부당한 현실이 자연으로 굳어지고 있었다. 장자상속 제도 역시 한갓 사회적 규제일 뿐이다. 그런데 마치 인륜을 떠받들듯 사회적 규제를 지키고 떠받드는 사람들 때문에 규제가 필연이 되고 불평등 구조가 정착되는 것이다. 계몽인에게 '인륜'은 자연의 횡포를 현실의 질서로 정착시키는 불합리일 뿐이다. 그런데 그 '인륜'이란 게 따지고 보면, 자연의 '냉혹한 필연성'에 불과한 것 아닌가.

프란츠는 이처럼 꼼꼼히 따져 묻다가 마침내 현실적인 경계를 넘어서고 만다. 패륜을 저지르는 것이다. 이 작품은 이러한 '따져 물음'이 파국적 귀결에 이르는 과정을 줄거리로 삼아 한 가족의 비극을 통해 18세기의 사회현실을 보여준다.

실러의 창작의도가 그런 귀결에 대해 경종을 울리고자 함이었는지, 아니면 다른 의도가 더 중요한지 등의 문제는 좀더 복합적인 층위에서 논구되어야 할 것이다. 하지만 창작의도와는 별도로 '분석'이 '파괴'를 불러오는 흐름 자체만큼은 이론의 여지 없이 분명하며, 작품이 제시하는 화두이기도 하다.

18세기 독일의 사회현실은 우리의 직접적인 관심에서 어느 정도는 비껴난 문제다. 21세기에 이 작품을 읽는 우리에게는 왜 분석이 파괴를 불러오는가. 모든 분석이 그러한가, 아니면 특정한 분석에 국한된 현상인가 하는 문제가 중요하게 부각된다. 계몽의 형식과 관련된 문제는 지금도 여전히 현안이기 때문이다.

분석적 파괴를 완성하는 격정

분석이란 이어붙인 결절을 찾아 떼어놓는다는 뜻이므로 사실 파괴를 내장한 사유 활동이라고 할 수 있다. 그런데 이 '분석'이라는 개념이 유지되려면 분리되어 나온 요인들이 다시 결합하는 화학반응이 일어나지 말아야 한다. 새로 화학반응이 일어나면, 융합 또는 종합이라는 개념이 적용될 것이기 때문이다. 따라서 분석은 사물이나 사태의 성격을 변화시키지 않는 범위 내로 제한될 수밖에 없다. 여기서 적용 대상의 적절성 문제가 발생한다. 이에 대해서는 『순수이성 비판』의 변증론이 해결책을 제시했다. 분석은 현상계에 한정되어야 한다.

계몽의 용기를 발휘해 사회적 규제들이 도덕적 근거를 결여하고 있음을 '분석'하는 프란츠는 사회적 규제 대상이 아닌, 현상계 저 너머의 '냉혹한 필연성'에 대해서도 분석의 칼을 들이댔다. 그의 오류는 바로 여기에 있다. 그리고 적용을 잘못한 결과 악행을 일삼게 되므로, 악행의 책임 역시 분석하는 '두뇌의 관성' 탓으로 돌려야 할 것이다. 그 관성대로 프란츠가 분해시켜놓은 필연은 형 카를(Karl)에게서 전혀 엉뚱한 방식으로 융합된다. 격정의 인간인 카를은 프란츠가 분석해서 넘겨준 자료들을 가지고 파괴의 결실을 거둔다. 카를은 고향을 불바다로 만들고 애인을 직접 죽인다. 이런 파괴를 자행한 이가 자신을 파괴하지 않는다면 그는 파렴치범일 것이다.

하지만 카를은 격정의 인간이었을 뿐이다. 격정의 순간이 지나자 자신의 행위에 대해 몸소 책임을 진다. 그렇다고 해서 그의 잘못이 줄어들지는 않는다. 격정의 인간답게 카를은 도대체가 자기 앞에서 벌어지고 있는 일들을 찬찬히 들여다보려 하지 않았다. 타고난 관성을 버리지 못하는 것이다. 가짜 편지를 믿고 아버지의 사랑을 의심하는 카를의 격정은 강력한 화학작용을 불러일으켰다. '자의적인' 사회질서만 무너진 것이 아니다. 인륜도 짓밟혀서 사랑하는 사람들은 더 이상 예전의 관계를 유지할 수 없다. 아버지는 자살한다. 물질과 영혼의 초토화가 결말이다.

이 작품의 결말이 주지시켜주듯, 격정과 분석은 서로를 보완하지 못한다. 각자 자기의 길을 갈 뿐이다. 일단 분석은 프란츠의 경우처럼 어떤 특정한 의도와 결합하면 그 지향에 따라 무차별하게 진행된다. 현실세계의 부당함을 교정하려는 의도를 지녔던 프란츠는 사회적 규제를 자연이 자행하는 횡포의 결과로 해석했다. 그의 날카로운 분석능력은 자연과 사회의 경계를 무너뜨렸다. 무너진 경계를 넘는 일이 아무렇지도 않게 자행된다. 자연의 필연성은 인간적 '처리'의 대상이 되어버린다. 프란츠는 필연이었을 뿐, 현실의 부당함에 대한 '합리적' 근거가 될 수 없는 '인륜'을 분석 대상으로 삼았다. 자연의 필연성에 아무런 실체도 남겨놓지 않을 만큼 그의 분석은 탁월했다. 이런 정지작업이 마무리된 후 등장한 카를은 아무런 저항도 받지 않고 타고난 격정을 분출시킬 수 있었다.

격정이란 원래 한계를 모르는 인간적 정서이므로 스스로 통제되지 않는다. 무분별하고 무제한적으로 분출되는 격정은 분석하는 오성을 조금도 존중하지 않는다. 하지만 이는 오성이 자초한 일이다. 격정이 날뛸 수 있는 공간을 만들어놓지 말아야 했다. 자연의 필연성에서 실체를 제거하는 활동만큼은 하지 말아야 했던 것이다.

분석하는 오성에 격정과 다른 점이 있다면, 통제할 수 있다는 사실일 것이다. 오성은 우선 자기 계몽을 통해 자신이 구성활동을 할 수 있는 영역이 어디까지인지 깨우쳐야 한다. 그리고 그 한계 지점 너머에는 완전히 다른 세계가 존재함을 납득해야 한다. 오성의 한계는 『순수이성 비판』의 변증론이 담당했다. 전혀 다른 세계는 『실천이성 비판』의 몫이다. 경험세계와 예지계의 분리는 일단 인간이 분석활동을 통해 경험적 사실을 구성을 하기 위해서 받아들여야 하는 전제다. 인간은 두뇌를 사용할 때 이 두 영역을 자의적으로 넘나들면 안 된다.

칸트가 일종의 규범으로 제시한 이 분리는 20세기에 들어와 사회적 구속력을 획득했다. 제2차 세계대전 당시 원자탄 투하로 촉발된 '계몽의 한계' 논쟁은 프랑크푸르트학파에 의해 '계몽의 변증법' 테제로 정식화되었고, 갈수록 문제의 심각성을 일깨우고 있다. '위험사회'의 이론가 벡이 진단한 바에 따르면 현대사회의 위험성은 빈틈없이 진행된 오성의 분석활동에서 촉발된다. 오성의 승리가 위험발생인자인 것이다.(이순예, 2010, 16~17쪽 참조.)

물론 인류는 현실에서 볼 수 없는 것, 그래서 함부로 대하면 안 되는 것들을 태곳적부터 인간적 인지의 범위 안으로 끌어들이려고 노력했다. 민담·설화·신화에서 체계적인 종교에 이르기까지, 현실에서 일상적으로 마주하는 사물과는 다른 그것을, 이른바 '영적인 것'이라 이르면서 관리해왔던 것이다. 그런데 계몽의 시대가 되면서 보이지 않는 세계를 관리하는 방식에 큰 변화가 일어났다. '어둠을 밝히는 빛'과 그 대상인 '어둠'의 관계가 맺어진 것이다. 18세기 말 칸트가 구축한 이원적 형이상학의 체계는 동전의 양면과 같은 형태로 둘을 배치시켰다. '물자체'를 의식하는 인간의 정신활동에 의해 가능해진 배치다.

여기서 경험적인 것과 초경험적인 것 사이의 '근대적'인 관계가 성립되었다. 칸트의 근대성은 이처럼 "결코 실현될 수 없는 최후의 가치"[11]를 인간의 의식 내부로 직접 끌어들였다는 데 있다. '최후의 가치'는 더 이상 인간이 죽어서 의식활동을 마감한 후에나 접해볼 수 있는 무엇이 아니다. 살아 있는 인간이 정신능력을 사용해서 경험세계의 대상을 인지할 때, 그 구성활동이 기대어야 할 최후의 준거라는 뜻이다.

여기서 핵심 사안은 경험세계란 결코 절대적인 가치를 지니지 못한다는 사실, 그 사실을 환기시키는 계기가 인간의 정신활동 내부로 끌어들여졌다는 것이다. 결국 인간은 인식의 한계를 인정하는 가운데 그 인정의 계기를 통해 절대로 나아갈 수 있는 존재가 되었다. 정신은 인식활동을 상대화하는 가운데 자기 완성을 꾀할 수 있다.

다리를 건너가본다

18세기 계몽인은 현실의 한계를 폭파하는 가운데 절대를 '엿보는' 기회를 가졌다. 이 세기말적 경험을 치른 끝에 계몽인은 자신을 근대인으로 정립할 필요를 느끼게 되었다. 독일에서 관념철학이 근대적 주체의 정립가능성을 중심의제로 삼고 아울러 사회적 구속력도 확보하게 된 데는 이러한 역사적 경험이 배경으로 작용했다. 질풍노도의 광풍이 관념론을 촉발시켰던 것이다. 혁명으로 사회구조의 근간을 뒤엎은 프랑스와 다른 '독일적 근대'는 이렇게 시작되었다.

처음부터 한 가지는 분명했다. 기존의 사회질서를 무너뜨리고 새로운 '근대적' 질서를 수립하기 위해서는 프란츠처럼 분석능력에만 의지해서는 안 된다는 사실이다. 현실은 부당하다. 따라서 현실을 외면해서는 안 된다. 극복되어야만 한다. 하지만 현실극복이라는 이 역사적 과제는 분석이 아닌, 절대 가치를 추구하는 정신의 지향에 따라 수행되어야 했다. 극복이 파괴로 나아가지 않고 '질서수립'으로 귀결되어야 하기 때문이

---

11) Baeumler, 앞의 책, p.10. "무제약적이어서 결코 실현되지 않는 최후의 가치라는 표상은 칸트의 독창적인 창작품이다."

다. 이를 위해서는 무엇보다도 가치추구가 분석의 영역이 아님을 터득한 사람들이 전면에 나서야 했다. 프란츠도 카를도 아닌, '근대인'이 담당해야만 할 몫인 것이다.

분석과 격정이 직접적으로 상호작용하는 가운데서는 서로를 보완하지 못함을 확인한 이상, 보완을 위한 다른 방책이 강구되어야 했다. '매개를 통한 반성'이라는 정식이 도출되었다. 칸트의 『판단력 비판』은 인간의 정신이 이러한 '반성'을 통해 경험세계와는 다른 전망을 확보할 수 있음을 증명했다. 아울러 정신능력의 반성구조가 선험원칙에 따라 수립됨도 논증했다. 그러므로 반성은 보편타당한 사유다. 따라서 그 보편적인 조건이 마련된다면 필연적으로 일어나도록 되어 있다.

18세기 말 칸트가 자신의 비판기획을 마무리하려는 의도로 내놓은 『판단력 비판』은 이러한 논증구도를 통해 예기치 않은 혁명성을 담보하게 되었다. 정신능력을 지닌 인간이라면 누구든 현실적 강제를 넘어서는 사유를 할 수 있다. 하지만 이러한 이탈이 인간의 정신능력 범위를 벗어나지 않는 한, 이웃과의 공동보조 역시 가능하다는 논리가 이 과정에서 도출되었기 때문이다.

그렇다면 반성의 보편타당성에 의지해 새로운 질서를 기대해볼 수도 있는 일이었다. 독일적 변혁의 길은 이렇게 해서 마련되었다. 계몽이 이성의 자기 실현이라는 과업을 제대로 추진할 땅을 찾은 것이다. 이 계몽의 땅에서 '근대인'의 구성 모델이 제시되었다. 보편타당한 구조를 강구하기 이전에, 아니 보편타당한 구조를 위해서라도 개인의 정신활동이 반성구조를 형성하도록 '훈련'하자는 기획안이 마련되고, 그 훈련의 장으로 예술이 지목되었다. 신분제 사회에서 귀족들의 후원을 받던 예술이 '자율성'을 선언한 사회적 배경이다. 예술은 독립된 영역을 확보한 사회적 기관이 되었다.

반성하는 개인이 '근대인'이다. 초자연적 형이상학의 체계에서 벗어나

'오성을 사용할 용기'를 발휘한 계몽인은 형이상학적 이원론의 세계에서 살게 되었다. 따라서 그의 삶은 이원론적으로 분열될 수밖에 없다. 형이상학적으로 분열된 계몽은 그러므로 통합의 가능성을 반드시 거머쥐어야 한다. 그렇지 않다면 계몽의 목적을 찾을 수 없을 것이기 때문이다. 말년에 『판단력 비판』을 씀으로써 칸트는 자신의 철학체계 완성이라는 성과와 더불어 계몽주의의 인간학적 과제도 완수했다고 할 수 있다.[12] 그런데 통합을 위해서는 일단 자신의 분열을 의식(bewusst)하는 정신활동을 해야 한다. 한계를 인지하는 의식활동은 '비판'(Kritik)이다.[13]

형이상학에서 벗어나 비판의 단계로 접어들어야 하는데 이때 관건은 현실세계에 존재하는 인간의 주체성 확보다. 따라서 이는 어디까지나 현상계 내의 사안이어야 하며, 이에 대한 보증도 있어야만 한다. 이 세상에 '아름다운' 사물들이 존재하는 이유다. 비판활동이 인간에게 가능함을 알려주기 위해 자연은 경험세계에 미적 대상을 내보냈다. "자연은 가장

---

12) Baeumler, 앞의 책, p.VII. "하지만 우리는 정언명령이 독일 정신사의 마지막 단어가 아니었음을 잊어서는 안 된다."

13) "그러나 이제 오로지 확고한 그리고 보편성에 의해 보증된 준칙들을 기초로 갖는, 성숙한 장년의 판단력에 속하는 세 번째 단계가 필요하다. 곧 이성의 사실들이 아니라 이성 자신을 그것이 선험적인 순수인식들을 위해 가진 전체 능력과 적합성의 점에서 평가하기 위해서. 이런 일은 이성의 검열이 아니라 이성의 비판이며, 이를 통해서는 한낱 이성의 경계가 아니라 이성의 일정한 한계가, 한낱 이런저런 부문에서의 이성의 무지가 아니라 어떤 종류의 모든 가능한 물음들에 대한 이성의 무지가, 그것도 단지 추측으로서가 아니라 원리에 의해서 증명된다."(Kant, p.695; 2006, 900~901쪽.)
"형이상학의 이제까지의 수행방식을 변경하려는 저 시도에, 그것도 기하학자와 자연연구가들의 예에 따라서 형이상학의 전반적인 혁명에 착수함으로써 그렇게 하려는 시도에 이제 순수사변이성의 비판이 할 일이 있다. 이 비판은 방법에 대한 논구로서, 하나의 학문 체계 자체는 아니다. 그러나 그럼에도 그 학문의 전 개략도를 그 한계와 전체 내적 구조에서 그려낸다."(같은 책, p.23; 186쪽.)

짧은 길을 간다."(Kant, p.19: 2009, 167쪽.) 장미꽃과 같은 아름다운 대상은 경험세계에서 '꽃'으로 존재하는 형식을 버리고 우리에게 현상계의 한계지점을 알려주는 형식으로 초월할 수 있다.

현상계는 한계지점에서 바로 물자체에 맞물려 있다. 현상계와 물자체의 공존이 경험세계의 식물성을 넘어서 아름다운 대상이 되는 꽃의 형식이다. 이 형식은 새로운 대상을 산출하지 않으며 단지 바라보는 이에게 '쾌감'을 줄 뿐이다. 이 쾌감은 경험세계에 귀속되지 않는 꽃의 '또 다른' 구성이 성공했음을, 경험세계와는 다른 세계가 존재함을 알려주는 신호가 된다.

이 쾌감에 따라 열리는 정신활동의 전망은 현상계와 물자체를 구름다리로 잇는다. 이 찬란한 다리를 타고 인간의 의식은 물자체의 세계로 한 번 넘어가볼 수 있다. 우리에게 쾌감을 주는 미적 대상은 현상계에 물자체의 흔적을 끌어들인다. 이런 대상을 바라보면서 그 경험적 대상성의 형식을 딛고 물자체의 흔적에 도달하는 사유를 하는 계몽인, 즉 아름다운 사물을 보고 쾌감을 느끼는 계몽인은 이원론적으로 분열된 존재를 극복하고 온전한 주체로 자신을 정립하게 된다. 이러한 활동의 결과로 구성되는 미적 주체가 근대인이다.

더하기 하나 | 『토지』의 근대인들

성공한 예술작품이란 무엇인가

박경리의 대하소설 『토지』는 구한말 시작된 일본 제국주의 침략이 한반도에 식민지 지배체제를 구축하고 대륙으로 확장하다가 멸망하는 동안 한민족이 겪어야만 했던 변화를 이야기한다. 소설에서 구체적으로 명시한 바에 따르면 1897년에서 1945년까지, 반세기에 이른다. 현재 한반도에서 거주하는 사람들의 삶을 결정적으로 뒤바꾼 변화들이 일어난 매우 중요한 반세기다. 경제의 자본주의화, 그리고 근대적인 사회제도의 도입 등 한반도 토착민이 '전통과의 단절'로 겪을 수밖에 없던 움직임이 일제침략이라는 틀 속에서 거침없이 진행되었다. 하지만 다른 한편으로는 '계몽'이라는 새 시대의 화두가 등장해 단절을 정당화하기도 했다.

오늘날의 관점에서 결과적으로 되돌아보면 전통사회에서 벗어나 근대적인 삶을 꾸려나가겠다는 의지가 구성원들 사이에서 형성되어 뚜렷하게 모습을 드러낸 시기였다. 개항과 식민지 지배라는 한반도의 특수한 조건 위에서 신분제 사회에서 근대 시민사회로 이행하는 세계사적 발전 모델에 따르는 변화가 20세기 전반부에 한반도 곳곳을 들쑤시며 거주민의 삶을 근본적으로 재편해나갔다. 분명 강압적인 성격을 지닌 변화였다. 하지만 또 다른 한편으로는 진보의 도정으로 이해되기도 했다.

역사적으로 이른바 '이행기'라 불리는 시기에 대해서는 일반적으로 그 기간에 달성해야만 했던 역사적 과제를 중심으로 평가하게 마련이다. 그런데 여기서 문제는 사람들이 이행기란 어떤 시기인가에 대해 명확한 표상을 갖고 있다고 여기면서 무슨 일이 일어나야만 하는지에 대해서도 분명한 목록을 제시할 수 있다고 믿는 것이다. 해결과제 또한 구체적으로 거론되게 마련이다. 소설『토지』가 구한말에서 일제 식민통치 시절을 다루는 이상, 봉건잔재를 척결하고 제국주의 지배를 타파하는 일이야말로 소설에서 절체절명의 과제로 다루어야만 하는 사안이 된다.

이런 견해는 소설의 인물들이 변혁기라는 역사적 흐름 속에서 자신의 삶을 일궈나가는 가운데 반봉건과 반제국주의 의식을 얼마나 구현하고 현실에서 실천하는가에 관심을 집중시키는 결과를 불러일으켰다. 이 소설에 이른바 '리얼리티'라는 한국적 문학비평의 독특한 잣대를 들이대는 편향은 그런 결과에 따르는 자연스러운 현상이었다. 한때 문단의 지배적인 담론이었던 '리얼리즘'론에 따르면 이념의 적실성과 생생한 삶의 현장이라는 두 요인을 성공적으로 결합시킨 작품이 '좋은' 문학이다. 『토지』에 대해서도 이 기준을 충족하느냐 여부를 두고 갑론을박을 벌였다. 하지만 정작 작품을 이해하는 데는 별다른 도움을 주지 못했다.

무엇보다도 소설『토지』가 이행기를 다룬 작품이라는 사실을 새삼 환기할 필요가 있을 것이다. 물론 소재 면에서 하는 이야기가 아니다. 전통사회에서 근대사회로 이행하는 시기가 작품의 소재임은 두말할 여지가 없는 객관적인 사실이다. 하지만 소재 자체가 작품이 되는 것은 아니며, 더구나 작품의 핵심을 소재에서 찾거나 성패 여부를 소재에서 제기된 과제의 실현 정도로 판단할 수는 없는 일이기 때문이다.『토지』는 역사적 사료가 아니며 사회과학적 보고서는 더욱 아니다. 작가가 창작해낸 예술작품으로서의 '허구'다. '지어낸 이야기'인 허구가 성공한 예술작품이 되는 경로는 작가의 재능에 달린 것으로서 어떤 논리적인 설명을 덧붙인 다는 것은 거의 불가능하다.

철학적 미학은 '천재'라는 개념을 활용해 이 사안을 정리했지만, 이 개념의 진정한 내포는 '분석불가능성'이다.[14] 칸트 역시 예술가의 천재를 분석하지 않았다. 어떤 사물이 미적 대상이 되기 위한 조건을 분석했을 뿐이며, 인간의 두뇌는 특정한 조건이 충족된다면 마음에서 쾌감을 불러 일으키도록 활동할 수 있음을 확인하고 그 근거를 밝혔을 따름이다. 그의 분석은 이 세상에 '미적 사물'이 존재한다는 사실에서 출발했다. 존재는 분석의 대상일 수 없다. 전제하고 시작하는 출발점이다.

따라서 전제가 잘못되었다면, 분석은 어긋날 것이다. 반면 제대로 된 분석은 쾌감의 조건을 제공하는 대상이 분명히 존재한다는 사실을 확인 시켜준다. 우리는 다음 장에서 이 '정당화' 문제를 본격적으로 살펴볼 것이다.

여기서는 작가 박경리가 나름의 재능으로 독자들에게 감동을 불러일으키는 이야기를 지어냈으며, 독자의 감동은 그 허구가 예술작품으로 자신을 당당하게 주장할 근거가 된다는 사실을 명시할 따름이다. 『토지』는 역사적 사실들을 소재로 취해 '소설작품'이라는 허구를 짜나가는 과정이 일관된 원칙에 의해 주도된다는 점, 그 결과 견고하고도 완결된 구조물로 모습을 드러냈다는 점에서 평가받는 작품이다. 그렇다면 이 허구의 구조물을 탁월한 작품으로 성공시킨 '참신한' 형상화 원칙은 무엇인가? 다름 아닌 근대적 시간성이다.

앞에서도 말했듯이 이 작품은 이행기를 다루고 있다. 이행기라는 역사

---

14) "천재란 선천적인 마음의 소질(ingenium)로서, 그것을 통해 자연은 기예(예술)에게 규칙을 주는 것이다."(Kant, p.160; 2009, 338쪽.) 아울러 이순예, 「예술과 천재」, 『인문논총』 54, (서울대학교 인문학연구원, 2005), 118~124쪽 참조.

적 현실이 특정한 형상화 원칙에 의해 가공된 허구로 변이된 것이다. 바로 근대적 시간의식으로 역사적 소재를 재구성한 결과 과거에 일어난 사건이 오늘날의 독자에게도 공감을 불러일으키는 예술작품의 위상을 획득했다는 이야기다. 『토지』를 성공한 예술작품으로 만든 열쇠는 소재의 본질을 정확하게 파악한 작가의 능력 그 자체뿐이다.

박경리는 작품에서 다루고자 한 이행기가 바로 근대적 변혁의 시기였음을 꿰뚫어보았다. 그리고 예술가답게 변혁의 내재 요인에 주목했다. 근대적 변화에 노출되면서 그 변화를 이끌어가기도 하는 사회구성원들의 심성과 의식에 일어난 변화에 일차적으로 관심을 기울였던 것이다. 소설 『토지』를 읽다보면 인물 개인의 독백이 길어지는 경우를 종종 보게 되는데, 바로 작가의 관심이 개인의 내적 변화에 있기 때문이다.

체계에 승복하지 않는 인격

대표적인 경우로 이용을 들 수 있을 것이다. 농부로 태어나 근대적 개념을 습득할 기회가 없었음에도 자신에게 주어진 삶의 조건들을 정직하게 받아들인 그는 개인의 힘으로 극복할 수 없는 체계의 강압과 포기할 수 없는 개인의 애증 사이에서 끊임없이 자신을 되돌아보는 사유를 전개한다. 일개 필부인 처지에 세 명이나 되는 여인네를 거느렸으면서도 그는 추해 보이기는커녕 진정한 사랑의 승리자가 된다.

체계의 강압에 내면의 자율성으로 저항할 줄 아는 농부 이용은 자연의 순환에 복종해야만 하는 농업에 종사하면서도 그 순환을 사회제도로 고정시킨 체계에는 승복하지 않았다. 이 조선의 농부에게는 '인격'이 있었던 것이다. 체계의 요구를 뼛속까지 받아들이지는 않았다. 그래서 개성의 승리를 구가하는 용. 자신의 정서에 대한 확신, 그로부터 나오는 고집은 이용으로 하여금 체계의 무상함에 눈뜨도록 하고, 그래서 무의식적이지만 변화를 갈망하게 되는 것이다.

무당의 딸을 못 잊는 농부는 '마음 한번 바꿔먹으라'는 어미의 꾸짖음에 계속 시달리면서도 체계에 투항하지 않았다. 그래서 겉으로는 체념과 인생무상을 되뇌며, 자신이 외적으로 순응적이었음을 스스로 인정하게 된다. 하지만 그처럼 곱씹고 되뇌는 가운데 싹트는 자의식은 그가 봉건의식에 균열을 내는 농부로 살아왔음을 알려준다. 용의 이런 면모는 최치수를 통해 직접적으로 설파된다.

사람이 존엄하다는 것을 용이 놈은 잘 알고 있지요. 그놈이 글을 배웠더라면 시인이 되었을 게고 말을 타고 창을 들었으면 앞장섰을 게고 부모 묘소 벌초할 때마다 머리카락까지 울음이 맺히고 여인을 보석으로 생각하는, 그렇지요, 복 많은 이 땅의 농부요.[15]

용이 농부라는 사실은 현재 시간 속에서 발현되는 사물의 양태일 뿐이며, 그런 시간적 구성물은 시간이 흘러가면 덧없어지는 것에 불과하다. 인간으로서의 용은 농부라는 현실적인 존재로 모두 환원될 수 없다. 제한된 특정시간에 긴박해 있는 현실체계에서 '농부'의 위치를 배당받은 이용은 신분제와 자신의 인격이 충돌함을 어릴 적부터 깨닫는다. '내가 힘이 더 센데 왜 서방님한테 늘 맞아야 하는지' 풀리지 않는 의문을 마음에 둔 착한 아이는 마음에 드는 여자아이가 하필 무당의 딸이어서 더 큰 분열을 겪는다. 『토지』의 서사는 근본적으로 이 분열의 구조 위에서 펼쳐진다. 체계가 진리에서 어긋나 있음을 전면에 내세우고 있는 까닭에 이 어긋남을 허무주의로 오인하는 폐단도 적지 않았다.

---

15) 박경리, 『토지』(서울: 나남출판, 2003), 1:2, 21쪽. 앞으로 인용은 (박경리, 부수: 권수, 나남 판본 쪽수.)로 표기한다.

회한, 자기 연민, 전망 부재로 발생하는 고통과 일탈 들, 심지어 인생의 본질이 허무 아니냐는 직접적인 토로도 있다. 하지만 이는 잘못된 체계에 내적 저항을 하는 인물이 내부의 힘을 모으기 위한 숨 고르기를 하는 도중 토로하는 어휘들에 불과하다. 이용의 개성은 끝내 승리를 거두며, 그의 아들 이홍은 변화된 사회관계 속에서 살게 된다. 이행기의 변화가 조선의 '무지한' 농부에게 무엇보다 먼저 '흐르는 시간'으로 의식되었고, 자신의 내면을 신뢰한 인간에 의해 시간의 흐름이 결국 구체적 성과로 모습을 드러냈다고 할 수 있다.

작가 박경리는 자연묘사를 하면서도 근대적 시간성이라는 원칙을 관철시켰다. 이는 공간에서 분리된 시간의식으로 나타났다. 시간은 내감이고 공간은 외감이다.[16] 자전하는 지구에 발을 딛고 서 있는 계몽인은 내면을 확인하는 의식활동을 통해 근대적 주체로 자신을 정립한다. 흐르는 시간을 내면에서 순간으로 고정시키는 과정은 공간으로부터 자신을 분리시키는 결과를 낳는다.

청설모를 보는 순간 그 소리가 청설모한테서 났던 것을 깨달았고 깨달았을 때 이미 소리는 끊겨 있었다.(박경리, 5:1, 371쪽.)

---

16) "(우리 마음의 한 속성인) 외[적]감[각기능]을 매개로 우리는 대상들을 우리 밖에 있는 것으로, 다시 말해 이것들을 모두 공간상에 표상한다. 그 위에서 그것들의 형태와 크기 그리고 상호관계가 규정되며, 규정될 수 있다. 그것을 매개로 마음이 자기 자신 또는 자기의 내적 상태를 직관하는 내[적]감[각기능]은 한 객관으로서의 영혼 자체에 대해서는 아무런 직관도 주지 않지만, 그 안에서만 영혼의 내적 상태에 대한 직관이 가능한 일정한 형식이다. 그래서 내적 규정에 속하는 모든 것은 시간관계에서 표상된다. 시간은 외적으로는 직관될 수 없다. 그것은 공간이 우리 안의 어떤 것으로 직관될 수 없는 것과 마찬가지다."(Kant, p.66; 2006, 243쪽.)

자기 안에서 근대적 시간성을 확립한 주체란 바로 자신이 자전하는 지구 위에서 대상을 바라보고 있음을 터득한 사람이다. 이런 사람은 공간을 시간으로 변환시킬 수 있다.

> 강물을 물들여놓고 해는 떨어졌다.
> 어둠이 오기 전에 달이 떴다.(박경리, 1:4, 102쪽.)

자연과 인물이 모두 생생하게 살아 있다는 평가는 바로 이러한 근대적 시간성이 관철된 결과 변화의 과정이 줄거리로 들어선 데서 비롯되었다고 할 수 있다. 작가는 인물을 묘사할 때와 자연을 묘사할 때 마찬가지 기준을 적용한다. 자연의 순환에 인간의 삶을 밀착시킨 숙명론이라는 비판은 근대적 시간성에 대한 오해에서 비롯된 것이다. 식물에 흐르는 시간성을 인간의 삶에도 적용시켜 바라보는 작가는, 인간의 삶 역시 흐름에 편입되는 부분과 실체로서 유지되는 부분이 있음을 명시적으로 드러내었다. 근대적 시간성은 세상만물에 '분열'이라는 정체성을 안겨주었다. 허무라면 허무라고 할 수 있는 사안이기는 하다.

하지만 근대성은 이 근대적 조건을 딛고 일어서는 계몽된 문명인의 인격을 중심에 둔 패러다임이므로, 조건 자체를 뚜렷이 부각시켰다고 해서 허무주의에 매몰되었다는 평가를 내릴 수는 없을 것이다. 근대적 조건인 분열을 의식하지 못하는 인물은 문명인의 자격을 제일 먼저 박탈당한다. 결국 소설 『토지』에 대한 분석은 근대적 시간성에 주목해 이행기의 흐름과 개별 인물들의 인격형성과정을 세세하게 따져보는 작업이 되어야 하며, 그런 한에서 이 작품의 현대성이 퇴색되지 않을 것이다. 21세기에도 '문명인'의 고통은 계속될 것이기 때문이다. 세계와 주체의 분열에 어떤 변화가 일어날 조짐이 조금도 나타나지 않는 요즈음의 처지이고 보면 더욱 그렇다.

시간은 주체의 내면에서 흐른다

소설에서 다루어지는 이행기 자체를 하나의 시간적 덩어리로 보고, 그 안에서 일어난 새로운 사건과 그 사건을 통해 이루어진 근대적 제도들을 관심의 중심에 두는 분석이 불가능한 것은 아니다. 그러나 앞에서도 말했듯이 예술작품을 두고 취할 태도는 아니다. 그보다는 시간 자체가 근대적 성격을 획득하는 과정을 추적하는 편이 더 나은 수용태도에 해당한다. 이 소설에서는 근대적 시간성이 인물의 사유와 행동을 규정한다.

인물들은 예외 없이 근대성의 가차 없음과 되돌릴 수 없는 변화의 무상함에 좌절하는 한편 그 좌절을 딛고 일어서려 안간힘을 쓴다. 성공하는 이도 있고 실패하는 이도 있다. 초자연적 형이상학에서 벗어나 세계와 자신의 삶을 주체적으로 꾸려나가겠다고 작정한 계몽인은 늘 순간적으로 확인되지 않는 시간 때문에 '덧없다'는 생각을 하게 된다. 하늘이 돌지 않고 지구가 돈다는 사실을 터득한 계몽인이 그 '도는' 지구 위에 발을 붙이고 '도는 순간'을 손에 쥐려는 의지를 발휘할 때 깨닫는 존재의 이중성이다.

자신은 육체를 입고 현실에서 실재하는데, 그 실재하는 순간을 실체적으로 파악할 수 없는 한계. 계몽을 통해 획득한 인식으로 존재의 분열을 확인하는 사정은 근대인의 숙명적인 조건인바, 서구인과 마찬가지로 동양인 역시 지구 위에서 생존한다는 사실에는 변함이 없으므로 한반도의 구성원 역시 이행기에 이르러 이 근대적 분열을 앓기 시작한 것이다.

하늘과 땅덩어리는 끝과 끝을 꽉 몰려놓은 것처럼 몇천 몇만의 겁(劫)을 그러했는지 완강하게 팽팽하게 정지하고 있었다. 세월은 도시 어느 통로를 거쳐서 지나가고 있는 것일까. 삼월이 애기를 낳았고 수동이 죽었다. 그게 세월이란 말일까? 불타 없어진 누각 빈터에 쭈그리고 앉아서 마을을 내려다보며 병수는 생각한다.

……'생각할수록 모르겠어. 섣달그믐 날 밤잠을 자면 눈썹이 희어진다지 않어? 그래서 꼬바기, 음, 자정까지 있어도 말이야. 어디 세월이 찾아와서 한 해를 보내고 떠난다는 작별인사를 한 적이 있었나? 어째서 세월을 간다고 하는고? ……세월은 바람일까? 바람이 사람들을, 이 세상에 있는 것을 어디로 자꾸 몰고 가는 걸까?'

산에 오르면 늘 하는 생각이다.

'아니야, 끝이 없을 건데, 시작도 없을 건데, 어째 시간이 있단 말이야? 사람들은 해시니 술시니 하고 길이를 재어서 시각에 이름들을 물이지만 이 천지가 꼼짝 않고 있는데 세월이 어디 있다고 금을 긋고 길이를 재느냐 말이야.'(박경리, 1:4, 165~166쪽.)

병수 도령의 독백이다. 흐르는 시간 속에서 존재하면서도, 그래서 눈 뜨고 꼬박 새운 섣달그믐에 작별인사를 하는 시간을 만나지 못했음에도 병수는 '꼼짝 않고 있는 천지'를 인정하는 것이다. 이는 시간이 흘러감에도 불구하고 불변하는 것이 있다는 인식이라기보다는, 오히려 시간을 흐르는 시간으로 인식한 결과 불변하는 천지와 인간의 본성을 확인하게 되었다는 뜻으로 풀이된다. 흐르는 시간을 흐르는 대로 수용하는 인물, 그래서 삶의 '덧없음'을 받아들이는 인물들에게 작가는 인간으로서의 존엄과 아름다운 개성을 부여했다. 현재의 체계가 천년만년 지속될 리 없음을 자연의 이치로부터 자연스럽게 터득한 인물들이기 때문이다.

이런 시간의 속성을 인정하지 않고 흐르는 그 순간을 전부 자기의 것으로 만들려는 인물은 집착과 욕망의 화신이 된다. 임이네의 경우다. 이 여인은 시간의 흐름에 자신의 실체 일부를 부착시켜 시간 자체를 자신의 것으로 만들려고 그야말로 안간힘을 쓴다. 죽음마저 거부했다. 삶이 행복하지도 못했으면서. 이런 인물에게 필요한 것은 시간의 무상함에 기꺼이 승복하는 태도다. 반면 시간의 근대적 면모를 자각하면서도 전통적인 권위를 아직 버리지 못한 최치수 같은 인물은 자신과의 끝 모를 투쟁 상태에 돌입한다.

'날이 새고 햇빛이 저 석류나무를 비춰도 소인이야 어디 갈 곳 있습니까? 이렇게 앉아 있을 수밖에 없습니다. 억겁이 가도 소인은 이렇게 꼼짝없이 불사신 아닙니까. 강철로써도 끊을 수 없고 초열지옥(焦熱地獄)의 화염으로써도 태울 수 없고 한빙(寒氷)으로써도 얼어붙게 할 수 없는 영원불멸이오. 아시겠습니까. 소인은 시각이요 세월이외다. 아시겠습니까?'
'알다마다, 알다마다! 자넨 세월일세. 자네는 불사신이라 했것다? 옳아. 헌데 나는 지금 자넬 잡아먹고 있지 않느냐? 일각일각을 잡아먹고 있다 하겠지? 우리 그러지 말구, 자네는 자네대로 나는 나대로 숨을 쉬고 있지 않겠느냐? 따로 따로, 자넨 자네, 나는 나일세.'(박경리, 1:2, 194~195쪽.)

시간과 싸우려는 최치수는 조병수와 정반대의 처지가 된다. 양반의 기상으로 시간을 이겼다고 주관적으로 생각할 수야 있겠지만 실제로는 하릴없이 시간의 포로가 되고 마는 것이다. 흐르는 시간이 불변적인 상수가 되고, 대신 그 덧없는 시간에서 구출해내야 하는 실체, 즉 그 자신은 상실한다. 그는 시간에 떠밀려 속절없이 흘러가버리는 자기 자신을 그냥 팔짱만 끼고 바라볼 뿐이다. 아예 처음부터 팔짱을 낀 자세로 시간과는 무관하게 있겠노라고 작정했기 때문에 시간과 함께 떠밀려가는 자신에 대해서도 어쩔 수가 없는 것이다. 팔을 내밀지 못한다. 그런 행동이야말로 스스로 자신을 부정하는 처사일 것이기 때문이다.

급변하는 정세 속에서 그는 끝내 미아가 되고 만다. 변화를 극구 부정하거나 회피하려다가 그리된 것은 아니다. 판단착오 탓이다. 변화하는 시간을 실체로 고정시킨 오류. 최치수는 사유하는 주체로서 자신의 임무가 그 고정된 시간에서 벗어나는 데 있다고 판단했다. 시간과 주체는 따로따로 분리된 채 제각기 존재하는 것이 아닐 터인데 말이다. 시간은 바로 주체의 내면에서 흐르는 것이며, 사유하는 주체는 자신이 이 흐름을 타고 함께 변함을 인정함으로써 근대인이 된다.

또 다른 질서

> 내 머리카락 하나 뽑아서 천하가 이롭다 한들 나는 그 짓을 아니 하겠네.(박경리, 1:1, 327쪽.)

시간의 변화가 자신과 무관하다고 생각하는 최치수가 도달한 결론이다. 변화의 소용돌이 속에서 그야말로 혼신을 다해 자기 회복을 위한 사투를 벌였지만, 그가 건져 올린 자기 의식은 지극히 공허하다. 애초부터 불가능한 싸움을 벌인 탓이다. 시간은 실체로 고정되지 않는 것이다. 고정하려는 의식은 그러므로 흐름에 휩쓸려 이미 지나간 것이 되므로 확인하는 순간에는 아무것도 남아 있지 않다. 이 비어 있음은 전투를 시작한 주체에게 치명적이다. 이기거나 지는 것이 전투의 속성이기 때문이다. 전투를 치렀음에도 진정 누구와 싸웠는지 의아한 처지가 된다.

최치수는 양반계층의 일원으로서 명문가의 가부장이었다. 하지만 전통사회의 부조리를 파악하고 있음은 물론 이제 자신의 시대가 마지막 단계에 와 있음을 직시할 만한 지적 능력을 갖춘 인물이다. 독립운동에 투신하는 결단을 내리지 못하는 까닭은 변혁의 주체와 그 정당성에 대해 확신할 수 없기 때문이다. 이 확신할 수 없는 까닭이 성격적 유약함에 있다면 그래도 달라지기를 기대나마 할 것이다. 하지만 최치수는 개인적인 불운에 발목을 잡힌 채, 헤어나지 못한다. 자기 힘으로 풀 수 없는 족쇄에 묶여버린 탓이다.

어머니인 윤씨 부인의 성적 위반은 유일한 상속자인 최치수로 하여금 외부세계와의 소통을 거부함으로서 자신을 보존하는 선택을 할 수밖에 없도록 만든다. 동학 장수 김개주와의 사이에서 출생한 김환은 조선의 사회체계에 받아들여질 수 없는 비동일자(das Nichtidentische)다. 그가 최참판 댁이라는 체계 내 마을공동체에 찾아들어왔고, 한동안 머물렀다. 구천이라는 이름의 하인은 본래 김환이라는 이름의 아들이었던 까닭에 한 사람에게 적용된 두 이름의 불일치는 강력한 아우라를 동반했다. 체계의 수호자여야 할 윤씨 부인은 아들들의 이질성을 받아들인다.

최치수도 김환도 부인에게는 모두 자신이 낳은 아들인 것이다. 그들을 형제라는 인륜의 끈으로 맺어지지 못하도록 가로막는 것은 인간이 인위적으로 구축한 신분제 질서다. 그렇다면 체계는 피로 맺어진 이 세 사람에게 인륜을 저버리도록 강요하고 있는 셈이다. 하인 구천이로 한집에 사는 아들 김환의 존재는 이 반인륜적인 체계의 불의를 고발하는 비동일자다. 윤씨 부인은 체계가 부당함을 몸소 터득한 끝에 체계의 수호자가 되기를 거부한다. 그렇다고 저항할 처지에 있지도 않다. 그래서 대리인 역할을 소극적으로 하는 한편, 비동일자의 비동일성을 지켜주는 길을 택한다. 윤씨 부인의 선택, 즉 이 '견뎌냄'으로 체계는 결정적인 타격을 입는다. 견뎌낸 끝에 부인은 구천이 하인의 신분에서 벗어날 기회를 줄 수 있었던 것이다.

김환으로 되돌아간 그는 체계 전복적인 활동을 한다. 사실 구천의 위반, 형수와의 불륜은 윤씨 부인 자신의 위반에 대한 보복으로 받아들여질 만한 것이었다. 하지만 윤씨 부인은 아들의 저항을 개인적인 차원에 묶어두지 않는다. 자신이 시작한 거부가 마침내 결실을 볼 수 있도록 집밖으로 내보내준다. 엄청난 전복 행위가 아닐 수 없다. 별당아씨와 함께 사라진 하인 구천은 그 부재로 인해 최참판 댁의 존재기반을 뿌리째 흔드는 실재가 된다. 체계는 상대화되기 시작한다. '하인이 주인의 부인을 강탈해간 사건'은 마을사람들의 뇌리에 뚜렷한 흔적을 남긴다. 신분제 질서는 더 이상 내적 구속력을 유지할 수 없게 되었다. 체계는 공허해졌다. 내면이 공허해진 최치수와 함께 체계도 몰락의 길로 접어든다.

> 생모인 윤씨 부인을 심판한다는 것이 얼마나 무모한 일인가도 잘 알고 있었다. 그 비밀이 확실한 목소리가 되어 제 귀에 들어오고 마는 날, 치수는 자신이 취할 행위가 어떻게 무너질 것이며 생각을 어떻게 모을 것이며, 그것은 혼란이요 제 자신의 목을 누르고 마는 짓이라는 것도 잘 알고 있었다.(박경리, 1:2, 154쪽.)

전적으로 자연의 필연성에만 따른 결과 체계의 추인을 받을 가능성을 상실한 사안은 '목소리'를 통해 발화되어서는 안 된다. 경험세계 내에서 비동일자로 남아야 한다. 하지만 체계 밖에도 세상은 있다. 이 바깥세상을 인정하고 그 바깥에서 존재할 가능성을 찾아야 한다. 경험세계의 체계에 균열이 생겨 근본적인 변혁의 계기가 주어졌을 때, 그때까지 체계 안에서는 부재하는 것으로 실재하던 비동일자는 마침내 목소리를 갖추고 세상에 모습을 드러낼 수 있다. 이런 '변화된' 상황에서 자신의 본 목소리를 내기 위해서는, 체계로부터 거부되었을 때 체계에 통합되는 동일화과정을 스스로 거부하는 결단을 내려야 한다. 왜 자신이 체계 바깥에서 비동일자로서의 정체성을 유지하고 있어야 했는지를 잊어서는 안 되기 때문이다.

김환은 현실에서 최참판 댁 식구들과 인정투쟁을 벌이지 않는다. 어미의 자식으로 자신의 정체성을 회복하는 방법이 신분제 사회의 모순을 타파하는 데 있음을 직시하고 있기 때문이다. 개인적 연민이나 은밀한 인정 등을 거부함으로써 그 자신을 거부한 체계에 동화될 가능성을 차단한다. 동화는 곧 패배다. 그는 동학운동에 깊이 관여하면서 시간의 변화에 동참한다.

반면 체계 내 존재인 최치수에게는 비동일자가 목소리를 낼 '바깥'이 존재하지 않았다. 체계가 완강하게 버티고 있던 동안에 김환과 최치수의 처지는 마찬가지였다. 모두 체계 안에서 온전한 자리를 차지할 수 없었다. 따라서 둘 다 시간 밖으로 내몰렸던 것이다. 시간의 변화와 더불어 흐르지 못하고 변화해야 할 시간을 객관적 실체로 만들어 사투를 벌이는 최치수 사유의 뿌리는 바로 이 개인적 비극에 있었다.

그는 역사의 주체가 될 수 없다. 자기 삶의 주체도 되지 못한다. 운명적으로 그렇게 점지되었을 뿐인지라 당할 도리밖에 없다. 그 자신은 어떠한 '위반'도 행한 적이 없다. 그럼에도 윤씨 부인과 김환의 위반을 모두 자신의 삶으로 보상해야 하는 운명에 빠진다. 최치수를 통해 자연은 체계에 복수한다.

반면 김환의 경우는, 마찬가지로 시간 밖으로 내쳐졌지만 그 시간이 규정하는 체계에서 이탈할 가능성이 남아 있었다. 그는 체계 밖으로 나간다. 그 바깥에서 독자생존을 모색하는 그는 자기 내부에 '또 다른' 시간의 질서를 수립할 수 있었다. 김환은 주체로 자신을 회복한다. 또 다른 질서를 따라 활동공간을 넓혀간다.

운명을 수용하는 근대적 방식

하지만 누구보다도 이 소설의 중심을 이루는 인물은 윤씨 부인이다. 성적 위반을 피할 수 없었던 부인은 그 위반의 결과 태어난 아들 때문에 제도의 변화를 자연의 필연성과 직결시키는 역할을 부여받는다. 성적 위반은 그 당시에나 지금이나 늘 있게 마련인 일이다. 그 위반이 당사자에게 어떤 대가를 치르게 하는가는 위반을 위반으로 만드는 체계의 성격에 달려 있다. 반세기 전에는 정실부인과 적통의 자손만을 체계 내 존재로 받아들이는 배타성이 오늘날에 비해 훨씬 심했다. 조금만 어긋나도 금방 낙인이 찍힌다.

> 허허 참, 세상에 바람난 계집은 왜 그리 많고 무자식은 또 왜 그리 흔한고?(박경리, 1:3, 286쪽.)

최치수의 친구 이동진의 입을 빌려 나온 이 넋두리는 위반에 대해 지나치게 가혹한 현실을 짐짓 외면하고 싶은 양반의 심리를 반영한다. 궁극적으로는 개인의 선택에 달린 문제라고 여기는 선의를 내비치고 있긴 하지만, 비교적 자유로운 위치에서 사태를 바라보는 선비의 입장임에는 분명하다. 그는 위반을 해도 크게 문제가 되지 않는 사대부 남성인 것이다. 그리고 실제로 기생과의 잠자리를 완전히 마다하지는 않았다고 소설에 명시적으로 쓰여 있다. 그의 아들 이상현도 기생 기화와의 사이에서 자식을 본다. 하지만 그들의 위반은 체계에 통합된다. 사대부의 풍류라는 이조식 짝짓기 제도와 서얼제도에 의해서다.

하지만 윤씨 부인의 경우는 다르다. 어떤 식으로도 설명이 되지 않는, 그래서 있어서는 안 되는 일인 것이다. 바로 최치수의 친구가 아닌, 어머니였기 때문이다. 여기서 어머니의 여성으로서의 성적 정체성에 사건의 불가능성이 기인한다고 보기는 어렵다. 여성인 어머니가 위반을 자행했다는 사실 자체보다는 적통 가계의 재생산 구조가 불신임당했다는 사실이 관건일 것이기 때문이다. 이른바 '씨'라고 하는 가계의 적통문제다. '밭'의 성질은 '씨'의 정체성에 아무런 영향을 미치지 않는다. 따라서 남자의 위반은 '씨'의 품질을 약간 강등시키는 정도에서 수용될 수 있지만, 여성의 위반은 계보로부터의 이탈을 의미했다.

김환을 낳았다는 것은 어머니 스스로 이탈을 감행했다는 뜻이다. 최치수의 어머니로서 윤씨 부인은 자신의 위반을 운명으로 받아들인다. 하지만 그 결과에 대해서는 운명에 따르지 않았다. 김환을 대하는 체계의 방식에 반발한다. 환이도 자신의 몸을 입고 태어난 아들이라는 이유에서다. 윤씨 부인은 체계의 근간을 흔드는 결정을 내린다. 체계 밖에서 태어난 아들에게 사랑을 베풀 가능성을 박탈당하자, 체계 안의 아들에게 '줄 수 있는' 사랑을 스스로 거부하기로 한다.

윤씨 부인은 해야 할 일을 하지 않음으로써 신분제 질서가 내부에서 무너져 내릴 단초를 제공한다. 운명이 할당한 성적 위반에 대해 인간이 시간 속에서 구축한 체계를 의식적으로 위반하는 방식으로 대응하는 것이다. 성적 위반이 자연의 필연성이었다면, 인간이 자의적으로 만든 체계가 그에 대해 그토록 가혹할 이유가 없다는 판단에서다.

> 못 했다기보다는 안 했었는지도 모른다. 치수도 자식이며 환이도 자식이다. 서로가 다 불운한 형제는 윤씨 부인에게는 무서운 고문의 도구요 끊지 못할 혈육이요 가슴에 사무치게 사랑하는 아들이다. 십 년 이십 년 세월 동안 윤씨 부인은 저울의 추였으며 어느 편에도 기울 수 없는 양 켠 먼 거리에 두 아들은 존재하고 있었다.
> 치수를 가까이하지 못한 것은 물론 죄의식 때문이다. 그보다 젖꼭지 한번 물리지 않고 버린 자식에 대한 연민 탓이기도 했었다. 환이를 돌보지 못한 일 역시 치수에 대한 의무와 애정 탓이 아니었던가.
> 결국 십 년 이십 년 세월 동안 윤씨 부인은 어느 편에도 기울 수 없는 저울의 추가 되어 살아왔었다. 치수의 눈을 피해 환이를 도망가게 하면서도 피신처까지는 마련치 못한 이유가 바로 그것이었다. 뻗쳐줄 어미의 손길을 결박당한 채 감내해온 긴 세월이 윤씨는 아직도 많이 남았는가를 생각해보는 것이다. (박경리, 1:2, 76쪽.)

윤씨 부인의 부정사유

자연의 필연성을 거부하지 못해 경험세계에서 자연스럽게 살아갈 가능성을 박탈당한 윤씨 부인은 체계의 비인간성에 눈뜬다. 부인의 각성으로 아들 김환은 체계의 비동일자로 남을 수 있다. 부인이 인생을 걸고 터득한 바를 현실에서 실천한 결과다. 부인의 실천은 무엇보다도 신분제의 실증성이 내면으로 침투해 들어오는 것을 막는 데 집중되었다. 그 결과 신분제는 내적 구속력을 박탈당한다. 부인의 내면에서는 신분제가 무너진 지 이미 오래다.

> 윤씨 부인은 최씨 집안이 무너질 것이요 양반계급이 무너질 것이라는 예감과 함께 자기 자신에게도 최후가 얼마 남지 않았으리라는 것을 느낀다. 그러나 그는 초조하거나 불안하지가 않았다. 이제 겨우 서희는 아홉 살이 아닌가. 앞으로 몇 달이 지나면 열 살이 될 것이다. 그 어린 서희를 두고 불안을 느끼지 않는 자신이 스스로 이상해지기도 했다. 친애했던 사람들은 누구였던가.
> 문 의원이 있었고 월선네가 있었고 바우 내외가 있었다. 윤씨 부인은 그들에게 애정을 느꼈으며 신분을 느끼지 않았었다. 그리고 또 우관 스님이 있다. 아들 환이가 있고 환이 아비가 있었다. 그들은 신분의 희생자들이다. 슬픔을 지녔던 그들은 신뢰로 혹은 혈육으로 그리고 또 한 사람은 육체로 맺어졌던 사람들이다. 윤씨 부인은 지금 가마에 흔들리고 있는 지점까지 어떻게 왔는가 자기 자신에게 물어본다. 안개였다.(박경리, 1:3, 124~125쪽.)

자신이 소속한 체계의 구성 원리에 대한 '부정'을 현실을 견뎌내는 토대로 삼는 윤씨 부인은 아도르노가 근본적인 체제전복의 가능성으로 거론한 '부정사유'의 진가를 발휘하는 인물이다. 윤씨 부인은 부정의 내재를 끝까지 관철한다. 그래서 내재적 체계비판의 정수를 보여준다. 성공하는 것이다. 말이 아닌 행동으로 체계의 존속을 거부한 윤씨 부인에 따라 체계의 강압은 끝내 완강한 결속력에 손상을 입고 만다. 사람들은 차츰 느슨해진 신분의식으로 살아간다.

또 다른 한편으로 윤씨 부인 행위의 부정성은 그 자신에게는 인격적 독립성을 유지할 가능성으로 된다. 자연의 필연성과 체계의 강압 사이에서 자기 나름의 독자적인 진지를 구축할 발판을 바로 그 부정이 제공하기 때문이다. 체계의 강제로부터 자유로운 의식의 힘으로 현실의 질곡을 견뎌내는 동안 윤씨 부인은 체계에 포섭된 자신의 일부를 확인한다. 자기 확인은 바로 자신이 분열되어 있음에 대한 뼈아픈 확인이다. 고통 속에서 자기 분열을 확인하는 인간은 이미 재통일을 시작한 처지다. 이런 차원의 정신능력을 발휘하는 인간은 독립된 주체로 자신을 정립할 수 있다.

> 엄청나게 불리어나간 재산의 일부를 자기 마음대로 처분할 수 있는 것에 저항을 느끼지 않는다. 결국 자기는 최씨 문중의 사람이 아니었고 다만 타인, 고공살이에 지나지 않았었다는 의식은 그의 죄책감을 많이 무마해주는 결과가 되었다. 나는 당신네들 편의 사람이 아니오. 나는 저 죽은 바우나 간난할멈, 월선네와 같은 처지의 사람이었소. 윤씨 부인은 그렇게 말하고 싶은 것이다. 자신의 권위와 담력과 두뇌는 오로지 최씨 문중에 시종하기 위한 가장에 지나지 않았다는 것을 말하고 싶은 것이다. (박경리, 1:3, 125쪽.)

결국 체계에 대한 무책임성이 관건이었다. 체계의 비인간적 폭압에 맞서 인간성을 구출하겠다고 나설 수 있으려면 경험 자료들의 실증성에서 벗어나는 '무책임'의 자유를 누릴 능력을 먼저 확보해야 한다. 현실에서 벗어나는 자유의 이러한 면모를 칸트는 감식판단(Geschmacksurteil)을 구성하는 질적 요인으로 지목했다. 내면이 자유로우려면 무엇보다도 관계하는 대상을 '모든 이해관계에서 벗어난(ohne alle Interesse)' 마음가짐으로 대할 줄 알아야 한다. 자신 앞에 버티고 있는 그 완강한 구속의 체계를 외면하지 않으면서 직시하는 태도는 내적 자유를 통해서만 유지될 수 있다. 내적 자유가 '견뎌냄'의 동력이다.

이처럼 체계에서 '벗어나는' 내면을 누릴 줄 아는 윤씨 부인이라는 인물에 따라 신분제라는 그 완강한 체계가 내적으로 균열을 일으키고 마침내 무너져내린 것이다. 사람들이 운명이라고 받아들일 만큼 오래된 이 옛 질서는 이미 자연이었다. 자연과 자유는 인간의 내면에서 부딪혀 갈등을 일으키다가 갈등과 고통을 감내하는 개인을 따라 새로운 구성가능성으로 비화한다.

순수한 미적 판단의 연역

왜 연역(Deduktion)이 필요한가

빨간 장미와 아름다운 장미

칸트는 『판단력 비판』을 쓰면서 '이 세상에는 꼭 필요하지 않은 사물들도 많으며, 그중에는 사람들이 사심 없이 대하면서 아름답다(schön)는 판정을 내리게 되는 대상들이 있다'는 미적 사태를 사유의 대상으로 삼았다. 그리고 다루게 될 내용으로는 사실관계(fact)에 대한 분석을 무엇보다 먼저 꼽았다. 대체 이 '아름답다'는 술어는 어떻게 해서 해당되는 대상을 지칭하는 주어와 연결되는지 그 과정을 파헤쳐보겠다(zerlegen)는 것이었다. 여기에서 우리가 주목할 사안은 두 가지다.

첫째는 이 세상에 '미적' 사물이 등장하기 시작했다는 사실이다. 물론 이전에도 꽃이나 새처럼 사람들에게 즐거움을 선사하는 존재가 인간 주변에는 늘 있었다. 하지만 그 즐거움은 그저 장식이거나 아니면 거추장스러운 잉여일 따름이었다. 체계는 이런 즐거움이 자신과 아무런 관계가 없다고 여겼다. 없애지 않고 놔두는 까닭은 이따금 봉사를 받기 위함이었다. 그러다가 차츰 세상이 바뀌어 식재료로도 불쏘시개로도 쓸 수 없는 꽃에 사람들이 진지한 관심을 기울이게 되었다. 그런데 이처럼 꽃의

식물성이 아닌 꽃의 '아름다움'에 주목하기 시작한 세태의 변화를 칸트가 철학적 작업에 수용한 것이다.

둘째는 식물로서의 꽃이 아닌 미적 대상으로서의 꽃에 대한 진지한 관심을 여타의 관심, 즉 경험적 관심이나 도덕적 관심으로부터 분리·독립시켰다는 사실이다. 장미꽃을 두고 경험적 관심에 따라 '빨간 장미꽃'이라는 대상을 산출해내는 인식판단의 경우에는 장미꽃의 꽃잎이 빨갛다는 개념에 부합하는 속성을 지녔음을 근거로 판정하므로 사태는 자명할 수밖에 없다. 객관적인 근거(개념)가 제시되고 있기 때문이다. 그런데 그저 바라보고 쾌감을 느꼈을 뿐인데도 아주 당당하게 '이 꽃은 아름답다'고 사람들이 말을 하는 사태란 대체 무어란 말인가? 꽃과 아름다움 그리고 쾌감, 이 셋의 관계를 대체 어떻게 설명할 것인가?

경험세계의 꽃에 귀속되는 논리적인 개념이 마음에서 일어나는 쾌감의 근거일 수 없는 것은 자명하다. 그만큼 이 쾌감에는 어떤 다른 근거가 반드시 있어야만 한다. 그렇지 않다면 사람들이 그토록 자명하게 '아름답다'는 말을 하지 않을 것이다. 여기서 칸트는 이 언술을 뒷받침하고 있는 근거를 반드시 찾아내겠다고 마음먹었다. 칸트의 분석의지는 꽃에 뒤따라붙는 '아름답다'는 술어가 대상을 식물적 속성으로 환원시키지 않고 미적 대상으로 특수화하는 독립적인 근거를 토대로 적용되는 것임을 확신하는 데서 비롯되었다.

우리가 '이 대상 X는 아름답다'(Dieses X ist schön)는 판정을 내릴 때, 우리는 이 판단으로 경험세계에 인식을 보태는 것이 아니며, 도덕적인 선(善)을 실천하는 것도 아니다. 앞에 있는 대상을 아름답다고 판정하는 감식판단은 이 두 영역 사이에 다리를 놓음으로써 전혀 다른 세계의 전망을 우리에게 열어줄 뿐인데, 이 의식의 세계에서 펼쳐지는 전망을 두고 이제껏 가상의 세계 또는 아름다움의 제국이라 부르는 명칭들이 따라나왔다. '제국'이라는 이름이 붙을 정도라면, 그 구성의 가능성이 독자적인 원칙에 입각해서 제시되는 세계여야 할 것이다. 감식판단의 독립성을 칸트는 네 측면에서 분석해 각각의 계기들로 나누어 서술했다. 질적인 면(제1계기)에서는 일체의 이해관계를 벗어났음(ohne alle Interesse)을 확인했고, 양적인 면(제2계기)에서는 개념에 근거하지 않으면서(ohne Begriff) 보편적으로 적의(適意, gefallen)한 경우에 해당함을 밝혀냈다.

관계의 면(제3계기)은 목적의 표상(현상계의 장미꽃)이 없어도 합목적성이 지각되는 대상에서 그 합목적성의 형식이 판정의 근거가 되고 있음을 밝혀냈다. 여기서는 꽃을 보고도 바로 그 꽃을 인식하지 않는 활동을 하는 인간 정신능력의 독특한 일면이 부각되었다. 꽃을 보고 그 꽃의 경험적 속성을 확인하지 않음으로써 꽃의 물자체의 한 자락에 가 닿아보는 의식활동을 했음을 알리기 위해 그런 특정한 술어(아름답다)를 사용한다는 요지다.

양태의 면(제4계기)은 식물계에 속하는 장미꽃이 그 경험세계를 벗어나는 자신의 '독특한' 존재양태를 '아름답다'는 술어를 통해 전달하는 경우에도 '빨갛다'는 인식판단과 마찬가지로 필연성이 뒤따를 수밖에 없음을 천명한다. 이 네 번째 계기로부터 추론되는 조화미(das Schöne)의 설명은 이러하다. "개념 없이 필연적인 흡족의 대상으로서 인식되는 것은 아름답다."(Kant, p.82; 2009, 243쪽.) 즉 한마디로 대상을 흡족하게 받아들인 사람이 그 대상이 아름답다고 말하는 데에는 개념과 같은 객관적인 근거가 필요 없다는 이야기다.

이 네 번째 '이야기' 때문에 사안은 분석학의 범위를 벗어나 칸트 철학의 전체구도와 맞물리면서 초월철학의 과제를 짊어지게 된다. 일단은 분석적인 틀에 따라 떠오르는 물음들을 살펴보자. 그렇다면 칸트는 여기서 '필연성'을 사안으로부터 추론해내지 않고 그냥 '요구'사항으로 넘겨버리고 만 것 아닌가? 그런데 요구란 근거를 제시할 수 없을 때 취해지는 태도 아닌가. 실제로 칸트는 필연성의 근거를 제시하지 않고 있다.

칸트가 근거 없는 주장을 한다? 꽃을 보고는 '빨갛다'와 같은 개념을 사용할 생각은 않고, 자신의 마음에 일어나는 쾌감에만 충실한 채 아름답다고 말하면서 다른 사람이 자신의 언술에 동의할 것이라고 자연스레 전제한다면, 이는 인간적으로 월권을 행사하는 게 아닌가? 우리에게 타인의 동의를 요구할 권리가 있는가? 칸트는 이 모든 물음에 대해 '공연한 소리'라는 식으로 응답한다. 물음 자체가 성립되지 않는다는 뜻으로. 동의의 요구는 월권이 아니다. 그 까닭은 필연성이 권리의 대상이 아니라 감식판단 자체에 귀속되는 본래적 요인이기 때문이다.

감히 동의를 요구하는 아름다움

사태가 이러하다면 칸트에게는 어떤 근거에서 그런 식으로 대답하는지 밝혀야 할 의무가 생길 수밖에 없다. 당장 필연성의 근거를 밝히지는 않더라도 말이다. 왜냐하면 개념이 없는데도 필연성을 담보한다는 주장은 자신이 전적으로 주관적인 근거에서 판정하면서도 다른 사람들도 그 대상을 접하면 자신과 똑같은 주관적인 상태에 처해야 함을 감히 '요구'하는 것이기 때문이다. 칸트의 철학체계에 따르면 이러한 요구의 정당성을 경험적으로 증명하는 시도는 무의미하다. 통계적 다수는 따라서 고려의 대상이 되지 않는다. 결국 이 판단의 선험성을 입증하는 수밖에 없다. 그 길만이 유일하게 남은 가능성이다.

"개념 없이 필연적인 흡족의 대상으로서 인식되는 것은 아름답다"는 네 번째 계기는 감식판단을 분석하는 과정에서 도출된 내용이다. 하지만 이처럼 분석 결과 확인된 요인을 통해서 오히려 감식판단이 성립하기 위해서는 '선험성'이 필수조건이라는 사실을 전면에 등장시키는 결과를 불러왔다. 그런데 이는 분석론의 대상일 수 없는 문제가 아닌가. 결국 칸트는 『판단력 비판』 제1권 제1절 「조화미 분석학」을 동의에 대한 '요구'가 제기될 수 있음을 명시하는 선에서 마무리할 수밖에 없었다. 그 요구에 대한 정당성 입증은 생략했다.

「분석학」에서는 "단지 감식능력을 그 요소들로 분해"하는 연구에 집중해야 하므로, "이런 문제를 우리는 여기서 아직 연구하고자 하지 않으며, 연구할 수도 없고"(Kant, p.82; 2009, 243쪽.), 그래서 정당화 문제는 해결되지 않은 채로 일단 남겨두는 수밖에 없음을 자인한다. 무엇보다도 아직 분석학이 끝나지 않았기 때문인데, 제2권 「숭고 분석학」까지 마무리하고 분석학에서 제시한 반성적 판단들의 해설에 대한 일반적인 주해도 덧붙인 후에야 비로소 칸트는 '연역론'으로 넘어가 정당화를 시도하게 된다. 연역을 통해 정당화되어야 할 문제의 요점은 이미 분석학에서 정리된 터다. 칸트가 '월권이 아니다'라고 대답한 데에 대한 근거를 찾아내는 일이다.

분석학에서는 '공통감' 이념[17]으로 소극적인 방어를 할 따름이었다. "모든 사람의 감정이 각자 자기의 특수한 감정과 합류한다는 객관적 필연성"이 있다는 전제 아래, "지금은 단지 감식능력을 그 요소들로 분해하고, 마침내 그것들을 공통감의 이념에서 통합하는 것이 과제"(Kant, p.82; 2009, 243쪽.)임을 밝히는 수준에서 머물고 만 것이다. 분석학에서 이념의 도움을 요청했다는 사실 자체가 사안이 분석의 대상이 아니라 종합의 대상임을 반증하는 것이라고 볼 수밖에 없다.

칸트의 주장은 한마디로 '감식판단은 이미 필연성을 포함하고 있으므로 모두의 동의를 요구주장(ansinnen)할 수 있다'로 요약된다. 여기서 논점은 질, 양, 관계의 측면에서 확인된 세 계기와는 다르게 "개념 없이 필연적인 흡족의 대상"에 '아름답다'는 술어를 연결시키는 이 네 번째 계기가 바로 '확장'의 계기를 내포한 것이 아니겠냐는 점이다.

---

17) §22 "감식판단에서 생각되는 보편적 동의의 필연성은 주관적 필연성인데, 공통감의 전제 아래서는 객관적인 것으로 표상된다."(Kant, p.81; 2009, 242쪽.)

이렇게 해서 문제는 감식판단이 분석판단인가 종합판단인가를 가리는 차원으로 비화되었다. 이런 서술방식을 취한 칸트의 의도를 우리는 어렵지 않게 점칠 수 있다. 일단 종합판단임이 드러나고 그 확장의 계기가 선험성에 근거한다면, 한마디로 감식판단이 선험적 종합판단이라면, 문제가 완벽하게 해명될 것이기 때문이다. 즉 개인적으로 판정을 내리면서 타인에게 "보편적인 동의라는 지나친 요구"(Kant, p.82; 2009, 243쪽.)를 하는 것이 전적으로 정당하다는 결론이다. 따라서 이제 관건은 감식판단이 선험적 종합판단임을 증명하는 일로 한정되었다. 칸트가 미적 판단력에 대한 분석학을 마무리하면서 변증학으로 넘어가기 전에 순수한 미적 판단들을 정당화하고(§§30~42: 연역론.) 이 판단이 현실적으로도 유효함을 입증하는(§§43~54: 예술론.) 순서를 택한 까닭이라 하겠다.

현실적 귀결을 논구하는 가운데 전개되는 칸트의 예술론은 철학적 사유의 대상이라기보다는 역사적 평가의 문제에 해당될 것이다. 반면 정당화 과정은 끊임없이 우리의 철학적 사유를 자극하고, 반론과 재확인을 거듭하도록 한다. 이러한 철학적 사유가 값진 까닭은 이를 통해『판단력 비판』이 칸트 철학에서 차지하는 위상, 그리고 초월철학의 본질과 의미가 현재화되기 때문이다. 우리는 무엇보다 칸트가 정당화를 연역의 형태로 수행했음에 주목할 필요가 있다. 그는 감식판단이 선험적 종합판단임을 증명했던 것이다.

세련되게 느끼기

「분석학」에서 칸트는 미적 판단들(ästhetische Urteile) 중 '순수한'(rein) 양태가 있음을 '전제'하고 이 순수한 미적 판단을 구성한다고 전제되는 특성을 하나의 술어(prädikat), 즉 아름답다(shön)에 대입시켜 확보하기 위해 매우 독특한 방법론을 택해 사안에 접근했다. 여타의 미적 판단과 차례로 비교하는 방법이었다. 순수한 미적 판단은 미적 대상을 마주했을 때, 전적으로 주체의 마음상태(Gemützzustand)를 근거로 판정하는 판단력의 활동 결과로 내려지는 것인데, 여기에는 특정한 사태가 전제되어 있다. 한마디로 아름다운 사물은 이를 마주한 인간의 인식능력, 즉 구상력(Einbildungskraft)과 오성(Verstand)이 개념의 규정성에서 벗어나 서로 균형을 이룰 때까지 활성화되도록 상대방을 자극한다는 것이다.

두뇌에서 두 인식능력이 서로 상대방을 부추기다가 마침내 균형상태에 도달하면 주체는 쾌감으로 반응한다. 그리고 주체는 자신의 정서적 반응을 '아름답다'는 술어로 사회화시킨다. 「분석학」은 이 독특한 감식 판단의 역학을 안락함에 대한 흡족(Wohlgefallen am Angenehmen)을 확인하는 감관판단과 선에 대한 흡족(Wohlgefallen am Guten)을 근거로 하는 도덕판단과 비교·분리하는 내용으로 채워져 있다. 이 서술이 목표하는 바는 다음과 같다. 일단 감각에 매몰되지 않으면서 개념의 규정으로부터 벗어난 끝에야 다다르게 되는 구상력과 오성의 긴장된 균형상태가, 오성의 활동반경에 물자체의 흔적이 들어섰다는 증거라는 것이다.

현상계와 물자체라는 서로 별개인 두 세계가 하나로 연결된다고 말한다면, 바로 이 지점을 일컫는 것이다. 그런데 판단근거가 쾌감(Gefühl der Lust)이므로 이 '하나로 연결시키는' 인식활동의 결과는 주체의 내부에 그대로 남은 채다. 개념을 판단근거로 사용하지 않기 때문이다. 오성범주에 따라 경험세계에 형이상학적 작용력을 행사할 수 있는 것은 개념뿐이다. 따라서 주체 내면의 감정이 경험세계에 작용을 미치는(wirken) 일은 일어나지 않는다.

결국 물자체의 세계와 현상계는 단지 주체의 내면에서만 이어지고 말 뿐인 것이다. 바깥세계는 주체가 정신적으로 고양되어 아름다운 대상에 흡족함(Wohlgefallen am Schönen)을 느끼는 순간에도 여전히 분열된 채 그대로다. 따라서 미적 대상 자체가 분열된 세상을 통일시킨다고 말할 수 없음은 분명하다.[18] 미적 판단이 순수해진 경우란 따라서 감성이 개념의 규정에서 벗어나 '자유롭게' 되었으면서도 바로 그 벗어난 자유로움 때문에 감성이 경험세계에서 형이상학적 작용력을 박탈당한다는 뜻이다. 이때 감성은 이미 물자체의 세계에 접속한 상태다.

하지만 그래도 여전히 미적 특질은 유지하고 있는 까닭에 도덕의 세계로 편입되지 않는다. 자연계에서 초감성계로의 이행을 감행하기 때문에 자연사물을 인식하는 인식능력들, 즉 오성과 구상력을 사용한다. 하지만 대상을 바라보는 관심 자체는 윤리적 선(Interesse am Sittlich-Guten)을 지향하는 것과 비슷하다.(이순예, 2002: 342쪽 참조.) 이처럼 서로 인접사안과의 변별성 및 유사성을 지목하는 과정을 통해서만 오성과 감성의 합주(Harmonisches Zusammenspiel zwischen Verstand und Sinnlichkeit)라고 정식화되는 감식판단의 내부 구조는 해명될 수 있었다.

다시 한 번 칸트가 궁극적으로는 선험적 종합판단으로 판명 날 감식판단을 다루면서 일단 분석이라는 방법론을 택해 사안에 접근해서는 서로 인접한 세 개의 판단을 각기 비교하는 작업을 수행했다는 사실에 주목해보자. 이러한 방법론은 제각각 변별되는 지점을 확인하는 가운데 접근지점을 확보하는, 분석이 취할 수 있는 최대치의 미덕을 보여준다. 이런 방식으로 접근해 들어간 결과, 감식판단이 사적 감정에만 근거해서 판정하는 감관판단과 다른 점을 구분하는 과정에서는 감식판단으로 판정되는 경우의 흡족이 보편성을 지닌다는 점을 지적한다. 하지만 또 다른 한편으로 논리적 판단에서 보이는 보편성에 유사하다고 해서 감식판단에 도덕판단과 같은 객관적 보편타당성을 귀속시킬 수 없다는 사실이 극구 강조되는 문장들을 서술할 수 있었던 것이다.

---

18) 분석학을 다룬 이 부분은 이순예, 「자연과 자유가 하나로 되게 하는 칸트의 미적 판단력」, 『독어교육』 24, (한국독어독문학교육학회, 2002), 341쪽에서 논증한 내용을 토대로 재구성했음.

감식판단이 어디까지나 미적 판단에 불과함을 잠시도 잊어서는 안 된다. 이 미로(迷路)는 결국 '주관적 보편성'이라는 합명제로 수렴되었고, 감식판단이 '요구주장'하는 선험성의 내포를 이루게 되었다. 칸트가 이런 방법이 타당하다고 여겨 선택한 이유는 미적 자극에 대한 내적 수용상태를 감지하는 능력인 느낌(Empfindung)이 인간에게서 충분히 분화된 채 발현된다고 믿었기 때문일 것이다.

안락함(das Angenehme), 아름다움(das Schöne), 선함(das Gute)을 마주했을 때 흡족함(Wohlgefallen)을 느끼면서 그 흡족함의 근거를 충분히 구별할 만큼 인류가 세련되었다고 믿은 칸트는 계몽주의 문화운동의 성과를 딛고 그 위에서 작업했다고 할 수 있다. 세련된 느낌의 철학화는 기독교-도그마적 형이상학이 붕괴함과 더불어 개별적인 주체구성이 중요한 주제로 부상하던 시기에 철학적 체계구상에 몰두했던 칸트가 거둔 역사적 성과에 해당할 것이다.

체계와 불화하는 느낌도 정당하다

일단 완결된 체계를 가능하게 하는 인간의 인식능력을 탐구해나가던 칸트는 계몽된 인간의 정체성형성 문제를 체계와의 조응관계 속에서 해결할 수 있었다. '체계와 조응상태에 도달하는 주체구성'이 목적론이었다면, 출발점은 체계에서 이탈한 개인의 느낌이었다. 칸트는 느낌이 주체의 정체성과 더 이상 자명하지 않은 관계에 처하게 된 현실을 진지하게 받아들인 것이다. 체계와 불화한다고 해서 개별적인 느낌을 그냥 도려내던 중세의 초자연적 형이상학을 되풀이해 적용할 수는 없었다.

일원론적 형이상학이 현실에서 도그마로 작용하던 중세라면 이탈과 위반은 그냥 배제시키면 그만이었다. 배고파서 먹을 것을 훔친 손은 잘렸고, 성적 위반에는 돌팔매가 가해졌다. 인류가 계몽의 단계로 접어들면서 배고픔과 성적 욕구의 불가항력에 수긍하는 정서가 함양되자 이런

'도려냄'은 사라졌다. 아울러 체계가 느슨해지면서 차츰 특수자와 비합리자의 존재 그 자체를 인정하는 경향도 강화되었다. 하지만 바로 그 '인정' 때문에 사태는 다시 복잡해졌다. 새로 등록된 것을 체계 안 어느 곳에 위치시켜야 할지 정할 수가 없었기 때문이다.

다시 옛날로 돌아가지 않는다는 원칙을 지켜 보편에 대한 관계를 설정하는 일이 각자의 몫으로 돌려졌다. 주체구성은 이제 개인의 의무가 되었다. 개인은 무엇보다도 자기 삶에 대한 확신을 가져야 했다. 그래야 오성을 사용하는 용기를 발휘한 계몽인이라고 설파되었다.(Kant, p.55; 1992, 13쪽 참조.) 하지만 계몽의 용기는 계몽의 결과도 감수토록 하는 만용을 부린다. 자기 삶을 스스로 확인하는 주체는 직접 확인한 삶의 내용과 여전히 완강하게 버티고 있는 체계 사이에서 고통받는다. 자기 삶의 주인이 된 주체의 운명은 고통이다.

『토지』에서 윤씨 부인은 자신의 느낌에 대한 확신을 가질 만큼 세련된 여인이었다. 비록 사회적 지위에서는 사대부 집안의 지어미로서 부와 권위를 누렸지만, 일상을 영위하는 동안 사회적 지위에 부합하지 않는 느낌이 마음속에 계속 쌓였고, 이 느낌을 부인은 자신의 일부로 받아들였다. '위반'으로 들이닥친 자연의 필연을 '한때의 사고'로 치부하고 자신의 정체성 형성과정으로부터 어떻게 해서든지 떼어놓으려는 노력을 함으로써 보편에 자신을 통합시키는 '일반적인' 길을 택하지 않은 부인은 진정한 의미에서 근대적 심성의 소유자다. 아마도 사대부 계층의 남성구성원이었다면 사정은 달랐을 것이다. 하지만 여성으로서 사대부 계층의 '하수인'으로 살 수밖에 없었다는 회한이 자신의 삶에서 우러나는 느낌을 더욱 진실되게 받아들이도록 한 것이다.

윤씨 부인은 절규함으로써 자신의 정체성을 확보하지만, 그 절규는 현실의 분열을 직접 치유하지 못한다. "나는 당신네들 편의 사람이 아니요. 나는 저 죽은 바우나 간난할멈, 월선네와 같은 처지의 사람이었소." 이 확실한 느낌을 윤씨 부인은 밖으로 표출해낼 수 없다. 사정을 짐작하는 아들 최치수도 이 일만큼은 목소리로 구성해서는 절대 안 된다는 운명에 승복한다. 윤씨 부인 스스로 양반집 안방마님이라는 지위와 '천길 지옥에 떨어진 어미' 사이의 분열을 지탱해내야 한다. 어떤 방법을 택할지는 그 자신에게 달려 있다. 소설에서 부인은 어느 한쪽도 포기하지 않는 삶을 산다. 불가항력으로 보이는 체계에 맞서 자신의 개별적인 느낌이 주는 힘을 인정한 결과다.

계몽의 결과 인간이 떠안게 된 이러한 분열을 유럽의 정신사적 맥락에서 고찰하면 합리주의가 여전히 강고한 전통을 이어가고 있는 한편으로 비합리주의가 거세게 등장해 문화지형이 요동치는 18세기 말에 해당한다. 독일의 질풍노도는 이제껏 인류가 경험한 문화적 격동 가운데 가장 강력한 것이었다고 평가된다. 이 격랑 속에서 인간은 자신의 느낌(Empfindung)이 지각(Wahrnehmung)으로부터 완전히 분리된 채 맹목으로 날뛰어보는 경험을 하게 되었다. 지각은 지각대로 느낌은 느낌대로 스스로 자신이 어떤 질(質)과 움직임의 역학을 가졌는지 깨닫는 시기이기도 했다. 이 격랑의 세월을 지나면서 독일 특유의 해결방식이 제출되었고, 보임러(Alfred Baeumler)에 따르면 화해하는 가운데 고전 독일 철학이 나왔다.[19]

이 '독일적' 방식의 정수를 보여주는 것이 바로 『판단력 비판』이다. 지각에 대한 느낌의 '반성된' 통합을 지향하고 있기 때문이다. 주체는 내면에서 분열된 두 세계를 통합하는 노력을 기울여야 하는데, 직접적인 연결을 포기하고 반성사유를 통해 보편에 이르도록 해야 한다. 자기 속에서 이질적인 것들을 서로 대질시키면서 그 본래의 속성을 탈각시키는 '반성'과정을 통해 보편은 주관적인 것으로 변환되어 개인에게 의식

19) Baeumler, 앞의 책, "Vorwort"(「서문」) 참조. 특히 pp.VII~IX 참조.

될 수 있다. 이 주관적 보편성은 인간의 인식능력들이 각자의 본래적 속성에서 벗어나 서로 상대방과 겨루는 과정에서 도달하는 '균형'이 들어올리는 현상계와 물자체의 통일이다. 결국 '통일'은 초월철학의 과제였음이 여기서 드러난다. 인간의 인식능력은 분열을 극복하고 긴장 속에서 통일을 이룰 수 있도록 방향지어져 있다.

『판단력 비판』 §§30~42 연구

이제 본격적으로 연역론을 다루기로 한다. 『판단력 비판』 §§30~40이 대상이다. 그리고 §41과 §42도 포함된다. 목표는 칸트가 사용한 독일어 동사 '요구주장하다'(ansinnen)의 진정한 내포를 해명하는 것이다. 앞에서 서술했듯이 미적 사물을 대하고 그것에 '아름답다'는 술어를 붙이는 사람, 즉 감식판단을 내리는 사람은 다른 사람도 바로 그 대상 앞에서는 모두 자신과 똑같은 마음상태에 처하기를 감히 요구할 권리를 갖는다. 여기서 철학적 해명의 필요성이 제기되는 지점은 이 '요구할 권리'가 「분석학」에서 논리적 정합성을 따져가며 사안을 분석한 결과로 도출되었다는 사실, 바로 그 불일치의 현장이다. 이런 결과는 분석의 틀 자체를 옳고 그름의 판단기준으로 삼을 수 없게 만든다. 별도로 그런 권리가 정당화될 필요가 제기되었고, 칸트는 연역론을 전개한다.

칸트는 대상에 대한 흡족의 양태적인 면을 분석하면서 "조화미(Das Schöne: 아름다운 것)에 대해서는 사람들은 그것이 흡족함에 대한 필연적인 관계를 갖는다고 말한다"(Kant, p.78; 2009, 238쪽.)는 사실을 확인(§18)하게 되었다. 그런데 확인과 동시에 즉각적으로 왜 필연적인가를 밝힐 필요가 있음을 인정했다. 그래서 곧바로 §19에서 조화미에 대한 흡족함이 그처럼 필연적일 수 있는 근거로 그런 흡족한 상태를 만드는 조건이 모두에게 공통적으로 내재해 있기 때문이라는 점을 들어 필연성의 근거를 밝히고자 한 것이다. 그런데 여기까지 진행하고 보니, 근거제시가 그대로 정당화로 귀결되는 사태가 발생하고 말았다. 결국 칸트는 이 한마디로 모든 이야기를 다 마무리한 셈이 되었는데, 그래서 정작 별도로 마련한 연역론은 특별히 새로운 내용 없이 진행된다. 지극히 간단하고도 명료한 문제로 자리매김될 뿐이다.

칸트는 사안 자체가 그러하기 때문에 저절로 그렇게 된다는 식으로 일관한다. '선험성'(a priori)에 기반을 둔 사안이라는 것이다. 사람이라면 그런 상황에서는 그렇게 될 수밖에 없다는 의미에서 선험성은 인간의 언어능력 저 너머의 사안이다. 인간의 인지능력이 언어로 포섭해들일 수 없는 영역의 일에 대해서 인간은 그 일이 인간과 관계 맺을 수 있는 조건들을 언급하는 수준에 머물 수밖에 없다. 칸트의 믿음은 조건에 대한 해명이 사안 자체의 해명을 대체할 수 있으리라는 순진성에 기반하기도 했다. 그의 믿음에 동조할 수 있느냐가 우리의 관건이다. 그러면 일단 §19를 살펴보자.

감식판단은 누구에게나 동의를 감히 요구한다. 어떤 것이 아름답다고 언명하는 사람은 누구나 눈앞에 있는 그 대상에 대해 찬동을 보내고, 그와 함께 그 대상이 아름답다고 언명해야 한다고 의욕한다. 그러므로 미적 판단에서 '해야 한다'(당위)는 제아무리 판정에 필요한 모든 자료에 따라서라 할지라도 단지 조건적으로만 표명되는 것이다. 사람들이 다른 모든 사람의 동의를 구하는 것은, 그러한 동의를 위한 만인에게 공통적인 근거를 가지고 있기 때문이다. 그러기에 그 사례가 찬동의 규칙으로서의 저 근거 아래 올바르게 포섭되어 있다는 것을 언제나 확신하기만 한다면, 사람들은 그러한 동의를 기대할 수도 있겠다.(Kant, p.79; 2009, 239쪽.)

한마디로 감식판단의 근거가 인간조건에 해당하므로 필연적이라는 이야기다. 감식판단은 인간에게 심겨 있는 특정한 조건을 충족시키는 표상을 제공하는 대상을 만났을 때 내려지게 되는데, 세상에는 그런 조건에 부합하는 표상을 인간에게 제공하는 대상이 존재한다. 그런 아름다운 대상을 만나면 인간의 인식능력들은 서로 '조화로운 합주'를 하다가 균형 상태에 도달해, 마침내 반성구조형성(Reflexionsbildung)이라는 자체목적적 활동으로 대미를 장식하게 된다.

인간은 모두 '아름답다'는 판정을 내리도록 하는 내면의 조건에 공통적으로 구속받는 존재이므로, 의심하느라 어쭙잖은 마음으로 대하지만 않는다면 누구나 그런 대상 앞에서는 아름답다는 판정을 내릴 수 있다. 누구나 그럴 수 있는 일을 공연히 덧들여서 그르치지 않으면 되고, 그러기 위해 필요한 것은 자기 확신뿐이다.

'마치'(als ob)의 진정성

「분석학」에서 이 언명이 정당함을 입증하기 위해 칸트는 §§30~40에서 다각도로 사안에 접근한다. 하지만 결국은 '요구주장함'(Ansinnen)이라는 단어가 감식판단의 경우 감히 당당하게 사용될 수 있음을 거듭 확인하는 데로 모아진다. 우리는 앞에서 칸트가 「분석학」을 통해 다른 사람 모두에게 그런 요구를 할 권리가 있어야 함을 일종의 '논리적 귀결'로 도출해냈음을 확인했다. 형식적인 인과론을 적용한 결과 「분석학」에서 밝혀진 내용을 언어로 옮기면 이렇게 될 것이다. '이 대상 X는 아름답다'는 판정은 어떤 사람이 한 사물을 바라보는 과정에서 그 사물로부터 취한 표상을 객관적으로 특정한 목적에 맞추어 규정하지 않는 대신, 그 표상의 형태 속에서 주관적 합목적성을 보고, 이를 통해 오성과 구상력이 이루는 범상하지 않은 관계, 즉 둘 사이의 조화를 의식할 때 내려지는 것이다. 이를 감식판단이라 한다.

철학자가 분석을 했다고 하니, 분석과정은 그렇다 해도 대체 그 말이 무슨 뜻이냐는 물음이 당장 고개를 든다. 칸트 스스로 이 점을 인정했다. 그래서 사태가 다른 차원으로 비화하는 상황을 감수하면서 대처방안을 마련한 것이다. 이미 밝혔듯이 칸트 자신은 연역을 통해 자신이 제출한 테제를 정당화하면 된다고 여겼다. 그래서 먼저 '어떤 대상을 보고 오성과 구상력이 길항작용을 벌인 끝에 균형상태, 즉 반성구조를 이루면 주체의 내면에서 쾌감이 발생하고 이를 의식한 주체가 그 대상이 아름답다고 말한다'는 이런 의사표현이 대체 무슨 뜻이냐는 물음에 대응했고, 감식판단의 특유성(Eigentümlichkeit)을 거론함으로써 대답을 구했다.

칸트는 『판단력 비판』에서 늘 해오던 방식대로 이 특유성을 다른 판단들과 비교하는 가운데 구성요인이 드러나도록 했으며, 결코 새롭다고 할 수 없는 그 결과를 특정한 공식으로 정식화시켜냈다. 가장 두드러진 두 요인들이 §32와 §33에서 거론되었다. 감식판단은 한편으로 "마치 객관적인 것처럼, 모든 사람의 동의를 요구하면서 그 대상을 흡족의 관점에서(조화미〔아름다움〕라고) 규정하"(Kant, p.131; 2009, 300쪽.)면서, 다른 한편으로는 "마치 한낱 주관적인 것처럼, 증명근거들에 의해서 전혀 규정될 수 없"(Kant, p.133; 2009, 303쪽.)는 특성을 갖는다는 것이다.

이는 「분석학」에서 전개한 내용을 다시 정리한 데 불과한 공식들이다. 하지만 인식능력이 이루는 유별난 구조, 즉 반성구조가 감식판단을 특징짓는 진기함의 핵심임을 반복하면서도, 바로 그 핵심 측면이 '마치'(als ob)라는 특유성으로 모이도록 해 다음 단계의 논의를 시작할 수 있게 해주는 성과를 거둔다.

이 '마치'의 구조 덕택에 감식판단은 전달할 수 있는 테제로서의 위상을 획득했고, 공론장에서 사람들 입에 오르내릴 수 있게 된다. 본래의 성질대로 하자면, 서로 균형을 이루는 상태에는 절대로 도달할 수 없는 두 힘들, 구상력과 오성이 "자유 속에 있는 전자가 합법칙성 속에 있는 후자와 부합하는 한에서"(Kant, p.137; 2009, 309쪽.) 직관들의 능력을 개념들의 능력 아래로 포섭하는 원리에 따를 때 둘 사이에 평소라면 불가능한 균형이 성사된다는 것이고, 그렇다면 그런 상태에 돌입하는 두 능력은 어떤 처지인가를 알려주는 언술이 형태를 갖추고 나타난 것이다.

이 '형태를 갖춘 언술'은 우리에게 매우 분명한 사태 하나를 각인시켜준다. 오성과 구상력 모두 주어진 하나의 표상에 관계하면서도 유희적으로 활동하는 가운데 그런 순간이 찾아온다는 사실을 뚜렷이 부각시키는 것이다. 이는 사실 미적 판단력의 반성능력으로 설명할 수 있는 내용으로서 새로 보태진 바는 전혀 없다. 하지만 '반성'이란 정신능력이 개념에 종속되지 않은 채 수행하는 활동임을, 그러므로 오성과 구상력이 서로 부합해서 균형 상태에 도달했다고 해서 거기에 무슨 객관적인 실재가 버티고 있는 것은 아님을 언어적으로 분명하게 드러나는 결과를 불러일으킨다. 새로움의 실체다. 이는 「분석학」에서 도출된 내용이다. 하지만 객관적 근거를 결여한 감식판단의 필연성을 확인한 「분석학」에 의해 「분석학」과는 차원이 다른 문제가 공론장에 등장했고, 차원을 달리해야 하는 요청에 대응하려는 의도로 칸트가 표현방식을 달리했다고 볼 수 있다.

감식안(Geschmack)은 누구에게나 있다

그래서 이제부터는 오성과 구상력이 유희를 벌이다가 왜 균형상태에 도달하는지, 그리고 그런 일이 정말 일어나는지 하는 문제에 집중할 수 있게 되었다. 그런 상황이라면 누구라도 그런 반응을 보일 수밖에 없음을 입증해야 할 단계로 접어들게 되었다. 자신의 본래 궤도를 이탈해 자유롭게 유희하던 표상능력들이 하필이면 '조화'라는 균형 상태에 이르는 일이 어떻게 발생하는가? 답변은 이미 나와 있다. 인간이 그런 존재라는 것이다. 「분석학」에서 문제를 제기하면서 어쩔 수 없이 뒤따라 나왔던 내용이다. 이 세상에는 '아름다운' 사물들이 있고, 인간에게는 쾌/불쾌를 구분하는 감정능력이 심겨 있음을 당연한 '전제'로 받아들이고 시작한 '분석'인 까닭에 논증 역시 사안 자체에 내장된 방향으로 흐를 수밖에 없어 선험성이 전면에 등장하게 되었다. 감식판단의 선험성을 입증한다면, 타인도 나처럼 되어야 한다는 그 '요구함'은 너무도 당연한 일, 인지상정이 될 것이다.

문제는 선험성인 것이다. 그렇다면 이번에도 칸트는 이제껏 해오던 방식대로 문제를 풀어가면 된다. 이미 '선험적 종합판단이 어떻게 가능한가?'의 문제를 성공적으로 해명했다고 자부하는 초월철학자가 아닌가? 역시 그는 반성감식안(Reflexionsgeschmack)의 선험성에 대해서도 이를 초월철학의 일반적인 문제에 편입시키는 길을 택한다. 물론 반성감식안은 매우 독특한 성질을 보이므로, 그 독특성을 일반화시키는 작업이 우선되어야 했다. 그래서 일단 칸트는 '이 대상 X는 아름답다'는 판정이 종합판단인가 아니면 분석판단인가를 가려야겠다는 태도를 취한다. 표면적으로 금방 판가름 나지 않는 특성을 지닌 감식판단에 대해 그는 §38에서 다음과 같은 지적을 함으로써 문제를 단순화시킨다.

순수한 감식판단에서 대상에 대한 흡족이 대상의 형식에 대한 한갓된 판정과 결합되어 있다는 사실이 시인된다면, 우리가 마음에서 이 대상의 표상과 결합되어 있다고 느끼는 것은 판단력에 대한 그 형식의 주관적 합목적성 외의 다른 것이 아니다. 그런데 판단력은 판정의 형식적 규칙들과 관련해 일체의 질료(감관감각이든 개념이든)를 떠나 오로지 (어떤 특수한 감관양식에도 어떤 특수한 지성개념에도 대비한 것이 아닌) 판단력 일반의 사용의 주관적 조건들에만, 따라서 모든 인간에게 (가능한 인식 일반을 위해 필요한 것으로) 전제될 수 있는 그런 주관적인 것에만 지향될 수 있으므로 어떤 표상의 이러한 판단력

의 조건들과의 합치는 선험적으로 누구에게나 타당한 것으로 상정
될 수 있지 않으면 안 된다. 다시 말해 감성적 대상 일반의 판정에서
쾌감, 바꿔 말해 인식능력들의 관계에 대한 표상의 주관적 합목적성
은 누구에게나 당연히 감히 요구될 수 있는 것이다.(Kant, p.140; 2009,
313쪽.)

마지막 부분에 '바꿔 말해'라는 수사를 동원해가면서 칸트는 요점을
간단명료하게 제시한다. "인식능력들의 관계에 대한 주관적 합목적성은
누구에게나 당연히 감히 요구될 수 있는 것"이므로 이로써 모든 문제가
해결될 수 있다는 다짐이지만, 실제로는 명료함이 지나친 까닭에 접근성
에 장애를 불러일으키고 있는 것도 사실이다. 이 점을 의식했는지, 칸트
는 주해항목을 마련해 다음과 같이 덧붙인다.

감식판단이 주장하는 바는 단지 우리는 우리가 우리 안에서 마주치
는 판단력의 동일한 주관적 조건들을 보편적으로 어떤 사람에게서
나 전제할 수 있는 권리를 가지고 있다는 것뿐이며, 또한 우리는 이
조건들 아래서 주어진 객관을 올바르게 포섭했다고 하는 것뿐이다.
(Kant, p.141; 2009, 314쪽.)

칸트의 이런 연역방식에 대해 모두가 유보 없는 동의를 보내는 것은
아니다. 일례로 쿨렌캄프(Jens Kulenkampff) 같은 학자는 연역론에서 새로
운 점을 발견할 수 없다는 이유로 칸트가 자신의 테제를 방어하는 데 실
패했다고 단언한다. 그의 분석에 따르면 연역론은 「분석학」의 반복일 뿐
이다. 어떤 대상을 아름답다고 판단하는 인식, 그처럼 약간 색다른 인식
이 있다는 점은 인정해줄 수 있지만, 감식판단에 독자적인 선험원칙이
있는지는 연역론의 내용으로 봤을 때, 장담할 수 없는 일이라고 했다. 이

렇게 되면 감식판단의 선험성이 부정되는 것이며, 그로 인해 칸트 철학 체계의 근간이 흔들리게 되는 것이다.

'아름답다'는 주어를 확장시킨다

이처럼 연역방식의 타당성 여부는 칸트가 제출한 테제의 옳고 그름을 판가름하는 핵심쟁점이기도 하다. 이 문제를 모두 완벽하게 다루는 일은 이 책의 범위를 벗어난다. 하지만 쟁점 자체를 이해하고 있을 필요는 분명하므로, 여기서 칸트 연역방식 자체에 대해 잠시 논의하기로 한다. 칸트의 의도를 충실하게 이해하면서 텍스트를 읽은 타이헤르트(Dieter Teichert)와 이를 정면 반박하고 나서는 쿨렌캄프의 논의를 살펴봄으로써 쟁점들을 부각시켜보겠다.

타이헤르트는 '아름답다'는 술어가 결과적으로는 주어개념을 확장시킬 것이라는 의견을 피력한다. 물론 조화미를 대했을 때 주체 내부에서 발생하는 쾌감 자체에 어떤 선험적인 계기가 직접 포함되어 있지는 않다. 이 점에서 종합적인 인식판단과 감식판단은 분명 다르다. 하지만 감식판단의 핵심적인 계기인 이 쾌감에 '인식능력들의 조화'가 상응하고 있으므로 감식판단의 선험성 역시 이로부터 도출해낼 가능성은 충분하다. 쾌감의 근거가 오성과 구상력의 조화라는 사실을 적극적으로 받아들이면, 조화미에 대한 흡족(Wohlgefallen am Schönen)이 주어개념을 확장시키는 역할을 한다는 데 이론의 여지가 있을 수 없다는 논리다.

쾌감은 인식능력들의 조화를 매개로 주어에 덧붙여져 그 개념을 확장시킬 만한 자격이 있는 요인으로 인정받았다. 비록 그로부터 직접 선험성을 이끌어낼 수는 없다. 하지만 그 대체물(Ersatz)로서의 역할과 위상에는 아무런 부족함이 없다는 논지다. 우리는 어쩌면 이를 쾌감의 선험성이라 불러도 무방할지 모른다. 경험세계의 감각자료에 종속되어 있지 않음은 물론 도덕적 실천이성의 관심을 수행하는 입장도 아닌 바로 '순수한'(rein) 쾌감이기 때문이다.

　　사람들은 인식능력들이 그와 같은 비례관계에 놓일 수 있는 가능성
이 주관적으로 합목적적인 표상에 관계했을 때 모든 인간들에게서
가능할 수 있다는 사실에서 출발할 수 있다.[20]

　타이헤르트는 감식판단의 반성성격에서 감식판단의 타인구속성이 정
당화됨을 보았고, 이렇게 정당화되었으므로 '순수한 미적 판단'의 자격
으로 당당하게 그 선험성을 외부로 전달할 수 있다는 입장이다. '아름답
다'는 술어는 그러므로 이 대상 X에 직접 관련되어 개념의 확장을 불러
오는 것으로 받아들여져야 한다. 오성과 구상력이 긴장 끝에 조화로운
상태에 도달했음을 깨닫고 흡족해하는 인간이 자신의 마음상태를 사회
적으로 전달하기 위해 선택한 단어이기 때문이다.

　　그것(쾌감)의 전달가능성은 이 반성이 모든 이들이 신뢰할 수 있는
　　인지적 성과의 일종으로 이해될 수 있다는 사실에 근거하고 있다.
　　(Teichert, p.80.)

　감식판단에 대해 '마치'의 위상을 부여했던 칸트의 의도를 충실하게
따르는 텍스트 독법이라 하겠다. 개념이든 이념이든 객관적 실체에 근거
하지 않으면서 그럼에도 모든 이에게 타당할 수 있음에 대한 확실한 근
거로 인식능력 사이의 긴장관계를 제시했던 칸트였다. 인간이라면 누구
나 인식과정에서 사용하는 오성과 구상력에 전적으로 증명부담을 지움

---

20) Dieter Teichert, *Immanuel Kant, >Kriitik der Urteilskraft<*, Ein einführender
　　Kommentar, (Paderborn: Schöningh, 1992), p.80.

으로써 선험성에 대한 추론을 가능하게 하고, 다시 이를 토대로 타인에 대한 요구주장도 가능하다는 결론을 도출해낸 방식이었다.

'아름답다'는 주어를 분석한다

반면 쿨렌캄프는 감식판단에 적용되는 술어 '아름답다'가 주체개념의 확장을 수반하지도, 그에 대한 대체물을 동반하지도 못한다고 주장한다. 따라서 칸트의 연역론은 실패다. 결국 칸트는 자신이 내세운 테제 '감식판단은 타인에게 동의를 요구할 수 있다'를 방어하지 못한 것이다. 쿨렌캄프는 무엇보다도 연역을 해나가는 칸트의 방법론에 심각한 오류가 있다고 지적한다.

쿨렌캄프가 보기에 칸트가 감식판단의 반성성격을 그토록 강조하는 이유는 딱 한 가지뿐이다. 인식능력들의 반성구조형성으로부터 감식판단의 선험성을 도출해내기 위해서다. 이런 의도를 가지고 있었기 때문에 칸트는 순수 미적 판단의 특수성을 시종일관 '음각적으로'(negativ) 조명하면서 결정적인 부분은 '미루어 짐작'해야 할 빈 공간으로 남겨놓는데, 그 빈 공간이 마지막에 가서 '선험성'의 보고(寶庫)가 된다는 것이다. 쿨렌캄프가 문제 삼는 칸트식 논리전개는 바로 다음과 같은 것이다.

> 이 연역은 개념의 객관적 실재성을 정당화할 필요가 없는 것이기 때문에 이렇게 쉬운 것이다. 조화미란 객관의 개념이 아니고, 감식판단은 인식판단이 아니니 말이다. 감식판단이 주장하는 바는 단지 우리는 우리가 우리 안에서 마주치는 판단력의 동일한 조건들을 보편적으로 어떤 사람에게서나 전제할 수 있는 권리를 가지고 있다는 것뿐이며……(Kant, p.141; 2009, 314쪽.)

물론 쿨렌캄프도 칸트가 『판단력 비판』을 통해 거둔 성과를 높이 평가하기는 한다. 하지만 칸트의 기여는 제한적으로 수용되어야만 한다는 입장이다. 칸트는 인식능력들이 긴장 끝에 조화를 이루었음을 직접적으로 의식하는 어떤 특정한 정신활동이 쾌의 감정을 불러일으킴을 발견한 철학자다. 그런데 여기서 '긴장 끝에 도달한 조화로운 상태'란 판단력의 형식에 해당하는 것이다. 그리고 이 형식이 쾌를 불러일으킨다는 발견은 조화미를 분석하는 과정에서 분석의 결과로 도출된 내용이다. 쿨렌캄프는 이 분석결과는 인정한다.

그가 인정할 수 없다고 하면서 문제를 제기하는 부분은 쾌감의 선험성 요구주장이다. 판단력의 형식이 쾌를 불러왔다고 해서, 개별자로서 개인이 느끼는 쾌의 감정에 인식능력들이 두뇌에서 조화를 이루었음에 대한 직접적인 의식이 현존한다고 곧바로 인정해줄 수는 없다는 이야기다. 원인과 결과의 관계에서 결과를 통해 원인의 정당성이 증명된다고 여기는 것은 무리라고 본 것이다.

이러한 의미에서 쿨렌캄프는 연역론에서 이루어진 '모든 이에게 요구함'의 정당화가 칸트에게서 성공적으로 이루어지지 못했다고 주장한다. 그는 연역이 제2의 「분석학」이라고 선언한다.[21] 쿨렌캄프는 §30을 그 결정적인 증거로 든다. 칸트는 연역을 시작하면서 그 대상을 조화미에 한정한다고 명백하게 밝혔는데, 여기에 이미 사안을 밝히는 열쇠가 들어 있다는 것이다.

> 자연 대상들에 대한 미적 판단들의 연역은 자연에서 우리가 숭고하다고 부르는 것을 지향할 필요는 없고, 단지 조화미를 지향하면 된다.(Kant, p.128; 2009, 296쪽.)

---

21) Jens Kulenkampff, *Kants Logik des ästhetischen Urteils*, (Frankfurt am Main: Klostermann, 1994), p.107.

이런 진술로 칸트는 자신이 「분석학」에서 수행한 분석이 정당했음을 여러 번 확인하고 있다. 그리고 또 실제로도 칸트의 분석은 매우 정교하고 옳았다. 이 조항은 그 사실에 대한 최고의 반증이다. 하지만 그뿐이다. 그 이상 또 무엇이 있는가? 쿨렌캄프에 따르면, 칸트 스스로도 자신이 연역의 장에서 완수해야 할 과제는 바로 개별적인 순수 미적 판단의 반성 성격을 증명하는 일이라 믿고 있었다.

그래서 숭고에 대한 판정인 경우에는 「분석학」을 기술하면서 이미 충족된 것으로 여긴다고 밝힌 §30이 연역의 첫 조항이 되었던 것이다. 쿨렌캄프가 보기에 그렇다면 조화미에 대해서도 마찬가지 기준이 적용되어야 한다. 왜냐하면 조화미에 대한 순수 미적 판단의 원칙을 연역하는 작업이 끝내 「분석학」의 범위를 조금도 넘어서지 못하고 말았기 때문이다.

분석하지 말고 겸허해지자

칸트는 공통감(Gemeinsinn)이라는 이념을 도입해 새로운 차원을 열어보려 했지만, 새로 밝혀진 내용은 아무것도 없었다. 이 용어는 단지 「분석학」의 정당성을 사회적인 차원에서 증명하는 데 기여할 뿐이다. 쿨렌캄프는 칸트가 이런 일련의 노력을 통해 거둔 성과를 다음과 같이 정리한다.

> "이런 분해가 없다면 알려지지 않은 채로 남아 있을 터인"(Kant, p.51; 2009, 206쪽, §8.) 다시 말해 어떤 다른 방식으로는 찾아지거나 해명될 수 없는 우리 인식능력의 한 특성을 찾아내는 일.(Kulenkampff, p.107.)

쿨렌캄프는 감식판단의 독특성은 충분히 인정하지만, 제한적인 측면을 간과해서는 안 된다는 입장이다. 그렇다면 문제는 결국 한 가지

쟁점으로 모아진다고 할 수 있다. 감식판단을 종합판단으로 보는 타이헤르트와 감식판단을 분석판단일 뿐 확장의 계기를 갖지 않는다고 여기는 쿨렌캄프의 입장 차이가 연역론에 접근하는 관점의 차이를 불러왔던 것이다.

이렇게 해서 찬반 논쟁을 살펴본 우리의 의도가 충족되었다. 논쟁 자체에 대한 관심에서 시작한 작업이 아니라 이 논쟁을 통해 칸트 미학에서 핵심적인 쟁점이 무엇인지를 부각시키는 목적이 앞섰던 터이니 여기서 중단하기로 한다. 우리의 논의를 위해 확인한 사항은 분명하다. 칸트는 감식판단을 종합판단에 포함시켰고, 이러한 확장의 계기는 바로 인식활동의 일환임에도 불구하고 전제해야 하는 쾌감의 선험성에 놓여 있다는 사실이다. 쿨렌캄프의 논의가 생산적이었던 측면은 쾌감의 선험성이 분석적인 인과관계에 의해 '전제되는'것이 아니라 초월철학의 전체구도에서 '전제해야' 하는 사안으로 볼 수밖에 없음을 재확인시켜준 데 있다.

물자체와 현상계를 잇는 가교역할을 하는 감식판단이 인과관계에 따른 분석과정을 통해 도출될 수는 없을 것이다. 이런 견지에서 나는 쿨렌캄프의 '지적오용' 가능성을 조심스레 제기하고자 한다. 감식판단은 별도의 존재론적 의미가 있는 것이다. 우리가 분석적인 활동을 통해 확인할 수는 없지만, 그래도 이심전심으로 그 실재를 인정하지 않을 수 없는 사안이 세상에는 존재한다. 이는 정신적인 존재인 인간이 겸허해질 필요가 있음을 환기시켜준다.

그러면 정작 칸트 자신은 이 문제에 대해 어떤 생각을 가지고 있었는지 살펴보기로 하자. 칸트에게서 연역이 무엇이었는지 아이슬러(R. Eisler)가 『칸트 사전』에 세심하게 모아놓은 바 있다.

범주들의 연역은 다음 사실을 증명하는 데 놓여 있다. 범주들에 의해서만 체험이 가능하다는 사실을 증명하는 것. 범주들은 필연적이고도 선험적으로 체험의 대상들에 관계되어 있다. 왜냐하면 단지 그 범주들에 의해서만 어떠한 것이든 체험의 대상이 사유될(gedacht werden) 수 있기 때문이다. 이들은 체험의 가능성의 선험 조건들이며 그 때문에 필연적이고도 보편타당하며, 사유의 주관적 조건들이고 또한 객관적 타당성을 지닌다.(Eisler, p.83.)

그리고 앞에서 살펴본 §38 역시 '체험가능성의 선험적 조건들'에 따라 대상이 사유된다는 사실을 감식판단에도 적용하는 내용이었다. 칸트는 직접 "감식판단들의 연역"이라는 제목 아래 "따라서 모든 인간에게 (가능한 인식 일반을 위해 필요한 것으로) 전제될 수 있는 그런 주관적인 것에만 지향될 수 있으므로 어떤 표상의 이러한 판단력의 조건들과의 합치는 선험적으로 누구에게나 타당한 것으로 상정될 수 있지 않으면 안 된다"(Kant, p.140; 2009, 313쪽.)고 못박았다.

'아름다움의 제국'에서 누리는 개별성

위의 내용을 요약정리하면 이렇게 이해할 수 있을 것이다. 대상에 대한 흡족이 순전히 판단력을 위한 주관적 합목적성에 대상형식이 정향되어 있다는 판단과 연관된 사실을 수긍하는 감식판단에서는, 이 형식에서 취한 표상이 판단력의 주관적인 조건과 일치해야만 한다. 인식능력들(오성과 구상력)이 조화를 이루기 위한 표상의 주관적 합목적성을 인지하는 가운데 일어나는 쾌감은 모든 이에게 요구주장될 수 있다. 이런 '요구주장'의 '정당성'을 위해 칸트는 각주에 두 가지를 적시했다.

미적 판단력의 한낱 주관적인 근거들에 의거하는 판단들에 대한 보편적 동의를 요구주장하는 것이 정당화되기 위해서는, 다음과 같은 것을 시인하는 것으로 충분하다. 즉 1) 모든 인간들에게 있어서 이 능력의 주관적 조건들은, 이 판단에서 활동하게 된 인식능력들의 인식 일반과의 관계에 관한 한, 한 가지다. 이것은 참이지 않으면 안 된다. 그렇지 않다면 인간들이 서로 자기의 표상들을 심지어 인식을 전달할 수도 없을 것이기 때문이다.

2) 이 판단은 순전히 이 관계(그러니까 판단력의 형식적 조건)만을 고려한 것으로 순수한 것이다. 다시 말해 그 규정근거로서 객관의 개념들과도 감각들과도 혼합되어 있지 않은 것이다. 이 후자와 관련해 설령 잘못됨이 있다 해도, 그것은 단지 법칙이 우리에게 주는 권능을 어떤 특수한 경우에 올바르지 않게 적용한 것에 관한 것일 뿐, 이로 인해 권능 일반이 폐기되는 것은 아니다.(Kant, pp.140~141; 2009, 313~314쪽.)

이 주해를 보면 연역과 관련해 감식판단에서 빚어지는 또 다른 문제가 서술되어 있다. 연역을 통해 주장되는 바는 모든 인간에게 있다고 전제된 판단력의 주관적 조건들이 판단의 선험성을 보장한다는 사실이다. 연역은 여기까지만이며, 더 이상의 문제, 즉 이러한 조건들 아래서 주어진 객체가 정확하게 추론되었는가 하는 문제는 차원을 달리해 논구되어야만 한다. 논리적 판단력의 범위 내에서는 제기될 수 없는 하나의 '또 다른' 물음이기 때문이다.

하지만 그렇다고 해서 추론시 발생하는 이러한 난점이 판단력이 제기하는 '동의에 대한 요구주장'의 정당성을 훼손하는 것은 아니다. 대상에 대해 '아름답다'고 판정하는 사람은 자신의 주장에 모두가 동의할 것이라 여길 때, 그 대상이 추론의 어려움을 겪을 수도 있음을 꼭 의식할 필요는 없다는 이야기다. 그보다는 자연을 감식안의 대상으로 선험적으로 받아들이는 일이 어떻게 가능한가 하는 문제에 우리의 관심이 모아졌던 것이고, 칸트는 감식안의 독특성을 해명했던 것이다.

궁극적으로는 목적론과의 관련을 물어야 할 사안일지도 모른다. 여기서는 단지 감식판단의 경우 우리의 인식능력이 생각하는 인간인 자기 자신에게 가장 가까운 대상으로서의 인간을 인간 그 자체로, 즉 인식산출의 대상이나 도덕적 의지의 대상으로 되지 않도록 하는 유일한 영역이 미적 영역임을 확인시켜주고 있다는 사실을 재확인할 뿐이다.

나는 연역론의 필요를 여기에 국한시키고자 한다. 그러면 계몽주의가 인간에게 제시한 화두, 즉 살아 있는 인간을 그 개별성에서 파악하자는 문명의 과제가 감식의 영역 안에서만 사유의 대상으로 인정받는 사정을 이해할 수 있다.

이러한 사실은 칸트가 §30에서 연역이 "자연에서 우리가 숭고하다고 부르는 것을 지향할 필요는 없고, 단지 미적인 것을 지향하면 된다"고 적시한 언급에서도 추론해낼 수 있다. 숭고에 대한 판정은 부정형이거나 형태가 잡히지 않은 자연 대상의 표상을 지각하는 과정에서 내려진다. 또 그럼에도 순수한 흡족의 느낌과 연결돼 있다. 따라서 자연의 숭고는 인간의 본성에 들어 있는 사유방식, 더 나아가 그러한 사유방식에 대한 근거에 첨부되어 있다고 보아야 한다. 그러므로 자연의 숭고에 대한 판단을 제시하는 일은 동시에 그것의 연역이 된다. 이러한 판단을 분석하는 가운데 판단력에 대한 반성이 이미 분해되고 동시에 인식능력들의 합목적적 비율관계가 찾아졌다. 이 관계는 선험적 목적의 능력(의지)의 근저에 놓여 있고, 그러므로 그 자체가 선험적으로 합목적적이다.

더하기 둘 | 용의 승천

마음의 보편성

연못에서 물보라를 일으키며 하늘로 올라가는 용을 본 적이 있는가? 사실은 없다. 앞으로도 절대 없을 것이다. 그런 일은 세상에서 일어나지 않기 때문이다. 문명 세상에 사는 우리는 이미 오성을 사용할 줄 알며, 그래서 지표면 위에서는 무엇이든 이른바 '중력의 법칙'에서 자유로울 수 없으므로 그 커다란 물체가 제 힘으로 그렇게 높이 상승한다는 설정은 그냥 허구에 불과하다고 명쾌하게 분석한다. 자연법칙의 작용을 중지시키고 순간적으로나마 자유를 누릴 수 있는 동물은 현실에 존재하지 않는다. 의심은 없다.

그런데 왜 옛날이야기를 들을 때면 우리 눈앞에는 멋진 장면이 펼쳐지는 것일까? 없는 것을 만들어내서 보는 인간의 초능력인가? 그냥 각자 마음에서 그려보았을 뿐이므로 초능력이라고 하기에는 좀 그렇고, 능력 밖의 일을 소망했을 따름이다. 그런 동물이 정말로 있다고 단 한 번도 생각해본 적 없으면서, 그 괴상하게 생긴 동물의 비상에 마음을 실어 한번 같이 하늘에 오르는 자유를 누려보겠다는 꿈을 꾼 것이다.

이것은 분명 일탈이다. 하지만 술 취해 자행하는 일탈이나 숫자를 부풀리는 사기와 달리, 이런 일탈은 그냥 마음의 호사에 머무를 뿐이다. 현실의 제약을 끊어버리고 비상하고 싶은 마음. 이런 마음이 누구에게나 있음을, 그리고 인간은 태곳적부터 그런 마음을 품었음을 전설은 알려준다. 모두에게 언제나 있었으므로 이 역시 '보편'이라는 범주에 들어가는 일이다. 우리는 객관적으로 증명할 수 있는 일에만 보편이라는 말을 쓰는 습성을 버려야 한다. 주관적 보편성도 있는 것이다. 이 '마음의 보편성'을 사람들은 이웃과 서로 나누어보고 싶어했다.

언제부터인가는 정확하지 않다. 하지만 함께 나누려면 공통의 표상이 있어야 할 터이고, 그래서 현실의 제약을 끊어내는 그 순간을 '용'에 대입시켰다. 용은 그러므로 물보라와 더불어 하늘로 올라가야 한다. 마음의 승리 역시 싸워 이긴 것이 분명하므로, 팡파르가 울려 퍼져야 하는 것이다. 안 될 게 분명한 일, 자괴감과 싸워 이긴 것이다. 이른바 '용의 승천'은 불가능을 거스르는 강한 의지가 발동한 결과다. 용의 동물성은 법칙과 의지가 충돌하는 그 현장을 공간으로 전환시킨다. 두뇌에서 벌어지는 충돌의 객관적 실체화. 사유 활동 자체를 공론장에 등장시켜 갑론을박하기 위해 용의 몸집을 빌려왔다.

물보라가 일면 결국 용이 올라갔음을 알게 되므로, 구속에서 벗어나고 싶은 마음도 재확인된다. 중력의 법칙을 무력화시키고 싶은 마음이 거둔 승리. 하지만 승리하기 위해서는 먼저 자신이 중력의 법칙에 매여 있음을 터득하고, 터득한 바를 거스르겠다는 자유의지를 발동해야 한다. 한마디로 법칙을 의식한 자유의지가 승천을 실현시키지, 자유의지가 저 홀로 거침없이 올라가버린 것은 아니라는 이야기다.

자유의지의 '나 홀로 비상'은 물보라를 일으키지 않는다. 의지란 자연법칙의 지배를 받지 않는 인간의 능력이므로 가시의 세계에 동의를 구하지 않고 있다가, 필요하면 자신의 법칙을 실현시킬 방법을 찾아 그대로 관철해낼 뿐이다. 그래서 도덕률은 소란스럽지 않게 인간을 옭아맬 수 있다. 이렇게 실현된 의지는 더 이상 자유가 아니다. 율법이 어떻게 자유인가? 자유의 순수한 형태는 바로 실현되기 그 전 단계, 비(非)가시의 세계에 머물 때로 한정된다. 이 순수한 형태의 자유의지가 가시의 세계에 흔적을 남기는 때가 있다. 바로 자연법칙과 힘겨루기를 하는 순간이다. 긴장과 갈등 때문에 주변이 소란스러워진다.

만일 물보라가 일지 않는다면, 우리는 이무기가 자유의지를 발동해 자연법칙으로부터 벗어나 하늘에 오르고 있음을 확인할 방도가 없다. 칸트의 설명에 따르면 바로 이 '벗어남'을 확인하는 기회를 인간에게 주기 위해 자연은 물보라 같은 쓸모없는 현상을 일으킨다. 지상에 '미적 사물'을 내보내준 자연의 예지. 인간이란 존재는 생존하기 위해 자연법칙을 존중하고 따를 수밖에 없다. 하지만 마음속으로는 그런 강제조항에서 벗어나는 자유를 만끽할 수 있으며, 더구나 그 자유가 방종으로 흐르지 않아 벗어남의 기쁨을 이웃과도 공유할 수 있는 존재다.

미적 사물은 아름다운 자태로 이 사실을 공식화시켜낸다. 주변에 널려 있는 미적 사물을 보면서 인간은 주어진 조건을 넘어설 수 있는 능력이 자기 안에 있음을 새삼 확인한다. 확인하는 순간 그는 진정한 의미에서 인간으로서의 자신을 회복한다. 먹고사느라 굽히고 들어갈 수밖에 없었던 온갖 제약이 한없이 작게 보이고, 평소에 준수해야만 하는 규칙이 절대적인 것이 아니라는 사실을 깨닫는다.

마음이 명랑해진다. 그렇다고 조건들을 무시할 만큼 오만해지는 것은 아니다. 생존을 위한 조건들은 규칙으로서 지켜져야 하며, 계속 명랑할 수 있기 위해서라도 자기 몸은 제대로 보존하고 있어야 함을 터득한다. 마음의 명랑성으로 몸의 물질성과 두뇌의 관념성 사이에서 균형을 잡는다. 균형 상태를 유지한 채 서로 교류하는 몸과 두뇌는 항상 생기가 넘친다. 무엇보다도 두뇌가 공허해지지 않기 때문이다. 물질의 저항을 받아 자기 반성에 들어간 관념은 몸이 물질로 추락하는 것을 막아준다. 정신의 부양을 받는 몸은 두뇌에 생명력을 불어넣는다. 이런 상태를 두고 칸트는 오성과 감성의 합주로 현상계와 물자체 사이에 다리를 놓는다고 표현했다. 실러는 소재충동과 형식충동이 벌이는 한판의 '놀이'라고 했다. 칸트든 실러든 고정되지 않는 어떤 순간을 미적 주체개념의 내포로 설정했다는 공통점이 있다. 철학적 미학의 미적 주체 형성 기획에서 긴장과 갈등은 결코 배제되지 않는다.

농부 이용의 승리

하늘에 오른 용은 더 이상 미적 관심의 대상이 아니다. 이미 가시권에서 벗어났으므로, 논란의 여지가 있을 수 없다. 감식판단의 「분석학」은 현상계에서 볼 수 있는 대상이면서도 현상계를 벗어나는 존재양태를 구현하는 사물에 한정되어 있다. 현상계의 붉은 장미꽃이 어떻게 해서 미적 사물로 존재양태를 바꾸느냐가 관건인 것이다. 그런 일이 정말 일어나느냐, 일어난다면 어떤 경우이냐를 논구했고, 무엇을 근거로 존재양태가 달라지는 일이 정말로 일어났다고 판단하는지 추적했다. 칸트는 인간이 다름 아닌 자신의 정신능력을 근거로 그러한 판정을 내린다는 사실을 밝혀냈다. 빨간 장미꽃을 앞에 두고 그 빨간 식물의 경험적 구속성에서 '벗어남'의 양태로 장미꽃의 존재를 이전시키는 장본인은 바로 인간의 정신능력이다.

따라서 사실상 꽃은 아름다움의 존재양태로 고정되지 않는다. 아름다운 꽃은 세상에 존재하지 않는다. 물론 '벗어남'을 대상의 존재양태로 실현시켜내는 인간이 그 이동의 순간을 영속화시키려 이런저런 수단을 동원하는 수는 있다. 도그마로 굳어지는 경우다. 아름다움이 속물적 강압의 계기로 전락한다. 누가 무엇이 언제 아름다웠는지, 벗어남의 순간을 정보로 만들어 유통시키는 사람들은 인간의 정신능력마저 심심풀이 땅

콩으로 만들어 팔아먹는 장사꾼이다. 정보는 '변용'을 실현시키지 않는다. 기껏해야 인식이 되어 두뇌를 더 복잡하게 만들 뿐이다.

인간이 자연강제에서 벗어나는 순간에 처할 수 있음에 대한 확인은 변용의 순간에 고정되어 있을 뿐이다. 이 순간적 확인이 아름다운 대상을 앞에 두고 느끼는 쾌감의 실체다. 삶의 조건에 매여 비루한 일상이 계속될 뿐 제대로 사는 것이 아니라는 생각에서 벗어나는 시원함. 이 순간의 쾌감은 이무기가 용이 되는 자기 변용의 결과 솟구치는 물보라와 닮아 있다. 그래서 용과 물보라는 상징이 되었다. 아울러 마음이 자연법칙으로부터 벗어나는 순간을 만끽하고 싶은 사람이 있다면, 미적 대상을 찾아보면 된다는 문화지형도 만들어졌다. 찾아가는 발걸음을 가볍게 하기 위해 들판에 널려 있는 미적 대상을 실내로 이전시키자는 목소리가 드높아졌다. 차츰 살롱에 모여 예술작품을 감상하는 것으로 꽃을 보러 다니고 새소리를 쫓아가는 일을 대신하게 되었다. 예술작품에 의한 자연의 살롱화(化) 기획이 추진되었다.

이런 '순간의 만끽'이 어떻게 해서 가능한가를 낱낱이 밝힌 것이 칸트의 「분석학」이다. 그런데 그의 분석은 의외로 큰 문화사적 의미를 얻게 되었다. 형이상학적으로 분열된 세상에서 살아가는 인간이 '주체', 즉 통일된 인격체로 자신을 정립할 가능성이 이런 순간에 있음을 논증한 셈이 되었기 때문이다. 한마디로 아름다움을 만끽하는 순간에 인간은 평소의 분열을 딛고 온전한 주제로 설 수 있다는 이야기다.

이어서 전개한 「순수한 미적 판단의 연역」은 이런 순간이 누구에게나 찾아올 수 있음을 역설한다. 사안 자체가 그럴 수밖에 없다는 주장이다. 조건이 좀 까다로울 뿐이다. 벗어남의 순간을 '아름답다'는 가상의 존재 양태로 확인하는 인간은 그런 판단의 근거가 순전히 자신의 의식활동에 있음을 터득하고 있어야만 한다. 그러면 그 확인의 순간이 분열된 존재를 통일시키는 순간으로 될 수밖에 없다. 왜냐하면 이는 전적으로 의식활동에만 달린 것으로, 경험적 우연으로부터 벗어나 있기 때문이다. 선험성이 보장된 '순수한' 미적 판단인 것이다.

이 순간은 반드시 온다. 개별적인 경험을 넘어서서 인간사유의 보편적 형식을 구현하는 의식활동을 하는 경지의 사람이라면 누구나 오를 수 있다. 하지만 원하면 다 되는 자동장치는 아니다. "이무기는 천 년을 채워야만 용이 되어 다시 하늘에 오를 수 있다."(윤흥길, 『묵시의 바다』.) 승천할 수 있는 가능성, 즉 환골탈태 능력은 인간이라면 누구나 부여받은 터다. 관건은 그 가능성의 조건을 충족하는가에 있다. 개인의 의식활동이므로 조건 역시 개별적이다. 인내하는 시간과 견뎌냄의 자세를 끝까지 견지하는 개인만이 승천할 수 있고, 그래서 승천하는 순간은 더없이 아름답다.

> 열사도 우국지사도 아니었던 사내, 농부에 지나지 않았던 한 사나이의 생애가 아름답다. 사랑하고, 거짓 없이 사랑하고 인간의 도리를 위해 무섭게 견뎌야 했으며 자신의 존엄성을 허물지 않았던, 그 감정과 의지의 빛깔, 홍이는 처음으로 선명하게 아비 모습을, 그 진가를 보는 것 같았다.(박경리, 4:1, 93쪽.)

조선의 농사꾼으로 평생 땅에 매여 살아야 했고, 신분혼의 관습에 마음을 얽매고 살아야 했던 이용. 그는 가부장 사회의 지아비로 뜬구름 같은 이생의 삶을 두들겨내면서도 연인(戀人)의 마음을 잃지 않았다. 경험계의 무의미한 질서를 두들길수록, 연인은 마음속 더 깊은 곳으로 파고들었다. 신분혼의 관념은 가통을 이어가야 한다는 절박함으로 모친의 선택을 강요하고 그래서 용을 계급질서 내부로 끌어들였다. 하지만 마음속의 연인은 그 현실의 질서가 인간다운 부드러운 마음을 앗아가지 못하도록 막아주었다. 여인을 사랑함으로써 계급질서에 종속되지 않을 수 있었던 것이다.

그리고 그는 승리한다. 월선이와 어디 아무도 모르는 곳으로 도망가지 않음으로써 현실의 계급질서를 무용지물로 만들어버린 것이다. 자신에게 가해지는 억압을 외면하지 않고 끝내 성실하게 자신의 자리를 지키면서 그 억압이 결코 정당하지 않으며, 정당하지 않기 때문에 사람의 마음을 얻을 수 없음을 삶 그 자체로 증명했다. 용의 선택은 결국 자신은 물론 주변 사람들에게도 받아들여진다. 한갓 농부에 불과해도 사회적 통념에 어긋나는 삶을 살 수 있었다. 내부의 목소리에 자신의 생존을 건 사람이 누릴 수 있는 사회적 호사다. 용이 내적으로 계급질서에서 이탈함으로써 분열이 가시화되었다. 외적으로 용의 일상이 평탄했던 적은 없다. 생존을 위해 단단한 연대의 끈을 맺었던 칠성이와 임이네의 경우와 달리, 용의 방황은 현실 사회질서가 자행하는 불의를 드러내준다.

그 분열의 협곡 사이를 용은 평생 가로질러가며 결국 자신의 내면에서 화해시킨다. 임이네에게서 나은 아들 홍이에 의해 인간승리를 확인받는 것이다. 천 년을 기다린 보람을 거두어들이는 용. 이 신물(神物)의 이름에 조선 농부의 삶을 입힌 작가 박경리는 미적 주체가 특별한 식자도 들지 않은 필부에 의해서도 성립될 수 있음을 확신하고 있었다. 『토지』의 용이는 칸트의 연역론을 다시 정당화하는 인물이다.

4

비판문법의 객관화

근대의 비판기획이 걸은 객관화의 충동,
모두 다 함께 좋은 길로 가야 한다는 생각은
'선'의 충족요건임이 분명할 터인데,
문명사에서는 이 선한 의지가
반드시 선한 결과만 가져오지 않았다.
모두 다 함께 좋은 세상을 만들자는 의지가
집단의지로 뭉치면, 개인과 집단이 균형을 이루지 못하고
개인의 억압을 프로그램으로 하는
집단의지가 실현되었던 것이다.

미학적 예술체제

고정하고 싶은 충동

지금까지 칸트의 『판단력 비판』에서 '미적 주체'가 형성되는 과정을 살펴보았다. '미적'이란 인간이 인식능력을 사용해 의식활동을 하는 가운데 도달하는 어떤 한 '순간', 두뇌에서 오성과 감성이 균형 상태를 이루게 되었음을 마음에서 일어나는 쾌의 감정을 통해 확인하는 그 순간을 가리키는 수식어로서 주체의 상태를 강조할 뿐, 어떤 객관적인 실체를 가리키는 단어는 아니다. 따라서 주체가 '미적' 상태를 구현했음을 실증적으로 보증할 길은 없다. 하지만 확실히 그런 상태에 처해 있음을 지적하는 단어다. 이처럼 서로 다른 두 측면을 내적으로 연결하고 있는 까닭에 이 단어는 사회적으로도 무척 독특한 작용연관을 불러일으켰다. 내용상의 아이러니에서 비롯되는 독특성이다.

이중성과 아이러니를 좀더 구체적으로 살펴보기로 하자. 그 독특함의 사회적 귀결이 유럽의 문화지형을 오늘날 우리가 근대성이라고 분류하는 이성복합체로 만들어놓았다고 할 수 있는 단어가 이 '미적'이다. 무엇보다도 이성이 경험세계에 작용하는 특수한 양태에 초점이 맞추어져 있는 '미적'이라는 단어에는 경험세계에 구성의 결과물을 내놓지 않는다는 의미가 포함되어 있다. 따라서 미적 주체는 자신의 존재방식을 경험세계에 직접 관철시킬 수 없는 상태에 처해 있다. 하지만 그렇다고 경험세계와 무관하지도 않다. 미적 주체란 내면세계가 통일되어 있음을 의식하고 그 통일된 상태에 대한 의식을 기반으로 자기 확실성에 도달한 개인을 일컫기 때문이다.

경험세계의 구성원칙을 따르지 않으면서도 그 경험세계 내에 의식활동의 독립성을 유지할 기반을 확보하고 있는 개인을 상정하는 것이다. 그런데 의식과 존재의 이런 '독특한' 일치를 '미적'이라는 개념의 내포로 설정하기까지는 르네상스 이후 서서히 달라지기 시작한 사람들의 생활감정이 크게 작용했다. 무엇보다도 이것은 근대적인 시간의식을 토대로 삼았을 때만 가능한 일치의 양태다.

따라서 의식활동의 '미적' 양태를 구현하는 인간은 근대성 논의의 틀 안에서만 구체적인 의미를 지닐 수 있는 역사적 존재에 해당한다. 근대인은 지구의 자전을 자신의 의식활동에 편입시킨 후, 그 시간성을 통해 지상에서 얻는 인식이 절대적인 '진리'로부터는 많이 떨어져 있다는 사실을 깨달은 존재다. 그는 경험세계의 사안이 예지계로부터 분리되어 나온 영역 내의 구성물에 불과할 뿐이며, 자체목적을 갖지 않고 그 의미에 대해서도 내재적으로는 물을 수 없는 영역을 구성하고 있다는 사실을 인정해야만 했다.

『판단력 비판』이 제시한 '통일'의 가능성은 경험세계에서 자신을 경험적인 존재로 인지하는 인간이 물자체와의 단절을 인식하고 그 알 수 없는 세계가 있음을 의식하는 '부정적' 정서를 통해 경험세계에서 인식의 한계를 자인하는 의식활동을 통해서만 열린다. 일반적인 철학적 미학의 용어로 풀어 쓰면, 인간의 지각(Wahrnehmung)과 느낌(Empfindung)이 서로 합치되지 않는 방식으로 끈끈한 유대를 맺고 있는 상태를 상정하는 것이다. 칸트의 저술에서는 인식구성에 참여하는 오성과 감성이 객관적인 인식을 구성할 때처럼 오성이 감성을 지배하는 구조로 되지 않고 서로 각각 독립적으로 제 영역을 확보하고 있는 상태에서 균형을 이룬다고 표현되어 있다.

그런데 이런 논의과정에서 우선 확인해야 할 사항이 하나 있다. 인식이란 궁극적으로 오성개념의 지배관성이 관철된 결과라는 사실이다. 그래서 '미적' 인식과 구별하기 위해 일반적인 인식에는 '객관적' 또는 '경험적'이라는 수식어가 붙여졌다. 철학적 미학은 이와 같은 '지배의 관성'에 따르는 객관적 인식에서 벗어나는 '미적' 의식활동이 실제로 존재함을 밝히고, 그 구조를 규명함과 아울러 거기에도 역시 '선험적' 원리가 작동하고 있다는 주장을 내세워 누구나 그럴 가능성이 있음을 논증했다.

앞에서 우리는 『토지』에 등장하는 용이의 경우를 통해 평범한 농사꾼도 자신의 힘으로 '세태'라고 이야기되는 지배관성에서 벗어날 수 있음을 살펴보았다. 그는 끊임없이 '산천을 버리고 도망갈 수 없다'고 되뇜으로써 당시의 지배질서와 도덕관념이 자신의 삶의 조건임을 인정한다. 하지만 자신의 내면의 목소리에 따라 감정을 실현시키는 일을 포기하지는 않는다. 자신의 삶을 자신이 받아들인 객관적 요청에 모두 종속시키지는 않은 것이다. 용이는 지각과 느낌의 분열을 평생 끌어안고 살았으며 이 과정에서 인간적 품위를 지켜냈다.

그런데 인식된 객관적 요청에 자신의 삶을 전적으로 일치시키는 경우, 굴종이든 야합이든 일탈이든 구체적인 양태는 다를지언정 여하튼 품위를 잃게 되는 까닭은 무엇인가? 바로 경험세계의 객관이라는 것이 절대성을 담보하지 못하면서 규칙의 강압만 절대화시키기 때문이다. 신분제 질서나 일부일처제를 비롯한 혼인의 관행 등이 실제로는 당대의 질서를 유지하기 위한 '규칙'일 뿐 절대적 선이 아니며, 당사자 개인에게 완전한 충족감을 주는 행복의 계기도 아님은 분명한 사실이다.

구체적인 역사 속에서 살아가는 개인은 사회적 규제들을 감당하는 가

운데 사회질서의 변화를 인내해낼 수 있을 뿐이다. 그렇다면 품위는? 인
내하는 힘이 개인의 내면에서 일깨워져 규제하는 권력을 대체해나갈 때
유지되며, 그러는 한에서만 개인은 계속 인내할 수 있다. 이렇게 해서 결
국 근대적 세계 상태에서는 분열에 대한 감수성을 지닌 사람만이 올바른
주체로 설 수 있다는 테제가 도출되었다.

경험세계에 매몰된 삶을 사는 사람은 시간의 흐름과 함께 떠밀려가 자
신을 독립된 주체로 세울 수 없으며, 흐름의 덧없음을 떠나 절대자를 찾
아 나선 사람은 도인이 되어 경험세계를 떠난다. 지각과 느낌의 불일치
란 따라서 근대적 인간의 참다운 본모습이다. 이것이 '미적 주체'에서 제
일 먼저 드러나는 측면이다. 두 번째로는, 자신의 내면에 불일치 상태가
유지됨을 알고 이를 통해 세상에 휩쓸리지 않는 삶을 산다는 자각을 하
는 개인이라는 측면이 부각된다. 한마디로 반성사유를 삶의 기반으로 삼
는 사람이 미적 주체라는 이야기다.

그런데 이 줄거리가 성립되기 위해서는 인간학적으로 변하지 않는다
고 전제되는 한 가지 요인이 있어야만 한다. 인간이란 내적으로 통일된
유기체라는 사실이다. 이런 전제 아래서만 개인은 외부세계의 분열을 정
체성 형성과정에서 내적으로 극복해야 할 과제로 받아들인다. 이런 현실
에 삶의 기반을 두고 살 수밖에 없음을 깊이 깨닫게 되기까지, 애당초 인
간이란 통일된 상태에서 유기체로서의 존재를 구현한다는 관념을 가지
고 있어야 할 것이기 때문이다.

감정은 구성원칙일 수 있다

이처럼 통일된 존재로서의 인간을 이념적으로 상정하는 것이 미적 주
체의 출발점이었다. 따라서 바로 이 출발 지점부터 미적 주체는 계몽의
기획과 충돌하는 상황에 빠진다. 초자연적 형이상학을 분석의 힘으로 무
너뜨리겠다고 나선 근대인이 계몽의 결과 내놓은 세계상은 형이상학적

으로 분열된 것이었다. 이러한 형이상학적 분열에 근대인은 또 다른 한 편으로 이념형으로서의 통일된 인간적 정체성을 대입시켰다. 아이러니가 아닐 수 없다.

하지만 여기서 발생하는 아이러니를 통해서야 비로소 근대인은 인간 본연의 모습이라고 설정한 자신의 기획목적을 실현시킬 수 있다. 내적으로 통일된 인간이라는 이념형은 분석단계를 거쳐야 하는 인간의 지(知)가 불러들인 한계를 극복하는 근대적인 해결방식이었고, 분석적 계몽을 생산성 극대의 원천으로 삼는 일을 계속하는 한, 벗어날 수 없는 인간의 숙명이기도 할 것이다.

분열된 현실에 이념형으로서의 '통일된 인간'을 대입시킨 유럽의 문화지형에서 개인이 감당해야 할 몫은 자못 크다. 그는 시간의 흐름을 받아들이고 그 흐름에 자신을 내맡기면서도 흐르는 것이 전부가 아님도 자각하고 있어야만 '근대인'이 될 수 있다. 이런 근대인만이 근대사회를 제대로 꾸려갈 수 있다.

하지만 이런 인간에게는 분열이 숙명이다. 그리고 살아남으려면 그처럼 분열된 자신을 긍정하는 가운데 세계의 부조리를 자신의 삶 깊숙이 수용하고 이를 통해 분열과 통일에 대한 선명한 감정을 획득해야 한다. 이런 감정은 외부의 자극이나 내면의 흐름을 직접적으로 표출하는 즉자적 감정일 수 없다. 이는 세계상태 전체와 자신의 처지를 결부시키는 가운데 얻게 되는 감정으로, 철학적 미학에서 말하는 '반성된' 상태에 해당한다. '반성된' 감정이 근대인의 삶을 자탱하는 동반자가 되어야 했다. 이는 미적 주체개념이 그 내포의 아이러니를 통해 사회적으로 환기시키는 바다.

유럽에서 교양시민이 되기 위한 필수품으로 기능해온 이 '반성된 감정'은 형이상학적으로 분열된 두 세계를 잇는 가교가 바로 인간의 내면 정서임을 말해준다. 그렇다면 형이상학적으로 분리되어 접점을 찾을 수 없는 두 세계는 어떻게 해서 비록 감정을 통해서이긴 하나 서로 이어지는 순간을 맞이하는 것일까? 서로 접점이 없는 두 세계란 칸트의 구상에 따르면 규칙을 부여하는 이성의 서로 다른 활동영역들이다. 각자의 규칙에 따라 구성되므로 초감성계와 현상계 사이에는 '거대한 심연'이 가로놓여 있고, 이 두 영역으로부터는 상대편으로 넘어갈 어떤 가능성도 나오지 않는다.

무언가 제3의 요인이 강구되어야 했는데, 칸트는 인간의 특별한 정서능력인 '쾌와 불쾌를 느끼는 감정'에서 그 가능성을 찾았다. 이 과정에서 주목해야 할 사항은 이런 '감정'이 현상계와 초감성계를 구성하는 이성의 '규칙부여' 활동과는 무관한 채로 독자적인 구성활동을 해야 한다는 점이다. 형이상학적 원리가 각자 제각각인 두 영역을 이어주는 일이 정말로 일어난다는 것은 두 영역과는 또 다른 독특한 방식의 구성이 성사됨을 뜻하기 때문이다. 결국 칸트는 감정 역시 선험원칙에 따르는 구성활동을 한다는 점을 논구해야만 했고, 『판단력 비판』을 쓰게 되었다.

그렇다면 여기서 이 구성원칙으로서의 감정이라는 것에 대해 한번 깊이 살펴볼 필요가 있을 것이다. 이는 '이행을 완수하는 감정'이란 어떤 특별한 능력인지를 밝혀봄으로써 칸트 체계구상의 전반적인 면모를 다른 각도에서 바라보는 작업이기도 하다. 일단 우리는 칸트가 내세우는 감정이라는 것이 정말로 독자적인 제3의 요인인지, 한번 의문을 품어도 좋을 것이다. 더 나아가 그 '이행'이라는 것을 칸트가 자신의 철학체계를 구상하면서 처음부터 아예 밑그림에 담아두고 시작한 것은 아닌가 하고 물을 수 있다. 감정이라고 말하지만 실제로는 무언가 다른 것을 지칭하면서 말을 그렇게 할 뿐은 아닌가 하는 물음도 제기할 수 있을 것이다.

이러한 의문의 핵심을 요약하자면, 칸트가 제시한 '이행'가능성이라는 것이 실제로는 그 자신이 형이상학적으로 갈라놓은 분열에서 논리적으로 도출되어 나오는 것은 아닌가 하는 문제로 집약된다. 형이상학적으로 '다른' 두 세계의 근본원칙들을 설정하는 과정에 이미 내재된, 분열의 성격에서 비롯되는 자기 완성적 논리로서의 감정이라면 일반적인 의미에서의 감정이라는 말과는 매우 거리가 있을 것이다.

'반성된'이라는 형용사는 칸트의 철학체계를 쾌의 감정과 결합시키는 프로그램에서 도출되었고, 그래서 사적 차원의 사안인 감정을 철학체계에 편입시키는 역할을 떠맡았다. 이에 따라 사적 차원의 반응인 직접적인 감정은 근대인이 되기 위한 반성된 감정과 분리된 채 다른 차원에서 처리되어야 하고, 감정의 철학화를 위해 근대인은 반성된 감정능력을 구비하고 있어야 한다는 점이 강조되었다. 이러한 근대의 패러다임은 서구에서 차츰 문화적 '강제'로 자리 잡아 사회를 경직시키는 결과를 초래하기도 했다. 칸트의 비판기획을 완성시킨 『판단력 비판』은 이러한 방식으로 인간 정서의 직접성을 배제시키는 역학을 문명사에 도입했다.

여기에 제3비판서의 문명사적 의의가 있다고 할 것이다. 문명은 모든 이들에게 자기 감정을 스스로 '관리'할 것을 요청했고, 그래야만 사회구성에 참여할 자격이 있음을 명시했다. 하지만 문명사는 요청을 명시하는 단계에 머물지 않았다. 『판단력 비판』이 도입한 이 계기를 제도화시키는 수순을 밟아나간 것이다. 그런데 이 제도화의 역사가 칸트가 문명사에 끌어들인 계기에 의해 촉발된 진행은 아닌가, 즉 어떻게 보면 프로그램상의 당연한 전개가 아닌가 하는 점이 우리가 앞에서 제기했던 물음의 내용이다. 분열을 통일시키겠다는 근대의 비판기획이 객관화의 길을 걷게 된 것은 사안의 성질상 당연한 귀결이 아니겠냐는 논리에서 비롯되는 물음인 것이다.

순간의 못 미더움
결론적으로 보았을 때 문명사는 인격적 '통일'의 그 찬란한 순간을 가

습속에만 간직하지 않고 제도화시킨 후 모두에게, 아직 형이상학적 분열을 사회적으로 미처 인지하지 못한 지역의 구성원에게까지 적용해온 궤적을 남겼다. 이런 객관화의 충동, 모두가 다함께 좋은 길로 가야 한다는 생각은 '선'의 충족요건임이 분명할 터인데, 문명사에서 이 선한 의지가 반드시 선한 결과만 가져오지는 않았다. 모두 다함께 좋은 세상을 만들자는 의지가 집단의지로 뭉치게 되면, 개인과 집단이 균형을 이루지 못하고 개인의 억압을 프로그램으로 하는 집단의지의 실현으로 귀결되었던 것이다. 어디서부터 어긋나버린 것일까? 이 물음이 앞으로의 서술을 이끌어갈 것이다.

물론 궁극적인 답변을 이끌어낼 수는 없을 것이며, 명쾌한 해답이 연구의 목표도 아니다. 이 글의 과제는 20세기에 새롭게 모습을 드러낸 비판문법을 재조명하면서 서구인이 자신들이 제출한 근대의 기획이 불러온 파국을 어떻게 이해하는지, 그리고 대처방안은 어떤 맥락에서 제출되었는지에 대한 논구에 국한된다. 이미 진행되어온 문명사를 완전히 원점으로 돌리는 길을 택하지 않는 한, 문명이 몰고 온 병폐와 그에 따른 굴곡을 타산지석으로 삼아 오늘을 꾸려갈 필요는 충분하다. 어쨌든 서구인은 현재의 문명을 기획하고 지구상에서 가장 먼저 근대의 기획을 실천에 옮긴 사람들이기 때문이다.

20세기의 비판문법은 19세기에 객관화된 유형을 교정하고 다시 칸트적인 의미에서 '주관성'을 회복하려는 노력을 기울였다. 물론 19세기의 경험을 반영해 '사회적 삶'의 형식이 주관성과 결합해야 한다는 입장을 고수했다. 따라서 주체의 분열이 지시 대상의 분열에 그대로 대입되는 이론이 구성되었으며, 결과적으로 난해한 언어들로 서술될 수밖에 없었다. 이 난해성을 극복하는 가장 빠른 방법은 문제의 기원을 들여다보는 것이다. 내가 이 책에서 칸트의 비판이론부터 시작해서 20세기에 접근하는 방법을 택한 이유다.

근대인이 '미적' 주체를 객관화된 프로그램으로 만들어야겠다고 여긴 까닭은 무엇보다도 통일된 순간을 주체의 내면에서 의식하는 상태란 너무 불안정하다는 사정에 있을 것이다. 사람들은 반드시 그런 '통일된' 상태에 도달하고 싶었고, 철학자들은 그 통일된 주체를 토대로 사회와 우주의 질서를 논하고자 했다. 그 '순간적 통일'을 영속화시키는 프로그램을 계발할 필요에 칸트 이후의 철학자들은 대체로 동의했고, 결국 객관화된 근대의 기획이 열정적으로 추진되는 역사가 전개되었다. 헤겔은 이 프로그램의 철학적 완성을 위해 매진했고, 마르크스는 완성된 프로그램의 객관성은 현실변혁의지로 증명되어야 한다는 견지에서 실천 프로그램을 제출했다. 칸트의 불안하지만, 순수하게 의식의 활동성에 기초한 비판문법은 19세기의 사상가들을 따라 객관화의 길을 걷게 되었다. 20세기 후반, 이 객관적인 프로그램들은 근대의 부정적인 결과들을 지구상에 불러들인 장본인으로 지목되어 탄핵받았다.

앞에서도 지적했듯이 칸트가 '미적' 주체를 논증하면서 바탕에 놓은 어떤 '요청'이 19세기의 '객관화' 충동으로 발전했다고 생각해볼 수 있다. 서구 문명사를 일관된 흐름 속에서 파악하는 이러한 '해석'은 칸트 비판철학에서부터 헤겔에 의한 독일 관념론의 완성과 마르크스의 역사 철학에 이르는 이른바 '근대'를 관통하는 지적 일관성을 드러내는 것이기도 하다. 그러므로 여기서 칸트의 '계기'가 촉발시킨 객관화의 충동에 대해 잠시 살펴보기로 한다. 이는 『판단력 비판』을 그 내재적 경향, 즉 '통일의 순간'이 통일된 '전체'로 비약하도록 추동하는 논리적 전제에 대한 분석 작업이 될 것이다.

앞으로 분석을 통해 논증하려는 사안은 칸트의 구상 자체에 그 이후 객관화로 발전해나가는 동력이 들어 있다는 사실이다. 체계를 완성시키는 계기가 되는 '순간'이 칸트에게는 객관성과는 무관한 채로 남아 있었지만, 19세기 철학자들에게 오면 그 순간의 실현상태를 고정하는 논리가 구성되는 것을 볼 수 있다. 그런데 이러한 발전이 이미 칸트의 그 '순간' 구상에 들어 있다는 입장이다. 이는 칸트가 형이상학적 이원론을 구상하면서, 이행을 전제로 모든 일을 진행시켰다는 이야기로 모아진다.

매개를 프로그램으로 하는 분리

쾌의 감정을 중간자로 설정해 형이상학적 이원론을 극복하는 입체적 (건축학적) 철학체계를 완성했다는 제3비판서의 「제1권 조화미 분석학」은 실제로 칸트의 철학체계 자체가 두 영역의 이행을 전제로 한 이원론 구상이었음을 명시하고 있다. 실체적 이성이 이원적으로 분열되었다는 구도를 내세우고 있지만 사실 이원화 원리를 들여다보면, 분열의 한 축인 감성계에서 실현되는 사물의 구성을 '현상'이라 성격 규정함으로써 철학적으로 그다음 단계의 전망을 직접적으로 끌어들이고 있다. 즉 분열의 다른 한 축인 '물자체'의 존재를 근거로 해서만 현상계를 상정할 수 있는 구도인 것이다.

> 오(지)성은 그가 자연에 대해 선험적으로 법칙들을 세울 수 있는 가능성에 의해, 자연은 우리에게 단지 현상으로서만 인지된다고 증명하고, 그러니까 동시에 자연의 초감성적인 기체(基體)를 고지한다. 그러나 이 기체는 전적으로 무규정인 채로 남겨둔다.(Kant, p.34; 2009, 185~186쪽.)

칸트 철학체계에 대한 내용적 해명이 제시되는 구절이다. 그런데 이 해명이 그대로 분열의 방식을 지시하고 있음을 우리는 확인하게 된다. 분열이란 다름 아닌, "감성적인 것이 주체(주관) 안의 초감성적인 것을 규정할 수 없다"(Kant, p.33; 2009, 184쪽.)는 사실에 원인이 있는 사안이다.

법칙을 부여하는 이성은 자신을 관철시키는 과정에서 둘로 구분되어 구성을 실행하는데, 둘을 구분하는 원칙은 규정가능성과 규정불가능성이다. 구분 자체에 이미 철학적 매개의 가능성이 들어 있다고 하는 까닭은 바로 이런 구분의 원칙 때문이다.

상대방의 타자화로 자신을 구성하고, 그런 구성 자체가 상대방에 의해 타자화되는 관계를 제시하는 원칙인 것이다. 자유법칙에 따른 인과성의 규정근거들에 대한 설명 역시 마찬가지 원칙과 적용결과를 보여준다. 내용상 역(逆)의 논리를 이룰 뿐이다. 자유법칙의 규정근거들이 자연에 들어 있지 않다는 사실에서 다음 단계로 나아가는 수순을 밟는다. 이는 하나의 사실이 다른 사실의 출발점을 이룬다는 점에서 자연법칙의 한계가 설정되는 지점이 바로 자유법칙이 관철되기 시작하는 물자체의 영역이라는 구도와 마찬가지다.

> 그 역은 (물론 자연의 인식에 관련해서가 아니라, 자연에 대한 자유개념으로부터의 결과들과 관련해서이기는 하지만) 가능하고, 그것은 이미 자유에 의한 인과성의 개념에 함유되어 있다. 즉 자유에 의한 인과성의 결과는 이 자유의 형식적 법칙들에 따라서 세계 안에서 일어나야만 한다.(Kant, p.33; 2009, 184쪽.)

자연의 감성세계를 이루는 사물은 물자체의 '현상들'로 '산출'된 것들로만 채워진다. 물자체의 초감성적 기체에 규정을 부여해 '현상'으로 불러올리는 것은 이성이며, 이때 이성은 선험적 법칙을 사용한다. 칸트 철학체계가 구상되기 시작되는 실체적 이성의 분열은 사실상 이처럼 '원인/결과'의 관계에 해당한다고 할 수 있다.

비록 초감성적인 것에 대해 사용되는 원인이라는 말이 단지 한 결과에 대한 자연사물들의 인과성이 자연사물들에 고유한 자연법칙들에 맞게, 그러나 동시에 또한 이성법칙들의 형식적 원리와 일치하게 규정하는 근거를 의미할 뿐이기는 하지만 말이다. 이런 일이 어떻게 가능한가를 통찰할 수는 없지만, 거기에 있다고 잘못 생각된 모순에 대한 비난은 충분히 반박될 수가 있다.(Kant, p.33; 2009, 184~185쪽.)

그렇다면 감성계와 초감성계로의 이원적인 분화는 이렇게 처음 나눌 때부터 '상호이행'의 가능성을 본질적으로 내장한 구도였다는 이야기가 된다. 감성적인 것의 원인이 되는 초감성적인 것은 자연인과성과 자유법칙 사이에 가로놓여 있다고 설정된 모순을 넘어 작용하는 성질을 가졌다고 보아야 하기 때문이다.

> 자유개념에 따르는 결과는 궁극목적으로서, 이 궁극목적은 (또는 감성세계에서 그것의 현상은) 실존해야만 하며, 이렇기 위해서는 이 궁극목적을 가능하게 하는 조건이 (감성존재자 곧 인간으로서의 주관〔체〕의) 자연본성 안에 전제되는 것이다.(Kant, pp.33~34; 2009, 185쪽.)

그렇다면 '자연'과 '자유' 사이의 매개는 "매개개념에 의해 자연 안에서만, 그리고 자연의 법칙들과 일치함으로써만 실현될 수 있는 궁극목적의 가능성"(Kant, p.34; 2009, 185쪽.)의 주관적 전유(Aneignen)로서 일어난다. 이를 인정하는 것은 "실천적인 것에 대한 고려 없이"(Kant, p.34; 2009, 185쪽.) 하지만 선험원칙에 따라서 일어난다. 그런 선험원칙을 포함하고 있는 인간의 능력을 칸트는 판단력이라 칭했다.

이 판단력은 자연개념의 합법칙성에서 자유개념에 따른 궁극목적으로의 이행을 실현한다. 감성계에서 궁극목적의 존재가능성을 인정하는 것을 판단력은 수행하며, "선험원칙을 통해 (우리 안, 그리고 우리 밖에 있는) 자연의 초감성적 기체가 지성적 능력(intellektuellen Vermögen)에 의해 규정될 수 있도록 만든다."(Kant, p.34; 2009, 186쪽.) 물론 이때 규정 자체는 이성의 사안이다.

매개는 전적으로 주관적이다

감각기관을 통해 인지할 수 있는 감성계와 그 범위를 넘어서는 초감성계라는 구분은, 초감성적인 것이 현상계에 작용한 결과인 경험세계로 설정되었다. 그럼으로써 두 세계는 서로 불가분의 관계로 맺어진 채 전체를 이루게 되었다. 상대방의 존재를 자신의 존립을 위한 절대불가결한 전제로 받아들여야 하는 이 형이상학적 이원론의 전체는, 하지만 그 자체로서 완결지어져 있다. 조금의 빈틈도 없는 것이다. 이런 방식으로 구분하는 것이 문제되는 것은 그런 세계 상태에서 살아가는 인간들에게서다. 그리고 그 인간들이 두 세계의 존재를 의식하는 한에서다. 경험세계에서 생존을 꾸리면서도 시간의 흐름에 따라 배열되지 않는 '기체'로서의 물자체가 또 다른 세계를 이루어 버티고 있음을 의식하는 근대인의 경우에만 해당되는 일인 것이다.

그런데 이런 근대인다운 의식을 깨우치는 순간 인간은 분열의 나락으로 떨어진다. 근대인의 숙명이다. 이런 아이러니를 철학체계로 구축한 칸트는 인간의 주체적인 삶을 위해 매개능력을 체계의 본질적 구성부분으로 편입시켰다. 그런데 여기서 분명히 드러나는 사실은 이원론과 매개의 공존이 핵심인 칸트의 철학체계에서 매개만큼은 전적으로 주관적인 수준을 벗어나지 않는다는 점이다. 이것이 '미적' 주체라는 개념을 내포한 것이었으며, 이후 19세기에 열정적으로 추진된 객관화의 동기이자 전제가 되었다.

헤겔과 마르크스로 대변되는 객관적인 근대 패러다임은 형이상학적 이원론의 '지양' 혹은 '해소'를 추구했으며, 현실에도 이를 적용해 그 패러다임에 따른 구성물을 만들어내기도 했다. 그러나 20세기에 들어 인류가 추진했던 문명화의 도정에서 근대 패러다임이 많은 폐해를 불러왔다는 인식이 확산되면서 다시 주관성이 주목받게 되었고 열정적으로 이를 옹호하는 패러다임도 발생했다. 주관성의 절대화는 탈근대담론의 핵심사안이었다. 이 책의 마무리 단계에서 제시될 새로운 전망의 이론적 근거를 제시한 아도르노는 주관성의 가치를 회복하려는 입장을 견지했지만, 탈근대담론의 절대화에는 보조를 맞추지 않았다. 칸트가 판단력의 '매개'능력에서 관철된다고 했던 만큼의 역량만 인정했다.

형이상학적 이원론의 전체가 인간에게 개별성의 여지를 남겨두지 않고 분열을 그대로 개인에게 관철시켜내는 '폭력'을 자행하지 못하도록 개인적으로 '저항'하는 수준에서 주관성을 인정한 것이다. 아도르노의 주관성 회복 방식에 대해서는 추후의 과제로 미뤄놓기로 하고, 여기서는 칸트가 철학적으로 가능성을 입증한 주관적인 역량, 즉 매개능력으로서의 '쾌·불쾌의 감정'을 다시 정리하기로 한다.

이는 형이상학적 이원론 사이에 개인의 감정이 개입할 여지를 남겨둔 것으로서 이원론이 일원론으로 되돌아가지 못하도록 해 철학체계의 입체성을 유지시키는 작용을 한다. 형이상학적 일원론을 인류는 총체주의 체계의 폭력으로 경험한 역사를 가지고 있으며, 20세기 후반 인류의 문화는 개별성을 강조하는 흐름을 일궈냈다. 감정을 통한 이원론의 매개란 궁극적으로 형이상학적 구도에 개인이 편입되어 있음을 인정하면서도 그 형이상학에서 벗어날 가능성을 지시한다고 할 수 있다.

칸트는 제3비판서 「서문」을 마무리하면서 상위의 영혼능력이 발현하는 복수의 구성가능성들을 하나의 도식 속에 통합시켰다. 인간의 영혼능력이 인식하는 능력들과 조응하는 가운데 삼중의 관계를 이루고 있음을 알려주는 표다.

상위 영혼능력들의 표[1]

마음의 전체 능력	인식능력	선험적 원리	적용 대상
인식능력	오(지)성	합법칙성	자연
쾌·불쾌의 감정	판단력	합목적성	기예(예술)
욕구능력	이성	궁극목적	자유

이 삼각구도는 '매개'의 메커니즘을 이해하는 데 매우 구체적인 도움을 준다. 무엇보다도 칸트가 상위의 인식능력 가운데 하나인 판단력에 쾌·불쾌의 감정을 대입시켰다는 사실에 주목할 필요가 있을 것이다. 칸트는 이 감정 자체를 다시 인식능력과 욕구능력 사이에 위치시켰는데, 쾌감의 능력에 선험원칙을 부과하는 것은 판단력이다. 따라서 판단력이 동원하는 선험원칙은 규제적(regulativ)이라는 사실을 다른 능력들과 맺은 관계 속에서 선명하게 부각시키는 효과를 낳는다.

자연의 합목적성이라는 개념이 자연개념에 속하는 한에서 판단력은 규제적이다. 하지만 다른 원칙들과 마찬가지로 독자적인 구성도 한다. 이 '미적 구성'에 대해서는 앞에서 충분히 논의했다. 이 사실을 소홀히 하면 안 된다. 그러므로 특정한 대상들에 대한 미적 판단이 쾌·불쾌와 관련해서 내려진다면, 그 판단의 가능성은 이러한 위치지음의 위상에 부합하는 한에서만 실현된다고 보아야 한다. 결론적으로 말하자면, 여타의 두 인식능력들과는 질적으로 다른 구성방식을 관철해낸다는 뜻이다.

영혼능력 일반에 관해서 말하자면, 이것들이 상위능력, 다시 말해 자율을 함유하고 있는 능력으로 고찰되는 한에서, 인식능력(자연의 이론적 인식능력)으로는 오(지)성이 선험적인 구성 원리들을 함유하는 것이고, 쾌·불쾌의 감정으로는 판단력이 그런 것인데, 이 판단력

---

1) Kant, p.36; 2009, 187쪽.

은 욕구능력의 규정과 관계하고 그럼으로써 직접적으로 실천적일 수 있는 개념들 및 감각(느낌)들에 독립적이다. 욕구능력으로는 이성이 그런 것인데, 이성은 그것이 어디서 유래하건 어떠한 쾌의 매개 없이도, 실천적이고, 상위능력인 궁극목적을 규정하는바, 이 궁극목적은 동시에 객관에서의 순수한 지성적 흡족함을 수반한다. ── 자연의 합목적성이라는 판단력의 개념은 자연개념에 속하되, 단지 인식능력의 규제 원리로서만 그러하다. 비록 이 개념을 야기하는 (자연 또는 예술의) 어떤 대상에 관한 미적 판단이 쾌 또는 불쾌의 감정과 관련해서는 구성적 원리이지만 말이다.(Kant, p.35; 2009, 186쪽.)

미적 판단은 우리의 표상능력들 사이의 반성구조 성립이 우리에게 의식되었을 때 내려진다. 이 '의식되어짐'을 칸트는 철학적으로 그의 체계 구상의 프로그램을 통해 근거지었다. 바로 감성계의 자연법칙에 따른 초감성적 기체의 규정가능성이다. 쾌감은 판단력이 자신의 선험원칙들을 통해 이 규정가능성을 제시할 때 발생한다. 감정은 초감성적인 것의 감성계로의 매개가 성공했고 이런 이행이 실제로 작동했음에 대한 근거가 된다. 하지만 판단력은 이 규정가능성을 '지성적'(intellektuelle) 능력을 통해 확보하고 실행한다.

판단력의 원칙은 오성개념들이나 사사로운 느낌들과는 무관하다. 이런 견지에서 감정이 '반성된' 것이라고 불렸던 것이다. 칸트는 자신의 철학을 전개해나가면서 주체의 정체성 형성 기획의 범위 안에서 감정을 동원했지, 철학체계에서 벗어난 감정의 실체를 인정한 것이 아니다. 감정은 매개를 실현시키는 계기의 주관적 확실성에 대한 이름에 불과하다. 이렇게 하여 미적 판단은 어떤 형이상학 작용도 불러오지 않음이 증명되었다.

예술과 철학의 결합

자연과 자유 사이에 이를 매개하는 '중간자'로 기능하는 판단력이 독자적인 구성원칙을 적용해 형이상학적 작용이 없는 미적 판단들을 현상계에 산출해낸다는 칸트의 논리구성에 힘입어 미학은 마침내 철학의 한 분과로 정립되었다. 이는 한편으로 18세기 계몽주의 문화운동을 통해 제기된 새로운 시대 요청을 철학이 수용한 결과이기도 했다. 문학과 예술이 진리를 현실에 불러들이는 역할을 자임하면서 스스로를 '진지한' 영역으로 자리매김했다. 그런데 철학은 그동안 자신과는 무관하다고 여겼던 이 영역으로부터의 요구를 받아들여 근대적인 학문분과 하나를 새롭게 정립시켜낸 것이다.

이런 관점에서 보임러는 철학적 미학의 등장이 "광범위한 역사적 의미를 지닌 한 사건으로서 유럽의 자기 의식 내부에서 일어난 가장 중요한 변혁과 연관성"(Baeumler, p.1.)이 있다고 했다. 이렇게 하여 독일의 근대는 예술과 철학의 결합이라는 독특한 문화지형을 형성하게 되었고, 20세기 프랑스 철학자 랑시에르(Jacques Rancière)는 이를 두고 '미학적 예술체제'의 성립이라 명명했다.(랑시에르: 25쪽 이하 참조.)

프랑스와 영국에서 먼저 일어났지만, 18세기 독일에서 더 적극적으로 추진된 이 '근대적' 움직임의 특징은 예술이 하나의 사회적 기관으로 자리 잡았다는 데 있다. '체제'로서의 '미학적 예술'은 사회구성에 항상적인 요인으로 실제적인 힘, 즉 권력을 행사했는데 물론 여타의 사회 기제와는 다른 방식이었다. 오성개념의 분석적 계몽에 맞서 내면성의 정조를 고양시킴으로써 심장의 느낌 역시 현재의 세계를 설명하고 서술하는 하나의 기관[2]으로 자리 잡도록 도모한 것이다. 심장은 현실적인 권력이

---

2) Joachim Ritter, *Historisches Wörterbuch der Philosophie*, (Basel: Schwabe & Co,

될 수 있다. 독일 계몽주의 문화운동의 역사는 이 사실을 웅변적으로 말해준다. 질풍노도의 파괴가 그 증거인 것이다. 짧지만 강력하게 일었던 감정의 폭풍으로 분석적 계몽에 따라 세상을 합리적으로 설명하고 그에 힘입어 사회질서를 수립할 수 있다던 계몽주의의 역사철학이 일거에 무너져내린 역사적 경험으로 심장은 확고한 권위를 인정받게 되었다. 이런 움직임을 철학은 회피하지 않았고, 진리에 다가가고자 하는 감정의 요청을 수용했다.

제일 먼저 이론화작업에 나섰던 바움가르텐(Alexander Baumgarten)의 경우를 보더라도 그 이전 시기 같으면 전적으로 '감각적이고 개별적인 사안'으로 치부되었던 '예술'이 '진리'와의 관련성 속에서 논구되고 있음을 알 수 있다. 그는 자기 형성하는 주관성의 제국[3]에 속하는 예술들을 철학적으로 논구해 예술의 미적 질을 진리와의 관련성 속에서 규명하는 첫걸음을 떼었다. 예술의 아름다움에는 '완전성'에 대한 요구가 들어 있음을 밝혀낸 것이다. 문학적-미적 비판과 철학이 서로 연합체를 이루는 이러한 흐름에 대해 20세기 사상가 카시러(Ernst Cassirer)는 전적으로 18세기적인 관념적 추동력이 만들어낸 정신지형이라고 특징지었다. 이런 흐름은 유럽에서 르네상스 이래로 끊이지 않았지만, 비판의 시대로 접어들면서 본질적으로 진지한 의미에서 추진되었다는 것이다.

계몽의 시대는 이 공통점을 단지 인과적인 의미에서만이 아니라 근본적이고도 실체적인 의미에서 취했다. 철학과 비판이 그 직접적인 작용들 속에서 서로 귀속하고 상호 일치를 이룬다고 믿을 뿐 아니

1971), p.556 참조.

3) Alexander Gottlib Baumgarten, *Theoretische Ästhetik*, Die grundlegenden Abschnitte aus der "Aesthetica"(1750/58), Hans Rudolf Schweizer 옮김, (Hamburg: Meiner, 1988), p.XI 이하 참조.

라, 본질의 통일이 이 둘을 위한 것이라 주장하고, 둘 다를 위해 본질의 일치를 찾아 나섰다. 이런 생각으로부터, 그리고 이런 요청으로부터 체계적 미학은 발전해나갔다.[4]

  "예술의 내포"와 "철학의 내포"가 서로 상호귀속성을 추구하는 시대였다. 이런 움직임은 그런데 예술과 철학 모두에 대해 자기 발견적인 귀결을 가져다준 과정이기도 했다. 카시러는 이를 다음과 같이 변증법적으로 서술했다. 처음에는 "미학과 철학의 친근성이 생각보다 모호하게(어둡게) 감지되는 것처럼 보였다." 하지만 이 시기 비판의 기획은 어쨌든 이 친근성을 자기 자신의 고유하고도 본질적인 과제로 수용했다. "이 둘을 그 본질을 건드리거나 변화시키지 않고 순수한 인식의 빛 한가운데로 보내려고 했던 것이다."(Cassirer: p.369.)
  이러한 노력은 철학의 한계규정이라는 결실을 맺었다. 철학적 이성 자체에서 본질적이고 극단적인 한계규정의 능력을 본 칸트에 의해 비판의 기획이 완성된 것이다. 하지만 칸트가 한계규정을 철학의 본질적이고 구성적인 특징으로 만들기까지, 그 저변에는 철학과 미학이 극단적인 대립 속에서 서로 제각기 자신의 동력을 밀고 나간 역사적 흐름이 있었다. 이런 양극성의 의식으로부터 사유상의 진테제가 싹터 나온 것이며, 18세기에 체계적 미학의 근거가 확립될 수 있었다.

  왜냐하면 18세기는 개념의 한계를 자인하는 곳, "비합리적인 것"을 수용하고 인정하는 곳에서 바로 그 한계 자체에 대한 명백하고도 확

---

4) Ernst Cassirer, *Die Philosophie der Aufklaerung*, Mit Einem Einleitung von Gerald Hartung und einer Bibliographie der Rezensionen von Arno Schubbach (Hamburg: Meiner, 1988), p.368.

실한 지식을 요구했기 때문이다.(Cassirer: p.370.)

칸트는 그의 비판기획으로 전통적으로 철학에 낯선 비합리적인 것의 계기를 철학의 체계에 통합시켰다. 각자 자신의 가능성과 한계에 따라 인간의 능력이 분화되는 가운데 미적 능력의 특수함이 선명한 윤곽을 지닌 채 분화되어 나올 수 있었던 것이다. 『판단력 비판』에서 실행된 이 차별화는 그의 비판기획을 완성시켰다. 이러한 비판기획의 완성은 분열의 깊은 심연을 넘어서는 이행의 가능성을 지시했다. 그런데 이는 미적으로 활동하는 주체가 그의 도덕적 구성을 실행시켜볼 수 있는 가능성이기도 하다. "다시 말해 자연은 적어도 자기의 산물들이 모든 이해관심으로부터 독립적인 우리의 흡족―우리는 이 흡족을 선험적으로 누구에게나 법칙으로 인식하되, 이것을 증명 위에 정초할 수는 없다―과 합법적으로 합치함을 상정할 그 어떤 근거를 자신 안에 함유하고 있다는 어떤 흔적을 보인다거나 어떤 암시를 준다."(Kant, p.152; 2009, 328~329쪽.)

이런 비판의 기획에서 미적 주체가 정체성 형성의 유일한 가능성으로 도출되었음은 앞에서 서술한 바 있다. 분열된 존재인 현실적 인간은 미적 차원에서 열리는 '또 다른' 전망에 따라 통일된 인격체로 자신을 추스를 수 있다.

> 감식안은 자유롭게 유희하는 구상력도 오(지)성에 대해서 합목적적으로 규정될 수 있는 것으로 표상하고, 심지어 감관의 자극 없이도 감관들의 대상들에서 자유로운 흡족을 발견하는 일을 가르쳐줌으로써, 이를테면 감관의 자극으로부터 습관적인 도덕적 관심으로의 이행을 너무 억지스러운 비약 없이 가능하게 하는 것이다.(Kant, p.215; 2009, 403쪽.)

조화미의 쾌락원칙

역사적으로 보았을 때, 미학적 예술은 "아름다운 것이 그냥 사물로, 신성한 언덕이 나무로, 성전이 나무토막들과 돌덩어리들로 되는" 과정, 그리고 이에 따라 "종교적 관계들이 존재 없는 유희로 되고, 신적인 것과 전체가 현실과의 연관이 없어지는"(Ritter, p.564.) 시대 흐름을 배경으로 성립되었다. 사람들은 주관성의 영역에서 보존되어온 신적인 것, 초감성적인 것, 절대적인 것을 그 주관성에서 끌어내어 유한하고 객관적인 것에서 드러나는 실체(Substanz)로 만들어내는 것을 예술이라고 이해했다. 이처럼 '미적' 예술의 발생근거는 바로 '소외'라는 역사적 상태였다.

계몽의 문명화 과정 속에서 이성은 유용한 처리와 도덕적 훈육을 역사적 현실 속에서 관철시키도록 프로그램화되었다. 하지만 계몽의 프로그램에는 삶을 의미 있게 살아야 하고 행복에 접근해야 한다는 요구도 들어 있다. "잘 알려졌다시피 매우 모순에 찬 현실이었던바, 무엇보다도 아름답고 좋은 삶에 대한 주관적 열망의 실현이라는 측면에서는 늘 결핍감"[5]에 시달렸던 것이다. 여기서 '아름다움'이 표상하는 특별한 가치를 상실했다는 의식이 생긴 것인데, 이 가치는 그동안 전통적으로 직접적인 명쾌함, 구체적이고도 적극적으로 점유할 수 있는 인식과 지각의 질로 표현되어왔다. 그런데 이제 아름다움은 자신의 미적 가치를 주관성 속에서 관철해야 하게 되었다.

계몽주의 문화운동 과정에서 아름다움의 미적 가치에 대한 또 다른 계기가 등장했다. 바로 쾌락원칙이다. 이 원칙과 더불어 미(美)는 순수하게 형식적인 것이 되어 '아름다움은 다양성 속에서의 통일이다'라는 규정

---

5) Rolf Grimminger, *Die Utopie der vernuenftigen Lust*, Sozialphilosophische Skizze zur Ästhetik des 18, Jahrhunderts bis zu Kant, In: Christa Bürger u.a.(Hrsg.), Aufklärung und literarische Öffentlichkeit, (Frankfurt am Main: Suhrkamp, 1980), p.116.

을 얻게 되었다. '아름다움'이 환기시키는 진테제의 열망이 매우 직설적으로 드러난 표현이다. 이성적인 훈육과 자연적 욕구를 화해시키려는 열망은 오늘날까지 예술에 살아 있는 핵심적인 요인이다. 예술이 이런 열망의 보고(寶庫)로 자리 잡게 된 원인은 현대문명의 특성 자체에 있다. 문명화란 계몽된 사유가 목적합리적인 이성으로부터 자연지배의 도구를 만들어내 사용하는 단계에 머물지 않는다. 도덕적 이성으로부터도 현실적인 규제를 위한 원칙들을 만들어 사용하고 있다.

이는 한마디로 인간의 내적 자연, 즉 주체의 충동을 법칙 대상으로 만든다는 것을 뜻하며 그 결과 모순을 발생시키고 만다. 이는 도덕과 비합리적이며 제어하기 곤란한 주체의 욕구들 사이의 모순이다. 쾌락원칙을 포함한 아름다움은 이 주체의 내적 모순을 화해시키는 기관으로써 사회적으로 요청받은 것이다. 미적 체험에서 이성은 감각적 자극과 하나를 이루는 쾌락을 누린다. 철학적 미학은 바로 이 문제영역을 포괄하는 것이다.

이성의 규칙에 모두 다 포괄되지 않는 주관성은 격정과 같은 규제되지 않는 가능성에 뿌리를 두고 있다. 따라서 계몽된 의무들의 체계에서 근본적인 문제를 제기한다. 이 문제의 해결은 거의 전적으로 예술에 위탁되었다. 감식안과 미적으로 세련된 감성은 계몽에 의해 파생된 인간학적 문제들을 다시 인간화하는 역할을 수행해야 했다. 유용한 처리와 도덕을 통해 역사의 전환을 이루려는 희망은 이렇게 하여 또 하나의 희망을 잉태하고 계몽주의를 통과하게 되었다. 의무와 애호 사이에서 항상 갈등하는 인간이라는 종을 구원하는 일이 미적 체험을 통해 가능하다는 테제가 제출되었다. 이러한 희망이 계몽주의의 유토피아적 표상에서 적극적으로 대변되는 한, 조화미의 쾌락원칙은 미적 체험의 전 과정을 동반하게 된다. 계몽주의 문화운동의 마지막에 이르러 칸트가 반성미학을 제시했다. 쾌락과 반성이 미학의 이름으로 결부된 매우 독특한 의식활동 영역이 인류 문화사에 등장한 것이다. 칸트의 철학체계는 그 독특한 의식활동의 필연성을 보증한다.

감정의 인정과 도구화[6]

칸트가 자신의 철학 체계를 완성하면서 이를 반성미학의 수립을 통해 성취했다는 사실은 유럽 문명사에서 절대적인 중요성을 지닌다. '철학이 전혀 이질적인 요인까지 감당할 수 있다'는 사유의 정점을 보여줌과 아울러, 현대 문명의 파행이 시작되는 변곡점을 박아둔 결과가 되었기 때문이다. 칸트의 반성미학이 서구 문명사에 아킬레스건으로 자리 잡은 까닭은 쾌락원칙을 철학적 체계화의 구도 속으로 끌어들였기 때문이다. 인간 두뇌에서 발생하는 반성구조 형성 혹은 미적 체험과 함께 쾌락이 누려진다고는 하나, 어디까지나 직접성을 탈각한 상태의 쾌락임을 부인할 수 없음이 분명한 것이다.

따라서 변증법적 전복의 가능성과 더불어 다음과 같은 물음이 끊이지 않았다. 직접적이지 않은 쾌락은 당사자를 어떤 방식으로 충족시키는가? 이런 종류의 충족에 대해서는 여러 갈래의 해석이 있을 수 있으며, 해석들은 사회적·역사적 상황에 따라 그 구속력이 판이하게 다르게 입증되었다. 이 문제를 칸트의 예술론을 통해 잠시 살펴보기로 하자. 칸트는 문학을 가장 고차원적인 예술 장르로 설정했는데, 언어가 수행하는 반성능력이 시청각 매체들에 비해 탁월하다는 점에 근거한 판단이었다.

모든 예술 가운데서 (그 근원을 거의 전적으로 천재에게 힘입고, 지시규

---

6) 「감정의 인정과 도구화」와 「헤겔」은 나의 박사학위 논문 Shun-ye Rhi, *Aporie des Schönen*, (Bielefeld: Aisthesis, 2002)에서 논증한 내용을 이 글의 흐름에 맞추어 재구성한 것임.

정이나 실례들에 의한 지도를 가장 적게 받으려는) 시 예술이 최상의 지위를 주장한다. 시 예술은 상상력을 자유롭게 함으로써, 그리고 어떤 주어진 개념의 경계 안에서 이 개념에 부합하는 무한히 다양한 가능한 형식들 중에서, 이 개념의 현시를 어떠한 언어적 표현도 그에 온전히 충전되지 못하는 충만한 사상내용과 연결시키고, 그러므로 미(감)적으로 이념들로 고양되는 형식들을 제시함으로써, 마음을 확장시켜준다.(Kant, p.183; 2009, 365쪽.)

무엇보다도 문학은 마음을 확장시켜주는 예술인 것이다. 문학은 "자유롭고 자발적이며 자연규정으로부터 독립적인 자신의 능력을 느끼게" 한다. 이런 능력으로 문학은 "그것이 임의로 생기게 한 가상과 더불어 유희하되, 그럼에도 이 가상을 가지고 기만하지는 않는다. 왜냐하면 시 예술은 자신이 하는 일 자체를 순전한 유희라고 공언하지만, 그럼에도 이 유희는 오(지)성에 의해, 그리고 오(지)성의 과업들을 위해 합목적적으로 사용될 수 있기 때문이다."(Kant, p.183; 2009, 366쪽.)

미적 예술로서의 본질을 가장 잘 구현하는 문학이 수행해야 하는 몫을 설명하는 가운데 칸트가 예술의 본령으로 설정한 '유희'가 어떤 상태의 놀이인지 우리는 선명하게 파악할 수 있다. 바로 인간 마음의 분절된 상태를 전제로 '자연규정으로부터 독립되었다고 스스로를 기만하지 않으면서 합목적성에 따르지만, 자유를 포기하지는 않는 자발성'을 유지하기 위한 정신능력의 활동성을 의미하는 것이다. 정신적으로 활성화된 주체는 마음이 확장되는 경험을 하며, 이때 문학은 '미적'으로 된다.

이런 문학을 접하면 마음은 현상으로서의 자연이 경험세계의 범위 내에서는 감관에 대해서도 오성에 대해서도 제시해주지 않는 관점에 따라 자연을 고찰하고 판정하는 능력을 획득하게 된다. 그렇다면 이는 "자연을 초감성적인 것을 위해, 그리고 이를테면 초감성적인 것의 도식으로 사용하는 능력인 것이다."(Kant, p.183; 2009, 366쪽.) 유희는 바로 이 자연과 예지계의 경계를 넘나들면서 매개하는 행위에 해당하며, 이런 유희를 통해 설명되는 문학은 '미적'이라는 명칭을 얻게 된다. 그런데 이 '미적'이라는 단어의 내포는 '인지'와 '느낌'을 단절된 상태에서 하나로 통일시킨다는 의미다.

단절을 전제로 한 통일이란 궁극적으로는 간접적인 것이다. 이런 주체 형성의 기획은 철저하게 따지고 보면, 인간이 자기 자신의 마음에 대해서조차 즉자적인 태도를 취할 수 없는 처지가 되었음을 뜻한다. 비록 칸트가 감식판단에서 인식능력들 사이의 반성구조가 성립될 때, 구상력이 오성으로부터 독자성을 유지한다고 주장했지만, 그 후의 발전과정은 칸트에게서 유지되던 긴장과 균형을 무너뜨리는 방향으로 나아갔다. 그러다가 끝내 독일의 철학적 미학은 예술과 문학에 대해 심각한 결과를 초래했다. 이상화 경향을 노정한 것이다. 조화미 범주를 도출하는 과정에서 철학은 감정을 매개의 계기로서 기능적으로 파악한 바 있다. 이때 싹튼 감정의 간접적 활용가능성이 19세기로 접어들면서 감정의 도구화로 치달은 것이다.

헤겔

헤겔이 철학체계를 구상하는 데서도 예술은 칸트의 경우와 마찬가지로 체계완성의 역할을 수행하도록 설정되어 있다. 하지만 독일 관념론 철학체계의 완성자인 헤겔과 그런 철학이 시작될 수 있도록 길을 터주었다고 평가되는 칸트 사이에는, 예술론을 둘러싸고도 무시하지 못할 만한 차이점이 있다. 칸트가 통합을 매개하는 계기를 제공하는 가상이라는 위상을 예술에 부여했다면, 헤겔은 이를 체계의 이념을 감각적으로 드러내는 가상으로 뒤바꾸어놓은 것이다.

칸트의 '매개'는 어디까지나 주체의 '의식활동'에 머무는 것으로서 그의 철학체계가 인간에게 요구하는 '통합'이 주관적인 성격을 지니게 되는 결과를 가져온다. 미적인 의식활동을 통해서만 온전한 주체로서의 자기 정체성을 확보할 수 있다는 칸트의 논증은 '자연조화미'(Das Naturschöne)라는 미학범주를 예술의 존재방식과 연결시키는 결과를 불러일으켰다. 따라서 헤겔은 칸트 미학의 역사적 의의를 인정한다. 하지만 문제는 이런 식의 '연결'이 매우 불안정할 뿐 아니라 처음의 사태를 조금도 변화시키지 못한다는 데 있다. 헤겔은 칸트가 '자연조화미' 범주에 머물렀기 때문에 그의 미학이 불충분함과 무능력을 노정하게 되었다고 비판했다. 그러면서 보다 능동적인 범주를 통해 칸트가 발견한 '가능성'의 현실적 실현을 보장하고자 했다.

헤겔에 의해 인간적인 '처리'의 측면이 한층 부과된 '예술조화미'(Das Kunstschöne)범주가 제출되었고, 주관적인 '매개'는 객관화된 양태로 탈바꿈되었다. 예술조화미의 예술작품은 정신이 이미 통일시켜놓은 이념을 인간적인 차원에서 알아볼 수 있게 제시하는 역할을 해야 했다. 칸트가 제시한 범주인 자연조화미의 예술작품에 귀속되었던 '매개'를 '감각적 드러냄'으로 치환시킨 예술조화미는, 예술작품에 절대이념의 감각적 가상이라는 위상을 부여했다.

칸트로부터 헤겔에 이르는 미학논의의 전개과정은 미학이념의 객관화 과정이라고 할 수 있다. 그런데 이 과정을 예술론의 관점에서 바라보면 현대예술에 이르기까지 큰 영향을 미치는 '소망스럽지 않은' 경향이 더불어 일어났음을 확인하게 된다. 앞에서도 거론한 바 있는 감정의 도구화 경향이다. 절대이념의 감각적 가상으로서의 예술이란 예술적 '처리'에 어떤 형태로든, 비록 형식적으로나마 새로움을 보탤 여지를 전혀 허락하지 않겠다는 의도를 담은 테제다.

이처럼 완성된 이념을 감각적으로 드러내는 역할이 철학이나 종교가 아닌 예술에 부과된 까닭은 명백하다. 바로 예술에서 사적 자의성을 털어내고 보편타당성을 부여받은 '감정'을 감각적 드러냄의 동력으로 활용하기 위해서다. 물론 이 기획은 역사적으로 큰 성공을 거두었다. 19세기 시민예술은 철학적 사유의 치밀함과 감정을 동원한 전략의 탁월함에 힘입어 '이념의 복무'와 '감각적 세련'이라는 두 과제를 수행하면서 찬란하게 꽃피웠다.

하지만 20세기 들어 그 찬란함의 허상이 드러나기 시작했고, 화려한 장식 아래서 삶이 공허하게 굳어지는 과정을 은폐했다는 비판이 일었다. 파시즘의 등장이 그런 공허함의 역사철학적 귀결이었다는 분석까지 나온 터다.[7]

독일 관념론의 체계구상은 감정을 도구화시킨 프로그램으로 최소한 19세기 중반까지는 현실적인 작용력을 확보할 수 있었다. 그런데 이처럼

---

7) 『계몽의 변증법』에서 파시즘의 등장을 분석적 계몽의 역사철학적 귀결로 논증한 아도르노는 『부정변증법』을 통해 개념적 분석의 비합리적 귀결을 확인한다. 개념(Begriff)은 본래가 사안(Sache)에 부합하지 않고 그보다 적거나 많은 것인데, 인간은 어쩔 수 없이 개념으로 사안을 정의한다. 파국은 개념과 사안이 서로 부합한다고 믿거나, 아니면 그렇게 가정하고 다음으로 넘어가 계속 분석하는 데서 발생한다. 문명은 이러한 믿음을 토대로 일단 승리를 구가할 수 있었다. 하지만 개념에 부합하지 않는 부분이 사안 자체에 남아 있는 까닭에 문명의 발전은 '변증법적 전복'의 불씨를 계속 키울 수밖에 없다. 예술은 이 '부합하지 않음'을 문명 사회에 등장시켜 사람들을 각성시키는 일을 담당해야 하는 문명의 기관이다. 하지만 시민예술은 관념론의 추상화 기제에 길들여진 채 개념과 사안의 이상주의적 조화를 꾀했다. 특수에 머물지 않고 보편으로 상승한 예술작품은 공허하다. 『미학이론』은 시민예술의 공허함을 극복하고 예술이 다시 고유의 자율성을 회복할 방도를 모색하는 책이다. 현대문명은 개념과 사안의 불일치를 과거 어느 때보다도 이상주의적으로 화해시키고 있다. 키치와 파편화 역시 화해의 부산물이다. 화해되는 결절을 찾아 다시 분리시키는 작업을 통해서만 그동안 길들여진 화해의 관성을 타파할 수 있다. 아도르노의 이와 같은 요청을 다시 독일의 지적유산에서 찾아 이름을 붙인다면 칸트가 『판단력 비판』에서 논증한 '숭고' 개념에 근접할 것이다.

모든 것을 관념 속에서 일치시킨 철학구도에 현실을 맞추려 했던 총체주의적 관성이 현실정치에서 제동이 걸리지 않은 까닭이 바로 그 '도구화된 감정'에 있었다는 것이다. 20세기 초 독일 관념론은 이미 오래전부터 철학적 실효성 문제에 시달려온 터라 모두로부터 의심을 사고 있었다.

그런데 이념과 현실을 일치시키겠다는 이 '낡은' 철학구상이 정치가들에 의해 일시적으로나마 '실천'될 수 있었다는 사실은 20세기가 인류에게 남긴 큰 물음에 해당한다. 아도르노는 이 물음에 대해 일반인들의 감정이 이미 '도구화'에 익숙해 있었다는 점을 들어 대답을 시도한다. 감정의 도구화에 의해 칸트가 틀을 마련한 비판기획의 취지가 상실되었고, 그 결과 체계 속의 개인이 자발성과 독립성을 발휘하지 못해 문명이 한갓 체계의 승리로 귀결되었다는 것이다. 아도르노의 비판이론은 헤겔에서 다시 칸트로 회귀하는 과정에서 감정의 자발성을 되찾고자 하며, 헤겔철학체계의 치밀함을 계속 주시하면서 사회라는 전체에 대한 표상을 포기하지 않는다. 차후 우리는 이 점을 자세히 살펴볼 것이다.

모순의 화해와 참된 본질

그러면 여기서 다음으로 넘어가기 전에 헤겔 미학을 잠시 살펴보기로 하자. 앞에서도 언급했듯이 헤겔 역시 예술을 '중간자'로 설정한다. 예술은 감각적 현실과 초감성적 세계의 단절을 통일시키는 역할을 해야 하는 것이다. 하지만 칸트의 반성구조 성립과 달리 헤겔은 분열의 참된(wahrhaftig) 통일을 요구했는데, 그의 철학체계에 따르면 이는 절대자를 제시하면 완수되는 임무다. 그렇다면 결국 중간자인 예술은 이성적인 것에 종속됨으로써 할 일을 다하며, 자신의 본성을 실현하는 것이라는 이야기가 된다.

예술의 본질을 분열의 '참된 통일'에서 찾는 헤겔의 논의는 칸트의 이분법에 대한 근본적인 불신에서 시작한다. 칸트는 주관적인 사유와 객관적인 대상이 부동의 대립관계를 이루고 있는 것으로 보았다. 그러면서 "모순이 화해된 상태를 표상하기는 했으나, 그것의 참된 본질을 학문적으로 개진하지 않았고 아울러 그것이 참되고 현실적인 것임을 입증할 수는 없었다."[8] 헤겔의 견해에 따르면 칸트는 거듭 이원론적 대립으로 되돌아가버린다.

> 물론 칸트는 자신이 직관적인 오성이라고 부른 것 속에서 자신이 요구하던 통일성을 다시 찾음으로써 앞으로 계속 나아갔다. 그러나 여기서도 그는 다시금 주관성과 객관성의 대립에 멈추어 서 있다. 그리하여 그는 비록 개념과 실재성, 보편과 특수성, 오성과 감성의 대립을 해소하려고 이념을 제시한다. 하지만 그러한 해소나 화해 자체를 다시금 주관적인 것으로 만들 뿐, 절대적으로(즉자대자적으로) 참되고 현실적인 것으로 만들지는 못하고 있다.(Hegel, pp.84~85; 2010, 126쪽.)

이런 견지에서 헤겔은 칸트의 『판단력 비판』에 대해 "무척 시사하는 바가 많으면서도 기이한"(Hegel, 1997, p.85.) 책이라는 평가를 내린다. 헤겔은 칸트가 논증과정에서 "보통 때 우리의 의식에서 분리된다고 전제되는 것들을 분리하지 않고" 시작했으면서도 그것이 끝까지 미분리 상태로 남을 것이라 전제했다고 비판한다. 조화미(das Schöne) 속에서 분리가 지양된다는 사실을 칸트는 이런 방식으로 증명해낼 수 있을 따름이었

---

8) Georg Wilhelm Friedrich Hegel, *Vorlesung über die Ästhetik 1*, -5. Aufl.- (Frankfurt am Main: Suhrkamp, 1997), pp.84~85; 게오르크 빌헬름 프리드리히 헤겔, 두행숙 옮김, 『헤겔의 미학강의 1』, (서울: 은행나무, 2010), 125~126쪽. 옮긴이의 번역을 토대로 필자가 가필함. 앞으로 (Hegel, pp.84~84; 2010, 125~126쪽) 방식으로 표기함.

다. 원래의 미분화 상태를 '지양'으로 파악했다는 것이다.

『판단력 비판』은 분리해야 할 것을 분리하지 않고 뭉뚱그려둔 탓에 "보편적인 것과 특수한 것, 목적과 수단, 개념과 대상이 분리되지 않고 완전히 상호 침투되어 나타난다."(Hegel, p.88; 2010, 130쪽.) 이 책이 생각할 거리를 많이 제공하는 것은 사실이다. 하지만 이 책의 공적은 여기까지다. "이처럼 완성된 상태로서의 화해"를 제시하고 있는 한에서 칸트 철학은 "예술조화미를 참되게 개념적으로 파악하는 출발점"을 이루기는 한다. 하지만 그 이상으로는 한발도 더 나아가지 못한다. 이는 칸트가 조화미에서의 통일을 "단지 주관적으로 산출과 판단의 측면만 고려할 뿐 절대적으로 참되거나 현실적인 것"(Hegel, p.80; 2010, 131쪽.)으로 파악하지 못했기 때문이다.

다시 말해 칸트는 조화미를 구성하고 있는 대립을 오직 주관적으로 판단하는 반성의 측면에서만 고찰한 결과 『판단력 비판』에서 주관적 반성의 양식만 표현해낼 수 있었을 따름이라는 것이다. 이는 너무도 분명한 한계다. 헤겔에 따르면 칸트는 시작한 일을 끝까지 완수하지 않았다. 그래서 기이하다(merkwürdig)는 평가를 내린 것이다.

칸트와 헤겔 두 철학자가 미학논의를 자신의 철학체계에 끌어들인 출발점이 달랐다는 사정으로부터 위의 차이에 대한 설명을 시작할 수 있을 것이다. 칸트는 조화미에 대한 연구를 그의 전체 비판기획의 틀 내에서만 수행하면서 미적 인식의 '특별한' 가능성과 한계를 구명하려고 했다. 반면 헤겔은 조화미와 예술개념이 "철학의 체계를 통해서 주어지는 전제"(Hegel, p.43; 2010, 73쪽.)라는 입장에서 출발한다. 이런 전제는 헤겔이 생각하는 철학의 필연성 때문에 반드시 요청되어야 한다. 헤겔에 따르면 철학은 "형이상학적 보편성을 현실의 특수성이 지닌 피규정성과 통합하는" 과제를 안고 있다.

조화미 예술에 대한 헤겔의 관심 역시 그의 철학에 대한 이해의 지평에서 벗어나지 않는다. 헤겔에게 예술작품은 근본적으로 인간적 활동의 산물이다. 따라서 한편으로는 인간정신의 산출물에 해당하지만, 다른 한편으로는 인간의 감각을 위해 만들어진 것이라는 측면을 간과해서는 안 된다. 결국 헤겔 역시 예술작품은 정신적인 것뿐만 아니라 감각적인 것도 동시에 포함하고 있다는 통찰에서 출발한다는 이야기다.

하지만 아무래도 헤겔에게는 정신과 감각의 관계에서 어디까지나 정신이 우위다. 그로서는 너무도 당연한 일이다. 왜냐하면 정신은 "참다운 것, 즉 모든 것을 자신 속에 포괄하고 있는 것이므로"(Hegel, p.15; 2010, 29쪽.) 그러하다. 그래서 보편과 특수의 매개 역시 헤겔의 이론구성에서는 다음과 같은 '정신적' 틀을 벗어나지 못하게 된다.

> 왜냐하면 무엇보다 전체 철학은 스스로 유기적인 총체성으로서 그 고유한 개념 속에서 발전하고 자신과 관계된 전체에 대한 필연성 속에서 스스로에 회귀하면서 하나의 진리세계인 자신과 융합되는 총체성 속에 있는 우주를 인식하는 것이기 때문이다.
> 이러한 학문적 필연성의 최고점에서 살펴볼 때, 모든 각각의 부분은 한편으로 자신에게로 회귀하는 원이며, 또 한편으로 다른 부분들과 필연적으로 관계하게 된다.(Hegel, p.42; 2010, 72쪽.)

그렇다면 헤겔은 칸트가 긴장과 균형 상태로 놔둔 이원론적 대립을 관념론의 기획 속에서 강제적으로 지양시키는 것 아닌가? 헤겔의 예술에 대한 생각은 철저하게 이러한 관념론의 기획에 따른 것이었다. 예술은 인간의 행동을 통해 인간의 삶과 의식에 있는 감각적이고 자연적인 특수성과 정신적 보편성의 화해를 산출해내는 시도다. 따라서 다음과 같은 특징을 지닌다. "감각적인 예술형상화의 형식으로 진리를 드러내고, 대립들을 화해시켜서 표현하는 소명을"(Hegel, p.82; 2010, 123쪽.) 받들면서 더 고차원적인 실체적인 목적을 추구한다. "예술의 사명이자 목적은 인간의 정신 속에 자리하고 있는 모든 것을 우리의 감각, 감성, 영감에 불러오는 것"(Hegel, p.70.)이다. 예술은 분명 모든 가능한 소재를 직관과 느낌 앞으로 가져가는 형식적 측면을 가지고 있다.

> 하지만 소재의 다양성은 우리로 하여금 그러한 형식적 규정들에 머물러 있지 말라고 몰아간다. 그 이유는 그런 소재들의 현란한 차이점들까지도 꿰뚫어보는 이성은, 그처럼 서로 대립되는 요소들 속에서도 더 숭고하고 보편적인 목적이 드러나는 것을 보려고 하며, 또 그 목적이 달성되는 것을 알려고 하기 때문이다.(Hegel, pp.72~73; 2010, 112쪽.)

사람들이 일반적으로 예술의 목적이라고 생각하는 형식적 작용, 이른바 격정의 정화, 교화 및 도덕적 완성 등은 만일 내용이 그것의 본질성과 보편성에 따라서 의식에 편입될 수 있다면 실체적인 목적을 달성하게 될 것이다. 예술은 내용 측면에서 절대정신의 실체에 일정한 비율을 차지하고 있어야 한다. 그럼으로써 예술은 보편성을 개별화하며, 감각적으로 분산시켜서 직관 앞으로 가져가는 일을 할 수 있다.

자연조화미에서 예술조화미로

이렇듯 헤겔에게도 예술의 본질이 이분법의 '통일'에 있음은 분명하다. 비록 정신 우위의 철학체계 속에서 정신과 감각의 이분법이 궁극적으로 감각의 부차화를 초래하기는 해도, 과정상의 '통합'은 엄연히 미적 사안으로 설정되어 있는 것이다. 이런 견지에서 헤겔은 도덕적 개선을 표방한 실러의 예술관에 대해 비판적으로 이의를 제기한다. 이름을 직접 거론하지는 않았지만, 예술조화미개념을 다룬 장의 마지막 부분에 나오는 논박은 분명 실러를 겨냥한 것이었다.

헤겔은 실러가 근대적인 정신교육이 부족한 탓에 발생하는 근본적인 문제가 무엇인지 통찰하고 있음을 인정한다. 바로 오성이 이분법적 대립을 불러일으킨다는 사실이다. 그리고 오성은 계몽이 불러오는 이원성을 인식하게 하지만, 스스로 그 대립을 해결할 만한 능력으로 발전하지는 못한다. 그래서 오성능력을 갖춘 인간은 한편으로 자신이 지지부진한 현실에 매몰되어 있음을 간파하면서, 다른 한편으로는 그런 현실로부터 벗어나 자유롭게 비상하는 의식활동도 하는 것이다. "이와 같은 삶과 의식의 이분성 때문에 이러한 대립을 해소하는 일이 현대의 교양과 오성에게 요구되는 것이다."(Hegel, p.81; 2010, 122쪽.)

오성은 그러나 대립을 고정할 뿐, 자신의 힘으로는 그로부터 벗어나지 못한다. 대립구도에 포섭된 오성은 마침내 인간에게 당위(Sollen)를 설정토록 한다. 이원성을 극복하는 일이 하릴없이 당위로 되어버리는 것이다. 이런 당위는 정신의 업(業)이며, 정신이 성사시킨 화해는 오성이 감당할 수 있는 범위를 넘어선다. 그러므로 이 화해를 직관으로 보내 감각적으로 드러내는 일을 위해 특별한 기구가 필요하다. 예술이다. 이 역시 정신이 감당해야 한다. 정신은 예술을 이 과제수행을 위해 소환한다.

그런데 실러가 표방하는 도덕적인 예술관을 따르게 되면 예술이 정신과 보조를 맞추어 수행해야 하는 일, 즉 화해를 직관으로 가져가는 게 불가능해진다. 왜냐하면 도덕이란 정신적 보편성 속에 있는 의지와 감각적 자연적 특수성의 확고한 대립을 상정하는 것이고, 이 대립 속에서 반드시 의지에 따른 자연의 극복이 이루어져야 하는 영역이기 때문이다. 한마디로 매개가 아닌 극복이 도덕의 본령인 것이다. 도덕에서는 매개가 성사되지 않으므로, 충동과 의무의 상호 투쟁만 확고한 대립 속에서 영속화된다. 그러므로 도덕은 대립의 본질이 아직 통찰되지 못하는 단계에 머물러 있다. 철학은 참된 것에 몰두하는 가운데 비로소 다음 단계로 올라선다. 대립의 본질을 통찰하게 되는 것이다.

정신의 되어짐(Werden), 즉 "감각적 확실성, 지각 그리고 오성을 포괄하는"[9] 정신, 즉 "의식 일반"인 정신의 되어짐 속에서 전체는 참이다.(das Ganze ist das Wahre.) "그러나 전체는 본질이 스스로 전개되어 완성된 것이다."(Hegel, p.24; 2005[1], 55쪽.) 정신의 되어짐은 절대정신의 철학을 이루는 이성의 총체성 속에서 이루어진다. 정신의 절대자는 그러므로 본질적으로 이런 되어짐의 결과로 파악되어야 하며, "절대적인 것에 대해 이야기한다면 이는 본질상 결과로 나타나는 것이며, 종말에 가서야 비로소 그의 참모습을 드러낸다고 해야만"(Hegel, p.24; 2005[1], 55쪽.) 한다.

그래서 정신의 되어짐이 완성단계에 도달하기 이전인 아직 '되어가는' 단계인 현실에서는 "'신' '절대적인 것' '영원한 것' 등등의 낱말이 실제로 거기에 함축되어 있는 것을 나타내고 있지 않은"(Hegel, p.24; 2005[1], 56쪽.) 사태가 발생하게 된다. 그래서 다음과 같은 요청도 제기된다. "그런 낱말만이 아닌 그 이상의 것은 문자의 형식으로 나타내야만 하는데, 그러기 위해서는 일단 말로서 타자화된 것이 다시금 되돌아오는 매개 작용이 따라야만 한다."(Hegel, p.25; 2005[1], 56쪽.)

도덕과 달리 철학은 이 매개를 수행한다. 본질적으로 특수를 포함하고 있는 보편성의 요인 속에서 그렇게 할 수 있다. "만약 일반적인 교양이 그러한 대립 속으로 빠져들어가게 되면 이 대립을 지양하는 것이 바로 철학의 과제로서 철학은 다음과 같은 것을 보여주어야 할 것이다." (Hegel, p.81; 2010, 122쪽.)

---

9) Georg Wilhelm Friedrich Hegel, *Phänomologie des Geistes*, -5.Aufl.-, (Frankfurt am Main: Suhrkamp, 1997), p.326; 게오르크 빌헬름 프리드리히 헤겔, 임석진 옮김, 『정신현상학 2』, (파주: 한길사, 2005), 20쪽. 앞으로 이 책은 (Hegel, p.326, 2005[2], 20쪽.) 방식으로 표기함.

그것은 대립들 가운데 어느 하나도 추상적이거나 일면성 속에 머물러서는 진리를 내포할 수 없이 스스로 해체되며 진리는 바로 대립되는 양자를 화해시키고 매개하는 데 있다는 점, 그리고 이 매개는 단순히 요청이 아니라 절대적으로 이행되면서 끊임없이 자신을 완성시켜나간다는 점이다.(Hegel, pp.81~82; 2010, 122쪽.)

이 화해 과정, 매개를 통한 정신의 자기 완성 과정을 감각적으로 표현하는 예술은 절대정신의 발현태로서 철학의 '특수한' 한 부분을 이룬다.

이러한 매개가 화해의 과정을 관찰하기에 매우 적합한 영역인 예술에서 어떻게 실현되는지를 헤겔은 조화미개념에 대한 논증을 통해서, 예술의 진정한 개념에 대한 역사적 연역의 장에서 유감없이 풀어내 보여주고 있다. 그의 논증의 출발점은 예술을 분열된 세계상태의 중간자로 설정하는 데서 시작된다. "예술은 직접적인 감각성(감성)과 관념적 사상(이념적 관념)의 중간에 서게 된다."(Hegel, p.60; 2010, 97쪽.)

그런데 "이성적인 것과 감각적인 것이 하나를 이룸"에 본령이 있다고 설정된 중간자가 '감각적인 것을 정신화하며, 관념의 이념적인 것을 감각적으로 드러나게 한다'는 방식으로 언어화되면서부터 헤겔의 관념론 구도가 예술에 짙게 드리워진다. '하나를 이룸'이 '일면적 만족'으로 흐르는 편향을 내보일 뿐 아니라 이후, 이 편향을 프로그램으로 내세운 예술론이 제출되기 때문이다. 예술의 추상화가 독일 관념론 철학체계와 조응하면서 '절대정신의 자기 실현' 과정에 적극 동참하게 되는 것이다.

절대정신이 예술을 자신의 파트너로 감당하는 이유는 어디까지나 정신적인 것을 감각화해내는 한도 내에서다. 고정된 실체를 감각적으로 드러내는 한에서만 참아지는 것이다. 이는 정신에 대한 감각의 종속을 불러오며, 예술에서 감각적인 것이 단순한 가상으로 지양되어버리는 결과

를 초래한다. 절대이념의 감각적 가상이라는 헤겔의 정식은 다음과 같이
이해되어야만 한다.

> 정신은 예술작품의 감각적인 것 속에서 구체적으로 구현된 것을 찾
> 지 않으며, 욕구에 따라 유기체가 지닌 경험적이고 내적인 완전성이
> 나 확장을 추구하지도 않으며, 그렇다고 해서 보편적이고 이념적이
> 기만 한 사상을 추구하지도 않기 때문이다. 여기서 정신이 원하는
> 것은 감각적으로 존재하면서도 동시에 그 단순한 물질성에서 벗어
> 나는 감각적인 현재성일 뿐이다.(Hegel, p.60; 2010, 96~97쪽.)

'중간자'의 위상은 이렇게 해서 '이동수단' 정도로 추락했다. 칸트가
주관적인 상태에서나마 유지하려고 했던 이분법적 대립의 균형과 지양
은 그 상태를 객관화시켜 인간이 처리할 수 있도록 만들려 노력한 헤겔
에 의해 독자성을 잃게 되었다. 칸트의 자연조화미에서 헤겔의 예술조
화미로 '이동' 혹은 '발전'하는 과정은 인류 문명사의 정신화과정과 관
련이 깊다. 계몽이 진전될수록 분열이 깊어지고, 분열극복이 인간정신의
과제로 떠올랐기 때문이다.

예술은 이 정신화과정에 동참하기 위해 자신을 추상화시켰다. 헤겔의
미학이론은 예술이 독일 관념론의 사명을 얼마나 충실하게 떠받들어왔
는지를 설명해준다. 예술은 감각적인 세계에 있는 인간을, 직접적인 느
낌에 포획된 채 있는 인간을 전인(全人)으로 고양시키는 목적을 갖는다.

예술은 관념적인 방법으로 외적인 것을 그에게 '의식시킨다'. 감각적
이고 직접적인 느낌은 즉자적인 상태를 벗고 그에게 의식되어야 하는 것
이다. 감각마저 정신으로 고양시킨 사람이 전인이다. "예술은 감각적인
영역 속에서 표현하는 것을 통해 동시에 그 감각성의 힘(권력)에서 해방
된다."(Hegel, pp.74~75; 2010, 114쪽.)

칸트의 반성구조성립에서 나타난 주관성과 객관적 대상성 사이의 확고한 대립을 극복하겠다는 관념론 기획은 이렇게 하여 결국 추상화로 치달았다. 이런 기획에서 예술작품 속에서의 감각적인 것은 '목적'에 포섭되는 한에서만 인정된다. 예술의 아름다움은 헤겔의 이상주의적 세계관과 철학적 체계기획에 따르면 "구체적인 직관, 그리고 이상으로서 그 자체로 절대적인 정신의 표상"[10]이다.

---

10) Georg Wilhelm Friedrich Hegel, *Enzyklopädie der philosophischen Wissenschaften im Grundrisse* (1830). Herausgegeben von Friedhelm Nicolin und Otto Pöggeler, (Hamburg: Meiner, 1991), p.441.

마르크스주의

실패한 혁명

마르크스와 엥겔스가 남긴 저작들은 인류의 지성사에서 매우 독특한 위상을 차지한다. 무엇보다도 이 저작들을 통해 모습을 드러낸 일련의 이론구성들이 사회제도는 물론 개인의 삶마저 크게 뒤바꾸어놓는 힘을 '실제로' 발휘했던 까닭이다. 합리적 이론과 사회적 실천을 직접 결합시킨 이데올로기가 지구상에 출현한 '사건'이었다. 마르크스주의는 미래에 대한 특정한 전망을 지금의 현실에 실현하고자 하는 의지로 무장한 채 합리적 분석에서 도출된 결론에 따라 행동하는 사람들을 다수 창출해냈다. 그리고 한때나마 그들은 목적을 성취했다고 믿었다. 이런 방식으로 사람들을 움직이는 일이 앞으로도 가능할지, 여기에 선뜻 긍정적인 대답을 하는 사람은 현재로서는 아마도 없을 것이다.

이데올로기로서의 마르크스주의가 추구한 전망은 서구계몽의 전통에 충실한 것이었다. 핵심 사상가들은 합리적 이성이 확대되는 과정으로 역사를 이해했으며, 이런 관점에서 프랑스혁명을 연구한 '지식인'이었다. 그들은 무엇보다도 혁명이념에 내장되어 있는 이성의 요구를 간파하는 일을 중요하게 여겼으며, 더 많은 이성이 현실을 더 나은 상태로 이끌어갈 것이라는 믿음을 버리지 않았다. 계몽주의자로서 더 나은 미래를 위해 지금 여기서 '이루어져야만 하는 일'을 공론화하는 작업에도 소홀하지 않았다. 이 과정에서 사회운동 및 노동운동 세력과 함께하게 되는 것은 당연한 귀결이라 할 수 있다. 그들이 낡은 사회세력을 이성의 요구를 거스르는 비이성으로 몰아붙일 수 있었던 것은 비이성이 역사의 진보를 가로막는다는 확신이 있었기 때문이다.

그리고 진보가 역사의 필연이라는 믿음은, 현실이 이성의 요구에 따라 재편되면 더 많은 생산력과 자유를 구성원에게 가져다주리라는 합리적 추론으로 뒷받침되었다. 더 나은 미래는 누구나 소망하는 사안이므로 역사의 필연적 과정을 개개인이 직접 성취해야 할 '당위'로 받아들이는 태도가 자연스럽게 형성되었다. 합리적 추론과 실행의지를 한 몸에 구현하는 계몽주의자들에 의해 마르크스주의는 한 시대의 이데올로기가 되어 강력한 힘을 발휘했다. 그 결과 인류는 역사를 '의도적으로' 재구성한 경험을 가지게 되었다. '성공한 혁명'이 인류사에 보태진 것이다. 이 과거의 경험 자체는 그사이 일종의 신화가 되었다고 할 수 있지만, 성공한 혁명이 '돌이킬 수 없는' 방식으로 바꾸어놓은 과거는 엄연한 사태로 버티고 있다.

'돌이키기 어려운' 방식이란 이미 일어났고, 그런 일이 있었던 과거 역시 그때는 현재였으며, 그런 사회에서 사람들이 한동안 살았다는 이야기가 될 것이다. 이 지나간 현재가 지금의 현재를 조건짓고 있음은 부정할 수 없는 사실이다. 극복이든 청산이든, 과거로부터 벗어나고픈 마음을 먹는 경우에도 마찬가지다. 그런 과거가 있었다는 사실이 이탈의지의 전제가 되기 때문이다.

과거 다음에 등장하는 현재와 지나간 과거와의 관계를 파악할 때 사람들은 대체로 과거에 일어난 사건의 결과로서의 현재를 논한다. 전혀 예기치 않은 결과가 나왔을 때조차 '이면에 숨겨진 원인'을 찾아 그 인과관계를 '제대로' 해명하는 것이 합리적 분석의 임무라고 여긴다. 하지만 역사를 파악하는 방법에 이것 하나만 있는 것은 아니다. 그 반대의 방법도 있다. 전적으로 현재의 관점에서 과거와 현재의 관계를 재조명해보는 길이다. 우리는 지금의 필요를 뒷받침할 정보를 얻기 위해서 사료를 파헤치는 작업을 할 수 있으며, 그때와는 다른 현재의 관점에서 지나간 시기를 되돌아보며 의문점들을 추적하기도 한다.

이 글에서는 이 후자의 방법으로 마르크스주의를 분석하고자 한다. 특정한 관점을 취해 고정시킨 현재의 눈으로 과거를 바라보는 것이다. 여기서 현재의 관점이란 당연히 마르크스주의가 '실패한 혁명'을 일으킨 이론이라는 판단에 입각한 것이다.[11]

이처럼 특정 관점에 따라 대상을 분석하는 일을 두고 아도르노는 대상으로부터 그에 부합하는 요인을 '추출'해내는 작업이나 다를 바 없다고 비판한 적이 있다.[12] 한마디로 관점주의는 동일성 사유라는 것이다. 이런 견지에서 이 부분의 서술에 대해 동일성 사유의 산물이라는 비판을 제기할 수 있을 것이다. 그리고 이 비판은 정당한 것이다. 그럼에도 이 글에서 관점주의를 계속 유지하는 까닭은, 이 작업을 통해 어떤 창의적인 아이디어를 기대하지 않기 때문이다. 실패한 일에서 실패요인을 찾아보는 일은 어차피 분석의 차원을 넘어서지 못한다. 이 분석의 목표와 의도는 '돌이킬 수 없는' 방식으로 일어난 과거의 사건에 대한 이해다. 이해는 극복을 지향한다. 이 책의 화두인 '비판의 회복'은 극복의 방법론으로 자리매김될 수 있을 것이다.

---

11) 마르크스주의가 입안한 프롤레타리아 혁명은 '성공'과 '실패'라는 전혀 상반된 두 수식어를 가진 역사적 사건으로 기록될 것이다. 혁명이라는 거대서사가 실제로 작동했다는 점에서 '성공'이었으며, 이루고자 한 '진보'의 내용을 실현하지 못했다는 점에서는 '실패'다.

12) 이른바 동일성 사유(Identitätsdenken)다. 이 책 233쪽 주7) 참조.

이 장에서 시도하는 분석을 통해 "비판의 무기는 물론 무기의 비판을 대신할 수 없다"[13]는 급진적이고 당시로서는 매우 창의적이었던 사유의 내적 모순이 드러나기를 희망한다. 무기의 비판을 유도하는 사유의 역사철학적 귀결에 대한 입장과는 별도로 사유 자체를 한번 제대로 들여다보겠다는 의도로 시작한 분석이다. 왜냐하면 무엇보다도 이 무기의 비판을 유도하는 사유를 동일성 사유의 관성에서 풀어내줄 필요가 있다고 판단했기 때문이다.

비판이 물질적 토대를 확보해야만 실질적으로 영향력을 행사할 수 있다는 생각은 아마도 마르크스가 프랑스혁명을 연구하면서 얻은 확신일 것이다. 그런데 그 과거의 역사적 경험을 논리적으로 가공해 미래의 일에 적용하려는 '인위성' 때문에 이 '창의적인' 사유가 동일성 사유로 전락하고 말았다.

무기의 비판을 유도하는 비판적 사유의 역사철학적 귀결은 이제 풍부한 역사적 경험으로 축적된 터다. 지적으로 정치적으로 대단히 풍부한 경험을 수중에 확보한 인류가 그 경험들을 동일성 사유의 관성으로 계속 가공하고자 하는 경우, 이 경험은 전략전술상의 오류수정 방식으로 계속될 수 있다. 따라서 역사철학적 패착을 반복하지 않기 위해서라도 이 관성을 단절시킬 필요가 있으며, 마르크스주의가 우리에게 주는 역사적 교훈을 제대로 살려야 할 것이다. 비판의 목표는 무기의 지향점과 다르게 설정되어야 한다. 이것이 마르크스주의의 역사적 교훈이다. 비판은 계몽의 위상을 유지해야 하며, 그런 위상을 통해 무기와는 전혀 다른 사회적 작용력을 불러올 수 있는 것이다.

---

13) Karl Marx, *Zur Kritik der hegelschen Rechtsphilosophie*, MEW 1, (Berlin: Diez, 1988), p.385; 카를 마르크스, 최인호 옮김, 「헤겔 법철학의 비판을 위하여」, 『칼 맑스/프리드리히 엥겔스 저작선집 1』, (서울: 박종철출판사, 1997), 9쪽.

앞으로 이 글에서는 마르크스주의를 구성한 주요 저술들에 대한 분석 작업을 수행할 것이며, 이론구성의 내재적 특성을 밝히게 될 것이다. 이 것에 적용하는 관점은 앞에서 말했듯이 '실패한 혁명'이다. 다시 한 번 더 아도르노에 빗대어 말하자면, 동일성 사유는 대상에 폭력을 가한다. 그래서 이 글 역시 마르크스주의에 '실패'라는 잣대를 대고 재단하는 폭력을 가하게 될 것이다. 다행히 갈라진 곳이 선명하게 드러나 순수하게 이론 차원에서 논의를 마무리지을 수 있었다.

실패의 원인이 현실적인 조건에 있었다는 견해도 물론 있으며, 이를 증명하는 사실과 사건 들을 찾아내는 작업도 얼마든지 가능할 것이다. 하지만 사회주의 실험이 실패로 돌아간 궁극원인이 이념을 구성하는 주의주장에 있었는가, 아니면 현실 조건의 미성숙에 있었는가를 규명하는 것이 이 글의 목적은 아니다. 따라서 현실적인 여건 등은 고려하지 않고, 이론구성의 내부구조를 밝히는 데에만 국한했다. 마르크스주의는 이론과 실천의 결합을 자신의 독특한 정체성으로 내세웠는데, 바로 그 결합에 사태의 본질이 있었다는 게 내 결론이다. 앞으로 이 문제를 해명할 것이다.

계몽에서 실천으로

이론과 실천의 결합은 일반적으로 '앎의 현실적 적용'이라 받아들여지면서 계몽의 패러다임에 포함되는 것으로 이해되고 있다. 하지만 마르크스주의에서 이론과 실천은 이 패러다임에서 많이 벗어나 있다. 헤겔을 비롯한 독일 철학전통을 유물론적으로 재정립했다고 당사자들이 자평하는 이론 부분은 인간에 대한 이해를 중심내용으로 하고 있다. 그리고 실천은 자본주의를 분석하는 과정에서 현실의 자연사적 흐름을 초월하는 계기로 '투입'된다. 자본주의 생산방식에 내재한 '모순의 외화'를 실현시켜 자본축적, 즉 '화폐-상품-화폐'의 변증법적 개념전개를 중단시키는 역할을 담당하는 것이다.[14] 여기서 모순의 외화란 개념에 내재적인 모순의 인간행위에 의한 외화라는 헤겔적인 의미다.[15]

이처럼 마르크스주의는 철학과 경제학을 접목시켜 매우 독특한 사유체계를 구축하고 있으며, 마르크스주의를 둘러싼 '아우라' 역시 이런 결합의 독특성에 기인한다고 할 수 있다. 그런데 이 아우라를 걷어내고 실체를 냉정하게 들여다보면, 마르크스주의가 두 분과학문의 내적 결합을 토대로 구성된 사유체계라는 통상적인 관념에 맞지 않는 부분이 많이 드러난다. 철학과 경제학이 서로 각기 독자성을 유지하고 있다는 인상이 더 강하게 남는 것이다.[16] 독자는 이론 부분에서는 철학적 훈련을 통해 "하늘에서 땅으로 내려오는 독일 철학과는 정반대로" "땅에서 하늘로 올라"[17]가는 사유능력을 갖출 것을 요청받으며, 자본주의를 분석한 경제학 관련 논의들에서는 "자기 자신의 무덤을 파는 사람들을 생산해내

---

14) "물론 마르크스가 『강요』에서의 개념의 변증법을 포기하고 『자본론』의 실천을 모순해결의 계기로 삼은 것은 헤겔 철학의 관념론을 탈피해 유물론에 입각해 자본주의를 분석하기 위한 것이다. 이것이 마르크스의 강점이기도 하다." 양희석, 「가치의 변증법과 형이상학」, 『마르크스의 방법론과 가치론』, (서울: 한울, 2000), 86쪽 참조.

15) 같은 글, 87쪽 참조.

16) 이미 많은 학자들이 이런 견지에서 마르크스의 저술을 연구했다. "『자본론』은 자본주의적 생산양식에 특유한 자연법칙을 찾아내려고 한다."(김수행, 『『자본론』의 현대적 해석』, 〔서울: 서울대학교 출판부, 2011〕, 25쪽) 및 "1845년 「독일 이데올로기」 이후에 마르크스는 철학적 유물론에 관심을 두는 것조차 그만두었다. 이후에는 한 번도 철학적 주제로 글을 쓰지 않았다"(정성진, 「마르크스 사회과학과 실천」, 『마르크스의 방법론과 가치론』, 〔서울: 한울, 2000〕, 31쪽.) 경제 부분에 대한 연구로 옮겨가면서 마르크스가 자신의 작업을 철학이라는 용어 대신 '실증적인 과학'이라고 불렀다는 지적(정성진, 같은 글, 13쪽 참조.) 역시 '이론'과 '실천'의 간단하지 않은 관계를 드러낸다.

17) Karl Marx & Friedrich Engels, *Deutsche Ideologie*, MEW 3, (Berlin: Diez, 1969) p.26; 카를 마르크스/프리드리히 엥겔스, 최인호 옮김, 『독일 이데올로기』, 『칼 맑스/프리드리히 엥겔스 저작선집 1』, (서울: 박종철출판사, 1997), 202쪽.

는"[18] 자본주의의 모순을 인식하고 그 무덤을 파는 사람들의 대열에 동참하라는 기대에 직면한다.

그런데 이 기대에 부응하느냐 아니면 자신의 존재구속성에 매몰되어 이를 외면하는가는 전적으로 독자의 결단에 달린 문제로 남는다. 노동은 삶과 역사의 근본바탕이며 인간이란 사회적 존재로서 "인간의 본질은 그 현실에 있어서 사회적 관계들의 앙상블(ensemble)이다"[19]라는 마르크스주의의 철학적 결론을 어떻게 받아들이는가, 즉 자신의 세계관으로 수용하는가 아닌가에 따라 달라지는 것이다. 결론을 내면화한 마르크스주의자라면 기대에 부응할 것이고, 단순히 이론적 관심 차원의 독서에 그치는 호사가 또는 비마르크스주의자라면 외면할 것이다.

한마디로 여기서 말하는 사회적 실천이란 개인적인 삶의 영위와는 차원이 다른 사안이다. 따라서 마르크스주의가 이론과 실천[20]을 결합했다는 평가는 약간 수정될 필요가 있다. 마르크스주의가 결합하는 것이 아

---

18) Karl Marx und Friedrich Engels, *Das kommunistische Manifest*, Mit einer Einleitung von Eric Hobsbawm, (Hamburg: Argument, 1999), p.59.

19) Karl Marx, *Thesen über Feuerbach*, MEW 3, (Berlin: Diez, 1969), p.6; 카를 마르크스, 「포이어바흐에 관한 테제들」, 제6테제, 『칼 맑스/프리드리히 엥겔스 저작선집 1』, (서울: 박종철출판사, 1997), 186쪽.

20) 마르크스가 사변철학과 결별하고 "가장 기초적인 인간의 실천적 활동"인 "노동"을 출발점으로 삼는 사회과학으로 연구영역을 이동했다는 정성진의 연구(정성진, 앞의 글, 2000, 13쪽.)에서 사용된 '실천'개념은 내가 여기서 의미하는 실천개념과 내포가 매우 다르다. 마르크스도 노동을 비롯해 삶을 영위하는 활동이라는 의미에서 실천을 관념론을 논박하는 과정에서 자주 사용했고, 이런 실천개념이 '자본주의 모순의 외화로서의 실천'이라는 의미와도 아주 무관하다고는 할 수 없을 것이다. 그러나 나는 '모순의 외화로서의 실천'이라는 개념을 개인적인 활동이라는 의미에서 말하는 실천과 구별해서 쓰고자 한다.
개인의 활동이 사회적으로 유의미한 집단적 활동으로 결집되는 과정이 마르크스주의에서 상정하듯 '모순의 심화와 변증법적 전복' '양적 축적의 질적 전환'의 패러다임으로 진행되지 않았기 때문이다. 이 문제를 다음 장에서 옛 동독작가 뮐러(Heiner Müller)의 『헐값노동자』를 통해 분석할 것이다.

니라 마르크스주의가 제시하는 철학적 결론을 자신의 세계관으로 받아들인 인간의 '선택'에 의해 비로소 이론과 실천 사이에 접점이 찾아지는 관계이기 때문이다.

마르크스주의 철학은 주로 청년헤겔파와 벌인 종교비판의 틀 속에서 인간의 의식과 존재의 관계를 집중적으로 탐구했다. 관념론에 맞서 유물론적으로 변증법을 '전도시키는' 과정은 궁극적으로 '인간은 사회적 존재다'라는 마르크스주의 기본관념의 정립으로 귀결되었는데, 이는 노동을 통한 물질현실의 전유가 인간 삶의 근원이라는 인식과 결합함으로써 가능한 일이었다.

이른바 '기계적' 유물론을 극복하고 유물변증법 또는 변증법적 유물론을 정립하는 과정에서 마르크스가 제출한 포이어바흐에 관한 테제들은 전통적인 인식론이 출발점으로 삼는 인식주체와 대상의 분리를 '실천'개념을 통해 극복하려는 시도였다. 제2테제는 주/객 분리 극복의 계기로서 실천개념에 대한 고전적인 설명을 제시한다. 물론 여기, 인식론 영역에서 사용되는 실천개념은 마르크스가 경제학 연구를 진행하면서 사용한 개념과 다르다.[21] 제2테제에서 마르크스는 이렇게 말한다.

> 대상적 진리가 인간의 사유에 들어오는가 않는가의 문제는 — 이론의 문제가 아니라 실천적 문제다. 실천 속에서 인간은 진리를, 즉 현실성과 힘, 자신의 사유의 차안성(此岸性)을 증명해야 한다. 사유 — 실천으로부터 고립된 — 의 현실성이나 비현실성에 관해 논쟁하는

---

21) 여기서 말하는 실천, 즉 주/객 분리 극복의 계기로서 실천개념은 내가 마르크스주의를 구성하는 본질적인 영역으로 거론한 실천개념, 즉 모순의 외화로서의 실천과는 의미가 많이 다르다. 하지만 주/객 극복의 계기로서의 실천개념 역시 마르크스주의에 고유한 특성을 지니며, 전통적인 인식론의 한계를 극복하겠다는 야심과 결부되어 있다.

것은 순전히 스콜라주의적 문제다.(Marx, MEW 3, p.5; 1997, 185쪽.)

의식철학이 인식론의 전제로 삼고 있는 주/객 분리의 문제는 칸트 철학의 구도에서 '물자체'로 설정된 영역이 결코 주체의 의식에 포섭되지 않는다는 점에서 의식과 존재 사이에 불일치가 발생하는 바로 그 출발점이 된다. 객관세계로부터 분리된 주체는 의식과 존재가 일치하지 않는 삶을 살 수밖에 없다는 구도다. 의식철학에서 비개념자(das Nichtbegriffliche) 혹은 무개념자(das Begrifflose) 등으로 일컬어지는, 개념으로 넘어오지 않고 남아 있는 이 '여분' 때문에, 개념은 진리와 등치될 수 없고, 개념과 비개념자의 관계를 통해서만 진리를 설명할 수 있었다.

철학자들은 독창적이고도 완벽한 해법을 제시하려고 다방면으로 노력해왔다. 하지만 진리에 이르는 길이 아무리 설득력 있게 제시된다 하더라도 현실에 남은 인식주체는 계속 개념의 한계 내에 머물 수밖에 없다. 이것이 인간존재에 관한 참된 해명일 것이며, 인간이 자기 계몽을 시작한 이래로 떠안게 된 '분열'의 인식론적 근거다.

대상성

이 개인적이고도 실존적인 '분열'에 대해 철학은 늘 분열적인 방식으로 대응해왔다. 변증법적 운동을 통해 개념이 자기 지양의 단계에 오를 수 있음을 논증한 헤겔 역시 개인의 분열은 그대로 방치했다. 20세기 현대철학자들의 비판에 따르면 헤겔은 개별과 보편의 구도를 그대로 유지한 채 보편으로의 상승을 철학 프로그램으로 고정시킴으로써 인식주체로서의 개인을 더욱 분열시켰다. 보편으로의 상승 프로그램에 따라 개별적 실존을 재단하는 헤겔 철학은 결국 구체적 개인을 현실에서 지워버리는 지경으로 치닫는다. 그러자 유물론은 현실적 구체성을 녹여버리는 의식의 '능동 측면'을 완전히 배제시킴으로써 관념론에 맞설 수 있다고 믿었다. 마르크스가 제출한 포이어바흐에 관한 제1테제는 이러한 정황을 포착한 것이다.

> 지금까지의 모든 유물론(포이어바흐의 유물론을 포함해)의 주요한 결함은 대상, 현실, 감성이 오직 객체의 혹은 관조의 형식 아래서만 파악되고 있다는 것, 그리고 감성적 인간의 활동으로서, 실천으로서 파악되지 않고, 주체적으로 파악되지 않는다는 것이다. 따라서 능동적 측면은 유물론에 대립해서 관념론에 의해 — 물론 관념론은 현실적 감성적 행위 자체를 알지 못한다 — 추상적으로 발전된다.
> (Marx, MEW 3, p.5; 1997, 185쪽.)

유물론 역시 대상의 형식에 머물 뿐 그 대상의 실체 속으로 침투해 들어가지 못하는 주/객 분리의 한계에 갇혀 있는 것이다. 관념론에 비해 유물론이 지닌 장점은 객체를 감성적 대상으로 보는 것이다. 사유의 객체가 아닌 감성적 객체는 현실적으로 사유의 객체와 확실하게 구분된다. 이 확실하게 구분되는 감성적 객체에 직관의 형식을 넘어 내부로 침투하는 능동성을 발휘해야 하는데, 사유의 객체가 아니기 때문에 관념론이 하던 방식대로 주체의 의식 안으로 포섭해들일 수 없다. 그 대상과 직접 교류하는 방법밖에 없다. 마르크스는 이를 '대상적 활동'이라 했다. 유물론자인 포이어바흐의 한계는 감성형식에만 머물고 대상성 자체로 침투해 들어가지 못한 데 있다.

> 포이어바흐는 감성적인 객체들 — 사유객체들과 현실적으로 구별되는 객체들 — 을 추구한다. 그러나 그는 인간의 활동 자체를 대상적 활동으로서 파악하고 있지 않다. 따라서 그는 『기독교의 본질』에서 이론적인 태도만을 진정으로 인간적인 태도라고 간주하며……

그러므로 그는 '혁명적·실천적·비판적' 활동의 의미를 개념적으로 파악하지 못하고 있다.(Marx, MEW 3, p.5; 1997, 185쪽.)

반면 마르크스 자신은 대상적 활동의 실천적 의미를 개념적으로 파악하고 있다고 자부한다. 제3테제다.

환경의 변화와 교육에 관한 유물론적 교의는 환경이 인간들에 의해 변화되며 교육자 자신도 교육되어야 한다는 것을 잊고 있다. 그러므로 유물론적 교의는 필연적으로 사회를 두 부분 — 그중의 하나는 사회를 초월해 있다 —으로 탐구하지 않을 수 없다.
환경의 변화와 인간 활동의 변화 혹은 자기 변화와의 일치는 오직 혁명적 실천으로서만 파악될 수 있고 합리적으로 이해될 수 있다.
(Marx, MEW 3, pp.5~6; 1997, 185~186쪽.)

결국 실천이란 환경과 인간, 대상과 인식주체를 일치시키는 행위다. 그러므로 행위하면서 그 일치를 파악할 수 있다는 주장에도 수긍할 수 있다. 하지만 실천 자체에 대한 개념적 설명은 아니다. 제8테제 역시 실천에 대해 서술하고 있지만, 실천의 결과를 지적할 뿐이다.

모든 사회적 생활은 본질적으로 실천적이다. 이론을 신비주의로 이끌고 가는 모든 신비들은 인간의 실천에서 그리고 이 실천의 개념적 파악에서 그 합리적 해결을 얻는다.(Marx, MEW 3, p.7; 1997, 189쪽.)

사회변혁을 통한 분열의 극복

인식주체가 대상의 형식을 넘어 대상 자체에 직접 접근하는 과정이나 그런 주체 앞에 놓인 객체의 화답, 즉 주체로의 정향 등 '일치'를 성사시키는 주체와 객체에 대한 직접적인 서술은 어디서도 찾아볼 수 없다. 주체가 객체에 직접 접근한 실천의 '결과'에 대해서만 이야기되고 있다. 마르크스는 아마도 이 지점에서 '사변'을 더 이상 하지 않는 편이 낫다는 판단을 했던 것 같다. 문제를 해결할 방법을 찾았다고 여기는 한, 혁명적 실천을 가능하게 하는 방도를 찾아나서는 것이 더 시급했기 때문일 것이다. 그는 철학 연구를 중단하고 경제학 연구로 이동하면서 이 단절을 정당화했다. 유명한 제11테제다.

> 철학자들은 세계를 단지 다양하게 해설해왔을 뿐이다. 그러나 중요한 것은 세계를 변화시키는 것이다.(Marx, MEW 3, p.7 ; 1997, 189쪽.)

전통적인 인식론의 전제를 벗어나 현실 자체에서 출발해야 한다고 선언한 마르크스는 해설 대신 변혁을 요구하지만, 이 지점에서도 사안은 명쾌하게 풀리지 않는다. 마르크스는 세계를 변혁해야 하고 인간이 그렇게 할 수 있는 근거를 인간이 사회적 존재라는 사실에서 찾는다. 관념론은 인간을 보편인으로 추상시키면서 실제의 인간으로부터 현실적인 조건들을 박탈했다. 여기에 맞서 마르크스는 인간을 사회적 존재로 파악해야 한다는 테제를 내세운다. 하지만 역시 '테제'일 뿐, 정작 그 '사회성'에 대해서는 구체적인 설명을 내놓지 않는다. 구체성을 결여한 '사회성 자체'가 인간의 본질로 치환된다. 제6테제다.

> 그러나 인간의 본질은 각각의 개체 속에 내재하는 추상물이 아니다. 인간의 본질은 그 현실에 있어서 사회적 관계들의 앙상블이다.
> (Marx, MEW 3, p.6; 1997, 186쪽.)

이 테제가 인간에게서 사회성이 중요하다는 수준에서 이해돼 받아들여질 수 없는 이유는 관념론의 '추상물'에 대한 상대개념으로 제시된 것이기 때문이다. 우리가 기대하는 바는 '추상물'이 아닌 '구체'에 대한 실제내용이 전개되는 대타적 추상화 과정일 터인데, 마르크스는 이를 진행시키지 않았다. 그래서 '사회적 관계들의 앙상블'이라는 말이 그냥 상대개념으로 추상화되고 말았다. 마르크스는 여기서 포이어바흐와 마찬가지 길을 걸었다고 할 수 있다. 논박하기 위해 논박 대상을 절대화하는 가운데 자신의 개념도 추상화시키는 것이다. 위 인용문 바로 앞에서 마르크스는 포이어바흐가 "종교의 본질을 인간의 본질로 용해"시켰다고 비판한 바 있다.

그런 용해가 마르크스 자신에게서도 마찬가지로 일어나는바, 마르크스가 거론하는 '사회성'이 추상의 경지에 오르기 때문이다. 여기에 대해서는 관념적인 인간파악을 극복하기 위해 현실 자체에서 출발하겠다고 선언한 마르크스가 "전통적인 인식론 체계를 비판하는 대신에 무시"(정성진: 2000, 26쪽.)한 결과라는 설명이 설득력을 갖는다. 개인과 사회의 관계나 인식과 실천의 관계가 더 이상 탐구되지 않고 "마르크스에게 모든 형태의 사유는 (철학자들이 말하는) 존재의 한 계기이며, 존재란 현실에 대한 그의 실천개념이다"(정성진: 2000, 26쪽.)라는 방식으로 매끄럽게 나열될 뿐이다.

물론 포이어바흐의 제2테제에서 대상적 진리가 실천을 통해 인식주체에게 전유됨을 명시하고 있기는 하나, 정작 문제는 그 '전유된 상태'가 인식주체에게서 어떻게 형성되고 드러나는가 하는 데 있을 것이다. 마르크스는 실천을 통해 주/객 분리가 극복될 가능성을 확인하고 여기에 만족했다. 인식론은 그의 관심사가 아니었다. 또 다른 의미에서 실천, 세계를 변혁하는 실천이 그의 관심사였다.

이처럼 개별주체를 포기하고 '사회적 실천'으로 관심을 이동시킴으로써 마르크스는 나름대로 인식론적 딜레마에서 벗어날 수 있었다. 이

딜레마는 혁명의 대의에 동참하는 동안 그대로 무시될 수 있다고 여겨지기도 했다. 하지만 인식과 사회적 실천은 그처럼 간단하게 분리되는 것이 아님이 현실의 역사진행에서 드러났다. 마르크스주의는 자신이 해결하지 못한 문제, 즉 개인과 사회의 관계에 끝내 발목이 잡히고 만다. 이 문제는 뒤에서 뮐러의 희곡『헐값노동자』를 통해 자세히 살펴볼 것이다.

지금까지『자본론』이전 시기까지 마르크스의 지적 작업을 「포이어바흐에 관한 테제」를 중심으로 정리해보았다. 사실상 마르크스가『자본론』연구에 매진하게 된 사유의 발전과정이라고도 할 수 있다. 그는 철학연구를 하는 동안 인간존재의 본질에 대한 관심을 뛰어넘어 사회적 존재가 사회성을 발휘하는 '사회구성체'에 내재된 법칙을 연구할 필요를 느꼈는데, 이를 통해 인간존재를 바꿀 수 있다는 확신을 얻었기 때문이다. 사회적 존재인 인간이 앓고 있는 문제라면 사회적 관계를 바꾸는 방법을 통해 해결할 수 있을 것이고, 이것이 개인적 해결보다 더 빠르고 효과적인 방법으로 비쳤기 때문일 것이다.

더구나 인간존재를 분열시킨 원인이 사회적 생산과 사적 소유의 모순에 있다는 사실에 착안하게 되면, 사회변혁은 문제를 발생시키는 원인을 근본적으로 말소하는 해결책이 아닐 수 없다. 이렇게 하여 기존의 의식철학이 설정한 주/객 분리의 구도에 사회구성체가 첨가되었다.

주/객 분리 역시 인식론 차원에서이긴 하나 근본적으로는 인간과 외부 대상의 관계문제다. 하지만 이전까지는 문제가 개별적인 차원에서 논의되었다. 마르크스에 의해 개인의 분열과 소외의 문제가 집단적인 성격을 띠게 되었다. 이후 마르크스주의자들에 의해 자본주의 사회에서 사는 시민의 사적 분열의 문제마저 새로운 사회구성체 구성을 통해 극복될 수 있다는 전망이 적극 제시되기도 했다.

철학의 과제가 사회적 과제로

마르크스주의 형성과정에서 흥미로운 점은 개인의 존재와 집단적 정체성의 사이의 관련성이 시간이 지날수록 정치해지면서 구체적인 성과를 거두었다는 사실이다. 물론 인식론 논의에서 출발해 개별존재의 사회성을 확인하는 데 이르면서 인식론 자체는 부차화되었지만, 이 과정에서 인식과 실천의 사회적 구속성이 세밀하게 추적된 것이다. 종교비판이 해결하지 못한 철학적 과제를 완수할 담당자로 '프롤레타리아트'를 내세우는「헤겔 법철학 비판을 위하여」에서 이를 특징적으로 확인할 수 있다.

"모든 비판의 전제"로서의 "종교비판이 본질적으로 종결"된 시점에서 "진리의 피안이 사라진 뒤에 차안의 진리를 확립하는 것은 역사의 임무다."[22] 이리하여 "천상의 비판은 지상의 비판으로" 내려오는데, 눈에 들어오는 독일의 현실은 "부정적으로 시작한다 하더라도 그 결과는 여전히 시대착오에 머무를" 수밖에 없는 상태다. 독일은 "현대 민족들의 혁명을 공유함이 없이 그 민족들의 복고를 공유"한 처지이기 때문이다.

일반적으로 독일의 '역사적 지각'으로 요약되는 19세기 독일의 현실적 상황은 자유주의는 물론 공화주의 전망도 허용하지 않는, 암울한 것이었다. 마르크스는『라인신문』에 편집인으로 참여하는 동안 유지했던 공화주의 전망을 1843년 신문이 폐간된 후 버린다. 그리고 1848년 자본주의 몰락의 필연성과 프롤레타리아트 헤게모니를 결합시킨『공산당선언』을 발표한다.

프롤레타리아트 헤게모니는 1843년「헤겔 법철학 비판을 위하여」에

---

22) Karl Marx, *Zur Kritik der Hegelschen Rechtsphilosophie*, MEW 1, (Berlin: Diez, 1988), pp.378~379; 카를 마르크스, 최인호 옮김,「헤겔 법철학 비판을 위하여」,『칼 맑스/프리드리히 엥겔스 저작선집 1』, (서울: 박종철출판사, 1997), 1~2쪽.

서 이미 테제로 제출된 터이지만, 이때는 독일해방, 인간해방의 대의 아래서 해방의 머리를 이루는 철학과 함께 해방의 심장역할을 하는 것으로 설정되어 있다. 독일 철학이 제출한 인간해방의 문제를 해결할 주체로 소환된 프롤레타리아트가 공산주의 혁명의 주체로 내세워지는 과정에서 독일의 상황과 당시의 과제, 그리고 사회집단들에 관한 집중적인 논의가 있었고, 여기서 오늘날의 계층계급론의 토대가 마련되었다고 볼 수 있다. 이 논의는 이웃한 프랑스의 상황과 비교되면서 구체성을 얻었고, 부르주아 혁명을 거친 프랑스가 어떤 준거점을 제시함은 당연한 일이었다.

> 어떤 민족의 혁명과 시민사회의 어떤 특수한 계급의 해방이 동시발생하기 위해서는 어떤 한 신분이 사회 전체의 신분으로 여겨지기 위해서는 거꾸로 그 사회의 모든 결점이 다른 한 계급에 집중되어야만 하고, 어떤 특정 신분이 보편적 장해(障害)의 신분, 보편적 제약의 화신이어야 하며 한 특수한 사회적 영역이 세간 전체의 악명 높은 침해라고 여겨져서 이 영역으로부터의 해방이 보편적 자기 해방으로 나타나도록 되어야만 한다. ……프랑스 귀족과 프랑스 승려 계급의 부정적 보편적 의의는 우선 인접해 대립하는 부르주아지라는 계급의 긍정적 보편적 의의의 조건이 되었다.(Marx, MEW 1, p.388; 1997, 12쪽.)

부르주아 계급의 해방이라는 부분적 해방이 보편적 해방의 근거가 되는 프랑스와 달리 "독일에서는 보편적 해방이 모든 부분적 해방의 필수 조건이다."(Marx, MEW 1, p.390; 1997, 13쪽.) 시민사회에 존재하는 어떤 계급도 이 과제를 담당할 능력이 없다.

반면에, 정신적 삶이 비실천적인 만큼이나 실천적 삶이 몰정신적인 독일에서는 시민사회의 어떠한 계급도, 그들이 자신의 직접적 처지에 의해서, 물질적 필연성에 의해서, 자신의 사슬 자체에 의해서 강요받기 전에는 보편적 해방의 욕구와 능력을 가지지 못한다.(Marx, MEW 1, p.390; 1997, 14쪽.)

프롤레타리아트는 이처럼 보편과 필연에 의해 '강요받은' 계급이다. 사회적·경제적 세력관계에서 분화되어 나온 집단이 아니라 '인위적으로 생산된 빈민'이며 철학 속에서 자신의 정신적 무기를 발견하는 사람이다. 그래서 "사상의 번개가 이 소박한 인민적 지반 속으로 깊숙이 내리꽂히자마자 독일인의 인간으로의 해방은 성취될 것이다."(Marx, MEW 1, p.391; 1997, 15쪽.) 결국 프롤레타리아트는 보편의지의 담지자로 고안된 이상형(Idealtyp)을 현실적 부정성의 담지자에 투사해 인위적으로 형성해 낸 개념이라고 할 수 있다.

이처럼 철학적 사유의 귀결로 추론된 프롤레타리아트에 의해 독일 철학의 과제는 그대로 사회적 과제로 옮겨 앉는다. 그래서 프롤레타리아트 헤게모니는 현실의 세력관계로 뒷받침되지 못한 채 보편해방의 대의로 권력을 장악해야 하는 난제에 끊임없이 시달리게 되며, 혁명과정에서는 노동자 역시 프롤레타리아 의식을 획득해야 하는 과제에 직면하고 당의 지도를 받아야 하는 결과가 발생했다고 할 수 있다.

마르크스가 자본주의를 연구하면서 이 사회구성체의 역사적 성과를 적극 인정하고 아울러 자연법칙에 근거한 구성체임을 논증하면서도 그 법칙을 초월하는 계급에게 지양을 의뢰한 것은 그만큼 자신의 철학적 결론에 대한 확신이 컸다는 얘기다. 마르크스는 『공산당선언』에서 자연사적 과정으로 진행되는 자본주의 사회에서 부르주아가 이룩한 물질적 성취에 아낌없는 찬사를 보낸다. 이 자연사적 과정에 내포된 자기 파괴적

힘, 즉 "생산수단의 집중과 노동의 사회화가 고조되면 자본주의의 외피를 폭파시킬 것이라는"[23] 경제적 분석에 대한 확신이 있었기 때문일 것이다. 따라서 이 모순의 외화를 담당할 계급으로 프롤레타리아트를 설정한 것은 경제 분석에 대한 확신이 아닌 철학적 확신을 따른 결정이었다. 자연법칙을 분석한 인식론적 자기 확신과 인간해방에 대한 철학적 확신은 이렇게 해서 인과관계가 아닌 초월관계[24]로 결합하게 되었다.

프롤레타리아트

마르크스주의는 철학적 사유와 경제법칙을 내적으로 융합시킨 하나의 이데올로기라기보다는 철학과 경제학이라는 매우 이질적인 원리에 따르는 두 영역을 나란히 묶어놓은 이론구성에 가깝다. 그런 까닭에 거듭 '해설'되어야 하는 필요성에 노출되었다고 할 수도 있을 것이다. 무엇

---

23) Karl Marx, Das Kapital, Erster Band MEW XXIII, (Berlin: Diez, 1986), p.791 참조; 카를 마르크스, 강신준 옮김,『자본』I-2, (서울: 도서출판 길, 2008), 1022쪽. 원문은 이러하다. "생산수단의 집중이나 노동의 사회화는 마침내 자본주의적 외피와는 조화될 수 없는 시점에 이르게 되는 것이다. 이 시점에서 외피는 폭파된다."

24) 간단한 일례로 복사지가 하얀색인 까닭이 종이 자체가 하얗기 때문인가 아니면 우리가 그 종이를 하얗게 보기 때문인가를 들 수 있겠다. 우리 두뇌에 종이가 제공하는 감각자료들을 '흰색'으로 처리하는 메커니즘이 내장되어 있기 때문에 우리가 종이를 '하얗다'고 판단하는 것이며, 아울러 이런 판단을 내리도록 하는 자료 자체가 그 종이에 들어 있는 한에서만 우리의 두뇌는 판단의 메커니즘을 작동시킨다. 이때 종이와 인간의 두뇌가 맺는 관계가 칸트식으로 말하면 '초월'이다.(이순예, 앞의 글, 2010, 주3) 참조.)
칸트 자신의 정의는 이렇다. "초월적 원리란 그에 의해, 그 아래서만 사물들이 우리 인식 일반의 객관(체)들이 될 수 있는 선험적인 보편적 조건이 표상되는 그런 원리다. 그에 반해, 만약 한 원리가 그 아래서만 그것들의 개념이 경험적으로 주어져 있을 수밖에 없는 객관(체)들을 선험적으로 더 나아가 규정할 수 있는 선험적 조건을 표상한다면, 그 원리는 형이상학적이라 일컫는다."(Kant, pp.17~18; 2009, 165쪽.)

보다도 근본적으로 제기되는 문제는 '자연사적 과정'으로 이해된 자본주의 운영원리를 '인식'한 후, 자본주의 극복을 위해 실천의 장으로 발을 내딛는 일이 어떤 계기를 통해 보장되는가 하는 물음이다.

앞에서도 지적했듯이 마르크스주의에서의 이론과 실천의 관계는 계몽의 전통에서 벗어나 있기 때문이다. 앎의 현실적 적용이라는 입장에서 실천을 거론한다면, 자본주의 사회에서 노동자는 자연사적 과정으로 인식된 경제 시스템이 존속되기 위한 활동을 하지 폐지를 위한 활동을 하기 어렵다.

또 이론이 요구하는 대로 노동자가 철학적 훈련을 통해 '모순'이라는 변증법적 운동 원리를 터득하고 있다 하더라도 자연법칙이 변증법적 운동에 의해 정지되는 순간을 판가름해내기란 여간 어려운 일이 아닐 것이다. 이런 사정 때문에 모순의 지양을 담당할 역사의 주체로 개인이 아닌 '프롤레타리아트'라는 집단을 상정했다는 판단이 들기도 한다. 자연법칙의 규정성을 끊고 진보를 성취하기 위해서는 모순의 변증법적 전복과정에 몸을 실어야 하는데, 여기서 말하는 모순은 생산력과 생산관계에서 발생하는 것으로서 사회 차원이지 개인 차원에서 말하는 의식과 존재의 불일치는 아니기 때문이다.

이 '프롤레타리아트'라는 집단을 문제해결의 주체로 설정함으로써 마르크스주의는 서구계몽의 전통에서 결정적으로 이탈하게 된다. 물론 처음 고민의 출발은 전적으로 계몽의 전통에 입각해 있었다. 그리고 철학적 사유의 힘을 빌려 분석적·개별적 인식에 머무르지 않고 자본주의의 구조적 모순을 간파하는 단계로 나아가 극복의지를 실현한다는 이론구성 역시 계몽의 전통을 이탈한다고 보기는 어렵다. 이탈은 사회관계의 변혁이라는 실질적인 작용을 직접 불러오는 '실천'(Praxis)을 도입하지 않으면 안 되는 마르크스주의의 필요성 때문에 발생했다. 그 결과 마르크스주의의 인간학은 난제들에 직면하고 만다. 자본주의 모순을 인식하고 사회적 실천의 필요성을 절감하도록 '기대되는' 당사자는 '개인'이다. 그런데 이 당사자 개인이 요청되는 기대에 제대로 부응하기 위해서는 프롤레타리아트라는 '집단'의 정체성을 입어야만 하는 것이다.

개인에서 집단으로의 형질변형은 간단하지 않은 문제들을 발생시킨다. 무엇보다도 이 프롤레타리아트라는 집단적 정체성에서는 현실극복의지를 발생시키는 출발점이었던 '모순'이 더 이상 움직임의 추동요인이 아니다. 프롤레타리아트라는 개념은 이미 모순이 흔적도 없이 사라진 상태를 지시하기 때문이다. 바로 여기가 풀기 어려운 문제를 발생시키는 지점이다. 사회변혁을 위해 마르크스주의를 도입하는 과정에서 일반적으로 통용되던 문제해결 방식은 개인이 프롤레타리아 계급의식을 획득함과 아울러 실존적 분열을 극복한다는 '실천론'이었다.

이런 실천론에서 난제의 핵심이 모습을 드러내는바, 사회를 변화시키기 위해 개인이 이미 자신의 내적 모순을 극복하고 온전한 주체로 완결되어 있어야 함을 이론구성의 전제로 삼고 있기 때문이다. 이 '실천론'은 "인간의 본질은 그 현실에 있어서 사회적 관계들의 앙상블"(Marx, MEW 3, p.6; 1997, 186쪽.)이라는 이론의 전제를 근본적으로 위반한다. 사회가 변하기 전에 이미 변화된 상태로 존재해야 하는 프롤레타리아트는 오히려 "각각의 개체 속에 내재하는 추상물"(Marx, MEW 3, p.6; 1997, 186쪽.)의 외화에 더 가깝다.

비판문법으로부터의 이탈은 바로 이처럼 실천을 위해 개인의 내적 분열을 지양시킬 필요성에서 시작되었다. 의식과 존재가 일으키는 모순을 실천을 통해 지양하는 것이 아니라 역사철학 과제를 통찰하고 진보의 대의에 동참하는 실존적 결단에 의해 '해소'시키는 것이다. 하지만 앞에서도 지적했듯이 종교비판을 비롯해 청년독일파와 사상투쟁을 벌이면서 철학 저술을 쓰던 시절에는 의식과 존재의 불일치가 모순의 내용을 이루고 있었다. 그래서 거꾸로 선 헤겔의 변증법을 다시 바로 세우면서 이 문제를 해결하려고 노력했던 것이다.

분열을 모르는 개인

그러다가 "자본주의적 생산양식에 특유한 자연법칙을 찾아내려"(김수행, 2011: 25쪽.)고 『자본론』을 집필하는 시기에 생산력과 생산관계의 모순으로 관심사가 옮겨 갔던 것이고, 이런 구조적 모순의 지양은 사회적 실천을 통해서만 가능하다는 결론이 도출되었다. 그래서 이번에는 '바로 세우기만 하면 되는 변증법적 방법론'을 동원해 존재가 의식을 결정함을 논증했다. 헤겔이 했던 것과 정반대로 하면 되었다. 이 작업은 주로 청년독일파와 논쟁을 벌이면서 구체화되었는데, 아래의 구절은 그 과정을 잘 드러내준다.

청년헤겔파의 환상에 따르면 인간들의 관계들, 인간들의 일체의 행동, 인간들의 족쇄들과 제한들이란 인간들의 의식의 산물이기 때문에, 청년헤겔파는 수미일관하게도 인간들에게 그들의 현재의 의식을 인간적·비판적 혹은 자기 중심적 의식으로 바꾸고 그렇게 함으로써 그들의 제한들을 제거하라는 도덕적 요청을 제기한다.
의식을 바꾸라는 이러한 요구는 현존하는 것을 달리 해석하라는, 즉 다른 해석을 통해 현존하는 것을 인정하라는 요구로 치닫는다. 청년헤겔파 이데올로그들은 그들의, 이른바 세계를 뒤흔드는 문구들에도 불구하고 굉장한 보수주의자들이다.[25]

---

25) Karl Marx & Friedrich Engels, *Deutsche Ideologie*, MEW 3, (Berlin: Diez, 1969), p.20; 카를 마르크스/프리드리히 엥겔스, 최인호 옮김, 『독일 이데올로기』, 『칼 맑스/프리드리히 엥겔스 저작선집 1』, (서울: 박종철출판사, 1997), 196쪽.

보수주의자들이 "현존하는 것을 다르게 해석"할 뿐인 결론에 도달하는 것은 현실의 제한들이 의식의 산물이라 여기기 때문이다. 이 전도된 상(像)을 제자리로 돌려놓는 일은 의외로 간단하다. 존재를 그 자체로 먼저 인정하고 그로부터 의식활동을 도출해내면 되는 것이다.

> 의식은 결코 의식된 존재 이외의 것일 수 없으며, 인간들의 존재는 그들의 현실적 생활과정이다. ……우리는 현실적으로 활동하는 인간들에게서 출발하며, 또한 그들의 현실적 생활과정으로부터 이 생활과정의 이데올로기적 반영들과 그 반향의 발전을 표현한다. …… 의식이 생활을 규정하는 것이 아니라 생활이 의식을 규정한다. 첫번째 고찰방식에서는 살아 있는 개인으로서의 의식에서 출발하지만, 현실적인 생활에 조응하는 두 번째의 고찰방식에서는 현실적인, 살아 있는 개인들 자신으로부터 출발하며, 의식을 단지 그러한 개인들의 의식으로서만 간주한다. ……그러므로 사변이 멈추는 곳 즉 현실적인 생활에서 현실적이고 실증적인 과학 즉 인간들의 실천적 실행 및 실천적 발전과정의 서술이 시작된다.(Marx, Engels, MEW 3, pp.26~27; 1997, 202~203쪽.)

"의식된 존재 이외의 것일 수" 없는 의식은 분열을 모른다. 이런 전제를 딛고 사회변혁을 위한 실천에 뛰어드는 인간형을 추상해낼 수 있었던 것이다. 극복의지를 실현하는 이러한 인간형은 '프롤레타리아트'라는 집단으로 충분히 상정될 수 있었다. 분열을 모르는 개인은 동일한 사회적 조건 아래서라면 동일한 생각을 할 수 있고, 삶의 궤적도 동일할 것이기 때문이다. 이런 동질감은 얼마든지 집단적 정체성으로 묶일 수 있다.

그런데 프롤레타리아트 개념의 핵심은 '노동하는 대중', 즉 노동을 통해 타인과 관계를 맺는 사람들이라는 점에 있다. 이 핵심적인 계기 때문에 개념 자체가 현실에서 표류할 수밖에 없었고, 궁극적으로는 실패한 역사를 쓰게 되었다는 것이 나의 결론이다. 실패 원인은 이 개념이 근본적으로 변혁론 구상을 위해 고안된 것이라는 사실에 있다. 변혁론은 노동자가 노동을 통해 자본주의의 본질, 즉 착취 메커니즘을 터득한다는 전제를 필수적으로 요청한다. 현실에서 아직 '자본가의 무덤을 파는 존재'로 충분히 성숙하지 못한 노동대중을 프롤레타리아로 존재 이전시키는 과정이 반드시 동반되어야만 혁명적 변화를 꾀할 수 있기 때문이다.

노동을 하는 동안 얻은 경험을 이론적으로 재구성해 변혁의 전망에 통합시킬 필요가 있었다. 또 그러기 위해서는 '인격적 독립' '자본축적' 등과 같은 철학적·경제학적으로 세련된 매개가 필요했으므로 당의 지도는 필수적이었다. 결국 마르크스주의가 기획한 변혁론을 실천하기 위해서는 현실적으로 노동과 학습이 병행되어야만 했던 것이다.

이런 견지에서 '실패한 사건'이긴 하지만 사회주의 혁명은 인류가 경험한 엄청난 가능성의 순간이기도 했다. 원래의 구상에 따르면 같은 조건에서 동일한 노동을 하는 사람들은 학습과정에 큰 차이가 없어야 했다. 그리고 당의 지도가 개별적인 차이들을 좁혀나갈 것이라고 생각했다. 하지만 학습은 전적으로 개별적인 과정으로 이루어진다는 점이 드러났다.

사회주의 혁명을 몸소 돌파하면서 창작활동을 한 지난 세기의 작가들은 이 문제와 씨름하지 않을 수 없었다. 앞으로 우리는 브레히트(Bertolt Brecht)와 뮐러의 작품을 통해 지난 시기 실재했던 위대한 인간적 가능성의 순간이 충분히 만개되지 못하고 주저앉는 과정을 살펴볼 것이다. 이는 프롤레타리아트라는 집단을 행위의 주체로 내세움으로써 비판문법을 정지시킨 결과였다.

시간적 변화의 공간적 정지, 『공산당선언』²⁶⁾

'지금'이라고 말하는 순간은 화자의 의식에는 '지금'으로 남아 있지만, 실제로는 이미 지나간 '과거'다. 지구의 자전이라는 자연사적 법칙을 부정하지 않는 한, 말하는 주체는 자신의 의식이 시간적 지체를 고스란히 떠안을 수밖에 없음을 인정해야 한다. 대상세계는 시간의 흐름 속에서 자신을 의식하지 않고 함께 흐름으로써 시간의 누적을 감당해 결과적으로는 '변화'라는 사태를 발생시킨다. 하지만 주체의 의식은 의식된 것을 물질적 조건으로부터 분리시켜 개념화해낸다.

물질적 조건에서 분리된 개념은 변화를 모른다. 변화무쌍한 대상세계 앞에서 혼란스러움을 감당해야 하는 인간에게 고착된 개념은 유혹이다. 개념이 객관성을 보장해준다고 믿는다. 그래서 개념으로 대상에 접근해서 사태의 전말을 알아보려 한다. 사태를 좀더 명확하게 파악하고자 하는 인간의 의지는 개념인식의 한계를 넘어설 수 없다. 지적 능력을 타고난 인간의 운명일 것이다.

독일 관념론은 이러한 인간의 운명에 도전했다. 인간에게는 인식과 대상 사이에 특정한 지체가 발생한다는 사실을 깨닫는 능력도 있음을 간파했기 때문에 가능한 일이었다. 화자는 금방 깨닫는다. '어, 지나갔구나!' 그런데 깨닫는 순간, 현재의 순간 역시 마찬가지로 흘러가버림도 덩달아 깨닫는다. 그래서 자신이 결국은 거듭 똑같은 사태에 처하고 만다는 기막힌 진실을 터득한다. 계속 흘러가버리고 마는 현재에 머물러 있어야 하는 존재는 불안하다.

---

26) 분석 대상 텍스트는 Karl Marx und Friedrich Engels, *Das Kommunistische Manifest*, Mit einer Einleitung von Eric Hobsbawm, (Hamburg: Argument, 1999) 임. 선언문을 인용할 경우는 Manifest, 홉스봄의 「서문」에서 인용하는 경우는 Hobsbawm, 1999로 표기함.

하지만 이런 흐름을 똑같은 개념으로 파악할 수 있는 정신활동은 믿음직스럽다. 또 다른 '지금'이 바로 지금 자신에게 다가왔는데, 그 지금을 파악하는 두뇌의 정신활동에 비춰보았을 때, 새로 나타난 '지금'이 방금 지나간 '지금'과 아무런 차이도 없어 보이다니, 화자는 결국 '지금'이라는 개념을 신뢰하고 시간이 흘렀음에도 그냥 지금이라고 말해버린다.

개념이 실재의 세계에서 현실적으로 발생하는 시간 지체를 흡수했으며, 그런 과정을 통해 개념이 더욱 명징해진다는 가설에서 출발해 시간 지체를 통해 발생한 개념과 대상의 불일치는 인간의 보다 고차원적인 정신활동에 의해 지양될 수 있다는 논리가 성립되었다. 내적 모순을 합(合)의 진리로 전환시키는 변증법적 전복은 대상과 인식주체의 정신활동을 '의식 속에서' 일치시킨다. 그런데 이러한 변증법적 방법론은 관념론의 좀더 큰 우주론적 전제 아래서만 설득력이 있다. 인간이 흐르는 것으로 경험하는 자연사적 과정인 시간이 그 '흐른다'는 사태의 본질을 구현하고 있는 정신 속에서 이념으로 지양되어 하나의 절대적 전체를 이루고 있다는 전제다.

개별 인간이 경험하는 '지금'은 이 전체의 한 부분으로서 그 전체에 속해 있다. 이 전체가 지금을 지금이 아닌 것으로 만들었던 시간 지체를 지금이라는 개념 속으로 흡수되도록 뒷받침한다. 개별은 보편과의 관련을 잃지 않는 한, 자기 전개라는 변증법적 과정을 통해 실체를 계속 담보해낼 수 있다. 따라서 개념의 자기 전개란 지체를 '의식한' 개념이 보편진리를 지시하는 가운데 개념으로서의 자기 정체성을 유지하려는 움직임이라고 할 수 있다.

서구 지성사에서 '공산주의'가 하나의 개념으로 형성되는 과정 역시 이러한 관념론적 배경을 지닌 것이었다. 그 개념의 내포가 '세상을 바꾸는 행위'를 강력하게 지시하는 까닭에 사회운동론 또는 혁명사적 관점에서 더 많이 논의되었지만, 공산주의가 하나의 개념으로 정식화된 것은 무엇보다도 마르크스와 엥겔스가 함께 쓴 『공산당선언』이라는 책자에 의해서라고 할 수 있다. 소책자로서 선언문 형식을 취하고 있는 이 책은 당대 상황에 얽매인 채 그대로 오늘날 고전의 위상을 획득한 터다. 그런데 이 문건이 사회주의 운동사에 무수히 등장했던 선동선전(agi-pro)문들 가운데 독보적인 지위를 자치하게 된 데에는 사회적 영향력이 매우 컸다는 사정만 작용한 것이 아니다.

철학적 성찰의 귀결로 요청되는 실천

더욱 중요한 요인은 사회적으로 직접 변화를 불러일으키는 실천행위에 대한 철학적 정당화 작업이 수행되었다는 데 가로놓여 있다. 이는 분명 지성사적으로 주목받을 만한 대목이다. 홉스봄(Eric Hobsbawm)도 지적하듯이(Hobsbawm, 1999, p.31.) 이 「선언문」은 공산주의의 목적을 "자본주의의 본질과 발전에 대한 분석으로부터" 도출해내지 않는다. 대신 인간의 본성과 운명에 대한 "철학적 그리고 궁극적으로는 종말론적 논증"을 통해 '다음에 와야 할 세상'을 추론하는 형식을 취하고 있다. 그러는 가운데 '현재' 독일인이 처한 '비참한' 상황을 타개하기 위해 인간해방의 길로 나아가야 함을 역설하고, 그 구체적인 방법론과 해방된 상태에 대한 전망을 제시하고 있는 것이다. 이 문건의 특징이면서 선언문다운 점은 저자들이 그 전망을 결국은 자본주의 전복을 통한 공산주의 건설이라는 사회혁명의 길에 국한시키는 데서 집약적으로 드러난다.

그래서 실천에 대한 호소가 이 문건의 핵심내용을 이루는 것처럼 보이게 되었다. 하지만 문건을 자세히 들여다보면, 그 실천의 불가피함이 현실상황에서 논리 분석의 결과로 도출되지 않고 철학적 성찰의 귀결로 '요청'되고 있는 특이점이 발견된다. 현재 독일이 '비참한' 상태에 처해 있긴 하나 현실의 어떤 움직임에서 변화의 가능성을 직접 끌어올릴 수 있을 만한 '혁명적' 상황은 아니기 때문이다. 그래서 대의에 동참하는 '결단'을 통해 보편해방에 동참하자는 호소로 문건은 마무리된다. 결과적으로 이 문건은 혁명적 상황이 아닌 독일에서 현실의 비참을 극복할 가능성에 대한 고민의 기록이라고 할 수 있다. 그런데 그런 고민이 백일몽으로 빠지지 않고 사회적 세력과 결합해 현실석 작용력을 획득했다는 데에 이 문건의 특별함이 있다.

이는 독일 관념론의 토양에서만 가능한 특별함이다. 독일 관념론은 신적인 절대이념과 구체적인 역사현실을 일치시키겠다는 철학적 기획이었다. 철학적 사유가 현실을 극복하고자 하는 의지와 직접 결합해 사회운동을 불러일으키는 경우란 이런 관념론의 배경 아래서만 생각해 볼 수 있는 일이다. 이런 기획을 수립해본 경험이 역사적으로 축적된 나라에서 과학적 사회주의자들은 현재가 객관적으로는 혁명적 상황이 아님을 냉철하게 분석하면서도 그 '객관적인 상황'을 이념적으로 상정했다. 그러고는 그 상황에서 변혁을 주도할 주체의 성격을 논하고, 더 나아가 그 주체가 그런 객관적 상황을 앞당겨 도래시킬 수도 있다는 열망에 불을 지폈다.

그렇다면 결국 이 문건의 진정한 핵심은 공산주의가 사회변혁의 주체로 설정하는 프롤레타리아트 계급의 개념화에 있다고 해야 할 것이다. 더구나 이 문건의 저자들이 시도한 개념화 작업은 문건에서 제시된 이론적인 근거를 따라 이후 역사현실에서 구체화되는 방식으로 명실상부한 성공을 거둔 바 있다. 이른바 '프롤레타리아 계급의식'으로 무장한 사회 세력에 의해 인류역사의 흐름을 뒤바꿔놓는 혁명이 실제로 일어나지 않았던가. 프롤레타리아는 '개념'으로 인류의 역사에 등장했던 것이다. 이 사실은 조건 없이 인정되어야 한다. 그 후 혁명을 일으켰는데, 그 혁명이 오늘날 실패한 혁명으로 평가되고 있다.

그렇다면 우리가 관심을 기울여야 하는 대목은 왜 과거의 성공이 오늘날의 실패로 기록되어야 하는가다. 여기서 성공과 실패를 논리적으로 연결하는 하나의 고리를 찾을 필요가 생긴다. 문건을 세세하게 살펴보면 성공한 개념화 작업이 혁명을 실패로 돌아가게 만든 장본인이 아닌가라는 '논리적 추론'을 해볼 수 있다. 현실에서 존재하지 않는 프롤레타리아 계급이 이 문건을 통해 개념화되더니 마침내 객관적 진리의 담지자로 역사에 등장하는 순서로 과거 역사가 진행되었기 때문이다.

개념화 작업 성공의 열쇠는 선언문『공산당선언』의 호소를 듣고 직접 실천의 단계로 들어가는 사람들의 사회적 배경을 분석하면서 개인적이고 인격적인 특성이 아니라 집단적 정체성에 초점을 맞추고 그 동질성에 호소하는 서술방식에 있었다. 그리하여 마침내 홉스봄의 지적대로 "프롤레타리아트 계급이 독일 철학의 목적을 실현할 사회세력으로 설정"(Hobsbawm, 1999, p.31.)되는 인류사의 대사건이 발생했다. 현실에 대한 철학적 사유가 현실의 문제를 해결할 담당자를 '발굴'해낸 경우라 하겠다.

이 발굴 과정 자체에 대해서는「헤겔 법철학 비판을 위하여」에서 좀더 구체적인 진술을 찾아볼 수 있다.[27] 『공산당선언』은 철학적으로 소환해낸 프롤레타리아트 계급의 세계사적 과제를 현실극복의 전망과 직접 결합시키는 것으로 내용이 채워져 있는데, 여기서 자본주의의 몰락과 공산주의의 도래는 마치 자연사적 필연의 과정인 것처럼 서술된다. 자본주의는 고유한 자연법칙에 따라 전개되는 경제구성체로서 발전과정에 내재한 모순의 집적과 지양의 필연적인 단계를 통과해 사멸하게 되어 있다.

---

27) 일례로 이런 문장을 들 수 있을 것이다. "독일의 정치적 의식의 기존 양식에 대한 단호한 반대자로서 사변적 법철학 비판은 자기 자신 속에서 헤매지 않고, 그 해결을 위해서는 오직 다음과 같은 하나의 수단만이 존재하는 과제들로 나아간다. 실천." Karl Marx, *Zur Kritik der Hegelschen Rechtsphilosophie*, MEW 1, (Berlin: Diez, 1988), p.385; 카를 마르크스, 최인호 옮김,「헤겔 법철학 비판을 위하여」,『칼 맑스/프리드리히 엥겔스 저작선집 1』, (서울: 박종철출판사, 1997), 8~9쪽.

그렇다면 몰락 이후의 새로운 세계상 역시 이 자연사적 전개과정으로부터 유추해낼 수 있을 것이다. 유추의 근거는 자세하게 나와 있다.

족쇄를 분쇄하는 부르주아지

하지만 우리는 보았다. 부르주아지를 형성시킨 기초가 된 생산수단과 교환수단은 봉건사회 안에서 생성되었다. 이 생산수단과 교환수단이 일정한 발전 단계에 이르자, 봉건사회의 생산조건과 교환조건, 농업과 매뉴팩처 공업의 봉건적 조직, 한마디로 봉건적 소유관계는 이미 발전된 생산력과 더 이상 양립될 수 없게 되었다. 그것은 그만큼 족쇄가 되었다. 그것은 분쇄되어야 했으며, 분쇄되고 말았다. ……이와 비슷한 움직임이 우리 눈앞에서 진행되고 있다. ……사회가 처분할 수 있는 생산력은 더 이상 부르주아 문명을 촉진하고 부르주아적 소유관계를 발전시키는 데 이바지하지 않는다. 그 반대다. 이 생산력은 이 관계들에 대해 너무 강력하게 되고 이 관계에 의해 족쇄가 채워지며, 이 족쇄를 극복하자마자 그것은 부르주아 사회 전체에 무질서를 가져오고 부르주아적 소유권의 존립을 위태롭게 한다.(Manifest, pp.50~51.)

이 진술의 중요성은 일차적으로 한 사회구성체에서 다른 사회구성체로 이행하는 과정을 '진보'로 파악하고 그 근본동력이 생산력의 발전에 있음을 명시한 데서 찾을 수 있을 것이다. 생산력의 발전은 어쩔 수 없이 기존의 생산관계와 사회관계를 낡은 것으로 만들고 다음 단계에 걸맞은 새로운 관계들을 필요로 한다. 산업혁명에 따른 비약적인 생산력증가는 봉건사회의 해체로 귀결되었다. 그리고 새로운 생산관계와 소유관계에 기초한 부르주아사회를 열었는데, 이러한 사회구성체 이행을 성공적으로 이룩해 역사진보를 견인하고 있는 나라가 있었으니 바로 프랑스였다.

　프랑스혁명은 역사 발전과정에서 필연적으로 등장하는 모순의 해결 주체를 역사의 전면에 등장시켰다. 부르주아지다. "발전된 생산력"과 양립될 수 없는 "봉건적 소유관계"를 "족쇄"로 인식한 부르주아는 이를 "분쇄"시켰다. 생산력증대를 위한 분쇄는 역사의 진보를 보증하는 행위다. 생산력증대라는 자연사적 소명에 따라 '족쇄를 분쇄'하는 행위, 즉 혁명이 자연사적 과정으로 설명되었음은 물론 혁명의 주체인 부르주아 역시 자연법칙의 집행담당자로 자리매김되었다.

　그런데 법칙이란 원래 언제 어디서든 대상을 '분쇄'하는 속성을 지닌 것이다. 현실에서 자신을 관철할 능력이 있는 운동원리에 대해 법칙이라는 이름을 붙이는 까닭이다. 물론 조건이 무르익어야 한다. 부르주아적 소유관계 역시 생산력발전을 감당할 수 없는 단계가 되면 족쇄로 전락할 것이고 그러면 분쇄되어야 할 대상이 될 것이다. 부르주아적 소유관계와 더불어 부르주아 계급도 '분쇄'되어야만 한다. 이 계급이 역사에서 사라지지 않으면 생산력 발전이라는 자연사적 진행과정에 제동이 걸리게 될 것이므로 '부르주아 타도'는 불가피한 일이다.

　프랑스혁명 이후 유럽 대륙이 휘말려들어간 혁명의 소용돌이 속에서 현실극복 의지를 지닌 채 상황을 주시하던 혁명적 지식인은 이 대목에서 철학적 사유와 역사적 관찰을 결합시킨다. 그 결과 생산력발전에 토대를 둔 진보관이 매우 구체적인 역사법칙으로 전환되었다. 위 진술의 '진정한' 중요성은 아마도 바로 여기서, 마르크스와 엥겔스가 '법칙'을 만들었다는 사실에서 찾아야 할 것이다. 프랑스혁명이 그런 '법칙성'에 따라 진행되었음을 확인했다고 여긴 까닭에 생산력발전을 위한 역사법칙의 적용이 미래에도 계속 이어질 것이라는 생각이 너무도 당연해 보였던 것이다.

　지나간 역사를 연구한 끝에 얻은 현명한 인식들을 미래를 위해서 유용하게 쓸 수 있다고 믿은 그들은 이미 일어난 일을 설명하는 틀을 가지고 미래를 여는 법칙을 만들었다. 그리고 한발 더 나아가 그 미래를 위한 법칙이 현재의 행동을 결정하는 지침이 되어야 한다고 믿었다. 이러한 믿음이 역사진보에 동참하는 결단과 동일시되면서 이『공산당선언』은 이후 역사에서 많은 추종자들을 얻었다. 미래가 이미 결정되었다는 생각은 과거를 '제대로' 파악했다는 확신에서 비롯된 것이다. 인간의 지적능력은 특히 개념적 파악의 경우에는 한계가 분명한 것인데, 문건의 저자들은 이 한계를 인정하지 않았다. 물론 과거를 올바로 파악했다고 가정할 수 있는 경우가 아주 없지는 않을 것이다. 그렇다고 그 인식을 미래에 그대로 투사할 수 있다고 믿는 것은 오만이다.『공산당선언』은 인식론적 오만의 결과로 작성되었다.

　　자본주의 몰락 이후의 세계를 유추하는 저자들의 논리는 어렵지 않게 재구성할 수 있다. 하지만 그렇다고 그 논리에서 공산주의에 대한 표상을 뚜렷하게 추출해낼 수 있지는 않다. 구체적으로 확정지을 수 있는 사안은 '생산력의 비약적 발전'뿐이다. "100년도 채 안 되는 그들의 지배기간에 지나간 모든 세대가 창조한 것을 다 합친 것보다 더 많고 더 거대한 생산력을 창조"(Manifest, p.49.)한 부르주아의 세계사적 공헌을 크게 기리는 제1장은 문건 전체의 성격을 규정한다.『공산당선언』의 저자들에게 자연사적 과정인 역사진행에서 생산력의 퇴보란 있을 수 없는 일이다.

　　"따라서 현대 공업의 발전은 부르주아지가 생산물을 생산하고 전유하는 기초를 그들의 발밑에서부터 무너뜨린다"(Manifest, p.59.)는 진단은 인류가 미래에는 부르주아가 이룩한 것보다 더 비약적인 생산력의 증대를 보장하는 사회로 진입해야 한다는 전제에서 나오는 것이다. 질적으로 완전히 다른 사회를 구상해야 했고, 사회구성체 이행은 내부 모순의 지양과정을 통과해야 한다는 전제가 있었다. 그래서 일차적으로 자본주의 사회의 내부 모순에 주목했던 것이다.

인식론적 오만

사회적 생산과 사적 소유의 모순이 부르주아지와 프롤레타리아트 계급 사이의 적대관계를 심화시키므로 이 관계들의 지양을 통해서만 생산력의 지속적 증대를 기대할 수 있다는 결론이 도출되었다. 따라서 관건은 부르주아적 자본축적의 조건인 임금노동의 철폐다. 이런 논리에 따라 임노동의 담당자인 프롤레타리아트가 낡은 관계와 함께 부르주아를 몰락시킬 주체로 떠오를 수밖에 없었다. 논리적으로 수미일관한 유추였다. 하지만 이러한 논리구성이 처음부터 현실적인 변혁이라는 명백한 목적을 가지고 시작된 까닭에 변혁의 주체인 프롤레타리아트 계급을 구체적인 현실에서 찾아야 했다.

논리적 추론에 따라서 미래의 주역을 지금의 현실에서 찾아내야 하는 과제가 발생했는데, 그 프롤레타리아트는 독일에 있어야 했다. 독일에 부재하는 현재, 즉 부르주아 혁명의 부재를 미래로 치환시키면서 독일의 프롤레타리아트는 미래의 독일을 보편으로 지양시킬 것이다. 왜냐하면 '부재'로부터 출발했기 때문이다. 이런 독일에서 미래는 이미 현재다. 그리고 선취된 미래가 현재의 조건을 이루고 있는 까닭에 앞으로 실현될 미래는 현재적 조건에서 자유로울 것이다.

> 공산주의자들은 주로 독일에 주의를 돌린다. 이는 독일이 부르주아 혁명의 전야에 있기 때문이며, 독일이 유럽 문명의 보다 선진적인 조건들 아래서, 그리고 17세기의 영국이나 18세기의 프랑스에서보다 훨씬 더 발전된 프롤레타리아트를 가지고 변혁들을 수행할 것이며, 독일 부르주아 혁명은 즉시 이어질 프롤레타리아 혁명의 서곡일 뿐이기 때문이다.(Manifest, p.86.)

당시 독일은 부르주아 혁명도 통과하지 않은 저개발의 국가였다. 따라서 자본주의의 내적 모순이 자본주의 사회구성체라는 '외피'를 감당하지 못해 기존의 관계들이 '분쇄'되어야만 하는 상황에 도달해 있지 않았다. 그런데도 새 시대의 주역인 프롤레타리아트가 독일에서 자신의 역사적 역할을 제대로 수행할 것이라는 판단을 하는 이유를 『공산당선언』의 저자들은 여기서 분명히 밝히고 있다. 부르주아 혁명과 프롤레타리아 혁명은 쌍생아의 운명으로 엮여 있기 때문이다. 부르주아지란 바로 "그들 자신의 무덤을 파는 사람들을 생산"(Manifest, p.59.)하는 계급이므로 프롤레타리아트가 형성되어 있다면 '무덤을 파는 사람들의 생산'이 진행되었다고 상정할 수 있는 것이다.

그 생산과정이 꼭 프랑스나 영국처럼 현실적으로 일정한 시간 동안 실제로 일어나야만 하는 것은 아니다. 프롤레타리아트가 부르주아지의 무덤을 파는 사람들이라는 점만 분명히 깨닫고 있으면 된다. 이는 자기 계급의 역사적 사명을 자각한 프롤레타리아의 등장을 전제로 하는 것인데, 이런 계급 각성이 이루어질 수 있는 조건을 독일사회는 제공하고 있었다.

프랑스에서는 어떤 사람이 모든 것이기 위해서는 어떤 것인 걸로 족하다. 독일에서는 어떤 사람은 모든 것을 포기하지 않으면 어떤 것일 수도 없다. 프랑스에서는 부분적 해방이 보편적 해방의 근거다. 독일에서는 보편적 해방이 모든 부분적 해방의 필수조건이다. 프랑스에서는 단계적 해방의 현실성이, 독일에서는 단계적 해방의 불가능성이 온전한 자유를 낳는 것임이 틀림없다.[28]

28) Karl Marx, *Zur Kritik der Hegelschen Rechtsphilosophie*, MEW 1, (Berlin: Diez, 1988), pp.389~390; 카를 마르크스, 최인호 옮김, 「헤겔 법철학 비판을 위하여」, 『칼 맑스/프리드리히 엥겔스 저작선집 1』, (서울: 박종철출판사, 1997), 13쪽.

지난 시기의 역사진행을 분석하는 과정에서 확정할 수 있었던 진보의 요인들이 미래를 위해서 재조합되고 있다. 현실적인 조건은 무척 다르지만, 역사발전의 법칙은 프랑스에서와 마찬가지로 독일에서도 관철될 것이므로 프랑스에서 이루어진 진보의 구체적 단계에 비춰 독일의 상황을 재조명하면 된다고 『공산당선언』의 저자들은 확신했다. 생산력과 생산관계의 모순, 그 모순의 외화를 담당하는 역사진보의 주체 등은 법칙성을 보장하는 고정변수로 등록되고 "들이닥친 산업운동에 의해서 비로소 독일에서 생성하기 시작"(Marx, MEW 1, p.390; 1997, 14쪽.)한 프롤레타리아트의 역사적 지체는 현실을 변혁의 관점에서 바라보게 하는 구체적 계기가 될 뿐이다.

이념형으로서의 계급적대

프롤레타리아트 자체가 아니라 이 계급의 역사적 임무가 고정변수이며, 임노동 관계의 철폐를 실현하는 주체로서 이 계급이 형성될 수 있도록 상황을 조성하면 된다는 구체적인 생각도 나왔다. 시간 지체는 변혁의지에 의해 얼마든지 극복될 수 있는 일로 여겨졌다. 그 지체 때문에 발생한 변혁의 구도변화를 정확하게 간파해내는 것이 관건이었다. 독일의 프롤레타리아트는 독일의 부르주아지가 역사의 주역이 되지 못한 만큼 현실적으로 그들에 의해 직접 생산되지 않았다. 그리고 독일 부르주아지가 봉건적 질서를 분쇄하면서 역사의 주체로 자리 잡지 못한 까닭에 프롤레타리아트 역시 그 부르주아지의 대타존재로서 사회의 한 부분을 이루고 있지 않았다.

하지만 프롤레타리아트와 부르주아지의 계급적대는 역사발전의 법칙 아래 반드시 해소되는 단계를 통과해야만 한다. 역사의 진보라는 관점을 버리지 않는 한, 계급적대 역시 버릴 수 없는 요인이기 때문이다. 산업발전의 지체로 무산자들이 아직 프롤레타리아로 구성되지 않은 독일사회는 기득권층에 의한 수탈이 자심하고 자본주의 모순도 갈수록 심화되었지만 이른바 '계급적대'라는 진보의 필수적인 계기는 등장하지 않은 상태였다. 따라서 현실에서는 존재하지 않는 계급적대가 그 이념형에 따라서 조립되었고, 계급적대라는 개념은 사회의 다른 부분들로부터 그 내포가 채워졌다.

『공산당선언』에서 부분과 전체의 관계가 프랑스에서와 완전히 다르게 설정되는 연유다. 현실적인 개념은 항상 이념형에 의해 정당화되어야 했고, 정당화될 수 있기 위해 거듭 타 계층과의 연대를 모색해야 했다. 이 계급연대를 둘러싼 논쟁은 아직 정답을 얻지 못했는데, 독일은 물론 지구상 어느 나라에서도 보편해방이 일어난 적이 없기 때문이다.

인식론적 오만에 의해 미래로 투사된 과거는 시간적 지체를 변혁의지에 흡수시켜버렸다. 그러자 모든 것이 의지의 문제가 되었다. 부르주아 사회의 엄청난 성과를 자연사적 발전과정으로 파악하고 그 법칙을 도출해내던 과학은 법칙을 발견했다고 여긴 순간 과학이기를 그만두고 법칙을 실현하는 의지의 호소로 스스로를 탈바꿈시켰다. 과학의 자기 변신은 이미 철학적으로 정당화된 터였다. 정당화작업이 끝났음을 선포하는 일도 잊지 않았다. 마르크스는 포이어바흐에 관한 열한 번째 테제를 쓴다.(256쪽 참조.)

이제 과학은 철학이 남긴 유산을 발판으로 삼아 인류가 진보의 대열에서 이탈하지 않도록 도모해야 한다. 역사의 수레바퀴가 앞으로 나가도록 직접 돌려야 할 주체인 프롤레타리아트가 철학으로부터 취할 유산은 "혁명을 통해 그들이 잃을 것이라곤 쇠사슬밖에 없음"을 알게 해주는 '세계해설'이다. 이런 해설을 남긴 철학자들에 따르면 혁명을 통해 그들이 얻는 것은 세계전체. 이런 인식을 얻은 프롤레타리아는 다음과 같은 호소를 접하면 즉시 행동에 나설 것이다.

만국의 프롤레타리아들이여, 단결하라!(Manifest, p.87.)

　철학적 성찰이 '과학'이라는 이름으로 자연법칙을 보편이념의 구체적 실현양태로 보게 되면, 현실을 그 법칙에 따라 구조화하려는 의지와 곧바로 결부됨을 우리는 마르크스주의 역사에서 너무도 절실하게 확인할 수 있다. 이러한 결합과정에서 문제가 되는 것은 인식과 의지의 결합이 '진보'와 같은 '선한 가치'의 지지를 받을 때, 인식은 호소로 전락하고 만다는 사실이다. 인식과 성찰을 동반하지 않는 의지는 반성 역시 배제한다. 그러면 실천은 단순한 지침을 따르는 행동으로 변질된다.

　『공산당선언』은 유령에 불과했던 인간의 희망을 개념으로 주조해내는 일이 지난 세기에 실제로 이루어졌음을 알려주는 문건이다. '유령'도 시간이 지나면 '개념'이 된다. 물론 '진보'라는 희망의 압박을 받아서다. 이 세기적 압력을 『공산당선언』의 저자들은 이념의 자기 실현 동력으로 간주했다. 따라서 현실의 역사진행을 개념의 완성에 종속시킬 수 있다고 믿었다. 그래서 현실의 유령을 미래의 개념으로 완성시키는 사변에 박차를 가할 수 있었다. 사변은 진보에 필요한 시간에서 역사성을 제거하는 역량을 발휘했다. 성취의 의지가 역사를 중지시켰다. 공산주의라는 미래의 기획을 현재의 개념으로 완성시킨 순간, 시간은 정지되어야만 한다. 더 흐르면 다시 모순의 축적과정이 진행될 것이므로.

　그런데 정지된 시간은 머물 공간을 요구한다. 모순이 종식된 안정된 공간에서 흐르지 않는 시간은 미래의 과제를 현재화하는 역할을 담당한다. 비개념자(계급의식을 확보하지 못한 노동자)를 개념(프롤레타리아트)에 포섭하는 이념의 전령사가 되는 것이다. 전령이 자신의 소임을 완벽하게 수행해 비개념자를 개념으로 모두 동일화시켜서 이념이 현실에서 실현된다면, 진정 역사는 중지되고 개념도 자기 지양의 단계로 돌입할 것이다. 하지만 개념에 포섭되지 못한 비개념자가 계속 개념을 유예시켜 이념으로부터 이탈시키면, 이념의 자기 실현에 대한 인간의 열망에도 불구하고 모순은 축적되어나간다. 어쨌든 현실에서는 시간이 계속 흐르므로.

무덤을 팔 시간은 어디에

당의 무오류성과 계급갈등의 종식을 선언한 현실사회주의 체제는 흐르는 시간을 인위적으로 종식시켰다. 그리고 그 무시간성을 다시 개념에 관철시키려 했다. 개념이 완성되었다고 '선언'하면서 시작한 새로운 체제는 미래의 개념으로 현재의 비개념자를 덮어써나갈 수밖에 없었다. 시간이 정지된 사회에서는 개념의 자기 전개가 일어날 수 없기 때문에 개념은 비개념자를 덮어쓰는 길밖에는 달리 도리가 없었던 것이다. 그런데 미래를 현재로 선포해버린 사회는 시간이 정지된 공간에서도 계속 개념의 자기 전개가 이뤄진다고 가정하지 않을 수 없는 당착에 빠졌다. 이유는 단 하나, 지금 실현되었다고 선포된 미래, 즉 시간이 정지된 유토피아가 생산력의 비약적 발전을 전제하고 있기 때문이다. 부르주아가 자신들의 무덤을 팔 프롤레타리아를 산출한다는 논리는 프롤레타리아의 생산력이 사회세력으로서의 부르주아지를 용납하지 않는 수준에 도달한다는 자연사적 필연성을 앞세우고 나온 것이다.

그런데 여기서 프롤레타리아트는 사변으로 완성시킨 개념이었으므로 타자인 부르주아지는 시간을 정지시키는 사변으로 역사의 무대에서 제외시킬 수 있었다. 하지만 비약적으로 발전된 생산력은 현실에서 증명되어야만 하는 자연사적 사건이다. 전쟁이 끝난 뒤의 재건사업이 아니더라도 역사의 진보를 실현시키기 위해 생산은 극대화되어야만 했던 것이다. 그런데 사회적 노동의 담당자가 역사적 사명을 담당할 프롤레타리아트로 자신을 구성하는 데 필요한 시간은 주어지지 않은 터다. 시간의 정지로 발생한 이 불일치, 즉 개념의 변증법 전개에서 개념은 자기 완성에 이르렀으나 변증법 과정의 생략으로 인한 현실적 '작용 없음'이『공산당선언』의 가능성과 한계를 특징짓는다.

그렇다면 공산주의 기획을 작동시키는 과정에서 관건은 계급적대를 "분쇄"시키기 위해 생산력 증대에 전력을 다하는 프롤레타리아트를 누가 산출하고, 어떤 방법으로 역사의 무대에 등장시킬 것인가의 문제일 것이다. 교육 프로그램이 가능한 방법 가운데 하나로 채택되었다. 현실 사회주의는 교육을 통해 노동인민을 프롤레타리아트로 구성하는 프로그램에 깊이 의지했다. 이 프로그램은 시간성을 탈각시킨 개념의 자기 전개를 꿈꾸었지만, 실제로는 개념에 역사철학의 모든 부담을 떠넘기는 지침들을 작동시켰다. 하지만 개념만으로는 역사철학의 목적론에 도달하지 못한다.

프롤레타리아트 개념은 무덤을 파고 묻어야 할 부르주아지가 시간의 정지와 더불어 역사철학 실현의 공간에서 소멸된 상태에서 개념구성에 필요한 타자를 동원할 수 없었다. 그러자 현실성을 잃었다. 개념구성은 계속 지연되었다. 의식적으로는 시간의 정지를 선포했지만, 현실적인 시간의 진행은 막을 수 없었던 '역사철학 실현의 공간'에서 지연된 개념구성은 비개념자를 덮어쓰는 일에서조차 힘을 발휘할 수 없게 되었다. 사회적 폭력은 바로 이런 당착에서 비롯되었을 것이다. 개념의 자기 전개가 프로그램인 역사철학에서 그 조건을 사회적 관리 대상으로 만들 수밖에 없었던 당착. 개념의 자기 전개라는 시간적인 요인을 교육내용으로 변환시킨 사회주의 건설 프로그램은『공산당선언』의 저자들이 시작한 인식론적 오만의 사회적 귀결이었다. 구조적인 폭력이 뒤따랐다.

'사회적 노동' 범주의 역사철학적 한계

전쟁이든 린치든, 인류의 역사에서 폭력은 거의 일상에 가까운 요인이다. 그리고 사회적으로나 개인적으로 감당할 수 없는 지경이 되도록 폭력이 증폭되면, 인간은 자기 보존 본능을 발동하게 마련이다. 강화조약을 맺고 새로운 관계로 진입하는 것이다. 주로 승자가 상대방 영토를 점령하면서 이를 협정으로 정당화하는 식이었지만, 그래도 강화조약의 성격은 매번 다른 것이 사실이었다. 제2차 세계대전을 종식시키고 구 동독 지역에 진입한 소비에트 군대 역시 이전과는 다른 성격의 영토분할을 실현시켰다. 외국군대의 영토점령이 해당 지역의 거주민을 동족의 정치 만행으로부터 해방시키는 행위로 받아들여진 것이다.

'독일'이라는 민족적인 정체성을 '사회주의'라는 이데올로기로 분할할 수 있음을 증명한 사건이었다. 점령에 대한 이데올로기 정당화를 통해 점령지는 새로운 관계가 시작될 수 있는 곳으로 '선포'되었다. 사회주의 종주국인 소비에트의 모델을 따르는 유토피아 건설이 점령을 하는 목적이었다. 따라서 점령과정에서 일어나는 폭력은 건설의지에 흡수되었고 아울러 유토피아 건설가능성에 대한 회의도 잠재워졌다.

그런데 다른 한편으로 독일은 외세가 점령한 지역에서 유토피아 건설을 위해 매진할 수 있는 20세기 토양을 이미 19세기부터 준비해왔다고 할 수 있다. 마르크스주의가 인류의 역사는 계급투쟁의 역사이며, 생산력의 진보를 구체적으로 실현하는 과정은 '단절', 즉 혁명이나 폭력을 동반하고, 역사진보의 마지막 단계를 견인하는 프롤레타리아트에게는 '조국'이 없다는 논리를 꾸준히 발전시켜왔기 때문이다. 독일에서 혁명이 일어나지 않은 사정 역시 오래전부터 충분히 해명해온 터였다. 역사 지체의 전모를 밝히는 과정에서 구성된 논리, 즉 사회 전체의 보편해방을 성취할 역사적 과제를 부여받은 프롤레타리아트 계급이 유토피아 건설을 주도하면 된다는 논리가 설득력을 얻었다. 따라서 문제는 노동자의 프롤레타리아트 계급의식이었다.

그런데 앞에서 살펴보았듯이 독일에서 프롤레타리아트는 자본주의 사회관계에서 생산력이 크게 진보한 결과로 역사의 전면에 등장한 계급이 아니었다. 그런 자연사적 발전과정과는 아주 다른 방식으로 현실의 역사가 진행되어온 까닭이다. 그래서 결과적으로 독일은 역사발전의 법칙을 분석한 사상가들에 의해 그 법칙에 따라 미래를 선취하는 기획을 수립하는 데서 독보적인 성과를 보인 나라가 되었다. 19세기에 철학자들이 자신의 기획을 담당할 주체로 프롤레타리아트 계급을 '발굴'했다면, 20세기에 정치가들은 미래의 주체가 오늘을 바꾸어갈 수 있는 공간을 마련해 인류의 역사에 제공했다.

소비에트 점령지역은 프롤레타리아트 계급이 자신들의 역사적 임무를 수행할 구체적인 공간이었다. 따라서 여기서는 시간이 정지되어야 했다. 부분으로서의 자기 지양을 통해 보편해방을 이룩하는 과제를 부여받은 독일의 프롤레타리아트가 무엇보다 먼저 그런 과제를 수행할 능력이 있는 계급으로 자신을 형성해야 했기 때문이다. 한마디로 그들은 아직 '계급'이 아니었던 것이다. 지양의 전 단계로서 자기 형성은 필수적이었고, 소비에트 점령지역은 어쩌면 최적의 공간일 수 있었다.

1961년 동독정권이 점령지역을 서방의 영향으로부터 '보호'하기 위해 베를린 장벽을 세웠을 때, 이를 긍정적으로 바라본 밀러의 관점은 프롤레타리아트 계급 형성을 역사의 당위로 받아들이는 사회주의자의 그것이었다. 밀러뿐만 아니라 대부분 독일의 사회주의자들은 자연사적 과정으로 발현되어야 할 진보를 '기획'을 통해 '추진'하는 데 동의했다. 그러한 까닭에 일단 주어진 공간이 최적의 조건을 구비할 필요하다고 판단했을 수 있다. 따라서 프롤레타리아트 계급의 형성을 위해 소비에트 군대가 점령하기 이전에 존속했던 사회관계는 일시에 중단되어야 했다.

특히 기획실현에 걸림돌이 되는 장치들을 사회 곳곳에 심어놓은 파시즘은 즉시 척결되어야 했다. 근로대중을 하멜른(Hameln)의 아이들처럼 피리 소리로 유혹해 전혀 엉뚱한 곳으로 끌고 간 히틀러가 두 번 다시 나타나지 못하도록 아주 철저하게 단절시킬 필요가 있었다. 그 '아이들'은 피리 소리를 따라가지 말고 부르주아의 무덤을 파는 프롤레타리아트로 성장했어야만 했다. 이 성장과정을 방해한 파시즘의 잔재는 발본색원되어야만 했다. 이는 기획을 통한 자연사적 과정의 중단을 의미했고, 결국 시간의 정지를 통해서 가능한 일이었다. 프롤레타리아트의 자기 지양을 통해 미래에 이루어져야 하는 일을 현재의 기획으로 실현시키고자 한 사회주의자에 의해 시간 흐름을 인위적으로 중단시키는 조치가 점령지에서 시행되었다. 확보된 공간 안에서 정지된 시간을 관철시키던 사회주의자들은 그 공간이 좀더 순수해진다면 더 많은 성과를 낼 수 있다고 믿었다. 베를린 장벽을 반파시즘 보호벽으로 받아들인 까닭일 것이다.

불행한 천사

베를린 시 한가운데 장벽을 설치한 독일 사회주의자들은 드디어 '역사의 새 천사'[29]가 날개를 접고 휴식에 들어갔다고 믿고 싶었을 것이다. 하지만 장벽 설치 당시 긍정적인 입장을 견지했던 뮐러조차 얼마 지나지 않아 자신들의 기획이 실패했고, 날개 접은 천사가 사실은 행복을 포기한 천사였음을 시인해야 하는 상황에 처한다. 뮐러는 1975년에 「불행한 천사」(Der glücklose Engel)라는 시를 쓴다.

불행한 천사, 그의 뒤에는 과거가 충적되고 지하에서 들려오는 듯한 북소리를 내며 날개와 어깻죽지에 역사의 자갈돌들을 쏟아붓고, 그

---

29) 클레(Paul Klee)의 그림 「앙겔루스 노부스」(Angelus Novus)를 벤야민(Walter Benjamin)이 역사진보의 불가항력과 폭력에 대한 알레고리로 읽은 「역사개념에 대하여」 참조. 발터 벤야민, 최성만 옮김, 「역사개념에 대하여」, 『발터 벤야민 선집 5』, (서울: 도서출판 길), 2008, 339쪽.

의 앞에는 미래가 정체되어 밀려 있고, 그의 눈을 감기고, 눈동자를 별처럼 폭파시키며, 말소리를 신음 소리로 바꿔버리고, 숨 쉬기도 어렵게 목을 조른다. 한동안 그의 날개 치는 모습만 보이고, 사방에서 자갈이 비 오듯 그에게 쏟아지는 소리만 들린다. 소리가 커질수록 그의 절망적인 동작도 그만큼 격렬해지고, 소리가 잦아들면 날갯짓도 잦아든다. 그리고 나서 이 순간은 끝난다. 급하게 쏟아져 내린 자갈더미 위에 서서 불행한 천사는 휴식을 취한다. 비상도, 시선도, 호흡도 모두 돌처럼 굳어버린 채로 다가오는 역사를 기다린다. 새로운 날갯짓 소리가 전보다 더 힘 있게, 쏟아지는 자갈 사이로 파도처럼 뻗어나가 그의 비상을 알려줄 때까지.[30]

역사의 진보가 현실에 남겨놓은 폭력의 현장을 공포에 찬 눈빛으로 응시하면서 거칠 것 없는 진보의 세파에 떠밀려가던 천사. 시간을 정지시킨 독일의 사회주의자들은 이 천사가 드디어 날개를 접고 쉬는 줄 알았다. 하지만 실제로는 날아가던 천사를 인위적으로 주저앉힘으로 시간의 돌팔매질이 천사의 날개 위로 쏟아지게 만들었을 뿐이다. 아직은 시간을 계속 정지시킬 수 있다고 믿는 동안, 그래서 정지된 시간의 조치들을 취하는 동안 사회주의자들은 날개 접은 천사가 휴식을 취하고 있으며, 이 순간은 조만간 지나갈 것이라고 믿었다. 하지만 끝내 그 순간은 지나가지 않고, 오히려 그동안 시간이 정지되었던 것이 아님을 직시해야 하는 순간이 오고 말았다. 더 이상 휴식을 취하는 천사는 없고 불행한 천사의 낯선 얼굴만 남아 있다. 뮐러는 1991년 「불행한 천사 2」를 쓴다.

30) Heiner Müller, *Der glücklose Engel*, Werke 1: Die Gedichte: BD 1., Hrsg. von Frank Hörnigk, (Frankfurt am Main: Suhrkamp, 1998), p.53; 김창우, 『분단시대 작가 하이너 뮐러 연구』, (대구: 경북대학교 출판부, 2008), 23쪽.

도시와 도시 사이에서

심연의 벽으로 향해

어깨 근처의 바람 고독한

살점에 붙은 낯선 손

천사 나는 아직 그를 듣는다

그러나 그는 내가 알지 못하는

너의 얼굴만을 가지고 있다[31]

시간을 인위적으로 정지시키기 위해 앙겔루스 노부스의 날개를 접어 두었지만, 현실에서 시간은 정지된 적이 결코 없었다. 사회주의자들에 의해 시간을 정지시키는 기획이 추진된 결과 소비에트 점령지역에서 시간은 '충적된 과거'와 '정체된 미래'로 자신의 현재를 주장할 수 있게 될 뿐이었다. 이런 현재라면, 참아내기 어려울 것이다. '새로운 날갯짓 소리'가 들려올 순간이 온다는 기대로 계속 참아왔건만, 천사는 '너의 얼굴'만 가지고 있을 뿐이다. '나'는 알지 못하는……. '나'는 천사의 시간을 외면했던 것이다. 참는 것이라고 착각하면서……. 더 이상 참을 수 없게 되었을 때, 장벽은 붕괴되었다.

건설기의 노동영웅

정지된 것으로 간주되었던 시간이 그런 시간의 장벽을 필요로 했던 사회에 남긴 역사적 결과는 앙겔루스 노부스가 응시하고 경악했던 폭력, 즉 진보의 현실적 실현이 불러온 것이었다. 장벽이 둘러쳐진 공간에서

---

31) Heiner Müller, *Glückloser Engel 2*, Werke 1: Die Gedichte: BD 1., (Frankfurt am Main: Suhrkamp, 1998), p.236; 하이너 뮐러, 박설호 옮김, 『새롭게 읽는 독일 현대시』, (오산: 한신대학교 출판부, 2007), 123쪽.

지내는 현실은 시간을 정지시키고자 하는 의지와 정지된 시간 속에서 생산력의 진보를 이룩해야 하는 당위 사이에서 방향을 잃었고, 끝내 시간을 가속화시켜 생산력의 폭발적 증대를 추구하는 자본주의 세계체제로부터 스스로를 격리시킬 수 없는 지경에 이르고 말았다.

시멘트로 쌓은 담장을 1989년 제거한 이후, 건설에 매진하던 사람들은 인위적인 시간의 정지가 더 이상 가능하지 않음을 직시해야 했다. 바뀐 것은 이 사실 하나였다. 사회주의 체제의 방향상실은 이미 그전부터, 이미 성립 당시부터 감지되었던 터라고 해야 할 것이다. 무엇보다도 체제수립자들이 스스로 방향상실의 조건을 제공했기 때문인데, 이러한 사실을 그들 자신이 의식하지 못할 리가 없었다.

그들은 프롤레타리아 계급이 헤게모니를 장악할 조건을 조성하기 위해 역사를 중단시키는 정치 결단을 내리는 한편으로, 전쟁으로 파괴된 공동체를 재건하는 과업에 매진해야 했다. 생산력 증대를 위한 경제 조치들도 가혹하게 시행할 수밖에 없었다. 정치 노선에 배치되는 사정이 명백한 경우에도 포기할 수 없는 조치가 있었다. 대표적인 경우가 성과급제도일 것이다. 뮐러는 사회주의 건설기에 정치와 경제 사이의 불일치가 불러일으킨 사회 징후를 소재로 희곡작품 『임금삭감자』[32]를 썼다. '임금삭감자'란 책정된 생산목표를 초과달성해 초과수당을 받는 노동자를 말한다. 일단 초과수당을 챙기기는 했지만, 결과적으로는 생산기준이 올라가 전체적으로 시간당 임금이 줄어들게 된다. 작품은 동독 사회주의 건설기에 실제 있었던 사건을 배경으로 한다.

---

32) Heiner Müller, *Der Lohndrücker, Phikoktet, Die Schlacht*, (Stuttgart: Klett, 1986). 한국어 번역본에서는 『헐값노동자』로 표기하는 경우가 더 많지만 이 책에서는 원뜻을 살려 직역한 『임금삭감자』로 표기한다. 인용하기 위해 사용한 텍스트는 하이너 뮐러, 정민영 옮김, 『헐값노동자』 in: 이창복·정민영 옮김, 『하이너 뮐러 문학선집』, (서울: 한마당, 1998).

소련 점령지역에 있었던 지멘스-플라니아 공장의 한스 가르베(Hans Garbe)가 이룩한 노동성과에 관한 이야기. 가르베는 점토저장기, 내화벽돌 등을 생산하는 대규모 원형가마를 혁신적인 작업계획으로 수리해 당시 수행 중이던 2개년 계획을 차질 없이 진행시키고 50만 마르크의 비용을 절감하는 놀라운 노동성과를 기록했다. 그는 1950년에 이 성과로 '노동영웅'의 칭호를 받았다. 가르베는 사회주의 건설이 요구하는 새로운 인간의 본보기로 간주되어 당시 동독의 선전문학에 새로운 모델로 수용되었다. 33)

그 누구보다도 먼저 브레히트가 이 소재를 새로운 극형식으로 창작할 생각을 했다. 파시즘 지배를 사회주의 변혁의 전망으로 극복하려 했던 브레히트는 독일 교양시민이 파시즘을 불러들인 장본인이라는 분석에서 출발했다. 중산층의 경제적 허약성과 그로부터 비롯된 교양시민의 허위의식이 진보를 가로막고 있다고 판단했으므로, 변혁론 구상은 무엇보다도 '계몽'에 초점이 맞춰졌다. 중산층의 허위의식 타파가 급선무였다. 그래야 경제적 하부구조의 '자연사적 발전과정'이 정상적인 궤도에 진입할 수 있을 것이기 때문이다.

18세기 이래로 교양시민의 전통이 뿌리 깊은 독일에서는 예술이 중산층의 허위의식을 조장하는 데 가장 앞장서왔다. 시민예술은 몰입과 감동을 통한 심리적 동일화를 창작의 원칙으로 삼고 있었다. 연극작품의 경우, 긍정적인 주인공이 아리스토텔레스가 기원전에 제시한 원칙에 따라 동일화를 유도하는 세계를 무대 위에서 재현했다. 이러한 세계는 무엇보다도 완결된 줄거리가 핵심이었다. 아리스토텔레스 극은 이 세상이 변화 불가능하다는 이데올로기 원칙을 가지고 있었다.

---

33) 하이너 뮐러, 정민영 옮김, 앞의 책, 1998, 11쪽.

시민예술의 조화미 이상은 독일 중산층에게 자신의 경제적 토대를 직시하지 못하도록 했고, 이 세상은 그런대로 통일되어 있다는 허위의식을 내면화하도록 했다. 상부구조에 속하는 연극작품이 이런 파시즘적 구도를 타파하기 위해 할 수 있는 일은 이 세상이 통일되어 있지 않다는 사실, 즉 상부구조와 하부구조가 불일치하고 있음을 적나라하게 드러내는 것이다. 이러한 이데올로기 배경을 브레히트는 이른바 '비(非)아리스토텔레스 극'의 이론적 출발점으로 삼았다. 이를 토대로 서사극 이론을 정립했고, 실제 작품창작에서도 큰 성공[34]을 거두었다.

파시즘 독일의 패망과 더불어 동베를린에서 사회주의 건설기를 맞이한 브레히트는 당연히 자신의 연극적 사명을 계속 이어가고자 했다. 그런데 그가 정초한 서사극은 토대와 상부구조가 일치하지 않음을 폭로함으로써 관객들에게 자신의 존재에 합당한 의식을 지니도록 계몽하는 데 작품의 모든 요소가 집중된다. 브레히트는 오락적인 요소도 중요하게 여겼고, 그런 측면에서 대가다운 풍모를 보였다. 하지만 그의 목적은 궁극적으로 계몽이었다.[35] 적이 뚜렷한 반파시즘 투쟁기에는

---

34) 『서푼짜리 오페라』(Die Dreigroschenoper)의 경우만 하더라도 1928년 8월 31일 베를린에서 초연된 후, 1933년 나치에 의해 금지당할 때까지 독일연극사에서 최고의 흥행성공을 거둔 작품이었다. 바일(Kurt Weil)이 작곡한 노래들 가운데 몇 곡은 세계적으로도 유명해졌다.

35) 오락성은 브레히트의 창작에서 본질적인 요인이다. 『서푼짜리 오페라』처럼 부르주아 허위의식을 공격하는 '언어'들이 바로 그런 허위의식을 지닌 독일 소시민들에게 '즐겁게' 받아들여졌던 것이다. 그들은 '서푼짜리'를 흥얼거리며 온갖 곳에 갖다 붙였다. '서푼짜리'라는 이름을 단 가게와 상품들이 줄지어 나왔다. 이런 대중적인 성공은 하지만 바로 이 작품의 한계로 귀결되었다. 당시의 문화적 조건 속에서 작가의 의도가 '변증법적'으로 전복된 까닭이다. 아렌트(Hannah Arendt)는 1951년 『전체주의의 기원』에서 이 작품이 브레히트의 의도와는 정반대되는 효과를 가져왔다고 지적했다. "엘리트는 위선의 폭로가 너무나 탁월하고 재미있기 때문에 갈채를 보냈다. ……부르주아 계급은 더 이상 충격을 받지 않았다. ……이 극의 정치적 결과는 오직 누구나 위선의 불편한 가면

오락과 계몽을 유쾌하게 결합시킬 수 있었다. 허위의식을 폭로하는 계몽은 비틀고 조롱하는 일탈의 즐거움과 크게 충돌하지 않았다. 파괴의 즐거움이기도 했다. 이 폭로와 파괴의 미학을 이른바 '건설기'에 어떻게 이어나갈 것인가?

주인공의 영웅적인 면모를 계속 고집하는 사회주의 리얼리즘과 크게 다른 서사극 이론의 창시자로서 브레히트는 사회주의 건설의 주류와도 갈등을 빚었다. 그래도 그는 계속 리얼리즘의 '심리적 동일화'보다는 서사극의 '지적 계몽'을 연극의 본령으로 여겼다. 건설기에 등장한 정치와 경제의 불일치를 다시 계몽해야 된다고 생각했을까? 브레히트는 가르베의 일화를 소재로 학습극(Lehrstück)『뷔싱의 나날』(Die Tage des Büsching)을 쓰기 시작했다. 하지만 완성시키지 않았다. 미완성 본은 브레히트의 '가르베-뷔싱 프로젝트'로 불리면서 계속 미완의 과제로 남았다.

1953년 6월 17일

뮐러가『임금삭감자』를 완성시켰다. 가르베의 영웅적인 행적은 1948/49년 일이었고 뮐러가 부인 잉에 뮐러(Inge Müller)와 함께 작품을 탈고한

을 벗어버리고 공공연하게 폭민(Pöbel)의 기준을 솔직하게 받아들이도록 격려했다는 점이다."(한나 아렌트, 이진우·박미애 옮김, 『전체주의의 기원 2』, 〔파주: 한길사, 2009〕, 61~62쪽.)

'재미를 통한 진리인식'이라는 서사극 원칙이 '오락추구'라는 대중문화의 일반 원칙을 극복하지 못하고 오히려 포위되어 수용자들의 도덕적 무장해제를 초래했다는 평가다. 폭민이었던 사람들은 자신의 '폭민성'을 거듭 확인하고 "긴장상태에 넌더리가 났던" 부르주아는 편안하게 거칠어질 수 있었다.

1941년에 나온 『아르투로 우이의 출세』(Der aufhaltsame Aufstieg des Arturo Ui)의 경우에도 히틀러와 제3제국을 일종의 깡패집단으로 격하시킴으로써 수용자를 인식론적·도덕적 우월감에 묶어두는 결과를 가져왔다. 우쭐해서 즐거워하는 사이, 정말 필요한 인식은 무용지물이 된다.(엘리자베스 라이트, 김태원·이순미 옮김, 『포스트모던 브레히트』, 〔서울: 현대미학사, 2000〕, 122쪽 참조.)

것은 1957년이었다. 이 두 연대기 사이에 역사적으로 주목할 만한 사건이 있었다. 1953년 6월 17일의 봉기다. 베를린의 소련군 주둔지역에서 당의 노동기준 상향정책에 반대하는 노동자들의 봉기로 촉발된 대규모 반정부 시위였다. 소련군의 개입으로 사태는 원점으로 돌아갔다.

이 작품은 1958년 라이프치히에서 초연된 후 동독지역에서는 거의 상연되지 않았으며, 당의 공식노선으로 채택된 사회주의 리얼리즘을 따르지 않은 작가는 1961년 작가연맹에서 제명된 후 계속 집권당과 불편한 관계에 있었다. 1965년 뮐러는 당 서기 호네커(Erich Honecker)로부터 공개적으로 소시민적 회의주의를 유포하는 등 사회주의에 해악을 끼치는 경향과 견해를 지닌 작가라는 비난을 받았다. 그러다가 『임금삭감자』는 1974년 9월 분단독일 시절에 서베를린에서 무대에 올랐고, 통일된 뒤 다시 상연되기 시작했다. 동독 사회주의 건설기를 다룬 『교정』(*Die Korrektur*), 『시멘트』(*Zement*), 그리고 이 작품 『임금삭감자』가 2008년 가을 시즌에 베를린의 극장 세 군데에서 동시에 무대에 오르는 '사건'도 일어났다.[36]

『임금삭감자』에서 뮐러는 브레히트가 발전시킨 서사극의 일환인 학습극 전통을 계승하려는 의욕을 보인다. 계몽을 통한 세계인식과 자아회복을 지향하는 것이다. 수동적으로 감동을 받는 상태에 머무는 관객이 아

---

36) Deutschlandradio Kultur, 2008, 09.05, "Heiner Müllers lange vergessene frühe Stücke aus der Aufbauzeit der DDR, die von der Produktion sozialen Bewusstseins und von gesellschaftlichem Aufbau handeln, scheinen gerade in unserer von Globalisierung und Neoliberalismus beherrschten Zeit wieder Interesse zu erwecken. Nicht gleich als Gegenmodell, aber immerhin als geschichtliches Untersuchungsmodell."(독일 라디오 문화 방송국, 2008년 9월 5일, "동독 건설기 시절, 사회의식의 생산과 사회건설을 다룬 뮐러의 초기 작품들이 오래 잊혔다가 바로 지금, 세계화와 신자유주의가 횡행하는 이때 다시 관심을 불러일으키고 있다. 현재에 대한 대립 모델로 곧장 읽히지는 않더라도 최소한 역사적 연구를 위한 모델로 받아들여지는 것이다.")

니라 직접 극의 진행에 참여함으로써 자기 계몽에 이르는 관객을 위한 연극작품이라는 서사극 이념은, 하지만 이제 브레히트가 서사극 이론을 발전시킬 때와는 목적론을 달리 설정해야 하는 사태에 직면했다. 1953년 6월 봉기가 남긴 역사적 과제였다. 허위의식을 폭로하고 극복하는 데 한발 더 나아가는, 급박한 현실적인 요구가 눈앞에 떨어진 것이다. 프롤레타리아트 계급의식 획득이라는 뚜렷하고도 실증적인(positiv) 결과를 불러오는 계몽을 연극은 수행해야만 했다. 그래야 계몽의 전통을 잇는 사회주의 노동자 극이라는 위상을 유지할 수 있었다.

프롤레타리아트가 역사의 주인으로 승격한 이 '시간이 정지된 공간'에서 임금삭감과 노동강도의 강화라는 현실적인 '손해'를 역사의 주체로 자신을 확립하는 과정에 어떻게 용해시킬 것인가. 구체적이고도 현실적으로 화급한 목표가 설정되었다. 이러한 목표에 도달하는 매개로 학습극은 아주 적절한 형식일 수 있었다. 자기 혁신을 이루어야 하는 담당자들이 연극의 주체로 참여하도록 도모하면 될 것이었다. 학습극의 이념에 따르면 그랬다.

하지만 정작 학습극의 창시자인 브레히트는 작품 『뷔싱의 나날』을 완성하지 못했다. 극작품을 완성시킨 뮐러는 그 '시간이 정지된 공간'의 주류세력으로부터 사회주의에 해를 끼치는 사람으로 분류되었지만 끝까지 그 공간에서 실현하려 했던 이상을 버리지 않았다. 또한 그 정지된 공간이 다시 자본주의적인 시간의 급류에 휩쓸린 이후에도 이상주의자로 남았다.

역사적 현실은 시간이 정지된 공간에서 벌인 실험이 실패로 돌아갔음을 '사실'로 확인시켜준다. 어쨌든 동독 사회주의가 지구상에서 모습을 감추었으므로. 그렇다면 뮐러의 창작활동은 이 역사적 사실과 어떤 관계에서 이해될 수 있을까? 뮐러와 당 지도부 간의 불편한 관계를 사회주의 실패를 예견한 경우로 해석하는 일 역시 적절한 태도는 못될 것이다. 그런 식의 예언자는 작가가 되지 못한다. 작가는 현재 눈앞에서 진행되는 일에 밀착해 온몸으로 갑론을박하는 과정에서 그 일로부터 앞으로를 전망하는 데 관한 무언가를 암시받는다. 그 작가의 작품을 분석하는 후대의 연구자들은 그가 받은 암시를 역사적 맥락에서 해설할 의무를 지닌다.

밀러가 가장 못 견뎌했던 것은 시간을 정지시킬 수밖에 없었던 사회주의 현실이었다. 그럴 수밖에 없는 역사적 현실을 외면할 수는 없었지만, 그렇다고 그 정지된 공간이 사회주의 이념 실현을 위해 그리 적절한 곳은 아니라는 판단을 포기하지 않았다. 사회주의 실현 과정에서 발생하는 여러 문제, 그리고 새로운 인간형 모색을 위한 사유상의 실험을 계속하면서 밀러는 동독에 남았다. 신화적인 소재, 그리고 햄릿처럼 이미 가공되어 문화적 코드로 자리 잡은 인물을 재가공하는 작품들을 창작했다. 엄청나게 과격하고 지적인 창작활동이었다. 그는 허위의식과 편견은 물론 상상력의 한계를 선뜻 무너뜨리는 형상화 능력으로 인간을 이해하고 사회발전을 전망하는 메타 차원의 담론을 형성하는 데 기여했다. 신화와 역사에서 불러올린 인물로 하여금 20세기 후반의 현실역사를 다시 한 번 걸머지고 가도록 하는 복합구성으로 밀러는 '있었던 일'에서 '이루어져야만 했던 일'을 구분해낸다.[37]

나는 1929년생인 그가 20대 말에 쓴 『임금삭감자』의 내용이 이미 현실적인 한계를 넘어서는 지적 과격성을 담고 있었다고 본다. 바로 시간

---

[37] 『햄릿 기계』(*Hamletmachine*)에서 햄릿과 오필리어는 20세기 후반의 유럽 문명을 셰익스피어의 『햄릿』이 전개되는 덴마크 왕실에 대입시키는 인물이 된다. 문명사는 살인과 간통을 통과하지 않고는 앞으로 나아가지 않는다. 오필리어는 새 생명의 탄생이 폭력의 재생산으로 귀결됨을 유럽 현대사의 진행을 통해 깨닫고 "나는 내가 낳은 세상을 회수한다. 나는 내가 낳은 세상을 내 허벅지 사이에서 질식시키는" 인물이 된다. 이러한 반성 사유를 위해 연인 이아손의 배반을 자식의 죽임으로 복수하는 메데아가 소환된다.

성의 도입이다. 그는 제1막을 쓰기 전 일종의 지침으로 작품 맨 앞에 이렇게 썼다.

> 이 작품은 그 결과를 결정할 새로운 관객에게 그 일을 위임하고 자 한다.[38)

위임할 '그 일'이란 낡은 것과 새로운 것의 싸움의 "결과"[39)다. 작가 스스로 평생 동안 위임해야 할 일과 스스로 성취해야 하는 일 사이에서 위험한 줄타기를 하면서 살았듯이, 작품 역시 경계선을 넘나들면서 진행된다.

일단 무대장면의 수부터 확정적이지 않다. 한국에 나온 번역본에는 열다섯 장면이지만, 실제 공연에서는 마지막 장면을 빼고 열네 장면으로 상연하는 경우가 많다. 1988년 도이체스 테아터(Deutsches Theater)에서 공연을 직접 연출할 기회를 얻었을 때, 뮐러는 이 마지막 장면을 완전히 도려냈다. 갈등하던 인물들이 건설작업에 매진하기 위해 화해하는 긍정적인 장면인데, 이 장면이 들어가면 극은 완결된 형식이 된다. 그 이전 장면은 물음으로 끝난다.

시간의 정지와 더불어 실현되는 이념과 그 이념의 구현자인 인간에게 움직일 시공간을 제공해야 한다는 구체적이고도 불가피한 요청 사이에서 이 작품은 무척 흔들린다. 개념으로 비개념자를 덮어쓰는 작업을 과제로 수행해야 하는 '사회주의 건설기의' 작가가 구체적인 인물들을 앞에 두고는 뒤로 물러서기 때문이다. 이처럼 '현실적 구체성' 앞에서 인식

---

38) 같은 곳.
39) 하이너 뮐러, 정민영 옮김, 앞의 책, 11쪽. "이 작품은 극작가가 결정할 수 없는 낡은 것과 새로운 것 사이의 싸움이 마지막 막이 내리기 이전에 새로운 것의 승리로 끝남을 보여주려는 것이 아니다."

론적 확신을 '뒤로 물리는' 역량을 발휘함으로써 밀려는 현실사회주의
라는 개념을 상대화시킬 수 있었다. 그의 작가 역량은 유토피아에 대한
표상을 포기하지 않으면서 현실에 대한 근본적이고도 급진적인 비판
과 거부의 '부정적인' 전망을 유지할 수 있도록 했다. 이 부정의 전망
으로 그는 유토피아에 대한 표상이 진보의 목적론에서 벗어날 수 있도
록 했다.

변혁의 순수주체

인간이 종말론적 사유로 기울어지는 까닭은 현실에서 벗어나고 싶기
때문일 것이다. 지금과는 다른 삶에 대한 소망이 그 '지금'을 구성하는
시간적 연속성의 정지 혹은 단절에 대한 표상으로 구체화되었다고 할 수
있다. 그런데 이제껏 인류는 이런 열망과 결합한 사유의 목적론을 이 세
상 그 어디에도 존재하지 않는, '없는 곳'(Utopia)에 묶어둘 수밖에 없었
다. 그 이외의 방도는 아직 마련하지 못한 처지다.

해결책은 문제를 진단하는 과정에서 도출되는, 일종의 분석결과에 해
당하는 것이다. 이런 관점에서 보았을 때 지금 이곳에서 지내는 삶을 견
디기 힘든 것으로 만드는 요인을 나름대로 통찰하고, 그 결론으로 유토
피아를 상정하는 구도가 논리적 판단에 따라 도출되었다고 할 수 있다.
지난 시기 인류는 그 '나름의' 통찰을 주로 사회구조적인 차원에서 발전
시켰다. 변혁론은 '혁명'과 동의어였고, 상황에 따라 '개혁'으로 조정될
따름이었다. 사회구조적인 문제는 반드시 해결되어야 하므로, 인간의 의
지로 해결될 수 있는 문제일 수밖에 없었다.

그런데 이러한 방식의 통찰은 개인과 개인이 모여 만든 전체로서의 사
회, 이 양자관계에서 전체를 구조적으로 독립시키는 경향으로 기운다.
문제를 '해결 대상'으로 설정해야 하므로 일단 무엇보다 먼저 해결하는
주체를 해결되어야 할 문제들로부터 분리시켜야 한다. 왜냐하면 이처럼

해결의지를 지닌 주체를 분리 독립시키는 과정은 해결되어야 할 문제 역시 또 다른 독립된 대상으로 객관화시키는 결과를 불러오기 때문이다. 주체와 객체의 이분법 구도가 여기서 발생한다. 엄밀히 말하자면 인간의 문제해결 의지에서 비롯된 이분법이다.

다른 한편으로 현재를 그냥 두고 볼 수 없다는 문제해결 의지는 최소한 주체가 그 문제들로부터 벗어난 어떤 한 지점을 이를테면 출발점으로 확보했을 때 현실적인 실행가능성을 얻는다. 주체는 지금의 현실에서 어떤 식으로든 일단 벗어나야 한다. 그래야 시작이라도 할 수 있지 않은가. 하지만 문제해결의 주체는 문제가 발생하는 구조 속에 편입되어 '문제적인' 삶을 영위하는 인간으로서, 말하자면 객체의 일부이기도 한 존재다. 그러므로 문제를 해결해야 할 당사자인 개인 입장에서 보면 주체와 객체는 이분법적으로 구분될 수 없는 한 덩어리며, 오직 문제를 해결해야 할 과제로 보는 한에서만 주체와 객체라는 이분법이 성립된다. 이런 착종이 사태의 본질을 이루는 까닭에 종말론의 목적론이 시간의 정지를 전제조건으로 내장한 채 등장하는 것이리라.

왜냐하면 종말론을 표상하는 개인이 현실의 구체적 삶에서 벗어나 자신을 순수주체로 구성하는 순간을 상정해야 하기 때문이다. 삶의 구체성에서 벗어난다 함은 일단 무시간의 추상영역으로 옮아간다는 뜻이고, 자신에게 해결의지가 있음을 의식하는 지점은 구체에서 추상으로 이동하는 순간이다. 그러므로 결국 이 순간은 정지로 체험될 수밖에 없다. 개인 차원에서의 표상에 '시간의 정지'가 문제해결의 선결조건이 되는 과정은 이렇듯 해결의지에서 비롯되는 이분법으로 고스란히 환원되는 내용인바, 구체에서 추상으로 개인의 의식이 옮아감에 원인을 두는 과정이다. 그런데 이런 원인을 삶의 원동력으로 삼은 개인들이 모여 구조적인 해결을 추구하는 이른바 변혁론에서는, 이 '구체에서 추상으로의 전이'가 '미래'의 유토피아를 상정하는 원인이 된다.

현실의 문제는 어쨌든 인간의 주체적이고 자발적인 결단에 따른 변혁 운동을 성공적으로 추진한 끝에 '드디어' 해결되는 것이므로, 본질적으로는 미래의 사안이다. 개인적으로는 시간이 현재 중지되어야 하지만 구조적인 차원에서 시간은 미래에 정지된다. 그렇다면 실제로는 흐르고 있는 시간 속에서 문제를 해결하겠다고 나선 주체, 정작 그 개인에게는 시간이 정지되어 있다는 이야기다. 이렇게 해서 변혁론에서는 주체와 객체가 서로 어긋난 시간성 속에서 타자를 바라보는 운명이 된다.

정지된 의식으로 사물을 바라보면 일순간도 쉬지 않고 흐르는 시간 속에서 변화무쌍한 흐름을 이루는 구체적 현실이 요령부득이다. 하지 말아야 하는 일을 하는 사람들이 너무 많고, 있어서는 안 되는 일들만 벌어져서 사태는 엉뚱한 방향으로 빗나가기 일쑤다. 의식을 정지시킨 이유가 이런 변화무쌍함을 질서정연함으로 바꾸겠다는 마음을 먹었기 때문이라면, 요령부득인 상태를 그냥 두고 볼 수는 없는 일이다. 이를 '해결'하기 위해 주체는 구체적인 현실에 대한 추상화 작업을 시작한다. 목적론은 이미 완결된 판본으로 나와 있다. 따라서 그 완전무결한 상태를 기준으로 현재의 문제를 바라보면 된다. 시간이 정지된 유토피아란 변화무쌍한 현실의 구체적이고 생생한 세부사항들에서 움직임의 동력을 제거시켰다는 뜻이기도 하다.

폭력을 통해 현재화되는 유토피아

이처럼 구체를 추상으로 변환하는 작업에는 물론 구체적인 현실에서 삶의 생생함을 온전히 감당하는 사람들의 열망이 개입된다. 하지만 추상화 과정에서 열망은 구체성을 상실한다. 유토피아에서는 모두가 행복하다. 그러나 더불어 인간사의 갈등도 종식된다는 생각은 구체에서 추상으로의 변환이 낳은 '논리적' 결론이다. 마르크스주의는 자신의 종말론적 역사철학을 모순의 심화와 '변증법적' 지양으로 설명하지만, 실제로는 이와 같은 '논리적인' 과정인 것이다.

양(量)에서 질(質)로의 전환은 추상화에 불과한 것으로서, 구체적인 현실에서 심화된 모순의 변증법적 '해결'과정이란 바로 구체성이 탈각되는 과정이다. 지양은 결국 탈감성화이고 감성적 실현, 즉 열망의 육화가 일어나지 않는 정지된 시간 속에서 지내는 삶은 이웃과 충돌할 이유가 없다. 시간의 정지는 탈감성화다. 그러므로 유토피아에 대한 표상은 공간적 확장을 요구하지 않는다. 현실에서는 '없는 곳'이지만 그곳에서 지내는 행복한 삶은 충분히 생각해볼 수 있는 것이다.

이런 유토피아가 사유 영역에 머무는 한, 이 표상은 현실의 구차함을 비추는 빛이 된다. 그런데 열망은 실현의지와 쌍생아다. 따라서 미래의 유토피아가 주체의 의식 속에서 일단 빛을 발하면, 현실을 바꾸고 싶다는 열망은 실현의지에 이끌려 논리적 일관성의 충동으로 바뀐다. 그리고 이 충동이 현실에서 구체성을 획득하면 유토피아는 더 이상 '없는 곳'의 속성을 유지하지 못한다. 추상이 구체가 되는 역전환 과정이 일어난다. 역전환은 완전무결한 상태의 육화다.

따라서 완전무결한 유토피아 표상과 변화무쌍한 현실의 불완전함이 충돌한다. 추상과 구체의 전환관계는 이 충돌을 흡수할 수 있다. 공산주의의 핵심강령이 변혁론의 전략 전술 등으로 구체화되는 과정에서 실천을 위한 희생이 '미래'의 이름으로 재추상되는 방식이 대표적일 것이다. 숭고한 희생이 유토피아를 구체화시킨다. 유토피아 실현은 폭력을 동반하지만 폭력은 필연으로 정당화되고 이 필연을 통해 유토피아는 현재화된다.

20세기는 현실의 구차함이 너무 깊어 변혁이 불가피하고 역사적 필연으로서 혁명의 시간이 다가왔다는 생각이 많은 사람들을 사로잡았던 시기로 기록된다. 서유럽에서 시작된 자본주의가 전 지구적 차원으로 확산되는 시간이기도 했던 이 세기에 마르크스주의 역사철학이 현실의 구차함을 비추는 빛으로 강렬한 매력을 발산했던 사정은 21세기의 인류에게 커다란 연구과제가 아닐 수 없다. 현재보다 더 나은 삶을 소망하는 태도에 문제가 있었던 것인가? 유토피아란 절대 현실에서 꿈꾸면 안 되는 허무맹랑한 표상인가? 그처럼 허무맹랑한 생각을 하다가 돌이킬 수 없는 폭력을 불러들였단 말인가?

이런 물음들에 대해 어떤 구체적인 대답을 내놓기란 불가능하다. 물음 자체가 답변을 하도록 되어 있지 않기 때문이다. 이처럼 '현실증명'을 요구하는 물음에 현실에서의 실험을 염두에 두지 않고 대답해서는 안 될 일이므로. 그리고 더 잘 사는 방법을 확인하기 위해 현실을 가지고 '실험'해보겠다는 생각은 이제 두 번 다시 하지 말아야 하므로. 따라서 유토피아와 관련된 물음들은 구체적인 답변을 요구한다기보다 현재의 생각을 모으고 이끌어가는 일종의 '화두'로 이해될 필요가 있다. 실험을 할 수 없다고 생각조차 그만둘 수는 없는 노릇이니까.

그리고 21세기의 우리에게는 과거의 실험기록들이 있다. 무엇보다도 양차 세계대전의 주역으로 세계사의 흐름을 바꿔놓는 데 결정적인 역할을 한 독일의 역사가 있다. 바로 그 시기와 세계대전의 결과로 등장한 이데올로기 대립의 세계체제에서 이른바 인위적인 '실험'의 경험을 많이 축적한 독일은 유토피아를 향한 '의식적인' 노력에 대한 수많은 자료들을 남겼다. 유토피아는 도래하지 않았지만, 이 자료를 가지고 우리는 유토피아에 대한 연구를 계속할 수 있다.

이웃 나라 프랑스처럼 광장에서 일어난 혁명을 통해 계급관계를 재편해 근대적인 관계들이 '정상적인' 발전과정을 겪도록 하지 못했다는 자책감에 시달려온 독일 지식인은 오랫동안 현실의 구차함을 극복하도록 이끌어줄 '빛'을 갈구했다. 좌파나 우파도 마찬가지였다. 근대적 테크놀로지에 대한 피로감을 더욱 견딜 수 없어했던 사람들은 전근대적인 관계에 대한 향수로 구차함을 털어내려 했고, '독일적'인 관계의 회복을 추구했다. 독일적 본성의 심오함은 바로 시간이 정지된 중세의 관계들에 있었다. 이와 같은 지향으로 기울어진 지식인을 '우파'로 묶는다면, 좌파로 분류되는 지식인에게 빛은 마르크스의 포이어바흐 제11테제였다.

양차 세계대전을 전후한 시기, 독일은 철학자의 해설은 이제 충분한 것 같으니 더 중요한, "세계를 변화시키는" 일을 시작하자는 테제를 정말로 현실에서 검증해보고자 했다. 기회의 땅이었다. 인식이 주도하는 실천(Praxis)은 목적론의 현실적 실현을 위한 '논리적 일관성'이 완결되었음을 전제로 한다. 이 테제는 바로 이런 전제를 완벽하게 충족시켜주고 있었다. 흔히들 인식의 정지와 구체적 실천을 독려하는 것으로 이 테제를 받아들이지만, 사실 그 '정지'의 상태란 논리구성이 완성되었다는 판단을 포함하고 있기 때문이다. 인식론적 우위에서 현실 파급력을 끌어올리고 있는 테제인 것이다. 초기 자본축적 단계부터 '파행'을 면치 못한 독일 자본주의가 20세기 들어 급기야 세계대전과 같은 파국으로 위기를 돌파하려 한다는 현실진단이 이 테제를 지침으로 삼은 좌파의 미래구상에서 출발점을 이루었다. 마침 독일 민족사의 파행은, 이른바 파시즘 지배라는 문명사적 파행으로 치닫는 중이었다.

이런 시기를 맞아 좌파 지식인은 '파국'에 대한 표상을 미래구상과 연결시키는 데 크게 주저하지 않았다. 유토피아 실현이 폭력을 필연적으로 동반한다는 그 명백한 진실도 오히려 미래구상에 현실감을 부여하는 요인으로 작용했다. 변혁이란 미래를 현재로 이전시키는 주체적이고도 의식적인 행위다. 따라서 구체로 역전환되는 추상을 받아들이는 일이 절체절명의 과제였고, 더 나은 미래를 열망하는 사람이라면 아무런 유보 없이 이 추상의 구체화 과정을 받아들일 자세를 갖추고 있어야 했다. 이런 사유의 맥락에서 폭력 실행은 변혁론이 구체성을 획득하는 계기로 여겨지기까지 했다.

관객이 없는 연극

브레히트가 '학습극' 이론을 발전시키면서 무엇보다도 전통적인 무대 구성 방식에 만족할 수 없었던 까닭 역시 이러한 역사철학적 맥락에서였다. 그는 포이어바흐 제11테제에 따라 직접적이고도 즉각적인 사회변혁을 추구해야 하는 전반적인 위기상황에서 무대예술 역시 자기 몫을 담당해야 한다고 생각했다. 연극의 사회적 파급력은 독일에서 이미 확인된 바 있었다. 시민비극이 부르주아 의식을 무대 위에 올리는 데 성공해 사회통합 과정에 크게 이바지했던 것이다. 보편인의 보편적 감정에 호소하는 시민연극은, 하지만 부르주아 계층에 속하지 않는 사람들이 허위의식을 생활감정으로 지닌 채 살아가도록 조장했다. 이런 상황에서 새로운 예술의 몫은 개혁주체의 의식을 재조정하는 데 있었다. 프롤레타리아에게 그들의 존재조건에 합당한 계급의식을 돌려주기 위한 연극이 필요했다.

브레히트는 서사극 이론을 발전시켰다. 비아리스토텔레스극이라고 불리는 그의 연극론은 무대 위의 사건에 관객이 심리적으로 동일화되던 시민비극의 관성을 차단하는 데 집중되어 있다. 사건이 파국으로 진행되더라도 관객이 슬픈 감정을 가지고 몰입하는 것이 아니라 이렇게 사건이 진행되는 과정을 '분석'함으로써 삶을 비극적으로 만드는 원인이 부르주아 이데올로기에 있음을 간파하도록 극은 진행되어야 했다. 서사극 이론은 연출기법에서도 일대 혁신을 불러일으켰고, 앞에서도 거론했듯이 브레히트는 몇몇 성공작들을 남겼다. 하지만 마르크스주의 역사철학에 비추어 보면 크게 부족한 것이 사실이었다. 제11테제가 제시한 과제를 수행하기에 적합한 극이 필요했다. 프롤레타리아가 허위의식에서 벗어나는 일은 일종의 '정지작업'에 해당할 터인바, 목적론의 현재적 실현은 또 다른 차원의 일이기 때문이다.

이 지점에서 브레히트는 레닌의 전위론을 받아들였다.[40] 미래를 현재로 이전하는 과업을 담당할 '전위'의 자세를 가다듬는 견본들(오제명: 1993, 94쪽.)을 내놓는 연극이 필요했고, 브레히트는 서사극을 특화한 학습극을 구상했다. 추상을 구체로 변환시키는 작업이란 흐르는 시간의 어느 한순간을 현실에서 정지시키는 일이다. 학습극은 그 정지시킨 순간을 시간 속에서 구체적으로 보여주는 극이다. 따라서 전후좌우의 맥락을 단절시키는 순간이 극의 사건을 구성하게 된다. 이런 '결단상황'을 다루는 학습극에서는 관객이 있을 필요가 없다. 결단상황에서 배우들이 어떤 자세를 취하는지 관람하면서 그에 대해 '평가'하거나 아니면 심리적·감정적으로 '동일화'하는 관객은 전통적인 시민연극에나 필요할 따름이다. 학습극에서는 행동견본을 통해 미래를 현재로 이전할 때 요청되는 자세를 훈련할 필요가 있는 '전위'들이 직접 배우로 나선다. 브레히트는 원칙적으로 관객이 없는 연극을 구상했다.[41]

브레히트의 무대개혁은 전통극의 '카타르시스 효과'를 제거하고 그 대신 '인지효과'를 극대화시키는 데 집중된다. 학습극의 대표작으로 거론되는 『조처』[42]의 경우, 전통극의 수용관행으로 '감상'하면 극중 살인사건에 대한 '도덕적인' 가치평가가 갑론을박의 대상이 된다. 이른바 혁명이라는 대의에 희생당하는 개인의 문제로 수용되는 것이다. 그러면 그리스 비극의 구도가 그대로 되살아난 극이 된다. 그런 까닭에 『조처』는 '대의'의 형이상학적 구속력에 저항하는 개인이라는 구도에서 가치들의 충돌을 다루는 작품으로 해석되기도 했지만, 이 극에 대한 '정통적인' 연

---

40) 오제명, 『브레히트의 교육극』, (서울: 한마당, 1993), 46~52쪽 참조.

41) 같은 책, 100~109쪽. "교육극은…… 활동적으로 참여하는 사람들의 자기 이해를 목적으로 만들어진 것이지 어떤 사람들에게 하나의 체험이 되기 위한 것이 아니다."(Brechts Modell der Lehrstücke, p.32.)

42) Brecht, Bertolt, *Die Maßnahme*, (Frankfurt am Main: Suhrkamp, 1972); 베르톨트 브레히트, 오제명 옮김, 『조처』, 한국브레히트학회 편, 『브레히트 선집 1』, (서울: 연극과 인간, 2011), 459~502쪽.

구들은 이러한 해석을 논박했다.(오제명: 1993, 239~240쪽.) 주인공이 상반된 가치의 충돌에 일익을 담당할 만한 영웅적인 면모를 보이지 않는다는 점이 그 이유였다.

실제로 혁명적 대의에 찬동해 전위로 나서겠다는 의지를 보인 문제적 개인 '젊은 동지'는 아리스토텔레스 시학이 비극의 주인공으로 규정하는 면모와 거리가 멀다.[43] 그의 행동에는 필연성이 결여되어 있다. 따라서 교정가능하다. 이 '교정가능성'을 부각시키는 데 실패하고 극을 일종의 '운명극'으로 만드는 경우는 극에 대한 이해부족과 연출상의 허술함 때문이다. 대의에 어긋난 행동을 한 주인공을 처단하는 일이 도덕적으로 옳은가 그른가, 이 양자택일의 가치평가와 그에 따른 실존적 고민으로 이 작품을 해석하는 것 역시 부르주아 허위의식의 잔재에 속한다.

학습극(Lehrstück)

학습극에서는 교정가능성이 관건이다. 그리고 교정의 목표는 미래를 현재로 이전시키는 일이다. 따라서 공산주의 사회의 도래를 위해 현재를 단절시켜 시간성을 제거하는 훈련을 하게 된다. 현재에서 시간성을 제거하는 일은 앞에서도 말했듯이 감성의 제거, 즉 추상화다. 살아 있는 인간이 먹지 않고 숨을 쉬지 않는 상태가 가능해야 하는 것이다. 전위의 선전활동은 이 가능성을 사람들에게 '확인'시키는 데 집중되어야 한다. 현실적으로 가능한지 아닌지 합리적으로 판단해 보완책을 마련한다거나, 악

---

43) 같은 책, 239쪽. "개별 에피소드에서 나타나는 젊은 동지의 행동은 성격이나 영원한 인간성으로부터 불가피하게 정해지거나 운명적으로 결정되는 것이 아니라, 변화시킬 수 있는 사회적·정치적 행동일 뿐이며, 젊은 동지의 행동방식과 선동가들의 방식은 전술의 차원에서 차이를 보일 뿐, 상호 모순되는 절대 가치가 충돌하는 상황은 작품 속 어디에도 나타나지 않기 때문이다."

『조처』 *Die Maßnahme*

소련에서 파견된 선동가 집단이 중국에서 벌이는 공산주의 활동을 다룬 작품이다. 한 순수한 혁명가('젊은 동지')가 연속된 실수를 범함으로써 혁명 자체를 위태롭게 만들고, 젊은 동지가 자신의 죽음에 동의하는 가운데 선동가들이 그를 살해하는 사건이 벌어진다. 서막에서 선동가 집단은 동지의 살해를 감독 합창단(당의 재판부)에 보고하고 판결을 요청하며, 이어지는 8개의 장면은 일종의 '극중극'형식을 통해 중국에서 벌인 혁명활동과 함께 젊은 동지의 잘못된 행동방식들을 보여준다.

작품에는 '감독 합창단'과 '선동가 네 명'이 등장한다. 그런데 선동가들은 젊은 동지, 당 지부장, 쿨리, 작업감독, 방직공, 경찰, 상인의 역을 번갈아 맡도록 되어 있다.

선동가들은 극중극으로서 제시되는 개별 에피소드에 나오는 배역들을 나누어 맡으며, 극중극의 관객은 바로 감독 합창단이다. 그러므로 합창단은 이미 일어났던 사건, 즉 극중극 차원에서 일어나는 선동가들의 사업에는 개입할 수 없으며, 다만 장면 뒤에 삽입된 '토론'에서 그들이 과거에 행한 실천들을 이론 차원에서 검토하고 평가한다.

학습자들이 연기를 통해 학습해야 할 가장 중요한 행동견본은 젊은 동지 역이다. 1931년에 쓴 작품에 대한 주석에서 브레히트는 "네 명의 연기자가 모두 한 번씩은 젊은 동지 역을 연기할 기회를 가져야 한다"고 말함으로써 그 배역이 지닌 학습가치를 강조하고 있다. 젊은 동지 역에는 고정된 인물이 배당되지 않는다. 대신 극중극 차원에서만 존재하도록 함으로써 행동견본으로서의 성격을 명백히 보여준다.[44]

---

44) 오제명, 「조처」, 한국브레히트학회 편, 『브레히트의 연극세계』, (서울: 열음사, 2001), 64~65쪽.

조건을 무릅쓰고 혁명이라는 대의에 따르는 길을 찾아내는 훈련을 하는 것이 아니다. 이런 훈련이라면 대(大)를 위해 소(小)를 희생하는 극기와 인내를 훈련내용으로 하는 감성 차원의 사안이 될 것이다. 시간을 정지시키는 것이 관건인 변혁론에서 자기 희생의 감정교육을 프로그램으로 제시할 수는 없는 일이다. 감정은 인지로 '처리'될 수 있는 대상이어야 했고, 이 처리능력을 극대화시킴으로써 시간의 정지를 통한 유토피아의 도래를 실현시킬 수 있다고 믿었다.

학습극 『조처』에서 시간의 정지는 이미 그 가능성이 확정된 상태다. 미래의 시점에서 현실이 될 그 가능성을 지금으로 앞당기는 일을 해야 하는 순간에 직면한 사람들의 이야기인 것이다. 시간의 정지를 '논리'로 이해한 브레히트는 옳았다. 논리적 인과관계에 따르자면 미래의 정지가 현재의 정지로 되는 데에는 아무런 모순이 발생하지 않기 때문이다. 정지된 시간에서는 시제를 구분하는 일이 무의미해지므로 시간의 정지는 언제든 일어날 수 있는 일이 아닌가.

따라서 관건은 아직 시간성 속에서 현실적으로 존재를 연장시키고 있는 사람들을 무시간성의 차원으로 이전시키는 일이다. 이러한 이전은 감성을 완전히 제거시켰을 때 일어난다. 희생의 눈물은 다시 시간성을 불러들인다. 그러므로 전적으로 논리적인 과정이어야만 한다. 가능성의 확인은 논리적 확장을 완벽하게 보장하는 '근본원인'이 제시되었을 때 기대해볼 수 있다. 보편해방이 부분해방의 조건이 되는 변혁론에서 이를 위한 선전내용의 제1조목은 바로 '근본원인'에 대한 통찰이다.

네 선동가 묵덴 시에서 우리는 노동자들 가운데서 선전활동을 수행했습니다. 우리가 가진 것은 굶주린 사람들을 위한 빵이 아니라 무지한 사람들을 위한 지식이었습니다. 그래서 우리는 빈곤의 근본원인에 대해 말을 했으며, 빈곤을 근절했던 게 아니라, 그 근본원인의 근절에 대해 말했습니다.(브레히트: 2011, 475쪽.)

보편해방을 위해 부분적 현실에 개입해서 구체를 획득해야 하는 전위의 활동은 구체의 생생하고도 급박한 욕구들을 '극복'해야 하는 '구체적인' 과제들에 직면한다. 빈곤의 근본원인을 근절하기 위해 지금의 빈곤을 근절하려는 욕구를 극복해야 하는 이 '정지의 순간'에 현실 그 자체에 매몰되어 살아가는 '구체'와 미래의 현재적 실현을 위한 변증법 운동과정에 편입된 변혁의 계기인 '구체' 사이에 화해할 수 없는 모순관계가 성립한다. 학습극은 이 모순의 지양을 훈련하는 장이다. 구체를 변증법적 운동의 계기로 파악하는 데 실패하고 즉자적 구체에 매몰된 사례가 학습의 본보기로 제시된다.

세 선동가 그렇다면 그들은 아는 게 너무 모자라오. 당신들의 무기는 어디에 있소?

젊은 동지 (손을 내밀며) 우리는 이빨과 손톱으로 싸울 겁니다.

세 선동가 그걸로는 부족해요. 당신은 오직 실업자들의 곤궁만 볼 뿐 노동자들의 곤궁을 보지 못하고 있어요. 당신 눈에는 도시만 보이지 평야지대의 농민들이 보이지 않아요. 당신은 병사들을 탄압하는 자로만 볼 뿐, 제복을 입어서 탄압하게 된 빈민으로 보질 못해요 …….

젊은 동지 나는 실업자들에게 병사들이 얼마나 부지기수로 그들에게 총을 쏘았는지를 상기시켰습니다. 이제 그들에게 살인자들과 함께 시위를 하라고 말하란 겁니까?

세 선동가 그렇소. 병사들도 그들 자신의 계급 출신인 가난한 사람들에게 총을 쏜 것이 잘못이었음을 깨달을 수 있기 때문이오. 모든 농부들을 계급의 적으로 볼 것이 아니라 농촌 빈민을 동료투사로 획득하라는 레닌 동지의 고전적인 충고를 기억하시오.

젊은 동지 그럼 물어보겠습니다. 고전대가들은 빈곤이 그냥 계속되는 것을 용인하는 겁니까?

세 선동가 그들은 빈곤을 그 전체 범위에서 파악하는 방법에 대해 말해주지요.

젊은 동지 그렇다면 고전대가들은 가난한 사람 각자를 즉각 당장 그리고 무엇보다도 먼저 도와주는 데 찬성하지 않는 겁니까?

세 선동가 그렇소.

젊은 동지 그렇다면 고전이란 쓰레기입니다. 그것들을 찢어버리겠어요. ……..

세 선동가 찢지 마시오!
당신의 혁명은 급조되어 하루를 지탱하고는
내일이면 목 졸리고 만다오.
하지만 우리의 혁명은 내일 시작되어
승리를 거두고서 세상을 변혁시킬 것이오.
당신이 끝장나면, 당신의 혁명도 끝장이오.
당신이 끝장날 경우라도
우리의 혁명은 계속 전진할 것이오. (브레히트: 2011, 491~493쪽.)

현재의 빈곤을 '그 전체 범위에서 파악하는' 방법을 배우기 위해 당장의 배고픔을 외면하는 일은 현실의 부조리함과 비참함을 극복하겠다는 마음가짐으로 혁명운동에 뛰어든 사람들에게 결코 쉽지 않다. 하지만 개별적인 불행을 '계급모순'의 결과로 파악할 만큼 지적으로 훈련되고 자신의 삶을 역사진보의 법칙에 종속시키겠다는 의지를 갖춘 전위라면 미래를 위해 현재를 어떻게 '처리'해야 하는지도 결국은 터득한다.

이 극에서도 젊은 동지는 마지막에 가서 자신이 일을 그르쳤음을 깨닫는다. 그는 미래를 현재로 이전하는 작업이 시간의 정지, 즉 현실의 생생함을 넘어 '전체 범위를 파악하는' 추상임을 모르지 않았다. 다만 추상화가 정말 필요한 결정적인 순간에 현실의 생생함에 발목이 잡히는 오류를 범하고는 현재의 빈곤에 동의했던 것이다.

추상화의 필연성에 대한 동의

유토피아는 현재의 빈곤을 부정하는 힘에서 비롯된다. 그 빈곤의 현실성을 전체의 미래로 덮어쓸 만한 안목을 지니고 있어야 하는 것이다. 이는 지금의 배고픔에서 시간성을 탈각시키고, 인류의 보편적 궁핍이라는 개념을 움켜쥐는 일이다. 그런데 잠시 현실의 구체에 의식을 집중시키는 사이 그릇된 태도가 나왔던 것이다. 이런 오류를 바로잡는 일은 누구나 현실의 구체에 집중하면 잘못된 태도를 취하기 십상이라는 점을 '인지'하고 그 오류가능성과 교정가능성에 '동의'하는 것이다.

젊은 동지는 구체에 대해 동의했던 자신의 즉자적 감정을 부정하고 추상화의 필연성에 동의한다. 젊은 동지를 연기하는 배우는 이 '부정과 동의' 과정을 추체험하면서 현재를 정지시켜야 할 때 지체 없이 정지를 실행시킬 수 있도록 자신의 자세를 가다듬는 훈련을 한다. "『조처』는 학습극을 통해 특정한 개입하는 자세를 습득하려는 시도다."[45]

브레히트가 남긴 유토피아를 위한 실험의 자료들은 인식이 현실의 구체를 탈감성화시킬 수 있음을 믿고 그 프로그램을 적용시킨 경험을 기록하고 있다. 이 기록의 역사적 가치 역시 인류가 확보한 소중한 자산이 아닐 수 없다. 이런 문화적 자산을 재검토하는 21세기의 우리에게는 브레히트가 해결하고자 했던 문제의 구도가 아주 다른 각도에서 다가올 뿐이다. 우리의 관심은 현실이 어떻게 탈감성화를 정당화하는

---

45) 오제명, 앞의 책, 1993, 120쪽.(Brechts Modell der Lehrstuecke, p.109.)

가에 집중될 수밖에 없다.

> 하지만 여러분들의 보고는 우리에게 가르쳐줍니다.
> 세상을 변화시키는 데 필요한 게 얼마나 많은지를.
> 분노와 끈기, 지식과 격분
> 재빠른 개입, 깊은 숙고
> 차가운 인내, 무한한 끈기
> 개별의 이해와 전체의 이해:
> 오로지 현실의 가르침을 받고서만, 우리는
> 현실을 바꿀 수 있습니다.(브레히트: 2011, 501~502쪽.)

현실의 가르침은 미래에 따른 현실의 재구조화, 즉 목적론의 실현을 위한 전망을 지시하는 것으로 이때 지금의 현실 그 자체는 부정된다. 추상 속에서 이런 부정은 물론 가능하다. 하지만 부정하는 시점은 어디까지나 현실의 순간이므로, 부정의 순간은 흐르는 시간 속에서 변화무쌍한 구체에 종속된다. 아울러 부정하는 주체 역시 고립된 개인이 아니라 현실의 사회관계에 깊숙이 편입되어 있고 아울러 그 현실에 개입하면서 판단하고 행동하는 '사회적 존재'이므로 변화무쌍한 현실의 일부다. 그가 정확하게 인식하고 판단해 제때에 개입했다 하더라도, 그의 개입에 따른 시간의 정지는 그야말로 순간에 불과하다. 그가 추상의 상태에서 부정을 하는 것이 아니라 변화무쌍한 움직임의 과정에 있는 구체를 직접 부정해야 하기 때문에 벌어지는 패착이다.

이 구체적이고도 직접적인 부정('젊은 동지'의 제거)이 어떻게 전체의 질서정연함(빈곤의 제거)으로 변화무쌍한 현실(빈곤)을 덮어쓰는 결과를 가져오는가? 이것이 브레히트의 연극적 실험들을 역사적 자료로 연구하는 우리에게 남겨진 최대 관심사다.

물론 브레히트는 이처럼 구체적으로 사유하지 않았다. 현실의 부정이 부정적인 현실을 극복하고 질서정연한 미래를 도래시킬 것이라는 '논리'에 머물러 있었다. 이는 사회적 위기상황이 현실의 변화무쌍함을 당장 정지시켜야 할 과제의 대상으로 설정하도록 한 시대 상황 탓이 크다고 할 수 있다. 그런 부정된 구체적 순간들이 모두 하나로 묶여 전체를 이루는 '종합의 순간'이 파시즘 지배와 전쟁의 폭압을 겪던 브레히트에게서 목적론으로 빛을 발했고, 그 빛의 도움으로 브레히트는 왕성한 창작활동을 할 수 있었다. 하지만 순간에 충실한 개별주체의 순간적 정지가 하나의 전체를 이루도록 하는 종합은 어디까지나 전적으로 추상에 속한다. 여기가 '휴거'의 상상력이 발동하는 지점이 될 것이다.

하지만 브레히트는 변화무쌍한 시간의 흐름에 속한 개별적 순간들을 하나의 전체로 묶어내는 작업이 구체적인 현실에서 추진되던 시대에 활동한 작가이자 이론가였다. 따라서 논리적 일관성이 현실의 구체로 파고드는 과정이 바로 감성억압의 과정이 되는 현실도 경험했다. 휴거의 상상력이 발동하기에 현실의 폭력이 너무도 큰 시절이었다. 현실의 폭압을 비춰주는 논리적 빛에 전적으로 의지했던 브레히트는 휴거의 상상력을 발동시키지 않았지만, 논리적 확신이 불러오는 폭력에 대해서도 사유할 겨를이 없었다. 논리에 갇힌 사유는 시간의 정지를 확신할 수 있었다. 하지만 그와 더불어 사유 자체도 정지된다. 사유의 정지로 나타나는 정신의 절대화를 우리는 제5부에서 말레비치의 회화작품을 통해 살펴볼 것이다.

정신의 절대화가 사유의 정지로 귀결되어 현실에서 구조적 폭력을 불러일으키는 과정을 인류는 역사적으로 확인한 바 있다. 이러한 정지를 세계사적 경험으로 가지고 있는 후대인은 브레히트의 논리에 구체를 적용해보는 사유상의 실험을 할 필요가 있다. 분석하고 극복해야 될 '대상'으로 설정한 역사현실과 극복주체인 살아 있는 인간이 겪는 시간성의 불일치를 브레히트는 논리의 차원에서 일치시켰고, 개인의 죽음이든 폭력이든 파국 역시 논리적으로 추상해 유토피아의 현실적 도래를 위한 변혁론을 순수추상의 관념으로 탈바꿈시켰다. 그러나 원자폭탄이 제2차 세계대전을 종식시켰고, 브레히트의 변혁론은 현실에서 검증될 기회를 갖지 못했다.

하지만 유토피아가 실현되어야 할 공간은 열렸다. 유토피아를 위한 파괴로 시간을 정지시키는 일이 정말로 실현되었던 것이다. 동독의 사회주의 건설기를 통해 사회주의자 역시 파괴의 실상을 알아차리게 되었다. 유토피아를 위한 것이라 해도 파괴는 시간성을 탈각하는 식의 관념의 중지만을 뜻하지 않았다. 파괴는 논리가 아닌 구체의 문제였다. 유토피아와 더불어 생산을 위한 노동의 고단한 시간이 찾아왔다.

빵을 순수기표로 만든다

브레히트가 학습극을 통해 현실에 적용시키려 했던 변혁논리는 논리적 정합성을 추구하는 인간 두뇌의 독특한 관성을 토대로 역사철학적 낙관주의에 의지해 구성된 것이었다. 논리적 관성이 인간 두뇌의 보편적 속성이라는 확신을 토대로 누구나 타고난 논리적 정합성의 충동을 활성화시킬 수 있다고 믿었고, 논리를 수미일관하게 진행시키느라 '죽음의 동의' 같은 탈감성화의 결단상황이 도입된 것이지, 어떤 물질성을 지닌 실체로서 살고 죽는 문제를 극이 쟁점으로 삼고 있는 것은 아니다. 젊은 동지의 죽음에 동의하는 사람 역시 죽음 자체에 동의하는 것이 아니라 '죽음에 이르는 논리'에 설득당하도록 되어 있다. '동의'는 선택의 문제가 아니다. 논리적 귀결이다. 따라서 동의해야 할 사람의 내면에서 논리적 정합성의 충동이 먼저 발동될 필요가 있다. 당장의 빈곤에 대한 동정심이나 불의에 대한 분노를 뒤로 물리칠 만큼 그 근본원인에 대한 '논리적 충동'이 활성화되어 있어야 하는 것이다.

학습극 이론을 발전시킨 브레히트는 사람들에게 이런 필요를 요청할 수 있다고 믿어 의심치 않았다. 반파시즘 투쟁기에 이처럼 인간 두뇌의 논리적 충동에 기반을 둔 연극론을 발전시킨 그는 마르크스주의에서 전통적으로 관철되어온 인식론 우위의 편향을 고스란히 예술에 이전시켜 놓는다. 그의 인식론 우위는 '먹는다'는 물질적인 일 역시 인식의 사안으로 만든다. 빵을 순수기표로 만들어 유토피아에서 누리는 풍요를 약속할 수 있었던 것이다. 그런데 이런 인식론적 오만은 빵을 무는 입 역시 전적으로 인식론적 목적에만 사용될 수 있다고 믿는 경지로 치닫는다.

이는 당장 빵이 필요한 사람들에게 지금 당장 빵이 없는 현실의 근본원인을 논리적으로 설득하는 작업을 수행함으로써 현실의 질곡을 타파할 수 있다고 믿는 변혁론이었다. 물론 변혁의 필요성과 성공가능성에 대한 확신에서 그런 변혁론이 나왔을 수 있다. 그렇다고 이와 같은 인식론적 오만에 대한 책임을 당시의 낙관주의에 모두 돌릴 수는 없을 것이다. 그보다는 논리적 정합성의 회로에 한번 빠지면 벗어나기 어려운 인간 두뇌의 관성에 더 많은 책임을 물어야 하는 사안임이 분명하다.

시간을 정지시키고 빵을 순수기표로 만들도록 강제한 파시즘 지배기간을 브레히트는 극복할 대상으로 객관화시킬 수 있었지만, 『임금삭감자』의 작가 뮐러에게 궁핍은 철두철미 살아내야 할 구체적 현실이었다. 실제로 브레히트 자신은 배를 곯지 않았다. 물론 그는 도처에 창궐하는 빈곤과 궁핍을 충분히 인지하고 있었다. 이 문제를 외면하지 않고 공감하면서 해결의 의지를 불태웠으며, 이를 실천 차원으로 이전시키기 위해 이론의 힘을 빌려 정치한 논리를 발전시켰다. 이론 차원에서 주체와 대상은 철저하게 분리될 수 있었다.

파시즘 지배기간 동안 폭력과 배고픔의 어린 시절을 살아낸 뮐러는 파시즘 지배의 종식과 더불어 빵을 직접 조달해서 먹어야 하는 사회주의 건설기를 살아야 했다. 그는 유토피아에 대한 표상을 획득하기 위해 현실로부터 자신을 분리시킬 필요가 없었다. 유토피아는 현재로 선포된 상태였다. 시간이 정지된 상태를 표상하는 훈련이 아니라 정지된 시간 속에서 삶을 직접 꾸리는 일이 역사적 과제로 주어진 세대에 속했다. 시간의 정지와 물질적 풍요라는 현실사회주의가 추구한 두 마리 토끼를 뮐러 역시 쫓았다. 그의 추격전은 피비린내가 나는 실전이었다. 파시즘을 해결 대상으로 설정하고 먹고사는 일은 인세로 해결한 브레히트와는 사정이 완전히 달랐던 것이다.

브레히트의 빵은 자본주의 문화산업이 팽창하면서 일부 지분을 '재미'를 연극의 핵심계기로 발전시키는 데 큰 공을 세운 그에게 돌려준 것이기도 했다. 자본주의와 자신을 이분법적으로 분리시킨 브레히트는 자본주의가 가져다주는 결실로부터도 자신을 분리시킬 수 있었다. 그는 어쩌면 실제로 먹는 빵 역시 순수한 기표로 대했을지 모른다. 하지만 이미 정지된 시간 안에 편입되어 있었던 까닭에 현실을 극복해야 할 대상으로 설정하고 그로부터 자신을 분리시킨다는 생각을 할 수 없었던 뮐러는 정지되었다고 선언된 시간 속에서 움직이면서 살아 있는 현실의 생생한 구체를 직접 확인했다.

물질과 노동

뮐러는 시간의 정지를 표상하는 훈련이 필요하지 않은 사람들을 『임금삭감자』의 등장인물로 삼았다. 위에서 서술했듯이 시간의 정지를 표상하는 훈련은 '휴거'와 같은 상상력을 발동시키고, 그 결과 '지금'을 탈감성화시킨다. 미래에 이루어질 일을 지금으로 표상하면서 이와 같은 시간의 정지 속에서 자신의 현재가 미래로 투사되어버리는 과정도 경험하기 때문에 발생하는 결과일 것이다. 이런 훈련을 하지 않고 바로 시간이 정지된 사회주의 현실에 편입된 『임금삭감자』의 등장인물은 구체에 대한 현실감을 미래의 관념으로 훼손시킬 겨를이 없다. 그들의 현실감은 그대로 살아 있다. 그들은 계속 먹는다. 빵을 순수기표로 만들 줄 모르는 그들은 끊임없이 결핍을 하소연한다. 구두배급을 못 받아 "사회주의 속에서 맨발로 뛰어다녀야 하는"(제5장, 뮐러: 1998, 20쪽.) 상황이 되면 노동조합 대표를 닦달한다. 하소연과 닦달이 결핍을 해소하지 못한다는 사실도 '구체적 현실'을 통해 터득한다. 요컨대 그들은 생산성 향상이 선결과제임을 구체 속에서 납득하고 있는 것이다.

뮐러는 이 어려운 조건 속에서 '새 기준'을 도입해 생산성 향상에 나서는 것이 '사회주의적'인 조처인가에 대한 '인식론적' 논의를 진행하지 않는다. 우리 모두 이제 '새 기준'을 받아들여야 하지 않겠느냐는 동의를 목표로 그 과정을 학습하지 않으며, 논리적으로 새 기준에 따라 일을 더 많이 해야만 사회주의적 풍요를 누릴 수 있다는 결론으로 노동자들을 유도하는 '브레히트적' 학습극을 쓰지 않은 것이다. 그는 일단 생산성 향상에 대한 '동의'를 구체적 현실에서 이루어지는 합의로 기정사실화한 상태에서 극을 시작한다. 극중에서 생산성 향상을 위해 성과급 도입이 필요하다는 사실 자체를 두고 노동자들이 논박하는 장면은 없다.

노동자들은 400%의 성과급을 배당받아 가는 발케(Balke)에 저항하지만, 이 탁월한 일꾼이 기회를 창출하면 기꺼이 동참한다. 과실을 나누는 대열에 합류하려 애쓴다. 파업을 모의하는 장면(제14장)에서 "도급은 살인"이라고 주장하는 '어느 노동자'처럼 '새 기준'을 못마땅해하는 노동자가 없는 것은 아니지만, 현실적 결핍이 '옛 기준'의 호소력을 무력화시킨다. 그런 '전통적인' 목소리는 슬그머니 사라진다. 브레히트의 시대는 지나갔다. 이제는 더 이상 '새 기준'에 대한 인식론적 판단이 문제가 아닌 것이다. 시간이 정지된 사회에서 새 기준은 풍요로운 미래가 현재로 실현된 상태, 즉 '물질'의 존재여부다. 물질은 인식론의 판단범위를 벗어나는 사안이다.

『임금삭감자』 *Der Lohndrücker*

『임금삭감자』는 원래는 방송극으로 쓰였다가(1956), 1957년 잡지에 실렸다. 1958년 3월 라이프치히에서 초연됐다. 공연 직후에는 호평을 받고 1959년 3월 동독 예술아카데미에서 수여하는 하인리히 만 상(공동창작자인 부인 잉에 뮐러와 공동 수상)을 받았다. 그러나 같은 해 당 서기 울브리히트(Walter Ulbricht)로부터 사회주의 리얼리즘의 노선에 위배된다는 호된 비판을 받았다. 1988년 도이체스 테아터 (Deutsches Theater)에서 뮐러 자신의 연출로 공연되기까지 동독에서는 상연되지 않았다. 1988년 공연에서 뮐러는 사회주의 역사철학의 낙관주의가 녹아든 제15장을 완전히 삭제했다.

극은 일련번호로는 열다섯 장면이지만, 실제로는 총 열아홉 장면으로 구성되어 있다. (6a. 6b, 8a, 8b, 8c, 8d.) 애초엔 세 장면이 더 있었는데 등장인물들의 사생활과 관련된 장면으로 초연 후 뮐러가 모두 삭제했다. 등장인물들 사이의 갈등은 전적으로 노동과정에서 발생하는 것으로 되어 있다. 작가가 명기한 사건의 시기인 1948/49년은 파시즘 지배와 전쟁이 남긴 악조건 속에서 새로운 사회, 새로운 국가를 수립해야 하는 역사적 과제를 눈앞에 둔 사회주의 건설기에 해당한다. 뮐러는 이 사실을 강조했다.

새로 오자마자 "쇠살로 뭘 발명한 대가로" 상여금을 받은(제1장) 가마 벽돌공 발케(Balke)는 전통주의자 비트너(Bittner)라면 다른 두 사람과 함께 셋이서 3일에 걸려 수리할 천장을 둘이서 이틀에 수선해 성과급 400%를 받는다. (6a.) 반면 고된 노동에 불성실한 자세로 임한 레르카(Lerka)는 젖은 벽돌을 사용해 가마천장이 날아가자 체포돼 8년 형을 선고받는다. 발케는 다시 세 번째 도전을 감행한다. 조수 두 명과 함께 망가진 가마를 식히지 않고 수선하는 일이다. 임금삭감자 발케는 동료 노동자들의 거친 항의를 받는다. 게쉬케 (Geschke)가 첫 장면에서 털어놓는 독일의 역사는 그들의 과거다. "1차 대전 이후의 실업상태, 도급일, 그리고 북 치고 나발 부는 나치와 불행이 지나간 다음의 능률급이 있는 새로운 생활."

장면 2에서 늙은 노동자는 직접적으로 토로한다. "나치가 우리의 삶을 완전히 망쳐놓았지." 45년까지 장갑차를 탔던 콜베(Kolbe)는 "그것도 냉장고는 아니었으니, 내가 함께하겠소"(8b)라고 한다. 쳄케(Zemke)는 "누구보다도 (좌파의) 피가 끓어" "세계혁명을 위해 주먹을 쥐었지만" "우리의 지도부가 머리를 내밀지 않아" 나치스 돌격대로 갔고, 사회주의 정당들의 지도부처럼 외국으로 망명하지 않고 나치에 저항했던 당 간부 쇼른(Schorn)은 군수산업에 종사하면서 전쟁을 방해하는 태업에 가담해 체포된 경력의 소유자다. 지금은 사회주의 모범노동자인 발케가 그를 밀고했었다. 신임 당 서기관 쇼른에게 감독은 자신의 상황판단을 보고한다. "노동자는 당에 대한 신뢰가 없소. 파시즘이 노동자의 뼛속까지 파고들어 있소. 그 유탄이 그들의 사지까지 뒤틀리게 해놓았소. 지금 그들은 '도급은 살인이다'라고 외치고 있소. 당신이 내게 묻는다면, 대답은 난 아무도 믿지 않는다는 거요." 새로운 사회 건설을 위한 노동은 개인의 '과거'와 분리되지 않는다.

극의 '문제적 개인' 발케는 어느 시스템에서나 열심히 일하는 '말'이다. 그는 새로 무얼 만들어내는 데 흥미를 느끼고 성과급도 가능한 최대로 챙기고 싶어한다. 그의 상대역인 쇼른은 능란한 수완가다. 당에 대한 충성심을 유지하면서 자신의 사회적 지위를 지킨다. 쇼른은 과거의 사건을 현재의 사건에 연결시켜 발케가 세 번째 도전에 나서도록 만든다. 임금삭감자 발케에 반감을 품은 안경잡이가 "벽돌로 가스 통로를 막아버려" 노동을 방해한다. 발케는 그의 이름을 쇼른에게 말해 또다시 밀고자가 된다. 밀고자 발케와는 아무도 같이 일하려 하지 않는다. 뮐러가 삭제한 마지막 장면에서 노동자들은 다시 공동작업에 합의한다. 더 많은 생산을 위해 사적 감정을 모두 뒤로 물리는 것이다.

뮐러는 1929년 작센(Sachsen) 주 에펜도르프(Eppendorf)에서 출생했고 1995년 베를린에서 사망했다. 사회주의 정권과 끊임없이 마찰을 일으키면서도 구 동독의 정체성을 작품창작의 본령으로 삼은 그는 70년대 후반 안티케의 신화적 소재로 우회하기까지 사회주의 건설기의 노동과 폭력에서 직접 소재를 택했다.

21세기, 세계화 구호로 하나가 된 신자유주의 세계질서에서 뮐러의 '낡은' 극들이 우리의 노동은 무엇을 위한 것인가는 물음과 결부되어 '새로운' 관심을 불러일으키고 있다.

생산노동을 조직하다

이제 문제는 노동이다. 노동의 결실인 물질이 관건이며, 사회적 노동의 결과인 물질을 생산과정에 참여한 개개인에게 배분하는 문제가 시간이 정지된 사회에서 유토피아 실현의 과제가 된다. 물질은 이제 현재 실현되어야 할 '구체'로서 극 진행을 실질적으로 주도해야지 브레히트처럼 현재 부재하는 물질을 미래에 예약된 관념으로 덮어쓰는 '사유'여서는 안 된다. 물질을 입으로 '논의'하고 있을 수 없는 시절이 된 것이다. 모두들 생산현장으로 달려가야 했다. 그래서 뮐러의 교육극은 '생산극'이라는 새로운 명칭을 얻었다.

따라서 이 극에서 관건은 '동의'가 아니라 생산노동의 '조직'이다. 논리적인 언변이 아니라 사회적으로 물화된 구체를 보여주어야 하는 것이다. 결과적으로 극의 갈등은 논리적 정합성 여부를 두고 발생하지 않고 노동의 조직화 과정에서 발생하게 된다. 조직화 과정에 참여하는 노동자들은 시간이 정지된 현실에서 물질적 진보를 성사시켜야 하는 과제를 받는다. 그런데 그들은 시간이 정지된 이곳으로 오기 전 역사현실 속에서 각자 다른 시공간을 통과한 사람들이다. 그리고 그들에게서는 지난 역사현실에 뿌리를 둔 이해관계가 여전히 진행형으로 남아 있다. 그들이 시간을 정지시키는 훈련을 하지 않은 까닭이다. 그런 훈련은 전위들만을 위한 것이었다.

노동자들은 사회적 노동과정에서 프롤레타리아 계급의식을 획득하게 될 것이라고 전제되었고, 사회주의는 이 전제를 당위적 요청으로 격상시켜 사회구성의 원리로 삼았다. 노동자들은 개별적 구체에서 프롤레타리아 계급이라는 보편으로 자신을 추상하는 능력을 습득하지 못한 채 이 '정지된 시간'의 사회주의 공간에 포섭된 터다. 이미 오래전부터 '정지된 시간'은 풍요로운 삶에 대한 표상으로 빛을 발하고 있었다. 사회주의를 잘 알지 못하는 사람들에게도 그 찬란한 빛은 늘 저 위에 있었다. 노동자들은 이 기대를 유지했다. 그런데 그 풍요로운 사회를 자신들이 손수 건설해야 하는 당위에, 이제 비로소 생산력을 향상시키는 작업에 착수해야 하는 상황에 직면한 것이다. 이 생산력 향상의 동력을 어디서 끌어내야 하는가의 문제를 두고 서로 다른 이해관계에 얽혀 있는 노동자들 사이에 갈등이 발생하는 것은 당연한 일이다. 생산극에서 등장인물들이 관점 차이에 따라 갑론을박을 벌이는 지점이 바로 여기다.

사회주의 사회에서도 빵을 먹고 구두를 신어야 산다는 그 현실감에서만큼은 조금도 흔들림이 없는 현실주의자인 그들은, 노동을 해야 한다는 주장에 대해서는 특별한 이견이 없다. 이는 처음부터 동의하고 들어간 부분이다. 다만 '진보의 동력'으로서의 '더 많은' 노동과 과실의 배분 문제를 두고 생각이 달랐던 것이다. 시간이 정지된 공간에서 다시 '진보'를 표상하는 일은 사실 무척 난해한 과제다. 이는 시간의 정지를 부정하는 위험마저 깊이 내장된 도박이었고, '더 많은' 생산은 1920년대 소련의 신경제정책처럼 영리활동과 같은 자본주의 요소를 도입하는 방향으로 흐를 수도 있었다. '성과급' 차원이라 하더라도 '정지 속에서의 진보'를 추진하기 위한 조치는 노동자의 현실적인 존재기반을 근본적으로 뒤흔드는 것이었다.

뮐러는 시간의 정지와 물질적 풍요라는 두 마리 토끼를 쫓으면서 학습극 전통을 수용해 진보의 동력을 찾아보고자 했다. 물론 지금 물질적으로 진보해야 하는 과제를 수행해야 하므로 전위를 위한 극을 쓰지 않았다. 『임금삭감자』는 물질을 더 많이 생산해야 하는 노동자들의 문제를 다룬 극이다. 뮐러의 의도는 사회주의 사회구성체에서 노동의 조직화를 둘러싼 사회적 합의과정에 대한 모델을 제시하는 데 있었다.

이러한 합의과정의 제시가 필요했다는 사실 자체가 사회주의 역사철학이 표방해온 '사회적 노동' 범주의 한계를 드러냈다고 할 수 있다. 사회주의 역사철학은 개인이 사회적 노동을 통해 유적 존재로서 인간의 본성을 획득하고 역사의 주체로 설 수 있다는 프로그램을 제시했다. 이러한 프로그램의 유효성을 주장하는 사람들은 사회적 노동의 결과로 물질이 생산된다는 점을 들었다. 이 역사철학이 근거하는 유물론에 따르면 물질생산 노동을 토대로 주체를 구성하는 개인은 물질의 선차성에 근거해 개별의식의 차이를 극복하고 보편으로 상승할 수 있다. 자본주의 사회에서는 물질생산이 소외된 노동관계에서 이루어지므로, 노동자가 이 '물질의 선차성'을 역사주체로 형성하는 과정에서 직접적인 토대로 삼을 가능성이 사라진다. 그래서 노동자가 자신이 생산한 산물로부터 소외되어 있음을 깨닫는 과정이 필요하고, 프롤레타리아 계급의식을 확보하는 의식화 과정이 필요한 것이다.

브레히트는 노동자가 계급의식을 획득하는 방법으로 허위의식을 타파하는 '거리두기' 전략을 발전시켰다. 이른바 서사극의 낯설게 하기 (Verfremdung) 효과다. 그런데 이제 시간이 정지된 사회주의 사회에서 노동자는 자신의 생산물과 소외된 관계를 맺지 않는다. 따라서 사회주의 노동과정에서는 '물질'의 선차성이 노동자의 자기 의식 형성과정을 직접 주도할 수 있다. 자본주의 노동처럼 비판적인 '의식'을 가지고 노동결과로 산출된 생산물이 물질이 아니라 소외되고 왜곡된 가상임을 꿰뚫어 봐야 하는 과정이 필요하지 않은 것이다.

이제 노동은 명실상부한 '물질'의 문제이지 '의식'의 문제가 아니다. 하지만 사회주의 사회에서도 '더 많은' 생산을 위한 새로운 조건을 도입하면 생산노동이 '의식의 문제'가 되는 패착을 피할 도리가 없다. 뮐러는 동독에서의 현실을 솔직하게 고백한다.

감독 우리가 가마의 가동을 중지하면 우린 곤경에 처하게 될 거요. 무엇보다도 인도기한이라는 게 있어서.
트라케너 그게 지켜진 일이 있었소?

감독 있었소. 어쨌든 41번 가마가 정지되면 생산 계획도 끝장이오. 가동중지는 있을 수 없소.

트라케너 훌륭하오, 좋소. 하지만 계속 가동시킬 수도 없는 일 아니오?

감독 내가 묻고 싶었던 말이오.

칸트 당신은 가열상태에서 가마를 개축할 생각이오?

감독 그렇소. 물론 작업 중인 화실은 가동이 중단될 거요.

트라케너 이건 횡포로군.

비트너 그게 가능했다면 기업주들이 벌써 그렇게 했겠지.

트라케너 현상 문제 하나 내지. 뭐가 먼저 무너질까? 벽공일까, 가마일까?

칸트 100도의 열에서는 아마도 작업이 가능할 거요. 문제는 하자 없이 작업할 수 있느냐는 거죠. 난 그것이 의심스럽소.

쇼른 그건 기술상의 문제나 자재 문제만은 아니오.

트라케너 그건 "의식의 문제"지. 난 지금 당신을 훈계할 사람은 못되지만 결국엔 당신이 그에 대한 대가를 치러야 할 거요. 여기서 문제되는 건 '사실'이오.

쇼른 노동자 계급이 새로운 사실을 창조하고 있소.

트라케너 노동자 계급 앞에선 경의를 표해야지. 하지만 착취는 새로운 사실이 아니오.(뮐러: 1998, 29쪽.)

당의 지도로 건설되는 사회주의

"의식의 문제"에서 도출된 새로운 사실은 '착취'와 동의어로 취급된다. 이 장면을 통해 뮐러는 '진보'란 궁극적으로 잉여의 착취를 동력으로 삼아 추진할 수밖에 없다는 '사실'을 사회주의 건설기의 '구체적' 현실에서 확인했음을 고백하고 있는 것이다. 트라케너의 말대로 '착취는 새로운 사실이 아니'다. 더 많은 생산과 소비를 지향하는 사회에서는 언제나 발생하는 아주 '오래된', 불가항력으로 굳어진 인간의 행동방식이다. 시간이 정지된 공간에서조차 '착취'의 메커니즘을 작동시켜야 비로소 성사되는 것이 '더 많은' 생산인 것이다.

꼭 개인의 욕심 때문만이 아니라 공동체 전체의 급박한 수요를 감당하기 위해서 더 많은 생산이 필요한 상황에서조차 그렇다. 더구나 이 착취의 메커니즘은 노동의 기반을 떠나 작동한다. 가혹한 성과급 체계의 노동을 조직화하기 위해 참여 노동자들은 무엇보다도 조직화 과정의 가차 없는 합리적 요구가 개인에게 전가하는 사적 감정을 희생해야 한다. 노동과정에서 발생한 감정으로부터 차단된 노동이라면 거기에 '소외된'이라는 형용사를 붙여야 하지 않겠느냐는 물음을 일단 제기할 수 있을 것이다.

하지만 이 극에서 보여주는 더 근본적인 문제는 사회주의 건설을 위해 필요한 '더 많은 생산'이 사적 감정을 누르고 참여한 노동의 보편적 구속성, 즉 프롤레타리아트의 계급의식에 의해 실현되지 않는다는 사실이다. 성과급에 기반한 노동조직을 성사시킨 것은 당 서기 쇼른의 정치적 노련함이었다.[46] 그는 나치 지배 아래서 자신을 밀고했던 발케를 사회주의 건설의 '말'로 견인해낸다.

감독 (발케, 비트너, 콜베에게) 손상된 걸 복구하려면 얼마나 걸리겠소?

발케 3일이오.

감독 그렇다면 약정기한은 어떻게 되는 거요?

---

46) Hans-Thies Lehmann & Patrick Primavesi(hrsg.), *Heiner Mueller-Handbuch*, (Stuttgart: J.B. Metzler, 2003), p.244 참조.

발케 우리가 신속하게 작업하면 해낼 수 있을 거요.

(비트너 고개를 끄덕인다.)

콜베 난 파업과는 아무런 관련이 없소, 하지만 난 밀고자하고 같이 일하진 않겠소. (사이)

발케 그렇다면 5일은 걸릴 거요, 그렇게 되면 우린 약정기한을 지킬 수가 없소.

콜베 4번 가마에서의 작업은 임의로 하고 있는 거요. (그는 문 옆에 서 있다.)

감독 카라스, 당신은 어떻소? 당신은 가마 벽공이오.

카라스 (외면하고 있는 발케를 바라보면서) 발케는 심한 일을 저질렀소. 그는 그 보상을 해야 하오.

쇼른 발케가 자기 자신만을 위해 가마에 들어간 건 아니오. (사이)

카라스 내가 언제 시작해야 하오?

(콜베 퇴장.)

발케 너희들은 임금삭감자라고 주둥일 놀려댔지. 너희들은 뭐가 문제인지 알려고도 하지 않았어. 너희들은 내게 벽돌을 던졌지. 난 그 벽돌로 벽을 쌓았어. 내가 가마에서 나오자 너희들은 날 구타했지, 너와 쳄케가. 내가 이빨을 뽑아 벽을 쌓아야 한대도 난 너와 일하지 않겠어. (침묵)

카라스 아마도 이 사람은 자기 자신만을 위해서 가마에 들어간 거겠군. (퇴장)

(침묵)

쇼른 이빨을 뽑아 벽을 쌓는 일은 없을 것이오, 발케.

발케 난 카라스와는 일할 수가 없소.

쇼른 그렇다면 내가 당신과 일할 수 있는지 내게 물어본 사람은 있었소?(뮐러: 1998, 42~45쪽 부분 발췌.)

뮐러는 1988년 이 작품의 공연을 직접 연출하면서 이 장면 뒤 바로 이어지는 제15장을 삭제하고 쇼른의 물음으로 막을 내렸다. 삭제된 장면에서는 카라스와 발케가 "지금 당장" 일을 시작할 것에 합의하고 공장 문으로 들어간 뒤, 콜베도 공장으로 온다. 당의 지도에 따라 노동자들이 다시 의기투합하고 생산노동에 박차를 가하는 장면은 사회주의 건설기의 낙관주의를 집약해서 보여주는 것이었다. 당 간부 쇼른의 근본적이고도 전략적인 물음 다음 이런 낙관적인 장면을 등장시킨 것이 1957년 발표 당시 뮐러가 작가로서 자신이 속한 공동체의 정치 상황을 고려하지 않을 수 없었던 일종의 타협책이었다 할지라도, 당시 그러한 낙관주의가 그 공동체를 지배하던 이념이었다는 사실에는 변함이 없다.

그렇다면 다음에는 무엇으로

1988년에 이뤄진 제15장의 완전삭제는 30여 년이 지나는 동안 사회주의 공동체 건설의 이념이 그 이념을 표방하고 현실에서 시간을 정지시켰던 공간에서 완전히 사라졌음을 뜻한다. 뮐러의 삭제는 사회주의 노동이 현실적으로 어떤 방식으로 진행되어왔는지에 대한 역사적 평가다. 당의 지도력이 노동조직의 동력이었음을 고백하는 것이다. 쇼른의 물음에 깃든 근본적인 회의는 탁월한 엘리트의 당에 대한 헌신으로 무마되었다. 사회주의 역사철학은 현실 역사의 진행과정에서 발생한 이 회의를 해결하지 못했다. 본래의 기획에 따르면 소외와 갈등으로 점철된 자본주의의 모순을 극복하는 데 프롤레타리아 계급의식이면 충분했다.

그리고 이 계급의식은 사회적 노동을 통해 물질과 소외되지 않은 관계를 맺는 노동자들의 자발성에서 비롯되어야 했다. 하지만 현실사회주의에서 노동자들은 계급의식을 획득할 기회를 갖지 못한 채, 당의 지도로 '더 많은 생산'을 위한 조직에 편입되었다. 사회적 노동 대신 관료제가 사회주의 역사철학을 실현할 범주로 채택된 탓이다. 관료제는 역사철학의 범주일 수 없다. 이 문제를 해명해야 할 지점에서 당의 지도력은 한계에 부딪힌다.

> **게쉬케** (쇼른에게) 당신은 정치를 잘 알고 있소, 서기 선생. 미국엔 사회주의가 없소. 하지만 그곳의 노동자들은 자가용을 굴리오. 사회주의에선 구두조차 구입 허가증이 있어야 하오. 이 문제를 내게 설명해보시오.
> **쇼른** 자동차는 노동자의 것이오. 하지만 노동자들은 누구 것이오? 우리의 구두는 구입 허가증이 있어야 하오. 하지만 자동차 공장은 우리의 것이오.
> **나이 먹은 노동자** 말은 그렇게 할 수 있소. 하지만 그게 옳다고 누가 우리에게 말해줄 수 있소?(뮐러: 1998, 43쪽.)

당은 말을 해줄 수 없다. 대신 노동조합 지도부로 선출된 "쉬렉이 당신들의 이익을 맡은 후로 왜 저렇게 살이 쪘는지 연구할 위원회나" 뽑아야 하는 상황이 된다. 쇼른의 탁월한 지도력에 힘입어 '더 많은' 생산을 위한 노동은 할 수 있게 되지만, 사회주의 노동자로서의 정체성 형성, 즉 프롤레타리아 계급의식의 획득은 자본주의 사회에서와 마찬가지로 계속 지연된다.

마르크스주의가 프롤레타리아 계급의 개념화 과정에서 핵심적인 계기로 설정한 사회적 노동범주는 현실에서 역사철학적 과제를 감당할 능력이 없는 것으로 판명되었다. 『공산당선언』이 제출한 프롤레타리아 개념은 현실역사에서 새로운 사회구성의 주체로 자신을 실현시키지 못했다. 이 '실패한 사건'을 우리는 시간을 감당하지 못하는 개념은 현실을 뒤바꿀 수 없음을 확인시켜주는 사건이라고 해설할 필요가 있다. 개념적인 차원에서는 '사회적 노동'이 시간성을 초월한 상태로 상정될 수 있다. 사회적 노동을 통해 구성원 모두가 동일한 정체성을 확보한다는 논리로 개인의 시간성을 보편적 초시간성으로 초월시킬 수 있기 때문이다.

하지만 새로운 사회구성은 개념이 감성적으로 확장되는 과정이다. 프롤레타리아 개념은 그 개념으로 자신을 존재이전 시켜야 하는 노동자가 구두를 신고 빵을 먹어야 하는 시간 속에서만 실현될 수 있다. 사회적 생산은 물질뿐 아니라 시간도 필요한 노동과정이다. 지난 세기 인류의 세계사적 실험은 우리에게 이러한 측면, 즉 개념과 현실의 관계에 대해 좀 더 치밀하게 사유해야 한다는 깨달음을 주었다. 이 20세기의 깨달음을 우리는 귀하게 여겨야 한다. 개념의 자기 실현의 토대가 되는 '시간적 구체성'을 어떻게 현실화시킬 수 있을지 고민해야 하는 것이다. 사회적 노동 범주 다음에 어떤 계기를 통해 '공동체 구성'이라는 역사철학적 과제를 꾸려갈 것인가. 인류는 여전히 공동체적 삶의 표상을 공유하고 있기 때문에 이는 포기할 수 없는 의제다.

비판문법과 대중

20세기에 새로 모습을 드러낸 대중사회는 사회적 노동범주에 역사적 파산선고를 내렸다. 사회비판의 전망에서 사회적 노동이 들어설 여지를 완전히 제거시킨 것이다. '대중'이라는 개념은 비판패러다임에 매우 낯선 것이며, 또 어울리지도 않는다. '비판'이란 근본적으로 인식주체가 자신을 구성하고 있는 조건들을 파악하고, 그 조건들에 대해 어떤 입장을 취할 것인지 판단하는 행위에 해당할 것이기 때문이다. 여기에는 근본적으로 현재 자신의 존재를 가능하게 해주는 조건들이 자신의 인간적인 면모를 드러내고, 생존을 가능하게 해주기에 매우 부족하다는 인식이 들어 있다. 이는 꼭 주체철학 패러다임에만 해당된다고 할 수 없다.

마르크스주의 역시, 개별주체를 사회적 노동을 매개로 한 프롤레타리아와 부르주아라는 '집단'으로 옮겨놓았을 뿐, 그 집단적 정체성의 근거는 존재를 구성하는 '조건'의 동일함에 두고 있다. 프롤레타리아를 프롤레타리아로 구성하게 하는 사회적 조건은 자본주의 생산관계다. 따라서 자신들이 그 구성조건을 변화시킴으로써 자신의 존재를 변화시킬 수 있다는 전망을 가질 수 있었다. 하지만 대중은 집단의 정체성을 그와 같은 생산관계에서 찾지 않는다.

따라서 자신들의 비판이나 행위를 통해 자신을 구성하는 조건을 변화시킨다는 전망을 가질 수 없다. 만일 '대중'이라는 개념으로 모인 집단의 정체성을 굳이 찾는다면, 아마도 '소비활동'을 통해 확인되는 동질감을 들 수 있을 것이다. 소득원은 제각기여도, 소비활동을 통해 맺어진 연결망에서 그들은 일정한 행동반경을 구축하며, 사회적 영향력을 행사하는 것이다. 자본주의 사회인 까닭에 소비를 통해 사회구성 방식에 일정한 영향력을 행사할 여지가 있다고 볼 수도 있다. 그동안 '문화 패러다임'이 우리 사회에서 계급적 전망에 기반을 둔 사회운동의 대안으로 열렬한 지지를 받게 된 까닭이 여기에 있을 것이다.

하지만 '문화'가 현대사회에서 비판 패러다임의 과제와 역할을 속개해나갈 수 있을지는 분명하지 않다. 이는 깊이 연구해야 할 과제다. 현대사회에서 대중이 프롤레타리아가 아닌 저소득층으로서 정체성을 가지고 있는 한, 문화든 소비든 대중을 구성하는 조건에 대한 직접적인 개입이 가능한 비판을 수행할 수는 없기 때문이다. 만일 문화 패러다임을 통

해 어떤 사회적인 변화를 불러올 가능성이 구체화된다면, 이는 비판문법
이 아닌 다른 문법으로 설명해야 할 것이다.[47]

---

47) 대중의 존재가 비판문법에 근본적인 도전이 되는 핵심요인 가운데 하나는 '대
중적 소비'를 가능하게 하는 테크놀로지의 발전이다. 20세기 테크놀로지의 발
전이 가져온 생산력의 비약적 발전은 사회문화 영역에서 통용되던 기존의 관념
을 가차 없이 무너뜨리는 위력을 발휘했고, 따라서 비판문법으로 사회비판의
전망을 열어가던 이론가들 역시 이 새로운 현상과 씨름하지 않을 수 없었다. 열
광이 터져나오는 한편으로 우려하는 이들도 있었다. 테크놀로지를 정치와의 관
계에서 고찰해야 했다는 엘리자베스 라이트(Elizabeth Wright)의 지적은 새삼
많은 것을 생각해보도록 한다.
"브레히트와 벤야민이 신기술이 예술의 생산과 수용을 급격하게 변화시킬 것이
라고 믿었던 것은 이론적으로는 타당하다. 하지만 이들은 바람직한 정치적 효
과에 너무 낙관적인 희망을 품었다. 작품과 관객의 관계는 이들이 예상한 방식
으로 변화하지 않았다. 역사적으로 옳았던 사람은 루카치와 아도르노였다. 테
크놀로지는 상품화에 대한 예술의 연약성을 감소시킨 것이 아니라 오히려 증가
시켰다. 테크놀로지는 아도르노가 예상했던 것보다 훨씬 심각하게 문화를 키치
(저급문화)로 만들었던 것이다.
엘리트와 대중의 차이는 양자가 정치적인 입장에서 구체화될 때까지 계속 커진
다. 생산관계(아도르노의 문화산업)는 테크놀로지에 대한 대중의 관계를 탈
정치화시키고 왜곡시키며 신기술에 의해서 생겨난 변화의 급진적인 잠재력
을 무효화시켰던 것이다. 브레히트와 벤야민은 자유화를 전달하는 형식 그
자체에 무엇인가가 존재한다고 생각하는 오류를 범했다."(라이트, 앞의 책,
2000, 127쪽.)

5

체계의 승리

말레비치는 화가에서 구도자가 됨으로써
칸트의 비판철학을 완전히 극복할 수 있었다.
이원론을 초월하는 의식활동 대신
극복의지를 발휘한 예술가가 도달한 종착지는
모든 사유 활동이 정지된 '사막'이다.
말레비치는 자신의 사유가 출발한 기점인 이원론을
'실질적'으로 극복해 그 자체를 무너뜨렸다.
그 결과 사유의 도구들도 모두 사라졌다.
"대상에서 해방된다는 행복감을 가지고 내딛은 사막에는
사실성이란 느낌 말고는 없다."

말레비치의 극대주의

개념으로 전복되는 감성

'서사극'이라는 새로운 연극형식을 창출하고 무대에서도 큰 성공을 거둔 브레히트는 반파시즘 투쟁에 앞장서면서 현실의 폭압을 논리적 일관성으로 분석해 삶의 무게를 가볍게 만드는 일에 열중했다. 휴거의 상상력은 '아직' 발동시키지 않았다. 어떻게 하면 더 많은 사람들이 떨쳐 일어나 혁명투쟁의 대열에 발맞추어 나아갈지, 그 조건에 대해서만 생각했다. 조건과 결과의 정합성만을 따지느라 논리적 확신이 불러오는 폭력에 대해 사유할 겨를이 없었다. 파시즘 폭력에 압도당한 삶을 가볍게 만들 논리의 빛에 매달렸고, 그 논리의 빛에 매료된 채였다. 논리의 빛은 아무리 현실이 암울해도 꺼지지 말아야 했으므로, 암울함을 현실의 무게 그대로 받아들여 거기에 짓눌리면 안 되었다. 현실의 암울함은 빛이 파고 들어가야 할 분석의 대상으로 남아야 했다.

창작은 분석 대상에 압도당하지 않고 분석의 주체로 남을 수 있는 활동공간을 여는 일이기도 했다. 창작활동에 박차를 가했다. 하지만 현실은 갈수록 더 암울해졌고, 논리의 빛은 그 어두움 앞에서 힘을 잃었다. 논리의 빛이 사라져버린다면, 그래서 아주 어두워진다면 그 암흑은 바로

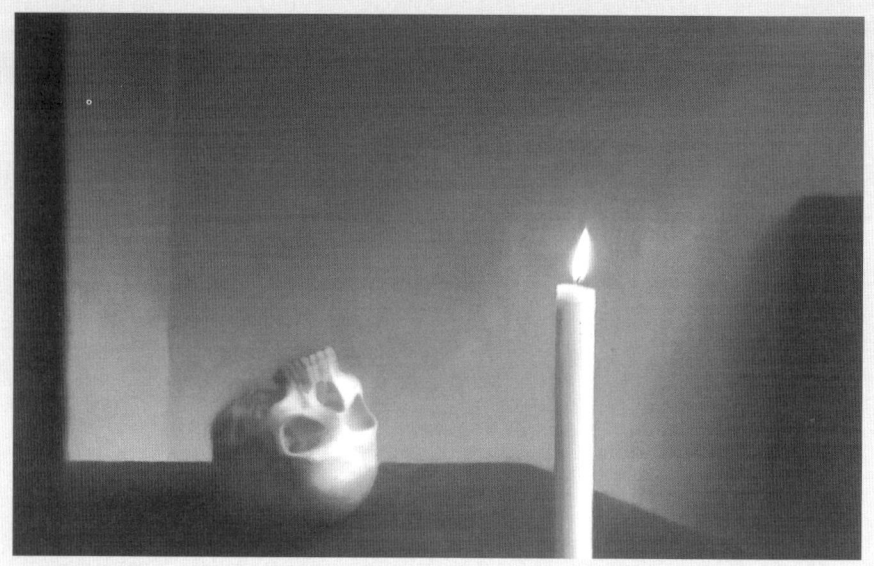

리히터, 「촛불과 해골」, 1983, 캔버스에 유채, 100×150cm.
빛만 바라보다가 자신이 빛이 되어버린 인간.

타자가 자신과 동형이 되는 순간

발광체가 된 해골은 자기 지시성의 회로에 갇힌 이성의 산물이다. 이성은 자기애에 사로잡힌 나머지 자기 제어 장치를 만들 줄 모른다. 그런 능력을 갈고닦아 본 적이 없다. 이성의 빛에 의한 자연지배의 결과를 다양한 방식으로 다루는 '반성의 공론장'인 예술을 만들어냈을 뿐이다. '해골'을 이토록 반짝거리게 닦아놓은 까닭을 좀 생각해보라고 촛불을 저토록 아름답게 그려놓은 것이다. 자신의 모습을 그 반짝거리는 표면에서 확인하기 위해 '빛'이 무슨 일을 했는지를.

자기 지시적인 서구이성은 자연을 타자로 설정함으로써 현실에서 자신을 관철시킬 수 있었다. 타자를 분석해서 자기화시키는 프로그램을 자꾸 만들어냈다. 일단 그 길로 들어서자 타자가 자신과 동형이 될 때까지 계속 갈 수밖에 없었다. 타자 역시 발광체가 되어야 했다.

자기 존재기반의 소멸이다. 따라서 창작하는 브레히트는 존재하기 위해 계속 논리의 빛을 밝혀야 했다. 논리의 불씨를 살리고 북돋우느라 현실의 결핍을 구체적으로 해결해야 하는 압박으로부터는 한발 비켜서게 되었다. 구구절절해서 구차한 삶과의 그 한발 간극은 재미로 메웠다. 유쾌해지면 정신은 더욱 발랄해질 것이다. 그러면 대처방안을 강구하는 구체의 단계로 재진입하지 않아도 위축되어 가라앉지 않을 터였다.

그래서 폭압과 질곡의 구조를 명쾌하게 해명하는 추상화 작업의 궤도를 결코 이탈할 수 없었다. 머물렀다. 불합리한 구체의 질곡에서 벗어나 질서정연함을 구현해야 한다는 의지를 불태우며 그 질서정연함이라는 논리를 사랑했다. 사랑하면서 질서정연함으로 구석구석 정련된 삶을 어떤 과정을 통해 실현시킬지, 그 구체적 경과에 대한 사유로는 '미처' 나아가지 못하고 있었다. 이 '아직'과 '미처' 사이에서 브레히트는 여전히 예술의 영역에 머물 수 있었다.

욕구를 사유하다

그런데 브레히트와 달리 삶의 변화무쌍함을 질서정연하게 가다듬는 논리를 현실에서 실행시키는 단계로 정말 진입했던 사람들이 있었다. 문명사에서 시간을 실제로 정지시켰던 이들이다. 인류의 역사에서 이 단계로 진입, 즉 논리의 현실적 적용은 언제나 시간의 정지로 귀결되었다. 시간의 흐름을 함께 타면서 더불어 변하는, 즉 변혁 대상만이 아니라 변혁주체 역시 동일한 조건에 놓여 있다는 사실도 잊지 않고 고려하는 변혁은 여태 이룬 적이 없다. 인류의 역사적 경험은 아직 이렇게 제한적일 뿐이다.

변혁을 열망하도록 한 동력은 현실이었고, 현실에서 지내는 삶이 구차해진 일차 원인은 피와 살의 욕구였다. 먹어야 했고 입어야 했는데, 자본주의는 사람들에게 다급한 피와 살의 욕구를 골고루 돌볼 의지가 없다.

공산주의는 다수의 욕구를 돌보기 위해 충족체계의 재구조화 작업에 착수했다. 자본주의 욕구의 근본적 충족불가능성을 공격하면서 충족될 수 없는 자본주의 욕구의 추상화가 모두의 욕구를 충족시키기 위한 전제라고 역설했다. 욕구의 추상은 욕구를 피와 살로부터 분리시키는 일이다. 욕구를 충족하는 것 대신 욕구를 사유하기가 욕구충족 체계의 재구조화를 주도했다.

그런데 '욕구를 사유하기'는 시간의 정지라는 전제 위에서만 가능한 인간적 활동이다. 사유하는 동안 사유주체의 피와 살이 구체성을 상실한 채로 머물러야만 욕구가 사유의 대상일 수 있기 때문이다. 이 이야기는 물론 타인의 욕구를 욕구하는 방식으로 욕구를 추상시키는 '포스트모던'적 착취기제가 아직 작동하기 전의 일이다. 욕구에 대한 사유를 작동시키려면 시간을 정지시키거나 자신을 타자에 투사한 뒤에 타자의 욕구를 추상하는 환원의 덫에 빠지는 길밖에 없다. 이 포스트모던적 후자, 즉 자본주의의 상비군인 대중매체에 의해 작동되는 추상화 기제가 등장하기 이전, 욕구를 보편적으로 충족시키기 위해 먼저 욕구를 사유해야 한다고 생각한 사람들은 시간을 정지시키는 실험을 했다.

1905~20년 사이 강력했던 러시아 아방가르드 예술운동은 제2차 세계대전의 종식과 더불어 동독지역에서 추진되었던 역사적 실험, 즉 '시간이 정지된 공간'에서 더 나은 체계를 구축하는 실험을 20여 년이나 앞당겨 선취한 측면이 있다. 다른 점이 있다면 아직 구체적인 공간을 확보하기 이전, 즉 러시아혁명이 완수되어 공산주의가 자신의 이념에 따라 현실을 재구조화하는 작업을 의욕적으로 펼쳐나가기 이전, 순수한 사유상의 실험을 했다는 사실에 있을 것이다.

대신 러시아 아방가르드는 아직 도착하지 않은 미래의 시간을 앞서 나가 맞이한다는 '아방가르드' 개념을 가장 순수한 형태로 대상에 적용시켜보는 실험을 할 수 있었다. 현실에 개념을 투사하면서 구체적 현실로

말레비치, 「검은 사각형」, 1929, 캔버스에 유채, 80×80cm.
유토피아를 향한 열망을 시간의 정지로 구현하는 색의 폭력.

부터 도로 튕겨져 나오는 저항을 받지 않을 수 있었기 때문이다. 색채와 도면과 형태를 미래지향의 의지에 철저하게 종속시켜 의식 차원에서나마 새로운 전망을 열어젖혔다. 말레비치의 「검은 사각형」은 인간의 '보는 활동'이 대상과 관계하는 방식에서 이전과는 완전히 다른 새로움을 창출했다.

말레비치의 출발은 대상을 보는 주체 역시 지구상에 존재하기로는 마찬가지이므로 대상과 더불어 시간의 흐름 속에 위치하고 있다는 사실을 예민하게 받아들여 시간의 흐름을 '빛'에 투사시킨 인상주의였다. '광

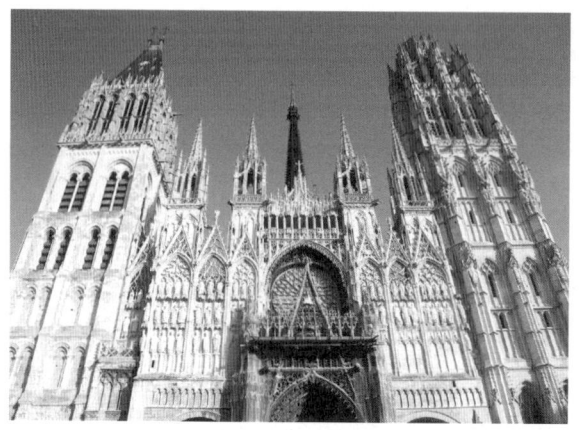

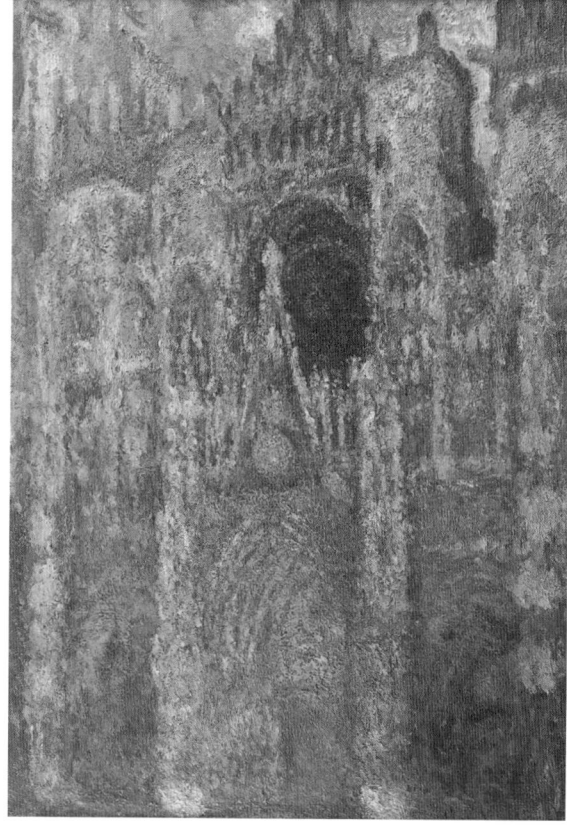

위 | 루앙 성당 사진.
아래 | 모네, 「루앙 성당」, 1893, 캔버스에 유채,
91×63cm, 파리, 오르세 박물관.
인간의 시각능력은 성당의 실체를 파악하지 못한다.
빛이 견고한 성당 문을 뚫고 들어갈 수 없음과
마찬가지다. 시각적 구성은 물자체로부터
분리된 현상계에 속한다. 화가 모네의 시선은
성당의 물자체를 겨냥하지 않았지만 그렇다고
시각적 구성의 다양성에 공을 들이지도 않았다.
그의 시선은 세상이 물자체로부터
분리되는 순간을 조준했다.
물자체와 현상계의 이원성이 주제인 한,
색채는 부차적이다.

선'이라는 개념으로 의식활동에 편입된 '흐르는 빛'은 시간의 흐름을 공간 속으로 분사시켰다. 공간의 흔들림으로 가시화된 시간의 흐름은 실제 대상과 그로부터 받은 인상이 서로 다를 수 있음을 사람들의 의식에 각인시켜주었다.

시간의 첨병들로서의 인상주의자들은 그 확인된 시각의 분리 독립 가능성을 마음껏 향유했다. 그들은 흐르는 빛, 즉 광선이라는 개념을 매개로 대상으로부터 벗어나 미래가 현재의 찰나와 혼융되어 드러나는 새로움을 맛보았다. 그런데 이렇게 대상으로부터 독립해서도 계속 '보는 일'을 할 수 있음을 자각한 인간의 의식이 그 우쭐한 즐거움을 누리는 데 만족한 기간은 그리 길지 않았다. '새롭게 보기'에 탐닉한 이들은 도시화·산업화와 더불어 갈수록 빨라지는 생활 리듬을 화폭에 반영하면서 전통적인 회화양식에 속도감을 관철시켜 새로운 형태로 탈바꿈시켰던 화가들에 국한되었다. 큐비즘의 화가들 정도만 이처럼 그림을 그리면서 자신들을 시간의 첨병이라 여겼다고 볼 수 있다. 어쩌면 미래주의자들도 여기에 포함시킬 수 있을 것이다.[1]

아직 오지 않은 시간을 보는 화가

하지만 이미 미래주의자로부터 경계를 넘어서는 조짐이 드러났고, 첨병들은 즐기는 자에서 창조자로 자신의 위상을 격상시키고자 했다. 인간의 인지능력이 대상으로부터 독립할 수 있다는 자기 자각이 그 인지능력으로 대상을 만들어내는 가능성으로 비상해버린 것이다. 창조자가 되고자 한 시간의 첨병은 진지하게 가능성들을 타진해나갔다. 대상을 넘어선 곳으로 시선을 돌렸고, 마침내 대상이 없는 미래의 시간으로 시선이 뻗

---

1) Kasimir Malewitsch, *Die gegenstandlose Welt*, Neue Bauhausbücher, (Mainz: Florian Kupferberg Verlag, 1980), pp.58~59 참조.

어나갔다. 결국 대상을 넘어선 곳을 점령하고 있는 '없음'을 목도하게 되었다. 대상이 없는 완전한 새로움을 보러 왔는데, 그냥 '없음'이 기다리고 있을 줄이야! 이 '없음'은 '여기에는 아무것도 없다'로 선언될 수 없다! 시간의 첨병은 그럴 수 없다는 자기 각성에 매달려야 했다. '없음'을 인정하기를 거부하고 자신을 유지했다.

이 '자기 유지'야말로 계몽정신의 정수가 아닌가. 창조자로서 인간의식이 주도하는 시각 활동 자체를 포기할 수는 없는 노릇이므로. 세계창조의 가능성을 엿본 순간에 생각하는 사람으로서의 정체성을 훼손해서는 안 되기도 했다. 시각 활동이 생각하는 주체의 정체성 구성에 결정적인 요인이라는 사실만큼은 확고부동하게 붙들고 있어야 했다. 그래서 본다는 일이 인간에게서 차지하는 의미, 그 전통적인 위상을 흔들지는 못하고 말았다. 그러자 할 수 있는 일은 미래의 시간이 아직 도래하지 않아 아무것도 없는 상태를 '대상 없음'으로 개념화해서 지구 위에 발붙이고 사는 현재적 인간의 시각 활동의 대상으로 삼는 일뿐이었다.

말레비치가 '창시한' 극대주의(Suprematismus)는 이처럼 아직 오지 않은 시간을 '보는 일'의 대상으로 삼은 창작활동을 개념화한 것이었다. 그는 '여기에는 대상이 없다'는 사실을 '절대적으로 새로운' 형식을 빌려 표출해냄으로써 그 '없다'는 사실이 이 세상에서 하나의 개념으로 통용되도록 하는 데 성공했다. '지상최고'(Suprematie)를 표방하는 극대주의는 이 세상에서 그 무엇과도 비교할 수 없는 최고를 추구한 끝에 비교 자체를 할 수 없는 상태, 말하자면 대상이 '없는' 상태가 인간에게 '결핍'이 아닌 절대적 부재(不在)로 의식될 수 있도록 했다. 그런데 인간의 정신능력에 포착된 '없음'은 포착됨으로써 여타의 대상과 마찬가지로 개념화의 도정에 끌어들여진다. 그리고 정신능력이 발휘하는 이러한 개념화 역학의 최대 공신은 언어다. 언어는 '아무것도 없는' 상태를 명쾌한 개념으로 구성한다.

마침내 '없음'이 '비대상성'이 되어 논구의 대상이 된다. 말레비치가 쓴 『대상 없는 세계』는 '대상 없음'이 '비대상성'으로 개념화되는 과정을 성실하게 보고한다. 말레비치가 수행한 개념화 과정은 그야말로 '절대적'인 것이다. 이는 무에서 유를 창조하는 일이었다. 없는 상태 자체를 개념으로 주조해내는 극대주의는 시간의 전위라는 아방가르드 개념을 소멸시켰다. 누구보다도 앞서기 위해 아무것도 없는 상태로까지 앞서 나간 상태 자체, 그 '절대적 부재'의 응시를 아방가르드의 정체성으로 만듦으로써 시간을 끝내버렸기 때문이다. 시간을 종결시킨 극대주의자는 절대적인 없음을 개념으로 만들어 부재를 절대화함으로써 지상최고가 될 수 있었다. 더 이상 시간의 첨병일 필요가 없게 되었다. 절대적 부재는 바로 시간을 종결시키는 자가 그 누구도 아닌 바로 자기 자신임을 의식하고, 이러한 의식을 언어화해낸 것이다.

말레비치는 자신의 의도를 작품을 통해 드러냈을 뿐 아니라 이론화 작업에도 열정을 쏟았다. 시간성에 대한 인간의 사유가 더 이상 시간 속에서의 구성이 실현되지 않는 시점을 표상하는 단계로까지 비상했음을 지시하는 비대상성개념에는 표상을 구체적 개념으로 만들어 세상에 내놓았다는 자긍심의 아우라가 넘실댄다. 이 개념은 그 구체적인 지시 대상을 지상의 현실세계에서 찾을 수 없다는 점에서 또다시 '절대적'이다. 그럼에도 말레비치는 현실세계에서 창작활동을 멈추지 않았다. 원천적 비교불가능성을 창작의 동력으로 삼았고, 비교불가능성을 명확한 개념으로 제시하면 그 '절대'가 지상의 '구체'로 실현되리라는 믿음을 유지했다.

이 믿음이 사각형이라는 지상의 구체적 사물을 비대상성이라는 추상적 개념의 내포로 지시한 것이다. 따라서 개념과 그 내포 사이의 정합성이 거듭 정당화되어야만 했다. 논리가 아닌 '믿음'으로 채워진 내포이기 때문이다. 믿음의 근거를 밝히는 책을 말레비치가 써야만 했던 까닭이기도 하다. 이처럼 주관적인 믿음에 기반하고 있는 말레비치의 창작을 '극대주의'라고 지칭하는 것은 '지상최고'를 추구한 창시자의 의지를 충분히 기려서다. 말레비치는 '절대'의 경지에 오르고 싶었다. 절대적인 것을 화폭에 제시하려 했던 것이 아니다.

> 극대주의를 통해 느낌들의 새로운 세계가 열리는 것이 아니다. 느낌계의 새롭고도 직접적인 현시다.(Malewitsch, 1980, p.74.)

말레비치가 이해하는 아방가르드는 새로운 무엇인가를 시각 활동의 대상으로 만드는 것이 아니었다. 새로운 예술작품을 창작해봐야, 형식이나 내용에서 아무리 획기적이어도 곧 새로운 사조에 의해 낡은 것이 되어버리고 만다. 이 사실을 절감한 이상, 이전처럼 해서 과거와 현재를 잇는 대열에 설 수는 없었다. 인상주의에서 큐비즘에 이르는 예술의 발전 과정을 면밀하게 연구한[2] 말레비치는 그 모든 '변화 자체'를 극복 대상으로 보았다. 느낌을 대상으로 구성하는 일은 변화하는 현실에 어떤 식으로든 구속되게 마련이다. 지금 전혀 새롭더라도, 현실에서 구성된 대상은 시간이 지나면 언젠가는 극복된다. 그처럼 극복될 대상을 만들면서 변화의 연속성을 이어가는 창작은 더 이상 새롭지 않다.

의지와 표상으로서의 세계를 중단시키는 창작

변화의 고리를 끊는 일만이 새로울 수 있다. 러시아 아방가르드는 변

---

2) 같은 책, pp.8~63 참조. 이 책의 제1부 'Einführung in die additionalen Elements der Malerei'(회화에서 부가적 요소에 관한 이론 입문)에서 말레비치는 인상주의에서 큐비즘에 이르는 미술사조의 발전을 논구하면서 극대주의 회화의 이론적 기초를 밝히고 있다.

화를 극복하는 데서 새로움이라는 개념의 실현을 성취하고자 했다. 방법은? 느낌을 대상으로 구성하지 않으면 된다. '대상으로 구성하지 않음'을 방법론으로 채택한 말레비치는 '느낌계의 새롭고도 직접적인 현시'를 극대주의의 이념으로 내세웠다. 느낌을 대상을 통해 드러내는 예술이 아니라 직접적으로 현시하는 예술이 새로운 예술이었다. 이 새로운 예술에서는 그렇다면 직접성이 이념을 구현하는 매개가 되는 것 아닌가. 직접성이 매개해서 현시하는 느낌은 대상으로부터 촉발된 느낌이 아니다. 대상은 없고 느낌의 주체만 있는 매개와 현시다.

새로운 예술은 직접성이 자신을 매개함으로써 대상을 생략한 주체의 느낌을 현시할 수 있게 된다. 자신을 매개함으로써 직접성은 대상 없는 느낌의 현시라는 이념을 구현한다. 결국 직접성이 이념이다. 느낌을 매개하는 대상을 없애고 느낌 자체가 직접 드러나도록 한다는 이야기는 그런데 정작 따지고 보면 전달하는 일은 탈락시키고 창작행위만을 예술에 남기겠다는 의지나 다름없다. 이런 의지를 천명한 주체가 '느낌계의 새롭고도 직접적인 현시'를 구현한다. 더 이상 재현 대상은 예술창작의 관심사항이 되지 못했다. 이제 창작주체가 관건이었다. 누가 창작하는가?

바로 느낌을 대상으로 구성하지 않을 능력을 갖춘 사람이다. 이런 능력은 자신의 느낌을 대상으로부터 분리시키려는 의지를 가진 사람만이 얻는다. 무엇보다도 일단 주체가 직접 대상들을 떠나야만 할 것이다. 대상들이 시간의 흐름에 속한 탓에 세상의 변화무쌍함이 발생하는 것이므로 이처럼 변하는 대상들을 떠나면 주체는 자신의 즉자와 '직접' 대면할 수 있다. 대상을 떠남으로써 시간의 흐름에서 비껴선 주체는 그 순간 자신의 상태를 직접 의식할 수 있다. 말레비치가 말하는 '느낌'이란 바로 자신을 직접, 즉 '대상을 매개로 하지 않고' 의식함이다.

이 직접적인 느낌을 대상으로 구성하지 않을 수 있는 사람이 작품을 창작한다. 그렇다면 창작이란 대상으로부터 '떠남'을 다시 대상에 지시하지 않는 일이나 다름없다. 이런 특이한 일이 발생하는 과정은 그런데 논리적으로 유추가 가능하다. '떠남'이란 아주 짧은 순간이긴 하나 여하튼 시간적인 행위다. 그런데 그런 시간적인 행위인 '떠남'을 대상에 다시 지시하지 않는다는 것은 행위를 시간으로 배열하지 않는다는 이야기다. 이 논리를 현실에서 구현할 방법은? 시간성을 탈각한 행위를 화폭에 담는 방법은? 그 '떠남'을 자기 자신에게로 지시하면 된다.

여기서 창작자 역시 시간성의 구속을 받는 존재라는 사실을 환기할 필요가 있겠다. 원칙적으로 보면, 대상으로부터 순간적인 직접성을 확보할 가능성은 누구에게나 열려 있다. 흐르는 시간보다 한발 빠르게 나가보겠다는 의지를 발동시키면 된다. 하지만 확보된 그 직접적인 순간을 무엇으로든 매개해서 고정시키지 않는다면, 시간은 그 순간마저 변화무쌍한 현실로 배열해버리고 자신의 흐름대로 흘러간다. 그러면 자신에게 선명했던 직접성의 순간 역시 변화하는 현실의 일부로 되고 만다. 벗어나려고 떠났는데, 그 벗어나는 순간이 다시 벗어나야 할 현실로 되어버려 떠나기 이전의 순간과 아무런 차이가 없는 것이다.

그러므로 직접 확보한 순간을 고정시켜야 한다. 떠남을 시간성 속에 배열하지 말아야 한다. 시간적인 운동을 시간으로 배열하지 않는다? 어떻게 해야 할까. 자기 자신에게로 되돌아오는 환원의 움직임을 통하는 방법이 있다. 나갔다가 다시 돌아오면서 시간의 흐름을 상쇄하면, 운동은 없었던 것이 된다. 이 '환원의 움직임'을 지상최고를 추구했던 시간의 전위들이 '시간의 정지'로 받아들였다. 말레비치가 표현한 '느낌'이란 바로 이와 같은 주체의 자기 지시성일 뿐이다. 무엇보다도 대상을 통하지 않는다는 의미에서 말하는 '직접성'이 그렇다고 사유 활동을 그만두는 것을 뜻하지는 않기 때문이다. 변화무쌍한 대상을 떠나는 주체가 대상의 움직임 대신 자신을 돌아보았다는 이야기에 불과할 따름이다. 움직인 다음에 자신을 돌아보니 이 모든 것을 자신이 주관하고 있음이 돌아보는 그에게 의식되었던 것이다.

세상에 변화무쌍한 대상을 내보낸 주체가 바로 그 대상을 떠난 자신이라는 자각으로 의식이 아주 선명해지는 순간이다. 이렇게 해서 계몽주체는 자기 유지의 과업을 완수한다. 자신이 절대적 주권자임을, 이 세상에 변화무쌍한 대상들을 내보낸 창조자임을 확인하는 이 순간에 대상은 없다. 확인하는 주체의 활동성이 있을 따름이다. 이 활동성이야말로 대상 없이 주체가 현실성을 화보할 최후의 보루다. 자기 유지의 과업을 달성한 이 '현실적인' 순간을 주체는 계몽의 언어로 구체화하고 싶다. 대상 없는 세계에서 현실성이란 당연히 시간의 연속성 속에서 배열되지 않는 현실성이다.

주체는 시간의 연속성을 떠났음을 공간적 확장으로 고정시킨다. 대상에서 떠나 자기에게로 되돌아옴으로써 대상의 움직임을 정지시키는 활동이 '느낌'의 직접성으로 치환된다. '직접성'은 계몽주체가 타자화된 대상으로부터 자신에게로 되돌아왔음을 인지하는 자기 확인의 순간을 탈시간화시킨 개념이다. 대상을 떠나 우주로 비상하지 않고 그냥 되돌아옴으로써 세상은 여전히 그대로이며, 주체는 자기 속으로 퇴각한 상태다. 정지된 채 대상의 흐름에 휩쓸리지 않기 위해 주체는 계몽의 전통에 다시 충실해진다. 자신을 확장시키는 것이다. 정지되어 있음을 공간적 점령으로 선포한다.

대상으로 매개되기 이전의 '느낌'을 직접적으로 현실에 불러낼 수 있는 가능성은 예술가 가운데서도 극대주의자만이 갖는다. '의지와 표상으로서의 세계'를 떠나야만 거머쥘 수 있는 가능성인데, 삶을 이런 방식으로 꾸려갈 수 있는 사람은 예술가뿐이기 때문이다. 따라서 말레비치는 '예술가임'에 대한 존재론적 천착 역시 소홀하지 않았다.[3] 예술가가 반

---

3) 『대상 없는 세계』의 제1부에서 말레비치는 예술가와 엔지니어, 학자의 존재론적

드시 현상계를 떠나는 자유를 누려야 하는 까닭은 그래야만 '거짓'된 구성을 눈앞에 제시하는 대상의 세계를 교정할 가능성이 있기 때문이다. 예술가는 "의지와 표상으로서의 세계를 떠나…… 비대상성의 해방감을 맛보면서 느낌만이 사실성인 '사막'으로 내닫으면서 '사물'과 '표상'이 느낌과 동형임을 인지하고 의지와 표상으로서의 세계의 거짓을 깨닫는다."(Malewitsch, p.66.)

보는 방식의 법칙성

대상에서 벗어나는 자유를 통해서만 대상 너머의 '참'을 접할 수 있다. 말레비치는 '예술가 존재론'의 특수성을 구명하기 위해 치밀하게 사유했다. 일단 예술작품이 생산되는 환경의 독특성을 고려하지 않은 채 회화를 그저 "정서적인 것"으로만 간주해온 예술비평의 관행을 비판하면서 "예술적 구조의 발생 원인을 밝히는 분석적인 시도"(Malewitsch, p.10.)에 돌입해 저서 『대상 없는 세계』로 체계화하는 결실을 거두었다. 그는 이 책의 제1부 「회화에서 부가적 요소에 관한 이론」에서 창작하는 예술가의 유기체에 새로 부가된 요소가 예술관을 변형시킨다는 테제를 제출하고, 그 변형 과정을 구체적인 예시를 들어가면서 분석하고 있다. 특히 세잔의 '자연주의적' 회화에서 큐비즘으로 발전되는 과정, 그리고 큐비즘에서 절대주의로의 비상을 논증하는 부분은 대단한 설득력을 갖는다.

말레비치가 도입한 '부가적 요소'(Additionale Element)라는 개념은 형태변형이 일정한 규칙에 따라 발생함을 통찰한 결과다. 농경제 사회에서 산업사회로 이행하는 과정을 주도한 기술문명이 세잔의 '섬유다

차이를 논구하면서 예술가 존재의 특수성에 근거해 회화양식의 변화를 서술한다. 특히 같은 책, p.29 참조.

발형'(faserartig) 형태구성 원리에서 직선의 요소가 가미된 '초승달형' (sichelförmig) 요소로 변해 '자연주의' 외관을 해체시키는 큐비즘 단계에 이른 후 산업화가 한층 가속화되자, 만곡선이 완전히 사라진 '직선' (gerade)의 부가요소가 도입되어 추상화로 비상하는 극대주의 단계를 연다는 것이다. 이렇게 해서 극대주의 화화의 추상성의 원인이 산업화가 진행된 결과 변화된 인간의 지각방식에 있음을 논증하는 이론적 성과를 거둔다.

이러한 변화의 결정적인 차이를 말레비치는 책의 제2부「극대주의」에서 산업화의 속도가 사물들을 추상의 차원으로 옮겨놓았음에서 찾는다. 마차와 비행기는 이동속도에서 큰 차이를 보이지만 더 결정적인 것은 비행기의 경우, 물자를 유통시키는 효능에서 비행기의 속도감 자체가 분리된다는 데 있다. 이제 사람들은 구체적인 사물에서 분리된 추상의 차원을 지각활동의 대상으로 갖게 된 것이다. "바로 난다는 것, 그 속도감의 느낌이 형태 — 형식 — 을 찾게 되어 비행기가 등장한 것이다. 비행기는 서류들을 베를린에서 모스크바로 나르기 위해 제작되지 않았다. '속도감'으로 자리 잡아가는 느낌의 거부할 수 없는 충동에 부응하기 위해서다."(Malewitsch, pp.73~74.)

이 '거부할 수 없는 충동에 부응하는 것'이 새로운 예술이 나아갈 바라는 것을 확신하는 데 말레비치는 흔들림이 없었다. 기술문명의 진보가 초래한 변화이기 때문이다. 재현 대상에서 창작주체로 예술의 관심을 이동시킨 요인이 바로 인간의 '보는 일'에서 나타난 급격한 속도감의 증가였기에 20세기로 접어든 마당에 예술은 인상주의 단계에 머물 수 없었다. '보는 일' 자체를 대상에서 분리시킨 인상주의만 하더라도 19세기 후반, 처음으로 그런 방식의 보는 법이 세간의 관심을 끌 때는 '예술'일 수 있었다. 시골의 삶과 다른 도시생활의 속도감을 드러내는 '새로움'을 구현하고 있었기 때문이다. 하지만 20세기에 인상주의는 이미 낡은 것이다.

말레비치는 기존의 속도감을 월등히 앞지르는 가속화된 속도감에 부응하기 위해 시각의 독립성을 화폭에 실현시킨 인상주의 정신을 더욱 급진적으로 세련했다. 대상으로부터 분리되는 시각이라면 주체로부터도 분리될 수 있는 법이라 여겼다. 이 두 번째 분리는 정신이 분석능력을 세련했음을 입증하는 방식이기도 하다. 세련된 정신은 분석 대상을 고르는 일에서 까다롭지 않으며, 자기 자신이라고 해서 피해 가지 않는다. 주체와 대상을 이어주던 '보는 일'이 일단 한 축으로부터 독립하면 나머지 축으로부터의 분리 독립 역시 여건만 주어지면 얼마든지 가능하다.

비행기는 20세기의 기술문명이 이 새로운 분리 독립의 여건을 마련했음을 알려주는 신호다. 20세기에 주체는 지적으로 충분히 세련되었다. 그러므로 충분히 진전된 속도감을 따라잡기 위해 '보는 일'의 주체와 '보는 일' 그 자체를 분리하기로 했다. 이제 '보는 일'은 주체가 대상을 떠나 다시 자신에게로 되돌아오는 활동이 되었다. 주체의 자기 지시성이 '극대주의'가 표방하는 새로움의 내용이었다. 주체는 활동을 했지만, 시간의 연장을 다시 자기 속으로 거두어들이는 역행으로 마무리했으므로 시간성을 통해 활동의 결과를 표출할 수는 없다. 활동주체에게는 공간으로의 확장만이 표출의 가능성으로 남아 있다. 공간으로 확장되는 활동은 소요된 시간에서 시간성을 거두어들인다. 주체의 자기 지시는 그 지시하는 시간을 공간으로 환원함으로써 대상화될 수 있었다. 「검은 사각형」으로 대상세계에 모습을 드러낸 것이다.

말레비치에게 속도감의 가속화는 극대주의를 제창하기 훨씬 이전부터 집중적인 관심의 대상이었다. 그는 이미 『대상 없는 세계』에서 진보의 관점으로 세잔에서 미래파로 발전되는 과정을 분석한 바 있다. '부가 요소'가 발생하고 작품실천에서 관찰되는 과정을 논구하는 내용인 책의 제1부에서 변화의 원동력은 산업화다. 말레비치는 산업화를 '속도'로 단순화시켜 창작원리에 도입했다. 그 결과 산업화 과정을 주체의 상태에 직결시킬 수 있었다. 책의 제2부의 도입부를 '순수한 느낌'을 강조하는 문장으로 시작하고, 곧이어 화가가 현시해야 할 느낌이란 바로 '속도감'이라는 논리로 내닫을 수 있었던 것은 그가 제1부에서 창작원리와 예술가 존재론을 본질적으로 동일한 차원의 사안으로 다루었기 때문이다.

말레비치는 '부가적 요소'가 발생하고 창작에서 이 요소가 관철되는 과정을 고찰하고 있지만, 이를 결코 기술적인 문제로 파악하지 않는다. 그는 새로운 부가 요소를 내놓는 화가의 자격을 논하며, 부가 요소를 받아들여 큐비즘의 단계로 넘어가는 화가와 그렇지 못한 화가 유형을 나눈다. 더구나 학생들을 대상으로 전통적인 요소와 큐비즘적 요소를 각각 다른 비율과 환경에서 적용해보도록 '실험'을 하기도 했다.(Malewitsch, pp.53~63 참조.) 이 모든 연구는 '순수한 느낌'에 지상 최고권(Suprematie)을 부여하는 극대주의를 제창하기 위한 사전논의의 성격을 갖는다.

앞에서도 지적했듯이 말레비치의 예술가 존재론은 진보를 수용하는 열린 자세가 핵심이다. 그런데 이 열린 자세가 구체적인 예술작품의 차원에서 논의되면 사람들에게 일상적인 것으로 굳어진 자연관을 부정하는 내용으로 귀결된다. 여기가 바로 예술가 정체성과 관련해서 우리의 주목을 끄는 대목이다. 말레비치는 세잔에서 극대주의로 탈자연주의화가 가속화되는 과정을 면밀하게 분석했지만 창작원리의 변화과정을 밝혀보려는 뜻이 아니었다. 예술적 창작원리가 주변 환경과 밀접하게 연관되어 있음에 착안해 그 변화의 원리를 추적하는 그의 관심은 정작 역사철학적 진보에 집중되어 있었다.

말레비치는 진보의 결과 달라지는 세상을 경이로운 눈으로 바라보았고, 진보의 속도가 빨라짐과 더불어 더욱 격해지는 세상의 변화에 대해서도 전적으로 긍정적인 입장이었다. 그는 변화를 당연하게 받아들였다. 촌락의 삶을 규정하던 '자연'은 산업화된 도시의 인위적인 삶에 차츰 밀려나고 있었다. 굳어진 기존의 관계들을 뒤바꾸는 일이 일상적으로 일어났다. 그렇다면 말레비치는 이러한 변화를 유발하는 진보에 부응하는 마음자세를 사람들이 갖추고 있어야 한다고 여겼다. 그는 특히 산업화와 기술문명이 인간의 삶을 바꿔놓는 방식에 주목했는데, 물론 '진보'의 역사철학이 명랑성을 유지할 수 있었던 시기에 한해서였다.[4)]

말레비치가 살았던 시대적 조건에 따른 한계였다.[5)] 기술문명은 '자연스러운' 삶을 '인위적인' 삶으로 바꿔놓았다. 당연히 인위가 자연보다 더 진보된 삶의 양식이었다. 이 변화된 삶의 조건에 부응하는 '보는 방식'을 회화는 탈자연주의화로 구현하고 있었다. 바르비종파(Barbizonsche Schule)에서 시작된 자연에 충실한 묘사방식으로부터의 탈피가 인상주의를 거쳐 세잔에 이르더니, 큐비즘과 미래파에 와서는 드디어 회화적 재현의 모든 규범을 탈피하고 도시생활의 역동성을 구현하기 위해 자연법칙으로부터 독립하는 수순을 밟고 있었다. 말레비치가 파악한 바에 따르면 이 탈자연주의화가 현실에서 관철되는 과정 역시 일정한 법칙성에 따르고 있었다.

자연과 인간은 서로를 열망한다

처음 등장했을 때, '새로운' 형태들은 일반인으로부터 병적 현상으로 매도된다. 그것들은 온갖 비난을 받으면서 배척된다. 하지만 차츰 정상

---

4) "도시의 문화가 조만간 전 지역을 장악할 것이며 도시의 테크닉에 종속시킬 것이다. 그렇게 되면 미래파 예술이 활짝 피어날 것이며…… 오늘날은 미래파가 지방의 목가적인 예술에 의해 가엾게도 추격당하고 있지만 말이다. 이 목가적 예술의 추종자들은 대체로 그저 예술에 대한 견해에서만 변방주의자들일 뿐, 그들 역시 이미 '미래기술주의'에 기울어져 있다. 왜냐하면 삶 자체가 이미 미래주의적이기 때문이다." Malewitsch, 앞의 책, 1980, p.61.
5) 이른바 '계몽의 변증법'은 제2차 세계대전을 전후해 비로소 사람들의 의식에 들어서기 시작한다.

적인 상태로 수용된다. 세잔의 회화에 격렬하게 항의했던 사회는 큐비즘에 대해서도 그랬고 미래파 작품을 두고도 마찬가지로 소란을 피웠다. 그런데 큐비즘이 등장해서 사람들한테 분노를 살 즈음이면 세잔의 그림들은 '정상'으로 간주되는바, 일종의 학습효과에 따른 충격흡수의 메커니즘이 작동한다. 요컨대 사람들은 차츰 기술의 진보가 초래하는 삶의 역동성에 익숙해지는 것이다.

결국 이른바 '역동성', 자연에서 벗어나 인위적으로 삶을 구성하기 위해 과학기술의 속도에 몸을 의탁해야 하는 기술종속성이 역사철학적 진보의 사회적 귀결이었다. 과학기술에 따른 삶의 역동성이 말레비치에게는 미래를 위한 보증수표로 보였다. 미래주의가 보증하는 미래에는 삶의 '역동성'이 과거와 다른 차원에서 펼쳐질 것이다. 따라서 더 역동적으로 변화한 삶의 인위성에 부응하려면 과거와는 다른 '새로운' 형상화 방식이 필요하다. 역동적인 기계의 움직임을 재현하는 방식으로는 미래주의가 지시하는 '과거와는 비교되지 않는' 역동성을 담아낼 수 없기 때문이다.

> 미래주의자들은 기계를 그리고 있어서는 절대 안 된다. 그들은 새로운 추상적 형식을 고안해내야 한다. ……미래주의자들의 형상화를 통한 배가(倍加, Vervielfältigung)는 이른바 사실주의적 화가들에 의해 이루어지는 형식의 배가와 근본적으로 다르다. 리얼리스트는 1×1=1의 공식을 넘어서지 못하는 반면, 미래주의자들은 배가의 속도를 증폭시킨다.(Malewitsch, p.61.)

기계가 실현시키는 삶의 역동성을 '제대로' 구현하기 위해 미래주의자들은 기계라는 현상계의 대상을 떠나야 했다. 생산력이 진보할수록 시각적으로는 생산의 과정 그리고 결과물로부터 벗어나야 하는 '새로운' 상황이 발생한 것이다. 잠시나마 그런 구체에 머문다면 '진보'라는 그 사태로부터 내쳐짐을 당하는 신세가 될 터였다. 이는 이미 진보 자체가 진보의 성과물에 대한 관심을 누르고 세기의 화두로 등장했음을 뜻했다. 그런데 당시 말레비치가 이해했던 진보란 생산력의 증대와 이를 실현시키는 과학기술의 발전이었으므로, 진보를 역동성, 속도감으로 대변시키고 그에 상응하는 형상화 방식을 찾았던 말레비치의 노력은 정당했다고 할 수 있다.

그리고 '보는 방법'의 영역에서 말레비치는 진보가 초래한 변화를 자연적 상태에서 탈피해 기하학적 구성으로 나가는 추상화로 이해했다. 화가의 보는 일에서 시각적 구성의 조건에 천착해 도시화 과정이 미술사를 자연주의적 재현으로부터 '만곡선과 직선이 결합한 큐비즘의 단계'로 이끌었음을 밝혀낸 말레비치는 큐비즘 다음의 단계는 당연히 만곡선이 완전히 사라진 구성의 원리가 이끌 것임을 '선언'한다. 그의 저서 『대상 없는 세계』 제2부 「극대주의」는 생산력이 한 단계 더 진보한 사회에서 관철되어야 할 회화적 구성을 논하고 있는데, 직선만 남은 극대주의가 바로 그것이다. 생산력의 진보가 회화적 재현방식에서 일정한 규칙에 따른 변화를 일으켰음에 대한 논증이 이 '선언'의 인식론적 토대임을 확인할 수 있다.

요컨대 말레비치는 과거를 분석한 결과 도출한 인식론적 법칙에 따라 다음 단계에 등장할 형태를 '필연적 결론'으로 도출해낸 것이다. '직선'은 가일층 진보하는 현실의 변화를 따라잡기 위해 필연적으로 요청되는 지각방식으로 자리매김되었다. 논리적 정합성 측면에서 보았을 때, 조금의 흐트러짐도 없는 결론이다. 하지만 자연을 부정하는 것이 변화의 목적론이라는 역설을 바탕으로 하는 결론이기도 하다.

변화의 목적론이 변화의 원인이자 대상인 자연을 부정하는 것이라는 이 역설은 그런데 말레비치 사유의 환원주의에서 비롯되었다. 그는 산업화로 인한 삶의 역동성이 삶의 자연적 속성을 회화에서 탈락시켜온 역사를 분석한 후 이 분석을 앞으로 다가올 가속화된 진보에 투사해 미래에 더 진보된 시기의 회화적 구성을 예견하고 있는 것이다. 미래주의 단계에서 인류의 진보가 멈출 리 없고 그래서도 안 될 일이었다. 인류는 계속 진보해야 한다. 따라서 예술작품은 사람들의 보는 일에서 자연을 지워나가는 일에 박차를 가해야 했다. 탈자연주의화는 절대 중단되지 말아야 하며, 결국 진보와 마찬가지로 언젠가는 완성의 단계로 접어들어야 했다. 극대주의의 기하학적 추상은 이 완성단계를 '지시'했다.

말레비치는 대상들의 세계는 인간의식이 자기 멋대로 만들어내는 "상상의 형상들에 불과한 것으로서, 사실성과는 조금도 유사성이 없다"(Malewitsch, p.18.)고 생각했다. 극단적인 이원론이다. 그런데 대상의 '사실성'과 그 대상을 마주한 인간의 '의식활동'이 실제로는 서로 무관한 채로 제각기라는 이원론은 본질적으로 '인간의식이 제멋대로 만들어 내는 상상의 형상들' 역시 그 나름의 특정한 법칙성에 따른다는 통찰에서 출발한다. 그리고 이러한 통찰은 칸트로 하여금 전통적인 형이상학에서 벗어나는 비판기획을 구상하도록 한 출발점이기도 했다. '상상의 형상들이 사실성과 조금도 유사하지 않다'는 진술은 그야말로 칸트 비판철학의 이원구도 그대로다.

현상계는 인간정신이 오성을 사용해 합법칙성의 선험원칙에 따라 대상에서 자의적으로 불러올린 것으로서 물자체의 세계와 '깊은 심연'으로 갈라서 있다는『판단력 비판』의 전제가 고스란히 반복되고 있는 것이다. 우리는 말레비치의 텍스트에서 러시아적으로 변용된 칸트를 어렵지 않게 만날 수 있다. 하지만 둘은 출발지점에서만 잠깐 같은 생각을 했을 뿐, 말레비치는『판단력 비판』과 아주 다른 방향으로 내달았다. 결정적인 원인은 말레비치가 현상계의 변화무쌍과 헛됨을 반성하는 사유 차원에 머물러 있을 수 없다고 여겼던 데 있다. 사유만 하는 수준이라면 아무리 해도 "초의식과 무의식에 정당한 권리를 부여하는 노력에서는 멀리 떨어져, 의식에 의존해서만 세상에 척도를 부여하는 학자"(Malewitsch, p.37.)로 남을 따름인바, 말레비치 자신은 새로움을 창조하는 예술가로서의 정체성을 포기할 수 없었기 때문이다.

자연의 사실성이 인간의식이 표상하는 사실성과 다름을 터득하고 있다는 점에서 예술가와 철학자는 모두 이원론자다. 이러한 이원론 구도에서 보면 인간과 자연은 서로를 파악하고 일치할 가능성이 철저하게 거부된 채로 상대를 열망하는 모순관계에 빠져 있다. 이 모순을 운명으로 받아들이는 점에서도 둘은 뜻을 같이한다. 다만 인간의 신경계와 두뇌가 반드시 꼭 그런 의식의 통제 아래서만 작동하는 것은 아니라는 사실을 두고는 의견이 엇갈린다.

일반적으로 사람들은 인간에게는 의식의 통제에서 벗어난 부분도 있다는 사실을 쉽게 간과하며, 더 나아가 철학자들은 의식의 통제에서 벗어난 두뇌활동은 원칙적으로 사유에서 제외시킨다. 철학자가 세상을 제대로 다 볼 수 없는 한계에 빠지는 이유가 여기에 있다. 철학자의 사유는 본질적으로 의식에 종속되어 있다. 물론 "인간에게서 결정적인 것은 의식이다."(Malewitsch, p.18.)

하지만 "그런데 우리 의식의 본질과 내용은 무엇인가? 그것은 사실적인 것을 인식하지 못하는 무능력이다! ……인식가능한 것의 현상형식들의 변화들만 우리의 관심을 끌 뿐이다."(Malewitsch, pp.18~19.) 따라서 의식의 통제에서 벗어난 순간의 신경계와 두뇌에도 정당한 권리를 부여해야만 인간의 두뇌를 온전히 활동시켰다고 할 수 있다. 이렇게 무의식과 전의식을 의식과 더불어 구성과정에 참여시키는 활동을 하는 사람이 바로 예술가다. "예술작품은 그 자체로서 측정불가능하다."(Malewitsch, p.38.) 의식이 모든 것을 결정하는 척도가 되는 현상계에서 철저하게 주관적인 것으로 남기 때문이다.

대상이 제거된 사막의 사실성

"예술작품은 주관적인 것(두뇌)의 프리즘을 통해 고찰된 현상(Ers-cheinung)의 현시(Darstellung)다"(Malewitsch, p.37.) 신경계와 두뇌가 의식의 통제에서 벗어나는 계기를 통해 확보되는 '주관성'은 예술작품이 실제적인 사용목적을 위해 만들어지는 대상들과 근본적으로 다른 위상에 놓이게 한다. "예술작품은 시간의 외부에서 발생한다."(Malewitsch, p.38.) 주관성을 활동거점으로 활동하는 예술가는 따라서 의식활동을 반드시 시간의 흐름에 종속시키지 않아도 된다.

칸트의 비판철학은 이렇게 해서 종지부를 찍는다. 말레비치가 변화를 극복하고 영원히 변화하지 않는 것을 예술가의 가치로 생각했기 때문이다. 그는 「극대주의」 논문을 시작하면서 "극대주의자의 관점에서 보면, 대상적 자연의 현상들은 그 자체로서 무의미하다. 본질적인 것은 느낌(Empfindung)인바, 그 느낌이 발생하는 환경으로부터 완전히 독립된 것으로서 그렇다"(Malewitsch, p.65.)고 단언하는데, 이렇게 해서 철저하게 주관적인 것으로 남아야 하는 예술을 변화무쌍한 대상세계인 '환경'의 이른바 '객관적인 시간성'으로부터 구제하기 위한 논리적인 초석이 마련되었던 것이다.

대상세계의 변화무쌍함은 시간성을 통해 인간의 의식에 파고든다. 따라서 의식활동을 통해서는 변화를 극복하겠다는 의지를 천명한 극대주의자가 절대 될 수 없다. 극대주의자의 정신활동은 초의식(Überbewußtsein)과 무의식(Unterbewußtsein)을 모두 아울러야 한다. 그렇다고 초의식과 무의식으로만 극복의지가 실현되는 것은 아니다. 변화를 극복하고 절대로 나가는 의지를 관철시켜야 하는 곳은 다름 아닌 대상세계이므로, 대상세계에서 이해받아야만 한다. 그런데 여기는 의식의 사유공간이다. 그러므로 초의식, 무의식의 활동이 의식활동과 맺어지도록 해야 한다. 그렇다고 의식과의 맺어짐이 대상을 구성하는 척도를 새로 마련하는 것과 같은 의식활동으로 귀결되면 안 된다. 그러면 예술가는 철학자가 되어버린다.

예술가는 의식으로 세상을 설명하는 틀을 더 세련되게 완성하는 과제를 수행하지 않는다. 철학체계의 완성으로는 변화무쌍한 현실을 극복할 수 없다. 객관세계의 변화를 완전히 떠나 철저하게 주관적인 상태에서 시간성 밖으로 정신활동을 확장시켰을 때, 변화무쌍한 현실을 극복할 수 있다. 철학자가 완성하는 체계는 운명을 숙명으로 만든다. 어쩔 수 없이 수용해야 하는. 철학자는 인간을 영원한 투쟁과 분열의 운명으로 몰아넣은 이원론을 '해명'하고 이해하면서 이원론을 유지시킨다. 예술가는 해명하고 이해하는 수준에 머물 수 없다. 해명의 논리를 명쾌하게 갈고닦는 대신, 그 논리적 귀결을 추적한다. 운명이라면 극복할 필요가 있다. 말레비치에게 극대주의는 운명을 극복하기 위한 일환이었다.

화가에서 구도자가 됨으로써 말레비치는 칸트의 비판철학을 완전히 극복할 수 있었다. 이원론을 초월하는 의식활동 대신 극복의지를 발휘한 예술가가 도달한 종착지는 그런데 모든 사유 활동이 정지된 '사막'(Wüste)이다. 말레비치는 자신의 사유가 출발한 기점인 이원론을 '실질적'으로 극복해 이원론 자체를 무너뜨렸다. 그 결과 사유의 도구도 모두 사라졌다. "대상에서 해방된다는 행복한 감정을 가지고 발을 내딛은 사막에는 사실성의 느낌 이외에는 없다."(Malewitsch, p.66.)

그런데 이 '느낌'이란 앞에서 논구했듯이 '주체의 자기 지시성'에 불과할 뿐이었다. 변화를 더 이상 지구상에 불러오지 않는 새로운 '보는 법'을 추구하던 예술가는 해결방법은 바로 변화를 극복하는 데 있을 뿐이라고 생각했다. 이는 완전무결한 해결책을 찾은 결과 얻은 생각이었고, 더 이상의 새로움을 허용하지 않으려는 급진성에 원인이 있었다. 그런데 이원론의 구도에서 발생한 변화무쌍함이었기 때문에 이것을 극복하기 위해서는 이원론 자체를 극복할 수밖에 없었다. '극복'을 논리적 분석 대상으로 설정하고 분석적으로 사유한 결과였다. 이번에는 논리적 수미일관성이 원인으로 작용했다.

시간을 점령하는 사각형

변화의 관점에서 보면 이원론은 대상을 시간성 속에서 배열하는 원칙과 시간 배열에서 벗어날 가능성을 제공하는 원칙으로 나뉜다. 변화극복이라는 목적론에 따라 시간을 정지시키는 순간을 시간 밖에서 확인하는 가능성을 정신활동의 본령으로 삼아 말레비치는 이원론을 무너뜨리는 주체로 우뚝 설 수 있었다. 시간의 흐름을 자신이 확인한 시간 밖의 순간으로 역류시키는 의식활동을 펼침으로써 시간의 정지를 실행시킬 수 있었던 것이다. 말레비치는 시간의 흐름이 역류되는 수렴점에서 시간을 공간으로 탈바꿈시켰다. 기하학적 도형들을 세상에 내놓았다. 이 도형들이 가시화시킨 시간의 공간화는 주체의 자기 지시성을 지시한다. 자기 지시로 환원되는 주체의 사유는 시간의 정지를 확인할 수 있었다.

그런데 이 확인의 순간은 논리적 완결성이 주체의 운명극복 의지에 대한 보상으로 마련해준 것이었다. 주체가 보상을 받고 대상세계에 내놓은 기하학적 도형들은 운명극복 의지를 발휘한 결과 사유가 논리에 갇혀버렸다는 역설을 웅변한다. 논리에 갇힌 사유는 시간의 정지를 확신할 수 있었다. 하지만 그와 더불어 사유 자체도 정지되었다. 기하학적 도형들이 지시하는 '자기 지시성'은 이원론을 무너뜨리고 원점으로 되돌아온 주체의 공허함이나 다름없다. 또한 '자기 지시성'은 원인 무효를 선언하면서 이를 운명을 극복하는 순간으로 자축하는 극대주의자의 주체할 수 없는 불안에 대한 엄폐물이다.

말레비치는 극대주의 회화를 통해 인상주의에서 시작된, 대상의 물적 구속성에서 벗어나 '보는 일'을 계속하고 싶은 인간의 열망을 완성시켰다. 물(物)에서 분리되기 시작한 인간의 지각은 정신의 순수한 경지에 도달하는 승리를 맛보았지만, 그 찬란한 순간이 결국 자기 부정의 폐허와 다르지 않음을 고통스럽게 인정해야 했다. 기하학은 순수한 채로 정신활동이고자 했던 인간의 시각이 감당했던 고통의 표식이다. 시간이 과거, 현재, 미래의 흐름 속에서 흘러가는 상태로 실현시키는 대상의 끝없는 차이들, 그 모든 차이를 넘어선 곳, 아직 도래하지 않은 미래의 '없음'을 여전히 '보는' 활동의 대상으로 만들기 위해 말레비치 역시 전승되어오는 상징의 부호들에 의지할 수밖에 없었다. 도착하기 이전의 미래를 선취하겠다는 의지 역시 과거를 통하지 않고는 현재에 모습을 드러낼 수 없었다. 이러한 사실, 이 역시 시간의 흐름과 마찬가지로 진리이기 때문이다.

'넷'이라는 숫자는 모든 것을 포괄하는 완전성, 절대를 '상징'한다. 검은색은 의지와 표상의 세계인 현상계의 차이들을 일순간에 떠나서 직면하는 없음의 심연을 '지시'한다. 말레비치 스스로 자신의 창작활동을 해명하면서 대상을 표상할 수 없으므로 '느낌'(Empfindung)을 가시화시켰다고 '설명'했다. 이른바 '서사'[6]를 도입하지 않을 수 없었던 것이다. 이런 상징체계의 도움으로 현상계 너머의 일이 무채색이나마 어쨌든 현상계의 색체로 가시화되어 모습을 드러내었다. 없는 대상이 사각형으로 구체화된 것이 아니다. 대상이 없는 세계를 마주한 인간의 의식 상태를 '느낌'이라는 대상세계의 언어를 통해 대상화시킨 것이다. 우리는 대상으로 된 대상 없는 세계를 보고 있다.(앞의 「검은 사각형」 참조.)

대상에서 떠난 상태에서 계속되는 '보는' 활동은 대상이 자신과 무관

---

6) Malewitsch, 앞의 책, 1980, p.75에서 말레비치는 이렇게 '이야기'한다. "흰 바탕 위의 검은 사각형은 대상 없음에 대한 느낌의 첫 번째 표현형식이다. 사각형=느낌, 흰 바탕 = 느낌 외에는 아무것도 없음."

하게 되는 경지에 이르자, '대상 없음'을 보았다고 선언함으로써 다시 처음의 자리로 되돌아왔다. 시간의 첨병은 보수적인 공간의 사수자로서 자신의 본성을 드러내고, 사수한 공간에 자신이 그 누구보다 먼저 보았다고 여긴 새로움을 실현시키고자 했다. 말레비치를 비롯한 러시아 아방가르드의 의식실험이 스탈린 치하 러시아에서 진행된 사회의 총체적 재조직화의 '전위'였다고 파악한 그로이스(Boris Groys)는 이 지점에 주목했다.[7]

---

7) Boris Groys, "The Birth of Socialist Realism from the Spirit of the Russiam Avangarde", H. Gunther(ed.), *The Culture of the Stalin Period*(Studies in Russia and East Europe), (London: Macmillan, 1990), pp.122~148; 보리스 그로이스 지음, 오원교 옮김, 아방가르드 정신으로부터 사회주의 리얼리즘의 탄생, 『유토피아의 환영』(서울: 한울, 2010), 111~112쪽 참조: "본질적으로 아방가르드는 대수롭지 않는 소수의 미술가들에 의해 개발된 미학적 조직적 규범들을 압도적인 대다수 사람들에게 강요하기 위해 혁명이 부여한 정치적·행정적 권력을 이용하고자 했다. 이런 목표는 분명히 민주적이라고 말할 수 없다. 그러나 아방가르드 구성원들이 그것의 전체주의적 성격을 거의 자각하지 못했다는 점을 간과해서는 안 된다."
122쪽: "실제로 삶 자체 속에서 아름다움을 창조하는 아방가르드의 역할, 즉 삶을 재현하기보다 변형하는 과제는 1930년대에 스탈린에게 맡겨졌다. 정치 지도부는 철학적·미학적 그리고 다른 의미를 전유함으로써 세계재건이라는 자신들의 계획을 실질적으로 실현하기 위한 정치권력에 대한 철학과 미술의 요구에 응답했다. 현실의 미술가로서 통일된 계획에 따라 현실을 변형하면서 스탈린은 아방가르드 자체의 논리에 의해 다른 사람에게 그들의 양식을 표준화할 것을 요구하고는, 그것이 스탈린에 의해 제시된 삶의 형상이 지닌 양식과 조화를 이루도록 각자 노력하라고 지시할 수 있었다. ……아방가르드 미술가는 총체적 창조자의 텅 빈 공간을 주장했지만, 사실 이 공간은 정치적 권위에 의해 가득 차 있었다. 스탈린은 유일한 미술가, 말하자면 투쟁의 논리에 따라 경쟁자였던 아방가르드를 청산한 스탈린 시대의 말레비치가 되었다. 이 논리는 자발적으로 행정적인 음모에 가담했던 아방가르드 미술가들에게도 낯설지 않았다."
124쪽: "아방가르드로부터 사회주의 리얼리즘으로의 전환은 원칙적으로 이미 자주 표명되었듯이 소비자 대중의 취향을 용인해서가 아니라 새로운 현실 자체를 기획하려는 아방가르드 이념의 논리발전에 의해 지시된 것이었다." 132쪽: "그러므로 사회주의 리얼리즘의 절충주의와 역사주의는 아방가르드 정신의 거부가 아니라 그것의 급진화로 보아야 한다. ……반복하자면 구체적이고 역사적

태양을 정복한 스탈린주의

도착하지 않은 미래로 내딛는 주체의 발걸음은 움직여서 정지시키는 행위다. 그런 행위를 통해 시간을 앞서간 첨병, 즉 미래로 '움직인' 주체는 자신이 정지시킨 시간 속에 통합되면서 그런 정지 상태를 불러일으킨 '창조자'가 된다. 움직임의 방향이 '미래', 즉 아직 도래하지 않은 '없음'이라는 사실 하나만으로 창조자가 된 시간의 첨병은 자신이 어쨌든 무언가를 '세상에 불러일으키는' 활동의 주체라는 사실에서 존재 근거를 찾는다.

따라서 그가 움직이는 한, 그 결과로 정지상태가 계속 창출될 수밖에 없다. 한번 창조자였던 주체는 창조의 결과보다는 창조자라는 자기 정체성에 더 묶이게 마련이다. 움직임이 정지로 귀결되는 자기 소멸을 경험하면서도 창조의 관성을 중단할 수 없다. 누구든 존재를 자의로 중단할 수는 없는 일이기 때문이다. 시간의 첨병이 창조자로 자신을 이해한 이상 무(無)를 창조하는 일을 그만둘 수 없다.

시간의 진보에 대한 선명한 의식을 현실에 구현해보겠다는 의지를 지녔던 창조자 말레비치는, 이 자기 소멸 체험을 개인 차원의 사안으로 이해하지 않았다. 그로서는 자기 소멸 체험을 새로운 세상의 창조를 위한 보편적인 조건으로 받아들일 충분한 이유가 있었다. 모두가 한꺼번에 앞으로, 미래로 나아가는 행군을 시작해야만 했다. 그래야 미래가 개인적인 첨병의 차원에서 보편으로 상승하고, 보편이 됨으로써 현재로 실현될 수 있을 것이기 때문이다. 무를 창조하는 첨병의 시간체험이

으로 규정된 아방가르드 미학을 극복하는 것은 아방가르드 기획의 패배가 아니라 이 기획 자체가 미술에 대한 미학적이고 관조적인 태도와 개인적 양식에 대한 요구를 거부하는 한 아방가르드의 연속이자 완성을 의미한다."

그로이스는 이 테제를 저서 Boris Groys, *Gesamtkunstwerk Stalin*, Die gespaltene Kultur in der Sowjetunion, (München: Carl Hanser, 2008)에서 논구했다.

모두에게 '개별적으로' 전수되는 '교육'의 시간을 갖기에는 창조된 무에 주체가 스스로 통합되는 자기 소멸의 순간이 너무도 위협적으로 여겨졌다.

시간의 첨병은 자기 소멸의 위기를 앞으로 나아가는 공격태세를 취하는 가운데 건너뛰면서 벗어난다. 아울러 미래로 앞서나가 그 무를 확인하고 다시 미래로 나가면서 '보는 사람'으로서의 정체성을 유지하는 첨병의 시간경험을 모두가 같은 순간에 할 필요가 있음을 절감한다. 모두가 일순간에 동시적으로 시간을 뛰어넘지 않고는 현실에 완전히 새로운 상태가 도래할 수 없을 것이기 때문이다. 한 사람도 빠짐없이 현재에서 미래로 건너뛸 수 있는 조건을 제공할 필요가 있었다.

이런 사실을 절감한 그는 '없음'이라는 새로움을 가능하게 하는 조건을 창출하겠다는 의지를 표명한다. 세칭 사회적 '마초'(macho)가 탄생하는 순간이다. 극대주의를 창시한 마초는 태양을 정복해서 정지시키는 순간을 열망했다. 현실의 변화무쌍함에서 벗어날 방도를 찾다가 변화무쌍함의 원인을 제거하는 가장 '완벽한' 방도를 강구한 것이다. 연극 무대에서 태양을 정복하고 승리[8]를 거두는 불경을 자행한 아방가르드 운동은 일단 의식 차원에 머물렀다. 스탈린 독재는 그 의식적 가능성을 현실에 구체적으로 적용해도 된다고 믿은 사람들에 의해 저질러진 불경이었다. 독재정치는 체계가 저지른 불경의 대가를 인간의 피와 살로 치르도록 강요했다.

---

8) 오페라 「태양의 승리」(Sieg über die Sonne). 텍스트는 크루초니흐(А. Кручены х), 음악은 마튜신(М. Матюшин), 「서문」은 흘레브니코프(В. Хдебников), 무대장치와 의상, 소도구는 말레비치(К. Малевич)가 담당했다. 공연의 초연은 페테르부르크 극장 '달 공원'(Луна-парк)에서 1913년 12월 3일과 5일에 이뤄졌고, 예술가 단체인 '젊은이 연합'(Союз молодежи)이 함께 협연했다. 공연은 예상했던 것처럼 엄청난 소동을 일으켰고, 보기 드문 성공을 거두었다.

말레비치, 「흰색 위의 흰색 사각형」, 1918년경, 캔버스에 유채,
78.7×78.7cm, 뉴욕, 현대미술관.
지움을 다시 부정하는 흰색의 겹침은 최고의 경지에 오르고자 하는 정신의 자기 부정이다.

최고의 경지에 이르고자 하는 정신의 자기 부정

인식 너머의 심연을 느끼는 지상최고(Suprematie)는 절대(das Absolute)가 아
니다.

마침내 모순을 종식시켰음을 선언하는가? 처음 시작은 「검은 사각형」
(1913)이었다. 지구 위에 발 딛고 사는 인간은 대상을 '지체'시키면서 인식할
수밖에 없는 운명이고, 그 운명을 알아버린 불안마저 또다시 지체시키지 않으

면 앞을 내다볼 수 없다. 불안을 떠안고 시선을 자기 속으로 돌리는 방법도 있는데, 검은색의 불경을 저질러 불안을 지체시켰다. 러시아 아방가르드는 최고의 불경이었다.

한때는 진보가 필연이었다. 그래서 떨쳐 일어나 발맞춰 앞으로 나아가는 데 주저함이 없었다. 마음으로야 조금의 주저도 없었지만, 발맞춰 가려면 구체적인 욕구도 최소한은 충족되어야 한다. 가열하게 행군하는 도중에 구체와 충돌한다. 한번 떨쳐 일어났으므로 지체, 결핍의 온존 등, 피와 살이 시간의 흐름 속에서 감당해야 할 욕구의 무질서를 일일이 다 돌보면서 갈 수는 없다고 생각했다. 그런 무질서가 있을 수 있음을 인정하면서 내딛는 진보의 발길은 무척 불안했다. 질서를 하나 세우면 바로 앞에 무질서가 나타났다. 질서 앞의 무질서는 심연이다. 인정해야 했다. 움직이면 또다시 코앞에 나타나는 심연. 인정은 해도 심연을 질서정연함에 끌어들일 수는 없다.

내가 흔들리지 않기 위해 심연은 색채 아래로 물러나야 한다. 심연을 인간의 인식활동 아래로 가라앉힌 색채는 더 이상 회화가 아니다. 심연을 건너뛰는 정신활동에 대한 개념화일 뿐이다. 회화는 정지되고 시간은 정복되었다. 하얀 사각형의 포개짐은 그러므로 인간의 정신능력에 포섭되지 않는 구체는 저 아래 심연으로 떨어져나가야 함을 선언하고 있다. 극대주의는 예술을 정지시키고 정신적 무능을 최고로 들어올렸다.

감당할 수 없어 떨어버리면서 짐짓 지배한다는 자기 기만에 사로잡힌 정신. 자기 지시로 최고의 경지에 오른 정신은 감성을 심연으로 떨어뜨렸으므로 질서정연함을 구현한 듯 보인다. 하지만 정돈되지 않은 감성은 그냥 심연 아래 모여 있는 채다.

따라서 이 질서정연함은 실재가 없는 가상으로 머문다. 하얀색은 하얀색처럼 빛난다. 빛나지만 인식 너머의 심연을 느끼며 최고에 올랐다고 자만하는 정신은 절대가 아니다. 지체시킨 불안을 안간힘을 다해 맞잡고 있을 뿐이다. 불안은 공중에 나부끼는 깃발이 되었다. 우리는 끝없는 불안을 본다.

지난 세기 유토피아를 향한 인류의 염원은 이처럼 체계가 구조적으로 자행하는 폭력을 인류의 역사에 불러들였다. 유토피아를 꿈꾸는 일을 그만둘 수 없는 한, 인류는 욕구충족 방식의 재구조화를 추진하던 사회구성체에서 발생한 체계의 불경에 대해 느슨한 태도로 대할 수 없다. 진지하게 고민하면서 본격적인 사유의 대상으로 삼아야 한다. 암울한 현실을 이성의 빛으로 비춰 더 나은 세상을 만들어보겠다는 의지를 앞세우고 열심히 노력했지만, 구조적 비이성이라는 또 다른 억압구조를 창출해내고 말았기 때문이다. 이 경험은 21세기 인류에게 남겨진 값진 유산이다.

　서구계몽이 금과옥조로 여기는 이성의 빛은 생각하는 사람의 감성능력(외부사물을 받아들이는 수용능력)이 자연의 구속성에서 벗어날 가능성을 열어주었다. 논리적 분석은 물론 종합능력이 성큼 발전해 자연계의 생성과 소멸에서 일정한 법칙성을 도출해내면서 인간의 감성은 자연의 구속성에서 벗어나는 자유를 누렸다. 자연법칙의 인식은 인간의 감성이 자연계의 순환 리듬을 따르지 않고도 자연사물을 인식 대상으로 삼을 수 있음을 가능성의 차원에서 제도화의 차원으로 옮겨놓았다.

　실재로서의 자연사물을 특정한 자연법칙의 적용 대상으로 관찰할 수 있게 된 사유주체는 인식을 실재로부터 분리시키는 데 박차를 가했다. 현미경, 망원경 등과 같은 도구는 실재와 인식의 괴리를 일상적인 차원으로 끌어내려 추상화가 일반적인 사유의 한 유형으로 자리 잡는 데 기여했다. 추상화 능력의 향상과 더불어 인간의 인식지평이 확대되자 인간이 자신의 힘으로 진리에 이를 수 있다는 확신도 깊어갔다.

　'생각하는 사람'은 이성의 횃불을 높이 들고 삶의 궁극진리를 찾아 나섰다. 빛의 도움으로 인식지평을 한없이 확장시킬 수 있다는 생각에 고무된 사유주체는 진리가 멀지 않은 곳에 있으리라 믿어 의심치 않았다. 하지만 진리를 거머쥐기 이전에 전혀 예기치 못했던 복병을 먼저 만났다. 인식 대상인 자연사물이 이성의 빛을 받을수록 저 멀리로 밀려나면서 사유주체를 거부하는 사태에 직면한 것이다.

사유주체는 실재와 인식을 분리시키는 '감성능력의 자유'를 누린다고 생각했지만 실제로는 자신을 인식 대상인 자연사물로부터 분리시키는 일을 하고 있었음이 뒤늦게 주체에게 의식되기 시작한 것이다. 주체는 이 새로운 사태를 직시했다. 이성의 빛은 인식지평의 확대를 가져온 한편으로 사유란 주체와 객체의 분리에서 출발하는 것임을 명백하게 알려주었다. 추상은 이 분리를 토대로 해서만 가능한 사유 활동이다.

서구계몽이 인류의 역사에 불러들인 주체와 객체의 분리는 이성주의자들의 진보관이 종말론적 사유로 귀결되는 논리적 근거다. 이성의 빛을 신뢰하고 이성의 진보에 미래를 걸었지만, 진보의 결과로 도래하는 유토피아가 시간이 정지되는 순간으로 설정될 수밖에 없는 까닭이다.

계몽의 전통은 러시아 아방가르드 예술가 말레비치에 이르러 극단적인 변형을 경험한다. 말레비치가 인간의 '보는 일' 영역에 도입한 새로움은 정말 '완전히 다른' 새로움이었다. 이제와는 다른 새로운 지각방식을 창출해낸 정도가 아니었기 때문이다. 앞으로는 절대 더 이상의 새로움을 허용하지 않겠다는 각오, 그런 태도의 급진성이 새롭다는 개념의 내포를 채우고 있다. 이렇게 해서 러시아 아방가르드 예술운동은 인류의 의식에 그야말로 완전히 새로운 지각방식을 등장시키는 데 성공했다. 더 이상 새로운 것이 등장할 여지를 허락하지 않는 절대적 새로움.

그런데 이러한 새로움에는 아방가르드 개념 자체의 소멸이 내장되어 있었고, 러시아 아방가르드 예술운동이 이런 절대적 새로움의 구성 가능성을 천재적 탁월함으로 예견했음은 그 프로그램이 현실적으로 관철됨으로써 입증되었다. 개념의 자기 실현이 성사된 경우였다. 지각방식이 현실의 관계들을 정말로 뒤바꾸었고, 그 결과 개념이 더 이상 필요하지 않은 현실이 되었기 때문이다. 스탈린의 현실사회주의 기획은 이 과정의 정치학이었다.[9] '논리의 적용'이 현실의 재구조화로 직결되는 이 정치학은 계몽의 기획을 기획의 정치로 세속화시켰다. 의식의 계몽을 정치적 결과물로 육화시키는 과정이었다. 지리적으로 구체적이고 역사적인 현실이었던 소비에트 사회구성체에서 실행된 기획정치는 인류의 문명사에 전무후무한 역사철학적 경험을 보탰다. 계몽의 육화를 구조적인 폭력으로 경험한 공동체가 지구상에 실재했다는 사실이야말로 어떤 식으로든 공동체를 이루어 살아가야 하는 존재인 인류에게 간단하지 않은 반성을 촉발하는 계기가 아닐 수 없다.

---

9) Boris Groys, *Gesamtkunstwerk Stalin*, Die gespaltene Kultur in der Sowjetunion, (München: Carl Hanser, 2008) 참조.

6

너무 멀리 왔다

서구계몽이 인류의 역사에 불러들인
주체와 객체의 분리는 이성주의자들의 진보관이
종말론적 사유로 귀결되는 논리적 근거다.
이성의 빛을 신뢰하고 이성의 진보에 미래를 걸었지만,
진보의 결과로 도래하는 유토피아가 시간이 정지되는 순간으로
설정될 수밖에 없는 까닭이다. 시간성의 회복이 관건이다.
감성은 흐르는 시간 속에서 펼쳐질 수 있는 것이다.
21세기 예술이 담당해야 할 과제다.

세이렌, 무조건적인 것Das Unbedingte

포세이돈(Poseidon)의 저주

『오뒷세이아』 제23장.[1] 천신만고 끝에 고향에 돌아왔으나 오뒷세우스는 바로 오뒷세우스일 수 없었다. 트로이로 떠난 후 20여 년을 자기 보존 본능으로 견뎌낸 그였다. 타고난 지략과 용맹 덕분에 본능을 굽히지 않아도 되었다. 살아남았다. 인간들과 몸을 부대끼며 싸우고 신들의 초자연적인 힘과도 겨루어야 하는 운명이었지만, 모두 이겨내고 드디어 고향 땅을 밟았던 것이다. 그런데 고향에 돌아온 그에게 세상은 또다시 용맹과 지략을 요구했다. 이번에는 '살아남기' 자체가 목적이 아니었다. 자신의 정체성을 되찾기 위해 살아남아야 했다. 살아남아서 자신이 지략과 용맹을 지닌 오뒷세우스임을 증명하지 않으면, 지금까지의 살아남음은 아무런 의미가 없을 터였다.

　방랑이 끝나면서 오뒷세우스의 '자기 보존'은 목적론의 위상을 잃었다. 일상에서는 행복이 목적론이다. 앞으로는 오뒷세우스의 일상 역시 이 대체된 목적론이 지시할 것이다. 용맹과 지략이 모두 비범한 만큼, 오

---

1) 호메로스, 천병희 옮김, 『오뒷세이아』, (서울: 도서출판 숲, 2006), 495~510쪽.

뒷세우스는 목적론의 대체과정 역시 남다르게 겪는다. 존재증명의 과제 앞에 내던져진 것이다. 자신이 오뒷세우스임을 증명한다면 행복과 권력은 보장될 터였다. 물론 그는 결국 페넬로페(Penelope)와 재회한다. 끝내 살아남아서 행복한 일상으로 돌아간다. 호메로스는 서사시로 구성한 오뒷세우스의 모험을 이렇게 마무리한다.

> 그녀는 이런 말로 그의 마음속에 더욱더 울고 싶은 욕망을
> 불러일으켰다. 그리하여 그는 마음에 맞고 알뜰히 보살피는
> 아내를 울며 끌어안았다. 마치 바람과 부푼 너울에 떠밀리던
> 잘 만든 배가 포세이돈에 의해 산산조각이 난 탓에 바다 위를
> 헤엄치던 자들에게 육지가 반가워 보일 때와 같이
> ─몇 사람만이 잿빛 바다에서 뭍으로 헤엄쳐 나오고
> 그들의 몸에서는 온통 짠 바닷물이 줄줄 흘러내린다.
> 그들은 재앙에서 벗어나 반가이 육지에 발을 올려놓는다 ─
> 꼭 그처럼 그녀에게는 남편이 반가웠다.(호메로스, 2006; 504쪽.)

귀향길의 오뒷세우스는 '본능으로 살아남는 자'였다. 페넬로페의 "백합같이 흰 팔"에 자신의 단단한 "목이 감기는" 순간을 맞이하기 위해 그는 지략과 용맹을 '적절하게' 발휘했다. 외눈박이 거인 폴뤼페모스(Polyphemus)와 벌인 대결은 결정판이었다. 18세기 철학자 칸트가 근대를 시작하자며 외친 '자신의 오성을 사용할 용기를 가져라'는 계몽의 표어를 이 '꾀 많은 자'는 기원전에 이미 일상적 행위의 지침으로 삼아 실천에 옮기고 있었다. 그는 뜻하지 않게 신화의 세계에 휘말려들었지만, 그 세계의 질곡을 계몽의 정신으로 분절시키고 살아서 빠져나온다.

오뒷세우스가 결정적인 순간에 확실한 조치를 취할 수 있었던 것은 거인 앞에서 무서움에 짓눌리지 않고 분석능력을 발휘하는 '계몽의 용기'

를 발휘했기 때문이다. 이 용기를 발휘함으로써 오뒷세우스는 항상 '주인'으로 군림할 수 있었다. 자신의 운명에 대한 주인임은 물론 자연의 위력 앞에서 두려움 때문에 신화의 세계에 동화되어버리는 다른 일행을 이끌며 집단을 건사한다. 기원전에 신화의 힘으로 상징되는 자연력이 인간에게 얼마나 불가항력이었던가는 탁월한 지도자 오뒷세우스의 안간힘에도 불구하고 일행들이 모두 희생되는 줄거리에서 잘 드러난다. 결국은 그 혼자만 고향 땅을 밟는다.

'살아남는 자'의 여정에는 신화세계의 동화도 포함된다. '희생된 자'의 동화와 다른 점은 살아남기 위한 본능에 동화를 종속시킨다는 데 있다. 두려움에 압도당해 분석능력을 잃고 동화된 경우라면 희생자가 된다. 자기 보존 본능으로 동화를 귀향길의 한 단계로 '처리'해야 한다. 계몽이든 동화든 오뒷세우스에게는 본질적으로 아무런 차이가 없다. 살아 돌아간다는 본능으로 계몽과 동화의 질적 차이를 없앤다. 거인족의 영향권에서 벗어난 뒤 매력적인 요정 키르케(Kirke)의 수중에 떨어졌을 때, 오뒷세우스는 한편으로 부하들을 살려내면서 자신의 처신과 관련해서 협상도 했다. 신화의 세계에 1년간 동화됨으로써 육신을 보존하고 귀향을 재촉할 수 있었다. 그 1년의 머묾에 대한 보답으로 키르케가 제공한 신화세계의 비밀은 계몽의 도구들로 해명되는 세계가 얼마나 제한적이고 협소한 것인지를 깨우쳐준다.

페넬로페가 모험의 목적론이다

오뒷세우스가 주인으로 군림하는 배 위에서만 빛을 발휘하는 오성은 죽음이나 내세에 대해서는 철저하게 무능하다. 오성은 '삶'을 '살아남기 위한 복종'으로 축소시켰다. 부하들은 오뒷세우스의 지휘권에 복종하고 오뒷세우스 자신은 분석능력에 모든 것을 걸어야 했다. 분석능력을 사용하는 용기를 발휘하는 데 주저함이 없도록 계몽된 문명인 오뒷세우스는 살아남기 위해 필요한 경우, 자발적으로 신화의 세계에 투항한다. 이렇게 하여 키르케의 마음을 얻으니 '영혼의 세계'로 가보는 기회도 생긴다. 신화세계에 동화되는 일이 신화세계의 불가항력을 넘어서 계속 살아남을 수 있는 빛으로 작용한다. 명부의 예언자한테서 앞으로의 항해에 대해 이런저런 조언을 듣는다.

세이렌(Seiren)의 노래 역시 오뒷세우스에게는 불가항력의 사안이었다. 오성을 사용할 용기를 발휘하는 문명인에게는 직접 알려질 수 없는 영역이 '아름다운 노래'라고 일컬어지면서 실체는 은폐된 채 이름만 전승되어오고 있었던 것이다. 그것이 무엇인지 알아보겠다는 용기를 발휘하면 죽는다. 죽음은 영원한 동화다. 세이렌의 치명적인 노래는 계몽의 결과가 영원한 동화로 되는 역설을 알려준다. 키르케의 도움이 없었다면 오뒷세우스 같은 문명인에게 결코 의식될 리 없는 계몽의 역설이고 인간의지의 한계다. 한계지점을 인지한 문명인은 한계 밖으로 나가고 싶은 충동을 느낀다. 물론 살아남겠다는 본능에는 한 치의 흔들림도 없다. 본능이 확고부동하다는 전제 아래서만 불거지는 충동이다. 오뒷세우스는 충동에 따르기로 한다. 일단 신화세계에 발을 들여놓은 이상, 대상을 계몽하든가, 아니면 자신이 대상에 동화되든가 둘 중 하나다.

하지만 오뒷세우스는 선택하지 않는다. 세이렌 구역을 살아서 나갈 방도만 찾는다. 세이렌들이 노래를 부르는 구역이므로, 그 노래를 듣는 행위를 하기는 해야 한다. 신화세계의 존재를 인정한다. 하지만 그렇다고 신화세계의 지시를 그대로 따를 필요까지는 없다고 생각한다. 오뒷세우스는 자신이 직접 듣고 신화세계에 동화되기로 결정한다. 동화과정의 지시사항을 분석할 줄 아는 그는 신화의 세계로 몸이 넘어가지 않을 방책을 강구한다. 동화의 결과로부터 몸을 빼내는 조치를 취하면 된다. 노랫소리가 들려오는 쪽으로 몸이 끌려들어가지 않도록 몸을 건사하면 될 일이다. 몸을 결박할 돛대가 배 안에 있다. 묶는다. 듣는 자유를 위해 몸의 자유를 포기한다.

대신 노 젓는 일행에게는 동화의 가능성 자체를 아예 박탈해버린다. 동화된 주인을 보면서 동화의 결과를 확인하면 세이렌의 노래가 지닌 마력의 실체를 충분히 인지할 수 있을 것이라는 판단에서다. 노 젓는 일행은 인식행위의 결과인 죽음으로부터 자유로워지기 위해 몸을 부자유 상태로 지시한 계몽의 결과를 직접 눈으로 본다. 그들은 몸이 묶여서 고통스러워하는 오뒷세우스를 통해 신화세계의 존재를 인정한다.

반면, 노래를 듣고 몸으로 반응할 수 없게 된 주인은 그 부자유의 결과를 온몸으로 감당한다. 결박을 끊고 바닷속으로 뛰어들겠다고 발버둥친 몸은 그 시간을 고통으로 기억한다. 오뒷세우스가 취한 계몽의 조치들은 불가항력에 대한 두려움을 고통으로 탈바꿈시켰다. 그런데 계몽의 대상이 되기 이전, 그 노래는 본래 쾌락의 대상이었다. 그 쾌락이 노동분업을 통해 세속화되어 오뒷세우스의 배로 넘어왔다. 배가 쾌락을 좇아 물속으로 돌진하지 않은 것은 전적으로 노동의 분업화 덕분이지만, 이 분업은 인간사회에 고통을 도입시켰다.

훗날 근대사회는 이 '불가항력에 사로잡힘'을 세속화하는 분업을 사회구조로 정착시킨다. 예술이라는 제3의 사회체제다. 근원을 따져보았을 때, 예술의 실체는 고통이다. 세이렌 구역을 통과한 끝에 오뒷세우스 일행은 계몽의 한계를 넘어선 신화의 세계에는 쾌락이 실재한다는 사실을 알게 된다. 그리고 노래를 직접 들은 오뒷세우스는 그 치명적인 쾌락의 실체를 파악한다. 하지만 쾌락을 누리지는 못한다. 그는 예술이란 무엇인가를 깨우치고 살아남는다. 집으로 돌아갈 길은 아직 멀다.[2]

오뒷세우스가 취하는 계몽의 조치에는 참여했지만, 신화세계의 불가항력에 스스로 저항할 만한 분석능력을 갖추지 못했던 일행은 모두 희생

---

2) 이순예, 앞의 책, 65~68쪽에 기술한 세이렌 모티프를 다시 변주했음.

되고 오뒷세우스 혼자만 신의 저주라고 불리는 자연의 괴력을 극복한다. 하지만 그저 살아남았을 뿐이다. 그를 저주하는 포세이돈의 힘에서 완전히 벗어나지는 못한다. 다시 귀향길을 떠날 최소한의 채비를 갖추기 위해 이번에는 7년간이나 요정 칼륍소(Calypso)에게 봉사해야 한다. 하지만 어쨌든 살아서 고향으로 돌아가겠다는 그의 의지는 계속 확고부동하다. 겨우 뗏목 하나 얻어서 길을 떠난다. 포세이돈은 아들 폴뤼페모스의 탄원을 잊지 않는다. 오뒷세우스 역시 이 모험의 목적론을 포기하지 않는다. 뗏목조차 잃고 낯선 땅에서 옷마저 얻어 입어야 하는 처지가 되지만 자기 보존과 귀향의 의지를 관철해낸다. 고향에 돌아온 후 인정투쟁에도 성공한다. 마침내 제23장이 펼쳐진다. 페넬로페의 팔이 오뒷세우스의 목을 휘감는다.

영웅은 필요 없다

『오뒷세이아』 제23장은 이야기의 마지막 단계로 파란만장했던 주인공의 여정을 다 풀어놓은 화자(話者) 호메로스의 홀가분한 마음도 묻어난다. 경쾌하고 밝다. 그가 앞서서 '보고한' 오뒷세우스의 모험은 실로 어마어마한 이야기였다. 긴박함과 아울러 폭력성도 만만치 않았다. 포세이돈의 저주가 끝까지 따라붙는 항해였다. 비탄과 체념의 순간이 끊이지 않았다. 그 엄청난 일을 뒤로 하고 페넬로페 앞에 선 오뒷세우스였다. 끝내는 내실의 은밀한 비밀까지 거론되었다. 그렇게 해서 둘은 서로를 품에 안았지만, 부둥켜안은 오뒷세우스를 대하는 페넬로페는 그냥 무조건 감사할 따름이다.

오뒷세우스는 '영웅적으로' 살아 돌아왔지만 페넬로페의 눈에는 "몇 사람만이 잿빛 바다에서 뭍으로 헤엄쳐 나오고 그들의 몸에서는 온통 짠 바닷물이 줄줄 흘러내리"는 장면만 어른댈 뿐이다. 죽은 사람도 많은데, 남편이 살아 돌아온 그 몇몇에 속한다는 사실만이 절실한 것이다. "그들은 재앙에서 벗어나 반가이 육지에 발을 올려놓는다. 꼭 그처럼 그녀에게는 남편이 반가웠다." 이 마무리 부분에서 오뒷세우스의 귀향은 영웅적 필연이 아니라 확률적 우연이 된다.

오뒷세우스의 귀향이 우연이 되는 까닭은 사건보고를 다 마친 호메로스가 오뒷세우스를 페넬로페 옆에 세우면서 그의 존재를 영웅에서 사회인으로 이전시켜놓기 때문이다. 페넬로페는 영웅이 아닌, 오래 집을 떠났다가 돌아온 남편을 보고 있다. 호메로스는 재회 장면에서 페넬로페의 의중을 분명히 드러낸다. 이렇게 해서 대 서사시의 목적이 오뒷세우스가 20년 동안 고수한 '살아남음'의 목적론과 같은 것으로 판명된다. 영웅적인 살아남음의 목적은 바로 '사회인'으로서 정체성을 회복하는 것이었다.

모험은 겪은 사람에게만 속한다. 누구도 동참할 수 없는 그 개인의 몫이다. 모험의 기억은 오뒷세우스의 내면에 깊은 흔적을 남겨 독특한 개성으로 녹아들 것이다. 그래서 오뒷세우스는 필히 남달리 특출한 개성의 소유자가 될 것이다. 그런데 페넬로페가 오뒷세우스에게서 영웅이 아닌 남편을 보는 이상 모험의 특수성은 현실에서 개인의 정체성으로 실현될 수 없다. 당사자에게는 각별할 터이지만, 특수는 보편이 아니기 때문이다. 살아남음의 목적론을 현실에서 실현한 영웅 오뒷세우스는 현실의 목적론인 행복을 위해 영웅의 정체성을 포기해야 한다. 필부로 살아야 한다. 아도르노는 호메로스가 이 작품에서 구성해낸 필부와 영웅의 관계야말로 서사문학의 본질이라고 설명한다. 이른바 개별과 보편의 관계다. 예술작품은 특수로 개별과 보편을 매개한다.

다시 결합한 부부의 행복에 대한 비유인 이 시구를 그냥 단순히 삽입된 메타포로서가 아니라 이야기의 결말 부근에 와서 백일하에 드러나는 실제내용으로 주목하고 이 구절에 『오뒷세이아』를 견주어보자. 그러면 이 작품은 해안절벽을 끊임없이 재차 공략하는 대양에

귀 기울이는 시도나 다름없다. 물이 어떻게 가파른 절벽에 범람했다가 다시 살랑거리며 되밀려가는지, 밀려가면서 그 단단한 것을 한층 깊은 색조 속에서 빛나도록 하는지, 그러기 위해 다시 또 범람하는지 인내심을 가지고 그려내는 것이다. 그러한 속살거림이 서사적 언설이 내는 소리다. 명백한 것과 단단한 것이 다의적이고 유동적인 것과 곧장 다시 갈라서기 위해 만나는 울림인 것이다. 신화의 형태 없는 범람은 언제나 똑같은 것이다. 하지만 서술의 목적은 다양한 것이다.

……서사시는 무언가 보고할 가치가 있는 것을 보고하려 한다. 그 무엇과도 같지 않은 것, 교환가능하지 않은 것, 이름을 걸고 전승될 만한 것을 보고하려는 것이다. ……화자는 예로부터 보편적 대체가능성에 저항했다. 그러나 그가 오늘날까지 보고해온 것은 언제나 이미 대체가능한 것이었다. 그러므로 모든 서사시에는 시대착오적인 요인이 들어 있다고 하겠다. 호메로스의 태고주의는 괴물을 피하기 위해 뮤즈를 소환하며, 말년의 괴테와 슈티프터에게서는 시민적 관계들이 어떤 이름과 같은 교환불가능한 단어에 속한 본원적 현실로서 기능하도록 하기 위한 절망적인 시도가 나타난다.[3]

말미에 가서 명백하게 드러나는『오뒷세이아』의 환원구조는 이 대서사시의 도도한 흐름을 주도하는 개별사건들의 구성 원리이기도 하다. 전체 줄거리는 처음 출발지점으로 주인공이 돌아온다는 것이다. 이 환원의 원리는 주인공이 무수한 역경을 극복하면서 '앞으로' 내달았음에도 불구하고 궁극적으로 관철된다.

---

3) Theodor W. Adorno, "Über epische Naivität", *Noten zur Literatur*, Gesammelten Schriften Band II, (Frankfurt am Main: Suhrkamp, 1996), pp.34~35.

개념은 잉여를 구성한다

오뒷세우스가 현재에 머물겠다는 생각을 하면서 만들어내는 에피소드는 단 하나도 없다. 그는 10년 동안 계속 '전진'했다. 그래서 결국은 원점으로 '복귀'한다. 그 결과 사회적으로 이루어지는 '정상화'가 감동을 불러일으키는 것이다. 이 서사시에서는 사건의 발전이 이루어지지 않는다. 계속되는 반복이 있을 뿐이다. 반복하는 순간, 주체는 자신이 전진하고 있다고 믿는다. 실제로 오뒷세우스는 전진한다. 하지만 움직인 결과 원점으로 돌아온 자신을 발견한다. 앞으로 나아가지 못했기 때문에 주체는 다시 시작해야 한다. 다시 전진한다. 한발 앞으로 가기 위해 안간힘을 썼는데, 다시 보니 제자리다. 또 가야 한다. 이런 반복의 연속이다.

지상에서 보내는 삶을 더 나은 상태로 만들 것이라 믿고 가열하게 계몽을 추진했지만, 문명의 진보가 야만상태로 귀착되는 세계사적 과정을 목도해야 했던 20세기에 이러한 문명의 난제를 '계몽의 변증법'이라는 테제로 정식화시킨 사회비판서 『계몽의 변증법』의 저자들이 『오뒷세이아』를 계몽의 원형으로, 주인공 오뒷세우스를 시민적 개인의 원형으로 파악하는 근거가 바로 이 환원구조다.

아도르노의 분석에 따르면 환원은 계몽의 용기가 현실에 실행시키는 분석적 합리성의 자체결함에서 비롯된다. 그러므로 계몽은 환원의 덫에서 빠져나올 수 없다. 분석은 대상을 해명하지 못한다. 대상을 분석의 틀 안으로 포섭해들일 뿐이다. 그 틀 밖에 남는 부분에는 여전히 유기체의 생명력이 보존되어 있다. 따라서 계몽의 정신이 그 틀을 유기체인 대상에 적용시키면, 대상은 개념과 '그 나머지'로 분류되는 유기체의 생명력으로 나뉜다. 개념과 더불어 이른바 '잉여'도 구성되는 것이다.

계몽주체는 대상으로부터 개념을 취한다. 그리고 세상을 해명했다는 승리감에 취한다. 폴뤼페모스의 눈을 찌르고 키클롭스 영역을 벗어나는 오뒷세우스처럼. 식인 거인 앞에서 두려움을 떨치고 오성을 사용할 용기를 발휘한 오뒷세우스는 '포세이돈의 아들' 폴뤼페모스를 '외눈박이'로 개념화시킨 결과 계몽의 목적을 달성한다. 분석해서 처리한다. 자연력의 극복은 계몽의 승리로 기록된다. 하지만 곧 잉여의 반격을 받는다. 포세이돈의 저주는 신화세계가 건재함을 증명한다. 우쭐해하는 주체에게만 개념이 대상이었을 뿐, 대상은 개념에 자신을 다 넘겨줄 생각이 없다. 유기체로서의 자신을 회복하기 위해 대상은 개념을 무력화시킨다. 질서가 무질서로 전복된다.

반대 항으로 전복되는 변증법의 역학을 아도르노는 개념과 비개념자의 관계에서 '이론적'으로 도출해낸다. 그리고 이 개념적 구성을 호메로스의 『오뒷세이아』에 나오는 주인공의 에피소드에 대입시킨다. 서사시는 개념에 대한 '유기체적' 비유가 된다. 주인공 오뒷세우스는 계몽이 변증법적 전복의 역학에 갇히는 과정을 가시화시키는 구체적 매개다. 그는 무슨 일이 있어도 계몽을 포기할 수 없다. 집에 가야 하기 때문이다. 계몽을 포기하지 않는 주체가 전복의 결과를 다시 원상태로 돌리려고 계몽의 용기를 발휘하면, 전복은 계속되고 결국 환원구조가 완성된다. 포세이돈의 저주 때문에 대양 한가운데 갇혀 빠져나오지 못하는 신세를 벗어나 '전진'하기 위해 요정들의 힘에 굴복하는 영웅이 완성하는 구조다.

인류는 호메로스가 기원전에 구조화해낸 이 행동유형에서 한 발짝도 못 나오고 있다. 계몽을 한다면서 오뒷세우스가 키클롭스 동굴에서 펼친 불충분하기 짝이 없는 무용담만 답습하고 있기 때문이다. 그 알량한 승리에 도취해 우쭐대는 일마저 오뒷세우스를 본받아 생략하지 않는다. 합리적 노동이 끝나면, 그것이 어설플수록 계몽인은 거머쥔 승리에 기꺼워한다. 자아도취 상태에서 자신을 살게 해준 이름 '아무도 아닌'(Udeis)을 버리고 오뒷세우스라고 본명을 밝힌다. 한 인간의 삶에서 자기 보존과 정체성 유지는 서로 충돌한다. 우쭐한 기분을 타고 오뒷세우스라는 고유명사는 변증법의 역학에 갇힌 계몽의 운명을 상징하는 일반명사로 상승한다. 오만의 대가는 10년 세월이다.

오만은 계몽의 정신이 누리는 당연한 권리다. 이는 계몽정신에 내장된 최종 프로그램이다. 따라서 계몽주체는 그 치명적인 실수의 프로그램을 스스로 제거하지 못한다. 이런 사정은 정신이 대상을 분석하기 위해서는 그 대상에 굴복하는 단계를 먼저 거쳐야 하는 주체와 대상의 '불합리한' 관계에서 비롯된다. 분석이란 무엇보다도 주체가 볼 수 있는 상태로 대상을 설정했을 때 가능한 일이다. 두려움이든 열광이든, 심리적 동일화를 우선 먼저 제거해야 한다. 신화세계의 불가항력을 대하는 오뒷세우스는 불가항력을 극복 대상으로 만들기 위해 두려움에서 벗어나야 했다. 용감한 그는 물론 극복한다.

하지만 두려움을 제거하기 위해 오뒷세우스는 폴뤼페모스가 두려운 대상이라는 사실을 인정해야 하며, 더 나아가 두려움을 실존 위기로 받아들여야만 한다. 두렵지 않은 대상은 극복 대상이 아니다. 실존적 위해(危害)로부터 안전한 상태에 도달하기 위해 오뒷세우스는 폴뤼페모스의 눈을 멀게 했다. 두려움을 실존 위기로 받아들였다는 이야기다. 살아남은 자는 무엇보다도 두려움에서 해방되었다는 홀가분함에 쾌재를 부른다. 두려움의 극복은 살아남기 위한 굴종과 제압의 프로그램을 통해 달성된다. 주체와 객체는 언제나 이런 관계로만 맺어진다. 프로그램에 장애가 생기면 영원히 자연에 동화되고, 프로그램에 따라 객체를 제압하면 성공은 승리감으로 만끽된다. 예정된 프로그램에 따라 목숨을 유지했을 뿐인데, 살아남음을 승리로 인지하는 주체는 오만해진다.

계몽주체는 자신이 살아남기 위해 대상세계에 자행한 불경을 반성하지 못한다. 무조건적인 것(Das Unbedingte) 앞에서만 주체는 계몽의 도구들이 무모할 수 있음을 터득한다. 계몽의 도구들에 스스로 결박당해 몸부림쳐본 주체만이 인식의 결과가 계몽의 의도대로 구성되지 않음을 확인한다. 두뇌가 아닌 몸으로 인식의 결과를 확인한 주체는 자신을 상대화시킬 수 있다. 물론 무조건자의 도움을 받아서만 가능한 일이다.

세이렌의 노래

세이렌의 노래는 생산을 위한 사회적 노동에서 벗어난 또 다른 세계가 실재함을, 그 세계 역시 강압적 원리를 통해서만 인간에게 열림을 드러내는 상징이다. 오뒷세우스의 배는 세이렌 구역을 지나가면서 인간의 삶이 체계를 유지하기 위한 사회적 노동만이 아니라 사회관계를 넘어선 물자체의 세계가 요구하는 '무조건적인 것'도 감당해야 함을 일깨워주는 에피소드를 남겼다. 욕구의 무조건성은 인간적 '본능'이라는 양태로 사회현실에서 관철되면서 종족보존의 과업을 실현시키지만, 문명사회는 바로 그 실현과정을 노동과정에 일치시킨다. 특히 시민사회는 이 '무조건성의 강압'이 자연스럽게 인간적 처리 대상이 될 것이라는 천진난만함을 자랑하면서 일부일처제를 사회의 근간으로 도입했다. 21세기의 문명은 이러한 성적 계몽의 실패를 성폭력과 성매매의 창궐로 감당해야 하는 처지가 되었다.

'무조건자'의 강압이 인간적으로 '자연스럽게' 처리될 만한 사안이 아님을 세이렌 구역을 지나가는 오뒷세우스 일행은 우리에게 알려준다. 살아남기 위해 문명의 문법들을 도입한 오뒷세우스의 배는 노동조직과 사회구성을 통해 벌써 시민사회의 모델이 된다. 그런데 이 배가 그냥 살아남기 위해 세이렌 구역을 피해 돌아가지 않고 직접 그곳에 가서 '무조건자'와 조우한 것이다.

배에서 일어난 일은 무조건자의 실체를 해명해준다. 물론 계몽의 주체는 이 경우에도 살아남는다. 승리하는 것이다. 하지만 승리의 결과는 달랐다. 오뒷세우스는 외눈박이와 벌인 대결에서 이겨 승리감에 한껏 도취해 오만해질 수 있었다. 계몽의 주체로서 대상을 객체로 추락시키고 제압했던 것이다. 세이렌과 벌인 대결은 살아남기 위해 고통을 온몸에 쓰는 결과를 남긴다. 겉으로는 물론 의기양양할 수 있다. 하지만 마음으로는 노래의 실체를 받아들이지 않을 수 없다. 고통의 기억은 지워지지 않는다. 고통을 통해 분석과는 다른 차원의 세계가 인간의 마음에 열리는 것이다. 고통은 무조건자로 향하는 열쇠다.

이런 열쇠를 얻기 위해 오뒷세우스는 계몽의 조건을 분석하는 데서 한 발 더 나아가야 했다. 계몽의 결과가 신화세계의 동화라는 반계몽이 되지 않도록 해야 한다는 요구사항이 하나 더 보태졌기 때문이다. 이 새로운 필요 앞에서 오뒷세우스는 분석의 결과를 현실에서 실행시킬 조건들을 변경한다. 아름다운 노래에 매혹된다는 것은 밖에서 울려퍼지는 노랫소리를 들은 주체가 두뇌의 인식활동 결과를 개념으로 내보내지 않고 내면의 쾌감으로 반응시켰다는 이야기다. 그런데 세이렌의 노래는 인식활동의 결과를 내면에 반응시키자 주체가 인식의 조건인 시공간을 벗어나 대상에 동화되어 들어가는 사태를 초래하는 경우다. 감상의 조건인 감각기관들을 무력화시킬 만큼 인식구성의 결과가 치명적인 쾌를 불러일으키는 노래였던 것이다.

오뒷세우스는 '아름다움'이라는 인식의 구성과정과 그 구성의 결과인 쾌를 분리시킨다. 외부 대상을 수용하는 감성능력을 그 감성능력이 귀속되는 몸으로부터 분리시켜낸 것이다. 과감한 시도다. 주인인 오뒷세우스는 수용하고, 수용결과 내면에서 일어나는 반응은 다른 일행이 감당하도록 했다. 수용자의 내적 반응을 수용자인 오뒷세우스에게서 박탈하는 조치가 취해져야 했다. 감성능력을 실행시킬 수 있는 조건을 마련해주고는 수용결과를 차단하기 위해 그의 몸을 돛대에 묶는다. 인식구성의 결과인 몸을 유지하는 역할이 배정된 부하들은 귀를 막아 외부 대상의 수용가능성을 차단한다. 인식과정이 원천적으로 봉쇄되는 것이다.

세이렌 구역을 지나가는 오뒷세우스 일행은 '노래를 듣는' 인식과정을 노동분업으로 탈바꿈시킨다. 노동으로 바뀐 인식은 더 이상 인식이 아니다. '아름답다'는 인식은 구성되지 않았다. 감각기관을 열어둔 사람은 수용의 결과를 반응시킬 내면을 자유롭게 유지하지 못해 인식구성에서 실패하고, 구성의 결과를 감당하는 과제를 받은 일행은 오뒷세우스의 몸을 지배했을 뿐이다. 결국 누구도 세이렌의 노래를 듣지 못했다. 그런 치명적인 노래가 존재한다는 '사실에 대한 인식'만 있다. 이는 오뒷세우스의 내면에 고통으로 남았다. 고통은 탈주술화된 아름다움이다. 오뒷세우스 일행은 이 탈주술화 과정을 담당했다.

문명인은 예술의 존재와 역할에 대해 '안다'. 예술의 '사로잡힘'은 원래는 신화세계의 일부였다. 예술은 사로잡히는 그 순간의 세속화를 표방하지만, 문명세상에서 계몽의 한계 밖에 또 다른 세계가 존재한다는 사실을 일깨워주는 '치명적인' 매력을 발휘하고 있지는 못하다. 노동이 된 예술이 있을 뿐이다. 매력이 줄어들면, 그만큼 더 노동의 고단함만 뇌리에 남는다. 고단함이 아닌 치명적인 매력이 불러일으키는 고통을 사회화시키는 예술은 드물다.

안티테제로서의 예술

비물질을 제압하는 과학주의

세이렌 구역을 지나가기 위해 자신의 몸을 돛대에 묶는 오뒷세우스. 노래하는 요정들과 배를 탄 항해자 일행이 만나는 이 '사건'을 시민사회에서 계몽과 예술이 맺는 관계에 대한 예시로 읽는 독법은 어느덧 하나의 전통이 되었다. 뭇사람의 상상력을 자극하는 이 탁월한 알레고리가 해석되어온 역사는 곧바로 시민사회에서 예술이 점한 위상의 변화를 기록하는 것이 된다.

이 사건을 예술에 대한 알레고리로 만드는 첫째 요인은 만남의 '개별성'에 있다. 노래가 들리는 구역을 통과하는 항해는 집단적 사건이지만 세이렌의 노래를 듣는 사람은 지휘관 혼자인 것으로 설정되어 있는 까닭이다. 시민사회에서 개별적인 사건이 발생하는 바로 그 모델이다. 개별성 실현의 전제조건으로 집단성을 요청한다는 점에서 그렇다. 귀를 막고 노를 저어야 하는 무리가 없다면 아무리 용맹과 지략이 뛰어난 지휘관이라도 노래를 듣는 기회를 갖지 못한다. 시민사회 구성의 전제인 시민적 개별성이 어떤 조건에서 실현되는지를 보여주는 사건이 아닐 수 없다. 타고난 오성을 사용할 용기를 발휘해 자기 삶의 주인이

된 개화시민 오뒷세우스는 항해 가운데 매번 자연력을 제어하고 살아남는다.

살아서 집으로 돌아가야 하기 때문에 이 시민적 주체는 '요정의 노래' 역시 살아남기 위해 제어해야 할 대상으로 만난다. 그런데 이번에 만나는 대상은 약간 독특하다. 들어야만 하는 '노래'가 오성으로 제어하는 인간적 처분권의 범위에 들지 않는 자연력인 것이다. 그래서 만남의 성격이 처음 지녔던 개별성을 넘어서게 된다. 불가항력의 대상을 만나기 때문이다. 노래를 들으면 몸이 따라간다. 이런 불가항력은 필연이다. '무조건적인 것', 물자체다. 비록 개별적인 만남이지만 만나야 할 대상이 물자체인 까닭에 이 '사건'에서의 만남은 보편성을 띠게 된다. 이처럼 보편성을 흡수하는 개별성은 '특수'로 상승한다. 특수는 예술의 영역이다. 개별에서 특수로의 상승 ─ 개별적인 사건이 예술작품으로 ─ 이 일어나는 순간이다.

이 사건을 예술에 대한 알레고리로 읽을 수 있게 하는 또 다른 요인은 자기 삶의 주인이 되겠다고 천명한 오뒷세우스가 제어해야 할 대상이 '노래'와 같은 비물질이라는 사실이다. 성난 파도, 사람 잡아먹는 괴물이 접촉의 흔적을 남기는 것이 아니다. 노래라는 가상(der Schein)이 독특한 작용을 한다. 노래를 들은 사람은 듣기 전과 들은 후가 같은 사람일 수 없다. 오뒷세우스는 노래를 따라가지 않아 몸은 보전할 수 있었다.

하지만 노래를 들은 까닭에 치명적인 노래의 존재를 인지했고, 듣는 동안 '무조건적 필연'에 저항하느라 겪은 '고통'을 몸에 고스란히 새긴다. 몸이 기억하는 고통이 예술이다. 예술은 현실에 그대로 이전시킬 수는 없지만 인간에게 숙명적인 사건에 대한 고통스런 기억을 표상가능한 양태로 주조해 현실세계에 불러낸다. 표상은 가능하나 현실에서 구체적으로 실현될 수는 없는 가상의 세계가 열린다.

삶의 욕구와 노동분업

지난 시기 한국의 예술담론은 세이렌의 노래를 예술과 계몽의 짜임관계에 위치한 알레고리에서 이탈시켜 '리얼한' 현실관계에 긴박시켰다. 주인은 노래를 즐기고 노 젓는 수행원들은 즐김의 가능성을 원천적으로 박탈당한 채 노동해야만 했다는 해석은 자본주의가 강요하는 부당한 노동분업을 서사시에 등장하는 '사건'에 그대로 투영한 것이다. 이러한 투사는 현실의 부당함을 고발하는 효과를 낳는다. 부당함을 지적한다는 의미에서의 사회비판은 지난 시기 한국에서 예술을 창작하고 수용하는 이론적 토대였다. 상당기간 동안 이른바 '한국적' 리얼리즘이 예술론 일반으로 받아들여졌다. 이는 여러 요인이 복합적으로 작용한 결과였으며, 리얼리즘 역시 예술론의 한 경향인 것은 분명하다.

하지만 리얼리즘이 예술을 이해하는 출발점으로 받아들여지거나 보편이론으로 상정된다면, 예술에 대한 이해는 매우 협소해질 것이다. 아울러 예술론 자체의 파행도 불가피하다. 그래서 '감정의 리얼리즘' '진정한 의미에서의 리얼리즘'이라는 조어가 등장할 수밖에 없었다. 리얼리즘의 원리에서 많이 벗어나는 예술작품을 계속 리얼리즘이라는 기존의 틀에 담으려고 하면서 그사이 부쩍 넓어진 외연을 부가어로 감당하려 노력했기 때문이다.

자본주의 노동분업이 매우 정당하지 못함을 지적하는 예술은 좀더 나은 사회를 구성하려는 계몽의 기획에 부응하는 것일까? 예술이 사회비판의 선봉에서 예리한 칼날로 새로운 사회구성을 위한 전망을 열어가는 역할을 수행할 필요가 있었던 시절이 있었다. 새로움을 가로막는 낡은 세력이 현실권력을 쥐고 있음으로써 그 구태를 '보수반동'으로 개념화하는 일이 가능했던 때다. 새로움을 위해 낡음을 제거해야 하는 구도에서는 비판의 대상이 구체적인 집단으로 구성될 수 있다. 이러한 의미에서 사회비판이 요청되는 시기라면 여기에 동참함으로써 예술도 제 몫을 다해야 할 것이다. 하지만 낡음과 새로움이 구체적인 집단으로 귀속되기보다는 개인의 삶 속으로 파고들어와 있는 현재, 예술은 새로운 과제를 담당해야 한다. 사회비판의 필요성이야 여전하지만, 비판만으로 구태가 제거되고 새로움이 힘을 얻는다고 할 수 없는 상황이기 때문이다. 민주화를 '위해서' 헌신하는 일만큼 스스로를 민주시민으로 '구성하는' 일이 얼마나 고단한지, 이제 모두에게 자명해진 터다.

세이렌 알레고리를 노동분업의 사회현실에 투사해 사회과학 담론으로 형질변형시키는 작업은 예술의 가능성을 제한한다. 예술은 시민사회 구성의 핵심원리인 '개별성'에 주목할 수 있는 요인을 갖는다는 점에서 사회과학과 다르다. 그리고 이 차별성 때문에 더 큰 가능성을 갖는다. 개별적인 사건이지만 그 개별성을 실현시키는 조건은 집단이라는 사실을 환기시킴으로써 예술은 시민사회구성의 본질적인 문제에 파고들 수 있다.

80년대에 등장해 한국사회에서 여전히 문학을 이해하는 준거로 받아들여지고 있는 한국적 리얼리즘은 문학과 예술의 사회과학화를 초래했다. 90년대 이후 문학의 존립기반이 허약해진 원인 가운데 하나다. 이제는 부당한 노동분업이 발생할 수밖에 없는 까닭, 한마디로 문명과 시민사회의 근본전제를 들여다볼 필요가 있다. 오뒷세우스와 수행원들의 분업은 임의선택이 아니다. 타고난 능력을 그런 방식으로 배치하라는 지시는 자연에게서 직접 나왔다. 살고 싶으면 듣는 일을 듣는 신체기관과 분리하라는 자연의 명령이었던 것이다.

무조건적인 것은 인식 차원에 국한되는 일이 아니라 삶의 깊은 욕구와 관련되는 영역의 일이다. 이는 분석적 계몽의 대상이 아니다. 돛대에 묶인 오뒷세우스의 몸은 자연과 계몽의 균형을 지시한다. 세이렌 구역을 통과하는 오뒷세우스의 배는 대상으로 다가오는 자연력을 외적으로 극복하지 않는다. 지휘관은 몸을 결박함으로써 무조건적인 것의 존재를 인정한다. 인정함으로써 자신들이 어떻게 그 구역을 통과하는지를 '의식'

하는 기회를 갖는다. 주인의 몸을 묶고 지나가는 오뒷세우스의 배는 사회가 자연력과 관계하는 방식 자체를 드러낸다. 외부자연을 지배하기 위한 사회적 노동분업은 구성원의 내부자연 지배를 토대로 작동됨을 명시한다. 외부자연 지배와 내부자연 지배. 시민사회구성을 위해서는 이 둘 모두가 요청된다.

시민적 개인은 어디서 오는가

그리스 고전비극은 인류 문명사에서 예술이라는 가상의 세계가 발생하는 가장 초기단계의 산물이다. 형식적인 세련화는 물론 인용을 비롯한 재지시와 자기 지시로 뒤범벅되기 이전의 작품들인 까닭에 비극성 자체를 구성하는 요인들이 원래 모습 그대로 아직 남아 있다. 고전비극의 비극성에는 날것의 섬뜩함이 여전하다. 섬뜩한 비극성은 이질적인 두 요인들의 결합에서 분출된다.

아리스토텔레스는 『시학』에서 고전비극의 사회적 효용을 카타르시스 효과에서 찾는다. 그의 논증에 따르면 카타르시스를 일으키는 작품의 비극성은 공동체의 질서와 개인운명의 예측불가능성이라는 두 요인의 '고전적' 결합에 근거하고 있다. 개인적으로 감당하기 어려운 운명의 가혹함이 무대 위에서 주인공에 의해 '감당'됨으로써 사회구성 너머의 필연(가혹한 운명)이 사회관계 내부로 끌어들여진다.

그런데 무대 위에서 오이디푸스(Oedipus)가 스스로 눈을 찔러 감당한 그의 운명은 현실에서는 실현되면 안 되는 금기로서 공동체 구성원칙 바깥에 놓인 사안이다. 이러한 운명을 감당하는 주인공의 파멸은 필연에 대한 표상이 현실에서 객관 대상으로 실현될 수 없음을 확정한다. 주인공의 파멸은 관객에게 안도감을 선사한다. 공동체의 질서를 거스르는 운명이 공동체의 현실로 이전되지 않음을 확인하기 때문이다. 그런 운명에 대한 '표상'만 무대 위의 가혹한 줄거리(가상)로 제시될 뿐인 것이다.

연극을 본 관객의 안도감은 운명의 가혹함에 몰입했다가 주인공의 추락과 함께 심리적 동일화에서 벗어나 자신은 객석에서 관람하고 있는 평범한 시민에 불과하다는 자각을 불러일으킨다. 이렇듯 '감정의 환기와 정화'는 관객을 객석에 고정시킨다. 이런 견지에서 고전비극이 사회통합적 효과를 발휘하고 현상유지에 기여했다는 지적을 할 수 있을 것이다. 여기서 고전비극의 정치적 보수성을 간파하고 격렬하게 논박한 대표적인 이론가가 브레히트다.

아리스토텔레스의 비극론은 비극성을 구성하는 이중의 요인들이 관객의 내면으로 이전된 결과로 부정적 감정이 제거됨을 논증한다. 과도해서 불편해진 감정의 제거를 통해 비극은 주체의 내면을 새롭게 통합시킨다. 이러한 아리스토텔레스의 카타르시스론은 이른바 '야만의 시대'를 뒤로하고 민주주의 사회구성체를 이룩한 고대 그리스 시민사회의 자부심과도 관련되어 있다고 할 수 있다. 감정이입 계기를 활용해 공동체의 질서유지에 기여하는 측면을 비극론의 핵심으로 부각시키고 있기 때문이다.

반면 레싱(Gotthold Ephraim Lessing)의 시민비극론은 비극의 감정이입 효과를 기존질서의 재구성 과정에 소환한다. 시민비극은 무대 위에서 벌어지는 비극적 사건에 공감한 관객들을 객석에 묶어놓지 않는다. 일어나 세상에 나가서 무대 위에서 당한 비극적 사건의 주인공과 같은 처지의 사람들을 찾아 연대하기를 촉구한다. 레싱은 카타르시스(감정의 정화)란 '정열을 덕행의 능력으로 변환하는 것'[4]이라고 재해석했다. 이런 견지에서 '감정이입' 계기 자체의 이데올로기적 편향을 논하는 일은 무의미

---

4) 고트홀트 에프라임 레싱, 윤도중 옮김, 『함부르크 연극론』, (서울: 지식을 만드는 지식, 2009), 106쪽.

하다고 할 수 있다. 아리스토텔레스와는 반대로 레싱의 작품에서는 감정이입이 혁명적인 효과를 노리기 때문이다.

감정이입을 둘러싼 논의는 관객이 자신의 현실을 잊고 몰입해야 할 감정이 어떤 성질의 것인지를 논구하는 방향에서 진행되었을 때 유의미하다. 아리스토텔레스의 경우, 운명의 가혹함은 문명화 과정 이전 단계의 혼돈과 관련되어 있다. 레싱의 시민비극은 신분제 사회의 극복을 지향한다. 문명화 단계 내부에서의 이동과 관련된 사안인 것이다. 레싱은 비극이 카타르시스 효과를 통해 관객을 정서적으로 동요시킬 수 있음에 주목했다.

따라서 그에게는 '감정의 환기와 정화'에서 어떤 감정에 몰입할 것인가를 '구분'하는 능력이 관건이다. 관객의 시민적 정체성 강화가 시민비극의 목적이므로 감정이입으로 공감할 수 있는 감정, 바로 '시민적 감정'을 불러일으켜야 한다. 눈물샘을 자극하는 이른바 '멜로드라마'가 시민비극의 중요한 공연목록에 오르는 까닭이다.

멜로드라마는 가능한 많은 이의 공감을 불러일으켜야 한다는 견지에서 시민층 출신의 순결한 여성이 도덕적으로 타락한 귀족남성과 사랑에 빠지는 줄거리가 대다수를 차지했다. 사실 오늘날의 관점에서 보아도 '시민적 순결함'과 '귀족적 여유로움'의 결합은 매력적인 소재다. 따라서 그 '소망스런' 관계가 파탄에 이르게 되는 까닭이 귀족의 무책임함 또는 도덕적 결함에 있음을 보여준다면, 관객은 신분제 질서에 대해 저항하는 마음을 갖게 될 것이다. 관객은 파멸하는 여인의 도덕적 순결성에 동감을 보냈다. 시민비극에서 비극성의 핵심은 시민관객과 동질성을 확보하는 데 있었다.

브레히트는 부르주아 혁명 다음 단계로 설정된 프롤레타리아 혁명을 위한 연극을 구상했다. 시민적 일상에 젖어 있는 관객을 각성시켜 혁명적 대의에 동참하도록 하는 것이 목적이었다. 브레히트 역시 아리스토텔레스의 비극론과 갑론을박하지 않을 수 없었다. 이 과정에서 브레히트는 아리스토텔레스 비극론이 누려온 권위를 박탈했다. 이는 필요한 작업이었다. 시민비극과도 갑론을박을 벌였다. 레싱으로부터는 관객을 존재이전시킨다는 목적만 취했다. 감정이입의 방법론은 거부했다.

브레히트는 이러한 논점들을 중심으로 '비아리스토텔레스 극'을 구상했다. 그런데 브레히트가 독창성을 발휘해 제시한 '비아리스토텔레스 극'은 무대 위에 제시된 사건진행과 부당한 일을 당하는 주인공에 대한 감정이입을 극에서 제거하는 데 머물지 않는다. 그가 구성하는 새로운 극이론의 요체는 정서적 요인 자체를 연극에서 추방하는 데 있다. 브레히트의 서사극에는 과학주의적 편향이 짙게 배어 있다.

아리스토텔레스 극이론 전통을 새 시대를 견인할 동력으로 활용하려 한 레싱의 시민비극론은 이제 과거의 일로 역사화시켜도 무방할 것이다. 현재 우리는 문명화 과정 전반에 대한 반성을 요청받고 있다고 여겨지기 때문이다. 시민사회 다음에 도래해야 할 사회구성체를 구상하기 위해서라도 일단 먼저 문명의 성격에 대한 이해를 새롭게 할 필요가 있다. 이러한 태도가 지난 시기의 변혁론, 인류에게 엄청난 부담을 지웠던 변혁을 겪은 후 우리에게 요청되는 바일 것이다. 신분제 사회에서 시민사회로 진입하는 것과 같은 문명화 과정 내부에서의 단계이동은 더 이상 관건이 아니다. 문명 자체를 위기상황으로 빠뜨릴 수 있는 21세기 문명사회를 사는 우리는 오히려 문명 발생의 초창기로 돌아가볼 필요가 있다.

레싱이나 브레히트와는 달리 니체(Friedrich Nietzsche)는 연극작품 창작의 관심을 배제한 상태에서 그리스 비극을 연구했다. 따라서 '공연을 위한 재해석'이라는 유용성의 관점에서 벗어나 온전하게 비극성 그 자체에 집중할 수 있었던바, 여기서 우리는 오랫동안 익숙하게 통용되어온 연극예술의 특정관행과 단절하고 새로운 연극으로 발전하는 데 필요한 자극을 호출해낼 수 있다.

자기 파괴의 전율

니체 역시 고전비극의 비극성이 이질적인 두 요인의 결합에서 분출한다고 보았다. 고전비극을 당대에 분석한 아리스토텔레스와 동원하는 개념은 다르지만 개념의 내포는 서로 상응하는 짜임관계를 이루고 있다. 니체의 '아폴론적인 것'은 공동체의 질서유지 의지에 해당하고, '디오니소스적인 것'은 사회구성 원리 바깥의 원초적 무질서를 지시한다. 하지만 개념을 바꾸는 작업은 사안을 대하는 관점이 이동했음을 명시하기 위해서이기도 하다. '불가해한 운명'과 '공동체 속에서의 삶'이라는 방식으로 내포가 이원화된 상태에서 이제까지 비극적 결합은 극주인공의 몰락과 관객의 카타르시스라는 관계의 역동성에 국한되는 것으로 이해되었다.

니체는 비극성이 카타르시스의 역동성에 의해 기존질서를 강화하는 방식으로 수용되도록 한 아리스토텔레스의 권위를 거부하고[5] 아폴론과 디오니소스라는 신화적인 소재를 차용해 개념을 구성함으로써 문명발생의 계보학을 출발지점까지 역추적할 수 있는 가능성을 열었다. 그리고 실제로 니체가 '아폴론적인 것'과 '디오니소스적인 것'이라는 개념을 구성하는 과정은 예술이 현상계 너머의 물자체와 '직접' 관여하는 영역임을 뚜렷하게 보여준다. 니체는 이 쌍개념을 자연과 관계하는 방식에서만 차이가 날 뿐 같은 것에서 비롯되는 두 양태로 자리매김시켰다.

아폴론적인 것은 인간이 개인으로 되는 원리다.

"태산 같은 파도를 올렸다 내리면서 사방으로 끝없이 펼쳐진 채 포

---

5) "경악과 동감에서 벗어나기 위해서, 아니면 격정을 격렬하게 방출시킴으로써 위험한 격정으로부터 스스로를 정화하기 위해서가 아니다. 아리스토텔레스는 이렇게 이해했지만……." Friedrich Nietzsche, *Götzen-Dämmerung*, Sämtliche Werke, Kritische Studienausgabe in 15 Bänden, KSA 6, (Berlin: Walter de Gruyter, 1988), p.160.

효하는 광란의 바다 위에 뱃사람 하나가 자신이 탄 보잘것없는 조각
배를 믿고 의지하면서 그것 안에 앉아 있는 것처럼, 고통의 세계 한
가운데에 인간 개개인은 개별화의 원리를 믿고 의지하면서 고요히
앉아 있다." 그 원리에 사로잡혀 있는 자가 그것을 굳건히 신뢰하면
서 고요히 앉아 있는 자세가 아폴론의 형상에 가장 숭고하게 표현되
어 있다고 말할 수 있다. 그리고 우리들은 아폴론을 개별화의 원리
를 상징하는 장려한 신상이라고까지 불러도 좋을 것이다.[6)]

디오니소스적인 것은 개별화 원리가 관철되기 이전, 모든 것이 하나인
원초적 상태를 지시한다.

디오니소스적인 것의 마력 아래서는 인간과 인간의 결합만이 다시
회복되는 것이 아니다. 소외되고 적대시되어왔거나 억압되어온 자
연도 자신의 잃어버린 탕아인 인간과 다시 화해의 축제를 벌이게 된
다. 대지는 자신의 선물들을 보내고 암벽과 사막의 맹수들은 온순하
게 다가온다.(Nietzsche, p.29; 2007, 60쪽.)

사회질서와 '무조건적인 것'으로서의 자연이 결합하는 세 번째 방식
인 '비극적인 것'은 아폴론적인 것과 디오니소스적인 것이라는 개념을
통과하면서 극복의 역동성에서 벗어난다. 배제가 아닌 동시공존의 내적
결합으로 이질성은 또 다른, 제3의 차원을 연다. 비극성은 새로운 세계
에 대한 표상이 된다.

---

6) Friedrich Nietzsche, *Die Geburt der Tragödie*, Sämtliche Werke, Kritische
Studienausgabe in 15 Bänden, KSA 1, (Berlin: Walter de Gruyter, 1988), p.28;
프리드리히 니체, 박찬국 옮김, 『비극의 탄생』, (서울: 아카넷, 2007), 57~58쪽.

이 화해의 순간이야말로 그리스인들의 신들에 대한 숭배의 역사에서 가장 중대한 순간이다. 우리가 어디를 바라보아도 이 사건이 야기한 엄청난 변화들이 눈에 띈다. 이 화해는 두 적수들의 화해였으며 이 적수들은 앞으로 지켜야 할 경계선을 예리하게 그었고 주기적으로 공물을 교환했다. 근본적으로 둘 사이의 간격은 메워지지 않았다. ……이러한 디오니소스적 광란에서 비로소 자연은 예술적 환희에 도달하며, 그것에서 비로소 개별화의 원리의 파기가 예술적 현상이 된다. 음욕과 잔인성으로 이루어진 저 혐오스러운 마녀의 술은 여기서는 아무런 효력을 갖지 못하게 된다. 단지 디오니소스적인 열광자들의 정념에 깃든 경이로운 혼합과 이중성만이 마녀의 술을 상기시킬 뿐이다.

……마치 자연이 여러 개체로 분열되는 것을 탄식하는 것처럼 저 그리스적인 축제에서는 자연의 감상적인 측면이 터져 나오는 것이다.

(Nietzsche, pp.32~33; 2007, 66~67쪽.)

"개별화 원리의 파기가 예술적 현상"이 되는 순간의 비극성은 아폴론적 질서나 디오니소스적 열광에서 분출되지 않는다. 비극성은 개별화의 근원을 일별한 개체의 전율에서 비롯된다. 그런데 이 개별화 원리에 의지해서만 인간은 현실에서 자신의 존재를 실현시킬 수 있다. 아폴론적 원리로 자기 구성을 끝낸 개체는 디오니소스적 원리의 마력에 이끌려 몰락의 순간을 맞는다.

니체의 쌍개념은 자기 존립의 원리를 파기했을 때만 존재의 근원인 자연을 들여다볼 수 있다는 인간존재의 환원성을 언어화한다. 자연에서 문명으로 넘어오면서 자기 존재의 기반, 즉 자연을 파괴할 수밖에 없는 인간이 이 자기 파괴 과정을 전율 없이 들여다볼 수는 없다. 비극은 개별화를 통해 자기 구성을 해야 하는 인간이 스스로 자행한 파괴를 망각하지 않도록 한다.

> 따라서 주신찬가를 부르는 디오니소스의 숭배자들은 그와 동류의 인간들에 의해서만 이해된다! 아폴론적 그리스인은 얼마나 놀란 눈으로 그들을 바라보았던가!
> 이 놀라움은 저 모든 것이 원래는 자신에게 낯선 것이 아니고 자신의 아폴론적인 의식이 하나의 베일처럼 이 디오니소스적 세계를 은폐하고 있을 뿐이라는 소름 끼치는 두려움이 스며들 때 더욱 커졌다.(Nietzsche, p.34; 2007, 69~70쪽.)

평소 은폐하고 사는 디오니소스적 세계를 비극은 강렬한 정서적 반응을 매개로 아폴론적 개별화에 갇혀 있는 인간에게 환기시키려 한다. 디오니소스적 세계의 망각은 인간존재를 유한성에 가둔다. 개체의 차원을 넘어서는 '영원한 생명'의 세계를 일별하기 위해서는 개체로 구성된 현재를 와해시키는 충격이 외부에서 가해질 필요가 있다. 이러한 생명의 충동은 형이상학적 기쁨을 가져다준다. 비극은 형이상학적 기쁨을 관객에게 선사하는 예술이다.

> 디오니소스적 예술이야말로 말하자면 개별화의 원리 배후에 있는 저 전능의 의지를 표현하는 예술, 모든 현상의 피안에 존재하며 어떠한 파멸에도 굴하지 않는 영원한 생명을 표현하는 예술이다.
> 비극적인 것에 대해 우리가 형이상학적 기쁨을 느끼는 것은 본능적으로 무의식적인 디오니소스적 지혜가 형상의 언어로 번역되어 있기 때문이다. 의지의 최고 현상인 비극의 주인공이 파멸되는 것을 보면서 우리는 쾌감을 느낀다. 왜냐하면 주인공은 단지 현상일 뿐이며 주인공이 파멸한다고 해서 의지의 영원한 생명이 손상되

지는 않기 때문이다.(Nietzsche, p.108; 2007, 205쪽.)

비극이 인간에게 선사하는 형이상학적 기쁨은 비극예술이 가상이라는 속성에서 비롯된다. 문명인은 비극의 줄거리가 작가가 꾸며낸 '허구'라는 사실을 안다. 그럼에도 기꺼이 그 허구에 몰두한다. 형이상학적 기쁨을 알기 때문이다. 서울의 명동극장에서 『오이디푸스 왕』이 공연되면, 심지어 여러 번 보러 가는 사람도 있다. 주인공을 연기하는 배우에 따라 달라지는 차이를 가려가면서 보기까지 한다. 형이상학적 기쁨인 탓에 경험적 만족은 물림을 모른다.

세이렌의 침묵과 욕설

20세기는 문명화 과정에서 과학주의가 승리를 거둔 세기로 기록된다. 원자탄 발명과 사용에서 단적으로 드러나듯이 이 시기에 발생한 세계대전은 이전의 전쟁과 '질적으로' 다른 파괴수단을 동원했다. 또 세계대전 자체가 자본주의 세계체제의 재정비 과정에 맞물린 충돌로서 궁극적으로는 과학적 진보와 깊이 관련되어 있는 현상이다. 20세기는 생산력의 비약적 발전에 따른 구조적 변화의 필요성에서 비롯되는 다양한 사건들로 점철되었다. 21세기에 들어선 인류는 이러한 20세기의 역사진행을 뚜렷이 기억한다. 과학주의는 오늘날 우리에게 만만치 않은 도전이다.

자본주의적 생산관계의 부작용과 모순, 환경파괴 등을 비롯해 인류문명을 근본적으로 재검토할 필요성은 수두룩하다. 하지만 아울러 동시에 이러한 문명비판적 사유를 가능하게 하는 잠재력 역시 과학주의에 뿌리를 두고 있음도 사실이다. 과학주의에 대한 비판 역시 인류의 지적 발전의 소산임을 부인할 수 없다. 과학주의의 진전은 예술분

야에서도 분명한 흔적을 남겼다. 20세기를 대표하는 작가 카프카와 브레히트는 자신의 예술관을 세이렌 알레고리를 해석하는 가운데 드러냈는데, 여기서 우리는 과학주의가 예술가의 의식에 침윤되는 과정을 확인할 수 있다.

개명한 시대에 신화적 전승을 그대로 믿는 태도는 한마디로 우스꽝스러운 일이다. 그런데 과학주의란 신화적 전승을 믿지 않고 그것을 그냥 신화 상태로 두는 태도를 넘어서는 것을 말한다. 과학주의란 세상만물은 모두 분석할 수 있다는 신념을 말한다. 따라서 신화도 분석 대상으로 삼는다. 카프카 역시 이 치명적인 '사건'을 분석한다. 하지만 '한계지점'에 봉착하자 분석을 멈춘다. 세이렌이 노래를 부르는 대신 침묵했다는 카프카의 재구성은 신화의 요령부득함을 중심에 놓고 자신의 생각을 바꾸어보는 시도다. 그러자 예술의 미메시스가 승리를 거둔다.

> 자연을 지배하는 정신에 대한 부정을 의미하는 예술작품의 정신은 정신으로서 등장하지 않는다. 예술작품의 정신은 정신에 대립되는 것에서, 소재성에서 불붙는다. ……예술 속에서 정신이 스스로를 내던지는 행위를 하는 그 지점에서 예술은 자신을 구제하는 무언가를 갖게 된다.[7]

카프카의 창작원리를 아도르노의 언어로 정리하면 '어리석음'(das Alberne)이다. 어리석음이 과학주의를 극복한다.

---

7) Theodor W. Adorno, *Ästhetische Theorie*, (Frankfurt am Main: Suhrkamp, 1990), p.180; 테오도르 W. 아도르노, 미학이론, 홍승용 옮김 (서울: 문학과지성사, 1997), 191쪽.

프란츠 카프카

구성가능성과 불가능성의 경계를 지우는 세이렌의 침묵

세이렌의 침묵[8]

미흡한, 아니 유치하기까지 한 수단들도 구원에 도움이 될 수 있다는 것에 대한 증명.

세이렌으로부터 자신을 지키기 위해 오뒷세우스는 귀에 밀랍을 틀어막고 자신을 돛대에 단단히 묶게 했다. 물론 예전부터 여행객이라면 누구나 그와 비슷한 것을 행할 수 있었을 것이다. 멀리로부터 이미 세이렌에게 유혹당했던 사람들을 제외하고는.

그러나 이런 것이 아무런 도움이 될 수 없었다는 것은 온 세상이 다 아는 일이다. 세이렌의 노래는 무엇이든 다 뚫고 들어가니 유혹당한 자들의 격정은 사슬이나 돛대보다 더한 것이라도 깨뜨렸을 것이다. 그러나 오뒷세우스는 그런 이야기를 들었을 텐데도 그 점을 생각하지 않았다. 그는 한 줌의 밀랍과 한 다발의 사슬을 완벽하게 믿었고, 작은 도구에 대한 순진한 기쁨에 차서 세이렌을 마주 향해 나아갔던 것이다.

그런데 세이렌은 노래보다 더 무서운 무기를 가지고 있었다. 그것은 침묵이다. 그런 일이 사실 없었기는 하나, 누군가가 혹 그녀들의 노래로부터 구조되었으리라는 것은 아마도 생각해볼 수 있는 일이지만, 그녀들의 침묵으로부터는 분명 그렇지 못하다. 자신의 힘으로 그녀들을 이겼다는 느낌. 거기서 오는, 모든 것을 쓸어낼 수 있다는 자만심에는 이 지상의 그 무엇도 맞설 수 없을 것이다.

---

8) Franz Kafka, *Das Schweigen der Sirenen*, Sämltiche Erzählungen, Hrsg. von Paul Raabe, (Frankfurt am Main: Fischer, 1970), p.304; 프란츠 카프카, 이주동 옮김, 「세이렌의 침묵」, 『카프카 전집 1』, (서울: 솔, 2003), 574쪽에서 인용하면서 필자가 가필함.

그리고 실제로 오뒷세우스가 왔을 때 그 강력한 가희(歌姬)들은 노래를 부르지 않았다. 그들이 이 적에게는 오직 침묵만이 해를 가할 수 있을 것이라고 믿었기 때문인지, 밀랍과 사슬 이외에는 아무것도 생각하지 않는 오뒷세우스의 기쁨에 넘치는 얼굴이 그녀들로 하여금 모든 노래를 잊게 했던 것인지는 알 수 없다.

그러나 표현을 하자면, 오뒷세우스는 그들의 침묵을 듣지 않고, 그들이 노래를 부르고는 있지만 그가 단지 그것을 듣는 것으로부터 보호받고 있는 거라고 믿었다. 얼핏 그는 우선 그들의 고개 돌림, 깊은 호흡, 눈물이 가득한 눈, 반쯤 열린 입을 보았다. 그런데 그것이 들리지 않게 자기 주위를 감돌며 사라지는 아리아의 일부라고 믿었다.

그러나 곧 그 모든 것은 그의 먼 곳을 향한 시선에서 미끄러져 사라져버렸다. 세이렌들은 그야말로 그의 단호함 앞에서 사라져버렸고, 그가 바로 그들 가까이에 갔을 때는 그녀들에 대해서 더 이상 아무것도 아는 바가 없었다.

그러나 그녀들은 ─ 그 어느 때보다도 더 아름답게 ─ 몸을 펴고 돌았으며, 그 섬뜩한 머리카락을 온통 바람결에 나부끼게 했고 바위 위에서 발톱을 한껏 드러내놓고 힘을 주고 있었다. 그들은 더 이상 유혹하려 하지 않았다. 다만 오뒷세우스의 커다란 눈이 뿜는 빛을 될 수 있는 한 오랫동안 놓치지 않으려고 했다.

세이렌들이 의식을 지니고 있었더라면, 그녀들은 그때 파멸되었을지 모른다. 그러나 그녀들은 그렇게 언제까지나 머물러 있었고, 단지 오뒷세우스만이 그녀들로부터 벗어나게 되었다.

그 이외에도 여기에 대해 한 가지 참고사항이 전해 내려오고 있다. 오뒷세우스는 워낙 꾀가 많아 운명의 여신조차 그의 가장 깊은 마음을 꿰뚫을 수 없을 만큼 여우 같은 사람이었다고 한다. 어쩌면 그는, 인간의 오성으로는 알 도리가 없으나, 세이렌들이 침묵했다는 것을 정말로 알아차렸을 것이다. 그래서 그는 그녀들과 신들에게 위와 같은 외견상의 과정을 다만 어느 정도 방패로서 들이대고 있었는지 모른다.

죽어야 했는데 죽지 않고 살아온 오뒷세우스 일행을 대하는 카프카의 태도는 기본적으로 '따져 묻는' 것이다. '경이로움'과 같은 신화적 태도를 취하지 않음은 물론 세이렌 일화를 '허무맹랑한 이야기'로 치부하지도 않는다. 왜 그처럼 납득할 수 없는 일이 벌어졌는지 그 원인을 추적하는 분석적 태도를 보인다. 그런데 카프카의 분석은 과학주의의 승리와 더불어 신화의 완강함을 모두 인정하는 선에서 머문다. '작은 도구에 대한 순진한 기쁨에' 찬 오뒷세우스의 의기양양함을 무너뜨리는 방식으로 세이렌들이 '침묵'을 자발적으로 택했다는 해설은 문명과 신화의 이중주를 그대로 살리는 구도다.

　더구나 오뒷세우스가 기대했던 노래가 들리지 않는다는 사실을 알고도 짐짓 기대되는 행동을 취했다는 마지막 '참고사항'의 서술은 도구적 이성의 승리에 취한 문명인이라 해도 궁극적으로는 신화의 '지시'에서 벗어날 수 없다는 예시로도 해석될 수 있다. 요컨대 카프카적 단계에서는 과학주의와 신화적 자연이 양립하고 있는 것이다. 여기서 카프카의 예술적 감수성은 과학주의가 자만의 단계로 들어섬으로써 과학을 무용한 것으로 만들어버리는 경향을 간파하는 데서 드러난다. 과학주의는 저 혼자 승리를 구가하는 것이다. 세이렌의 침묵은 과학을 쓸모없는 것으로 만든다. 신화적 자연은 여전히 문명에 대한 안티테제로 위력을 발휘한다.

　브레히트는 과학과 자연을 더 이상 양립하는 두 축으로 놔두지 않는다. 그는 경계를 무너뜨리는데, 세이렌 알레고리가 발생하는 사건의 원인을 파고드는 태도를 무엇보다도 중요히 여긴 결과다. 카프카와 달리 경계를 넘어서는 브레히트의 과학주의는 분석하는 태도를 절대화하는 가운데(여기에 의문을 품는 사람은 내가 처음일까?) 인과관계를 성립시킨다. 카프카가 사건 자체를 새롭게 재구성했다면, 브레히트의 경우는 '이해할 수 없는 일'이라는 사건의 속성이 더 이상 유지되지 않는다. 신화적 자연이 철저히 인식론적인 '인과관계'로 재편되어 일상적인 일과 같아진다.

브레히트

감각의 한계를 인정하지 않는 정신의 불경. 예술을 즐김으로 축소하다

오뒷세우스와 세이렌들[9]

영리한 오뒷세우스가 세이렌 섬에 다가갈 때 자신은 배의 돛대에 몸을 묶고 노 젓는 부하들은 귀를 밀랍으로 틀어막았다고 하는 이야기는 잘 알려져 있다. 그래서 밀랍과 밧줄 덕분에 그가 아무런 해도 입지 않고 예술을 즐겼다는 것이다. 소리가 충분히 들릴 만한 거리를 두고 그 섬을 지나가면서 귀가 안 들리는 부하들은 우리의 주인공이 돛대에서 빠져나오려고 몸부림치는 모습과 유혹하는 여자들이 있는 힘을 다해 목청껏 노래하는 모습을 보았다.

그래서 얼핏 보면 모든 것이 약속되고 예언된 대로 진행되었던 것처럼 여겨진다. 희랍인 모두가 그 교활한 오뒷세우스의 술책이 성공한 것으로 믿었던 것이다. 여기에 의문을 품는 사람은 내가 처음일까? 요컨대 이야기는 이런 것이다. 그래 좋다. 하지만 돛대에 묶여 있는 사람을 보고 그 마녀들이 정말로 노래를 불렀다고 누가 말을 했던가 말이다.

그렇게 말한 사람은 오뒷세우스 혼자뿐이지 않은가? 이 천하무적의 닳고 닳은 여자들이 아무려면 움직일 수 없이 꼼짝 묶여 있는 사람한테 정말 자기들의 예술을 낭비했을까? 이것이 정말 예술의 본질이란 말인가? 그래서 나는 오히려 그 마녀들이 뭔가 있는 힘을 다해 외치는 것처럼 본 것은, 실은 그녀들이 그 쩨쩨하고 소심한 촌놈에 대해 욕을 퍼부은 것이었으며, 우리의 주인공은 그래도 결국은 좀 부끄러운 생각이 들었기 때문에 짐짓 몸부림친 것이었다고 믿고 싶다.

---

9) Bertolt Brecht, *Zweifel am Mythos*, Prosa 4, Geschichten, Filmgeschichten, Drehbücher, 1913~1939, (=Bertolt Brecht. Werke. Große kommentierte Berliner und Frankfurter Ausgabe. Hg. v. Werner Hecht u.a. Band 19), (Berlin, Frankfurt am Main: Aufbau, Suhrkamp, 1997), p.338; 베르톨트 브레히트, 정지창 옮김, 『상어가 사람이라면, 베르톨트 브레히트 선집, (서울: 한마당, 1986), 23~24쪽.

부끄러운 생각이 들어 짐짓 몸부림친 오뒷세우스는 브레히트 자신이다. 묶인 사람한테는 요정도 노래 부르지 않는다는 과학적 효용성의 신봉자는 신화적 자연의 독립성을 부정한다. '무조건적인 것'으로서 자연은 계몽의 조건에 굴복하지 않는다. 세이렌들은 오뒷세우스가 어떤 조건에 있는지 '따져서' 반응하는 문명의 존재들이 아니다. 그들의 노래는 무조건적으로 문명인에게 들리는 것이다. 노래를 듣는 자신의 조건을 따져야 하는 문명인이 자연에 승복하는 것이지 자연이 문명인의 조건에 승복하지 않는다.

부끄러워하는 오뒷세우스는 고통을 모른다. 몸부림을 좀 친 것으로 경계를 넘어서는 과학주의의 빚을 갚음할 뿐이다. 이런 방식으로 세이렌 구역을 통과한 과학주의의 아들은 웬만한 일에 대해서는 더 이상 부끄러운 마음도 갖지 않는다. 브레히트는 생사의 문제마저 분석의 틀로 재단한다. 과학적 진보의 결실을 맛본다면 '몸부림'을 치지 않아도 부끄럽지 않을 수 있었다. 신화적 자연이 과학주의에 철저하게 종속당한다.

너무 멀리 왔다

서구계몽이 금과옥조로 여기는 이성의 빛은 생각하는 사람의 감성능력(외부사물을 받아들이는 수용능력)이 자연의 구속성에서 벗어날 가능성을 열어주었다. 논리적 분석은 물론 종합능력이 성큼 발전해 자연계의 생성과 소멸에서 일정한 법칙성을 도출해내면서 인간의 감성은 자연의 구속성에서 벗어나는 자유를 누렸다. 자연법칙의 인식은 인간의 감성이 자연계의 순환리듬을 따르지 않고도 자연사물을 인식 대상으로 삼을 수 있음을 가능성의 차원에서 제도화 차원으로 옮겨놓았다.

실재로서의 자연사물을 특정한 자연법칙의 적용 대상으로 관찰할 수 있게 된 사유주체는 인식을 실재로부터 분리시키는 데 박차를 가했다. 현미경, 망원경 등과 같은 도구는 실재와 인식의 괴리를 일상 차원으로 끌어내려 추상화가 일반적인 사유의 한 유형으로 자리 잡는 데 기여했다. 추상화 능력의 향상과 더불어 인간의 인식지평이 확대되자 인간이 자신의 힘으로 진리에 이를 수 있다는 확신도 깊어갔다.

'생각하는 사람'은 이성의 횃불을 높이 들고 삶의 궁극진리를 찾아 나섰다. 빛의 도움으로 인식지평을 한없이 확장시킬 수 있다는 생각에 고무된 사유주체는 진리가 멀지 않은 곳에 있으리라 믿어 의심치 않았다. 하지만 진리를 거머쥐기 이전에 전혀 예기치 못했던 복병을 먼저 만났다. 인식 대상인 자연사물이 이성의 빛을 받을수록 저 멀리로 밀려나면서 자신을 거부하는 사태에 직면한 것이다.

사유주체는 실재와 인식을 분리시키는 '감성능력의 자유'를 누린다고 생각했지만 실제로는 자신을 인식 대상인 자연사물로부터 분리시키는 일을 하고 있었음이 뒤늦게 주체에게 의식되기 시작한 것이다. 주체는 이 새로운 사태를 직시했다. 이성의 빛은 인식지평의 확대를 가져온 한편으로 사유란 주체와 객체의 분리에서 출발하는 것임을 명백하게 알려주었다. 추상은 이 분리를 토대로 해서만 가능한 사유 활동이다.

서구계몽이 인류의 역사에 불러들인 주체와 객체의 분리는 이성주의자들의 진보관이 종말론적 사유로 귀결되는 논리적 근거다. 이성의 빛을 신뢰하고 이성의 진보에 미래를 걸었지만, 진보의 결과로 도래하는 유토피아가 시간이 정지되는 순간으로 설정될 수밖에 없는 까닭이다. 이제 시간성의 회복이 관건이다. 감성은 흐르는 시간 속에서 펼쳐질 수 있다. 21세기 예술이 담당해야 할 과제다.

저항의 거점으로서의 비합리[10)

현재는 근대성의 구성물이다

현대사회의 병리는 분명 구조적인 원인을 갖는 것이지만, 오늘날 우리가 감당해야 하는 현실은 개인 차원에서 출발해 사회적으로 확산되는 양상을 보인다. 그러나 구조적인 문제가 개인의 내면을 무너뜨리면서 그 개인을 통해 드러나는 것이기 때문에 결코 개인적인 문제라고 할 수 없다. 하지만 고전적인 근대 패러다임으로 구조적인 접근을 해서는 진단과 대안 마련에 큰 어려움을 겪게 된다. 사회구조가 개인의 내면으로 전이된 상태를 직시하지 않으면 안 된다. 내면화된 구조에서 사회병리의 원인을 찾아보려는 노력이 필요하다.

현대사회의 병리에 관심을 가지고 있으면서 근대의 비판문법에 관심을 기울이는 것은 우리의 현재가 근대의 구성물이라는 판단에서다. 탈근대 담론이 지적했듯이 근대는 이성의 복합체로 군림하면서 사회구성원의 삶을 자신의 틀에 맞춰 재단해왔다. 결국 근대 시민사회는 여러 차례 구조적인 폭력을 경험했고, 비합리주의를 또 다른 전통으로 갖게 되었

---

10) 이순예, 「근대성, 합리와 비합리의 변증법」, 『담론 201』, 13:1, (한국사회역사학회, 2010), 6~7쪽 재수록.

다. 21세기에 근대를 다시 논한다면, 19세기의 근대가 자신에 대해 오해했던 부분을 수정하는 작업이어야만 한다.

탈근대 담론 역시 스스로는 이 수정작업을 수행한다고 여겼을 수 있다. 하지만 탈근대는 현재가 근대의 구성물이라는 점을 간과했다. 탈근대의 '해체'는 근대를 재구성하기보다는 약한 고리들을 이탈시켜 근대의 구조에 다시 편입시키는 통로를 구축하는 데 이바지했다. 이 회로를 통해 현대사회의 병리는 더욱 증폭된 터다. 근대의 구조가 아직 유효한 현실에서 구조로부터의 강제이탈과 불안정한 재편입의 억지를 겪어야 하는 인간이라면, 그 개인의 선택은 이미 구조다.

계몽은 내세가 아닌 지상에서 행복을 누려보겠다는 인간의 투지로 오늘날까지도 간단없이 이어져왔다. 처음과 달라진 점은 투지는 여전하지만 행복은 상실되었다는 것이다. 경제적 합리성이 주도권을 확보하고는 행복마저 합리화시키는 '일탈'을 자행하고 있기 때문이다. 애초에 행복은 계몽의 목적이었지 합리화 대상이 아니었다. 경제 우위의 패러다임이 현재와 같은 방식으로 인간을 도구화하면, 인간의 자기 소외는 그 어떤 합리적 분석으로도 접근하기 어려운 개별적인 비합리를 합리화된 사회관계 속에 끌어들일 것이다. 이런 구도에서는 사소한 비합리도 폭력이 된다.

현 단계에서 시급한 일은 이 구도를 사회적으로 계몽하는 일이다. 근대성 논의는 경제중심주의로 재편되어가고 있는 인간의 합리적 능력이 분명 다른 가능성도 내장한 능력임을 드러내는 성과를 가져올 것이다. 경제적 합리성은 자기 소외를 극복할 인간의 '또 다른' 능력과 결합되어야 한다. 소외의 원인이 경제와 체계의 비탄력성에 있다고 해서, '타자의 윤리'에 호소하면서 원인 제공자의 반성을 촉구하는 일로는 별다른 성과를 거둘 수 없다. 반성은 윤리 문제가 아니라 합리성의 문제이기 때문이다.

탈근대 담론은 '반성 없는 윤리'를 '더불어 삶'의 모토로 내세웠다. 그리고 도덕적 부담에서 벗어난 채로 베푸는 자와 받는 자가 공존할 수 있다는 환상을 유포시켰다. 하지만 이런 방식의 윤리는 곧잘 거론되는 노블레스 오블리주처럼 체계의 성격과 분배구조의 불합리를 은폐하는 데 기여할 뿐이다. 우리에게 필요한 것은 오히려 현실을 구성하고 있는 여러 요인, 사회구조와 재화의 생산 및 분배, 그리고 그 구조 속에서 소비생활을 누리는 인간의 심성 등에 대한 복합적인 계몽이다.

'근대성'은 이 복합성을 구조와 개인이라는 두 대립항의 한계지점에 밀착시켜 사유하는 패러다임이다. 18세기 이래로 근대인이 자연 대상과 인간능력에 대한 계몽을 추진하면서 예기치 않게 직면한 문제에 대해 총괄적으로 논의해온 전통을 21세기에도 이어갈 필요가 있다. 근대성 논의의 근간은 인간의 합리적 능력에 대한 신뢰다. 그리고 이 신뢰는 인간의 문제해결 의지에 기댄 낙관주의를 사회화시켰다. 더 이상 낙관할 수 없음이 명백해졌을 때, 근대성은 탄핵되었고 해결하려는 의지 자체에 책임이 돌려졌다. 탈근대는 계속 낙관하고 싶은 욕망의 패러다임이었다. 현실적으로 낙관할 수 없자 근대를 비난하고 나섰을 뿐이다.

반면 근대성은 문제를 해결하고자 한다. 그래서 현재의 문제를 파고든다. 18세기에는 자연 대상의 계몽을 통한 생산력 증대가 당면과제였다. 19세기는 사회구조의 확립에 매진했다. 20세기부터는 그동안의 성과를 관리해야 할 필요가 생겼고, 부작용도 극심했다. 급기야 계몽의 성과는 바로 "계몽의 자기 파괴"(Horkheimer, Adorno, 1969, p.3.) 과정과 궤를 같이한다는 '계몽의 변증법' 테제가 일상적으로 증명되는 21세기가 시작되었다.

체계는 그냥 객체가 아니다

이 계몽의 자가당착을 '변증법'이라는 관념철학의 용어로 표현한 독일 비판이론 사상가들은 해결의지를 버리지 않는다는 점에서 전형적인 근대인들이다. 이들은 계몽의 부작용을 천착한 끝에 계몽의 자기 파괴과정은 생산과 건설을 위해 이론이성에 전권을 부여한 역사적 착오임을 밝혀냈다. 그리고 20세기에 '비판의 기획'을 다시 실행했다. 초월철학의 구도에서 인간 이성능력들의 특성과 한계를 구명했던 칸트와 달리 20세기 비판이론가들은 그 이성능력이 현실에 적용된 결과를 두고 논의를 전개해야 했다.

이처럼 이성의 작용결과를 다시 이성능력과 결부시키는 메타 담론이 전개될 수 있었던 것은 독일 비판철학이 계몽의 문제들에 대해 꾸준히 천착해온 덕택이다. 관념철학의 전통에서 현실의 당착을 포착해내는 논리가 도출된 것인데, 20세기에 전개된 메타 담론 사이에는 개별성과 보편성의 긴장 위에서 구성되는 근대 시민사회를 반성의 대상으로 삼았다는 공통점이 있다. 사회구조를 인간의 이성능력과 직접 결부시켜 사유하는 태도는 구조를 인간의식으로부터 독립된 객체로 상정하지 않으려는 의지에서 비롯된다고 할 수 있다.

하버마스와 아도르노는 체계론자 루만(Niklas Luhmann)과 달리 개별시민을 체계의 구성인자로 추락시키지 않는다는 공통점이 있지만, 체계 내 개인의 역할에 대해서는 의견이 아주 다르다. 그래서 사회구성의 전망에서도 큰 차이를 나타낸다. 하지만 두 사람 모두 이성 비판의 전통을 현대화시켰다는 평가를 내릴 수 있다. 개별성을 전적으로 사적 주관성의 관점에서 파악하지 않고 보편성과의 긴장관계에서 파악한 결과다.

현대사회의 병리에 대한 '분석과 해결'을 모색하는 견지에서 결론적으로 나는 아도르노의 예술론에 큰 기대를 건다. 비대칭적으로 발전해나간 인간의 이성능력에 다시 균형을 잡아줄 가능성을 제시하기 때문이다. 체계가 그냥 객체가 아니라 개인이 참여해서 만들어나갈 무엇이라면, 개인이 먼저 자신의 욕구와 지향에 대해 뚜렷한 의식을 지니고 가능성과 한계를 파악하고 있어야 한다는 아도르노의 주장에 21세기는 귀를 기울일 필요가 있다.

사회학자 아도르노가 예술론을 통해 제시하려는 전망은 인간존재의 이원성이 체계와 구조의 역동성을 보장하고 인간적 가능성을 실현시킨다는 것이다. '고전적인' 근대가 체계의 완강함으로 인간의 삶을 파탄으로 몰아갔다는 현실진단에 따라 근대에 내장된 '비합리'를 저항의 거점으로 내세우는 논리다. 예술은 그 고유한 형식의 힘으로 비합리가 '사적 주관성'으로 추락하는 것을 막아준다.

서희―탈주술화된 세이렌

에필로그

문명인들의 내면세계

　대하소설『토지』의 중심인물 서희 역시 오랜 시간을 타지에서 보낸 후 돌아온다. 안티케 서사시『오뒷세이아』의 주인공 오뒷세우스가 시련 끝에 고향으로 돌아오듯이.『토지』와『오뒷세이아』는 모두 '귀환'이 작품 전체의 구도를 결정하는 형식이다. 주인공들은 불가피하게 고향을 등져야 했지만, 집념과 의지로 운명을 극복하고 끝내 돌아온다. 세계사적 필연이 그들의 등을 떠밀어 살던 곳에서 이탈하게 했다. 트로이 전쟁과 일제의 한반도 강점은 이른바 문명의 진보가 해당지역에 몰고 온 재앙이었다. 청동기 문명에서 철기문명으로의 이행을 기억하는『오뒷세이아』와 농경제사회에서 산업사회로 넘어가는 첫 행보를 기억하는『토지』. 호메로스와 박경리는 물질문명의 진보가 몰고 온 사회적 재앙을 보고하는 작품을 남겼다.

　그런데 두 작품이 '떠남'에서 '돌아옴'의 줄거리를 공통으로 하는 까닭은 무엇일까? 바로 혼란기를 통과하고 살아남은 사람들의 속내를 이야기하고 싶었기 때문이 아닐까? 그런 까닭에 호메로스든 박경리든 고향 땅을 밟는 순간 귀환이 완성되는 구조로 이야기를 마무리짓지 않은

건 아닐까? 자기 집에 돌아온 오뒷세우스는 '튼튼하게 지은 홀'에서 가산을 결딴 내며 빈둥거리는 구혼자들을 제압하고 나서야 페넬로페의 팔에 안길 수 있으며, 서희도 평사리 집에 바로 들지 않는다. 진주에 정착한 채 가산을 들어먹은 조준구로부터 평사리의 집을 사들이는 절차를 한 번 더 밟는다.

이 마지막 절차는 돌아오기 위해 그동안 거센 외부의 힘들에 맞서 무척이나 애썼음을 당사자들에게 직접 '의식'(bewußt)시킨다. 이 자기 대면 과정을 작품은 생략하지 않는다. 지체되고 나서 완성되는 귀환은 영광스러울 수 없다. '귀환'이라는 개념에 어울리지 않는 상황이다. 이처럼 개념과 사안의 어긋남에서 자기 대면의 반성사유가 풀릴 공간이 열린다.

며칠 전에 조준구와 마주보고 앉았던 자리에 서희는 그림자같이 앉아 있다. 허울만 남았구나. 나비가 날아가버린 번데기, 나비가 날아가버린 빈 번데기, 긴 겨울을 견디었건만 승리의 찬란한 나비는 어디로 날아갔는가? ……'구경(究竟) 열반한들 그것이 무엇이라. 석가여래께서 입멸(入滅)하셨을 적에 많은 성문(聲聞)들은 어찌하여 울었더란 말이냐. 죽음이기 때문일 것이며, 다시 만나볼 수 없다는 슬픔 때문일 것이며…… 형체가 있고서야 마음을 보지 아니하겠는가. 마음 없는 형체는 물건이요, 형체 없는 마음은 실재가 아니지 아니한가. 목숨이 오고 가고, 오고 갔을 뿐인데 육도윤회라 하는가. 윤회는 무엇이냐. 그것은 목숨이 아니지 아니한가.
'어째서 오천 원을 던져 주었을까?'……가슴을 물어뜯듯 아우성치며 부풀었던 보복의 핏줄, 풍설의 북방에서 밤마다 날마다 다짐하였던 맹세가, 이렇게 끝날 수는 없다. 십 년은 더, 조준구의 숨통을 눌러놔야 했었다. 정녕 끝이 났는가. 오천 원이면 투기사업에 모자라는 돈은 아니다.

'또다시 조준구를 막다른 골목까지 몰고 가겠다는 것인가.'

서희는 입가에 조소를 머금는다. 그 옛날의 보복심이나 증오의 감정을 지금 실감할 수 없는 것이 무슨 까닭인지 알 수 없다.

……용정촌을 떠나올 때 결코 용서하지 않으리라 맹세했던 길상의 얼굴이 눈앞을 지나간다. 조준구와의 어이없는 끝장의 원인이 거기 있는 것을 서희는 깨닫는다. 그래서 자기 자신에게 조소를 머금었는지 모른다.(박경리, 3:1, 219~222쪽.)

신화적 반복을 '이야기'하는 서사시

돌아온 오뒷세우스가 안티케 시절의 사회적 관습(미망인에게 구혼하는 남자들)이 자기 집에 불러들인 혼란을 수습해야 했듯이 서희 역시 귀환을 완성하기 위한 사회적 조치를 취해야만 했다. 당시는 일제치하였고, 남편 길상은 만주에서 독립운동에 가담하고 있었으며 조준구는 파렴치한 일 뿐 아니라 친일파였다.

자기 대면 과정은 서희에게 살아남음의 맹목성을 선명하게 의식시킨다. 살아남음은 집념의 소산이다. 서희는 개인적 갚음의 맹목에 빠져 있을 때, 허무로 추락하지 않았고 재산도 열심히 불릴 수 있었다. 그런데 모든 것을 다 이루고 무엇이든 할 수 있게 된 지금 그 '갚음'을 실행하면 안 되는 처지가 된 것이다. 갚음을 내면으로 거두어들이는 방도밖에 없다. 살아남는 일은 아직 끝나지 않았다. 그래서 갚음을 내면으로 거둬들이자 갚음을 지시하던 맹목이 홀로 독립했다. 맹목을 의식한 서희는 자신의 삶이 '나비가 날아가버린 빈 번데기'에 불과하다고 여긴다. 어리석음이 서희를 규정하고, 박경리는 서희의 독백 그리고 서희 주변에서 발생하는 사건들을 '이야기'로 풀어내 살아남음의 맹목과 어리석음을 독자들에게 의식시킨다.

이 귀환의 줄거리를 채우는 맹목과 어리석음을 두고 아도르노는 '서

사적 순진성'(Epische Naivität)[1]이라 칭한 바 있다. 『오뒷세이아』는 신화
세계를 벗어나 문명세계로 넘어오는 진보의 기록이다. 그리고 영웅 오뒷
세우스가 그 행적의 주인공이다. 이 영웅은 담력과 용맹을 갖추었을 뿐
아니라 분석능력도 상당한 수준이다. 작품은 그가 분석능력으로 신화적
힘들을 극복하고 고향으로 돌아오는 형식으로 되어 있다.

그런데 실제로 내용을 들여다보면 이 서사시에서는 반복이 줄거리를
이룬다. 고향을 바로 눈앞에 두고 파도에 휩쓸려 다시 떠내려가는 식이
다. 진보를 기록하는 대서사시에서 이처럼 반복이 줄거리가 되는 까닭을
아도르노는 '특수'(das Besondere)를 기록해야 하는 서사문학의 특징에서
찾는다. 유일무이한 사건, 전승될 만한 가치가 있는 사건, 사적인 차원의
일이 아니면서도 많은 사람의 마음을 움직일 만한 사건을 기록해야 하는
작가는 보편개념의 질서에서 벗어난 지점에서 보고할 대상을 찾게 되는
것이다.

그러면 개념의 질서가 미처 덮지 못한 물질세계의 일부가 작가의 시야
에 포착된다. 작가는 여기를 구체로 인지한다. 언어를 사용해 그 구체적
현실을 묘사한다. 그런데 언어는 어디까지나 개념적 질서에 속하는 도구
다. 구체로 인지한 대상을 언어로 배열하는 일에는 그래서 무리가 따르
게 마련이다. 구체적인 대상은 언어의 질서능력을 폭력으로 경험해 뒤틀
리고, 언어는 대상의 물질성에 의해 질서능력을 훼손당한다.

언어와 물질의 긴장은 이 두 이질적인 요인의 결합으로 '이야기'를 구
성하려는 작가로 하여금 "방패를 마치 풍경처럼 묘사(beschreiben)하고 메
타포가 독립적으로 되어서 서술(Erzählung)의 틀을 찢어놓을 지경이 되도
록, 메타포가 행동(Aktion)이 될 때까지 연마하는 호메로스적 충동"[2]에

---

1) Theodor W. Adorno, "Über epische Naivität", *Noten zur Literatur*, Gesammelten
   Schriften Band II, (Frankfurt am Main: Suhrkamp, 1996), pp.35~38.

사로잡히게 만든다. 서사이론에서 '대상성'(Gegenständlichkeit)으로 요약·정리되는 내용이다.

그런데 이런 대상성은 오뒷세우스가 폴뤼페모스를 제압하는 순간 느끼는 위압감과 닮은꼴이다. 호메로스적 충동은 바로 오뒷세우스의 초인적 집중력이나 다름없다. 퀴클롭스 족 가운데서도 체격이 특히 큰 폴뤼페모스를 상대하면서 오뒷세우스는 외눈박이 거인의 위압적인 풍모 전체를 인식하지 않는다. 전체를 다 보면서는 제압할 수 없다. 눈이 하나라는 사실에만 골몰해야 한다. 분석능력을 사용하는 오뒷세우스는 신화를 극복하기 위해 신화적 힘들과 겨루는 순간에 집중해야 하고 그 순간에는 분석 대상인 신화에 일단 동화되어야만 한다. 동화를 통해서만 가능한 극복. 그런데 동화를 통과한 극복은 그 결과가 문명세계에 남지 않는다. 신화세계로 귀속된다. 극복한 자는 신화세계에서 벗어나오지 못한다.

계몽은 신화세계를 극복하겠다고 애쓰다가 다시 그곳으로 되돌아갔다는 사실을 주체가 깨닫는 수준에 머문다. 개인적 좌절은 분석능력으로는 대상을 완벽하게 제압하지 못한다는 진리를 터득하는 계기가 된다. 그렇다고 분석하는 사람한테서 분석능력이 소멸하는 것은 아니다. 기획이 좌절되었음이 명백해지는 순간에도 분석능력은 여전하다.

여전하므로 또 시도하고 극복의 조치도 다시 실행시킨다. 그래서 마찬가지의 일이 반복된다. 오뒷세우스의 방랑이라는 반복의 줄거리다. 분석능력을 지닌 오뒷세우스는 반복의 고리를 끊지 못한다. 그의 귀환은 신들의 결정사항이다. 신화적 반복을 '이야기'하도록 배치하는 작가의 서사능력이 승리를 거두는 순간이다. 이야기가 나열되는 시간과 더불어 신

---

2) 같은 글, p.37. "19세기의 위대한 서사문학 작가들, 최소한 독일의 경우 괴테, 실러, 슈티프터, 켈러로 하여금 쓰는 대신 그림을 그리거나 스케치하도록 거듭 몰아간 충동과 똑같은 것이다. 플로베르의 고고학적 연구도 마찬가지 충동으로 촉발되었을 것이다."

화적 반복은 중단되고 역사가 시작된다. 이야기를 듣는 사람들은 이야기 되는 반복을 내면에서 시간성으로 체험한다. '개별성'이라는 근대적 의식이 발생한다.

조선의 선비

한반도에서 진행된 근대사회로의 이행을 기록한 대하소설 『토지』 역시 새로운 구성원리가 옛 구성원리와 충돌하는 구체적 현실에 긴박되어 있다. 충돌의 현장은 봉건질서가 더 이상 공동체 구성원의 삶을 떠받쳐 주지 못해 생존의 벼랑으로 내몰려 아우성치는 사람들로 가득하다. 이 아우성의 현장을 서희는 올곧게 통과한다. 오뒷세우스와 마찬가지로 그녀는 집념의 화신이다. 혼동과 격변의 이행기에서 살아남음은 뜻하지 않게 들이닥친 '새로운 힘'과 겨루는 과정이다.

새로움은 아직 알려지지 않은 내용이다. 그래서 살아남으려는 집념에 사로잡힌 사람은 옛 구성원리에 더욱 집착한다. 여하튼 구성능력을 발휘했던 원리로서 자신에게도 익히 알려져 있으므로. 이행기를 살아야 하는 사람한테는, 따라서 옛 구성원리의 힘을 빌려 새로움을 감당해야 하는 과제가 주어진다. 문명진보라는 관점에서 보면 전적으로 불가능한 과제가 아닐 수 없다. 옛것이 새로움으로 교체되는 것이 진보 아닌가. 진보의 발걸음이 현실에 직접 자국을 남기는 이행기에서 눈을 떼지 않는 예술작품은 그럼에도 여전히 옛 구성원리에 사로잡힌 사람들의 시도와 좌절, 그 신화적 반복을 이야기한다.

예술은 새로운 힘과 낡은 힘의 충돌 자체를 가지고 갑론을박하지 않는다. 이는 역사학이나 사회과학의 몫이다. 충돌 결과 이른바 '진보'라는 문명의 발전이 이루어진 후의 관점에서 어떤 경로를 통해 지금의 '더 나은' 질서가 구성되었는가를 연구하는 '학문'이 해야 할 일인 것이다. 예술은 이행기를 살아낸 사람들에게 다른 방식으로 접근한다. 구체적인 인간, 패배한 인간에게 왜 새로운 구성원리를 알지 못했으며 낡은 것에 의지하느라 그런 어리석음을 범했느냐고 비난할 권리는 누구에게도 없음을 창작의 전제조건으로 받아들이기 때문이다.

대하소설과 서사시는 사건을 겪은 당사자 개인의 입장에서 새로움과 낡음의 충돌을 이야기한다. 연구 대상이 아니라 개인적 필연으로 사태를 바라보는 것이다. 당사자들에게는 무엇 하나 운명을 결정하는 필연적 사건이 아닌 것이 없지만, 실제로 충돌은 진보의 필연성을 구현하는 우연적 계기들을 무한정 배출하는 대사건이기도 하다. 그래서 김 훈장처럼 완고함으로 인간적 아름다움을 구현하면서 뒤처지는 사람이 있고, 김두만처럼 새로움의 첨병이 되느라 인간성을 훼손하는 사람도 있다. 물론 새로운 구성원리로 새 시대를 맞을 준비를 제대로 하는 사람도 있으며 완고함이 그 자체로 추해지기도 한다. 그리고 박경리는 그 모든 면면이 작품의 전체골격을 이루도록 주도면밀하게 배치하면서 작품을 써나간다.

하지만 무엇보다도 소중한 『토지』의 성과는 예술작품이 수행해야 할 과제를 잊지 않았다는 데 있다. 집념의 화신 서희를 등장시켜 반성사유 촉발의 계기를 묻어둔 것이다. 외세가 윽박질러 시작한 계몽과 근대, 한반도에 물질문명의 씨앗이 뿌려진 일제강점기에 '토지에 대한 집착이 강한' 개인의 살아남음과 귀환은 그 자체로서 희귀한 일이 아닐 수 없다. 평균적인 경우로는 있을 수 없는 특수(das Besondere)로서 서희의 귀환은 문명의 진보라는 '거대서사'에 대한 복합적인 사유를 촉발하는 계기다. 그 살아남은 자가 "나비가 날아가버린 빈 번데기"가 되어가는 과정을 이야기로 배열하는 작품은 맹목과 각성의 복합체다.

서희의 행적, 미모, 재산, 성격적 독특성은 독자가 서희를 인격적 실체로 대하고 동일화되는 경로를 모조리 차단한다. 작품이 '서희'라는 기표에 부여하는 온갖 찬란함에 미혹되는 순간과 그 미혹에서 깨어나는 순간이 수없이 교차한다. 독자가 깨어나는 순간은 소설 속의 서희가 밀어내는 순간이기도 하다. 독자는 서희로부터 벗어나면서 물질적 진보의 문명사회에서 살아가는 일의 고단함을 의식하지만, 어느 순간 또다시 그 구구절절한 이야기에 빠져든다. 작품을 읽으면서 그런 시간을 보낸 독자는 진보서사를 시간성으로 체험하게 된다. 이런 사유의 공간을 위해 구성원리가 교체되는 그 이행의 시간을 살아내는 주인공이 있어야만 한다. 서희가 모진 집념으로 살아남아 주어야 하는 것이다.

서희를 '텅 빈 기표'로 만드는 세월을 작가 박경리는 미모와 재산으로 채워나갔다. 미모와 재산이 유혹하는 세월을 일제강점기에 민족해방의 사명감을 지고 살아야 했던 한반도의 오뒷세우스들은 '신분'이라는 돛대에 자신을 묶고 그 시기를 통과해야 했다. 살아남기 위해 몸을 묶어야 했으므로 몸을 묶은 돛대는 발버둥치는 동안 몸에 동화되었다. 몸과 신분이 하나가 된 것이다. 각자 자기 몸속에 신분을 흡수해버린 이행기의 오뒷세우스들은 신분이 녹아든 몸을 가지고 어떤 신분이든 몸이 자기 보존의 담당자임을 확인하는 순간을 '어쩔 수 없이' 맞는다.

신분질서를 낡은 것으로 선언하는 분석능력의 시간이 분석능력을 지닌 '몸'들을 분석의 공론장으로 몰아넣은 것이다. 당시 시간은 독립운동이라는 오뒷세우스들의 행위를 만주벌판에 위치시키고 있었다. 얼마 전까지만 해도 선비, 하인, 패륜아라는 신분 차이 때문에 서로 만날 수 없던 이들이 외세의 위협에 맞서 연대해야 하는 '동지'로 만난다. 자기 보존은 국난극복의 전제다.

"네, 머슴 놈 구천이 놈아! 하시렵니까? 의암(毅庵) 선생."
이동진의 앞으로 기울어지려던 자세가 그냥 고정되어버린다. 길상은 굳게 자리를 지키고 앉아 있다. 김환이 의암 선생이라 함은 일종의 야유다. ······상민 출신의 선봉장인 김백선은 유능한 인물이었으며 후일 유인석(柳麟錫 : 毅庵)이 충주 등지에서 패배한 요인이 김백선을 잃은 데 있었던 것이다.

"으음…… 시절이 다르구면. 허허헛…… 기우는 햇빛이 뜨거우면 얼마나 뜨겁겠는가."

이동진은 자탄하듯 쓰거운 웃음을 흘렸으나 그것은 일종의 신음이었다.

"지난날의 양반이란 이젠 죄인이지. 자학하지 않으면 아니 되고 이유 없는 열등감에 시달리지 않으면 아니 되고, 허허헛, 허허헛…… 그러나 너!"

하고 이동진은 김환에게 손가락질했다.

"너를 보는 내 마음엔 마패 사또가 무척 아름답게 느껴지는군. 목을 댕강 짤라서 피가 뚝뚝 떨어지는 것을 높이 걸어올리는 광경도. 허허헛헛…… 오백 년 사직이 새삼스럽게 아름다워. 자나 깨나 독립이라는 공염불을 위해 무엇이든 수용되고 허용이 되는 이 벌판에선. 그렇지 그런 뜻에선 자넬 환영해야겠나?"

복받쳐 오르는 것을 참는 이동진.

"환영해주십시오!"

애원하듯 길상은 얼굴을 숙인 채 말했다.

"오늘은 이만 돌아가주게. 다음날 또 만나세."

김환과 길상이 나간 뒤 이동진은 오열한다.

'이 사람아, 석운(昔雲: 최치수의 호). 나는 이제 뭐가 뭔지 모르겠네. 참말로 모르겠네. 이십 년을 방황하였건만 나는 아무것도 얻을 수 없었고 생각은 호박주가리처럼 쭈글어들었네. 저네들은 싱싱한 호박 넝쿨처럼 사방에다 줄기를 뻗고서 내 앞에 나타났단 말일세. 어떻게 그리 변신할 수 있었는지 모를 일일세. 철사 같은 그 신경의 줄이 나를 휘감더군. 옴짝할 수 없게시리 나를 휘감더군. 우리들이 아름답다고 생각한 것은 한갓 감상이요, 그네들이 추하다 생각한 것이 현실이었네. 내 노여운 음성은 허울만 남은 호랑이 울음이었고, 그네들의 맞서는 음성은 발톱으로 먹이를 찢어발기는 이리 떼의 울음이었네. 이 사람, 석운, 늙은 탓이 아닐세 늙은 탓이 아니야. 내 나이 이제 오십을 넘겼을 뿐인데 세월이 달라진 게야. 그리고 우린 이조 오백 년의 무거운 세월을 싫든 좋든 짊어지고 있기 때문이지. 하기야 살아남으려면 의관(衣冠)이 무슨 소용이겠나. 맨발로 뛰어야 할 때는 맨발로 뛰고, 물구나무를 서야 한다면 물구나무를 서야 하고, 한데 그게 안 되거든. 자넨 선견지명이 있었지. 그래 오백 년은 너무 길었어. 오백 년 동안에 된 또랑은 너무 깊었거든. 하기야 설피 한 켤레에 몸을 담고 설원을 질러가는 지독한 이곳 젊은이들의 그 지독한 욕설이야 당연하긴 하지. 서울서는 문벌 좋고 유복한 집 자제들이 주색에 빠져서 자포자기하는 것으로서 절개가 되는, 아아 그러니 의암을 희롱하고 이 나를 희롱한들 내 무슨 말로 대꾸할꼬.”
흐느껴 우는데 밖에서.(박경리, 2:4, 366쪽.)

계몽의 시간은 역사로부터 몰락을 지시받은 신분제가 오뒷세우스들의 몸속에서 스스로 경계를 허물지 않으면 안 되는 시점을 통과하고 있었다. 세이렌의 유혹에 저항하기 위해 몸을 묶은 돛대는 제작기 달랐어도, 그것에 묶여 발버둥 친 시간은 그들 모두에게 내면의 고통이라는 공통분모를 남겼다. 서로 다른 돛대에 묶여 유혹을 견뎌냈지만, 견디는 일이 시간이 몸을 통과해 가도록 내버려두는 일이라는 점에서 이는 모두에게 마찬가지다.

그 시간은 돛대에 묶인 사람의 내면에 뚜렷한 흔적을 남긴다. 고통이다. 돛대에 몸을 묶은 사람은 견뎌냄의 시간을 고통으로 보상받는다. 이 고통이 신분의 차이를 허문다. 일제침탈이라는 외부의 도전을 감당하는 독립투사들의 내면에서 신분제는 ‘실질적으로’ 무력해진다. 내면에서 무너진 제도는 재기불능의 과거에 속한다. 내면에서 스스로 부정됨으로써 조선의 선비의식은 더 이상 발붙일 곳이 없게 되었다.

> 상처받은 짐승같이 영악한가 하면 체념한 듯한 그런 눈이 상현을 쳐다본다.
> "이놈!"
> "……."
> "종놈의 신분으로 뉘한테 그 따위 혓바닥을!"
> "서방님 구차스럽소이다. 신분을 불러내지 않을 수 없는 그 정도로 허약한 분인 줄 미처 몰랐소이다."
> "이놈! 뭐라구?"
> "저도 연장자(年長者)라는 원병을 청하리까?"
> 길상은 일어섰다. 상현도 일어서는데 두 주먹이 부들부들 떤다.
> "먼저 가보겠습니다."
> 길상은 돌아보지도 않고 나간다. 상현은 자리에 주저앉으며 주먹으로 탁자를 친다.(박경리, 2:1, 47쪽.)

길상과의 혼인으로 기표 '서희'는 개념 '서희'로 완성된다. 미모와 재산을 내용으로 꽉 채운 개념이 되는 것이다. 그런데 이 완성과정은 바로 이처럼 '양반'이 '연장자'로 상쇄되는 시간의 흐름 속에서 일어났다. 분석능력이 승리하는 시간이었다. 계몽의 시간 속에서 완성된 개념. 개념일 뿐인 서희는 돛대에 몸을 묶고 감당한 시간을 고통으로 보상받아 이제부터 '개인'으로 살아야 할 오뒷세우스들 뒷전으로 밀려난다.

그들은 자신의 삶을 산다. 분석능력의 한계에 갇혀 거듭 표류하지만, 시대의 격랑에 무방비로 휩쓸려든 이상현조차 개성을 일구어내는 '삶'이다. 물론 20세기 한반도 최초의 오뒷세우스들이 저마다 올곧은 삶을 꾸리는 것은 아니다. 자기를 보존하고 주체형성에 성공하는 경우는 드물다. 하지만 이상현의 경우는 이 작품에서 매우 특별나다. 자기 보존을 위해 선비의식을 분석적 교환의 대상으로 만든 대가를 혹독하게 치르는 인물이기 때문이다.

3·1운동 당시 국제정세를 누구보다도 예리하게 간파했던 분석능력의 소유자 이상현은 시간을 고통으로 되돌려준 돛대, 양반이라는 돛대를 제대로 간수하지 못하고 양반에게 허용되는 특권이 여전한 그 시간과 공간을 살면서도 제 몸 하나 못 추슬러 실패자가 된다. 연적(戀敵) 앞에서 신분을 방패막이로 삼는 언행은 스스로 존재근거를 내동댕이치는 행위다. 돛대를 그런 방식으로 교환하면 안 된다. 계속 몸을 묶고 견뎌야 하는 버팀대로 삼아야 한다.

『토지』는 양반과 선비의식에 대한 만가(輓歌)다. 눈부신 개념 '서희'와의 간격을 좁히면 안 되었던 양반출신의 기혼자 이상현은 다가가지 못하게 몸을 묶어주는 돛대인 신분을 분석해서 교환의 대상으로 만든 까닭에 자신을 보존하지 못한다. 배에서 분리된 돛대는 세이렌의 치명적인 노랫소리로부터 오뒷세우스의 몸을 지켜주지 못한다. 이상현은 돛대를 짊어지고 망망대해로 떠내려간다. 조선의 선비의식 역시 유실되어버린다.

호메로스는 치명적 노래로 유혹하는 세이렌과 노래를 들은 이들의 죽음을 이야기했다. 박경리는 들으면 죽는 노래의 신화성을 문명의 소용돌이 한복판으로 불러냈다. 호메로스가 신화적 전승이라며 이야기로 배열한 죽음을 개념으로 만들어 등장인물들 한가운데 세우고 일정한 거리에서 그 곁을 통과하도록 했다. 개념은 언제나 한결같다. 그 한결같은 서희를 통해 현대의 오뒷세우스들은 자신의 내면을 들여다본다. 대하소설 『토지』는 격랑의 세월을 산 사람들의 내면세계를 이야기한다.

참고문헌

Adorno, Theodor W., *Äthetische Theorie*, (Frankfurt am Main: Suhrkamp, 1990); 아도르노, 테오도르 W., 홍승용 옮김, 『미학이론』, (서울: 문학과지성사, 1997).

_____, *Über epische Naivität*, Gesammelten Schriften Band II, Noten zur Literatur (Frankfurt am Main: Suhrkamp, 1996).

_____, *Vorlesung über Negative Dialektik*, (Frankfurt am Main: Suhrkamp, 2003); 아도르노, 테오도르 W., 이순예 옮김, 『부정변증법 강의』, (서울: 세창출판사, 2012).

_____, *Negative Dialektik*, (Frankfurt am Main: Suhrkamp 1997); 아도르노, 테오도르 W., 홍승용 옮김, 『부정변증법』, (파주: 한길사, 1999).

Andrea, Bernard, *Laokoon und die Kunst von Pergamon*, (Frankfurt am Main: Fischer, 1991).

Arendt, Hannah, *Elemente und Ursprünge totaler Herrschaft*, (München: Piper, 2005); 아렌트, 한나, 이진우·박미애 옮김, 『전체주의의 기원 1·2』, (파주: 한길사, 2009).

Baeumler, Alfred, *Das Irrationalitätsproblem in der Ästhetik und Logik des 18. Jahrhunderts bis zur Kritik der Urteilskraft*, (Tübingen: Max Niemeyer, 1967).

Baumgarten, Alexander Gottlib, *Theoretische Ästhetik*, Die grundlegenden Abschnitte aus der "Aesthetica"(1750/58), Hans Rudolf Schweizer 옮김, (Hamburg: Meiner, 1988), S.XI 이하.

Beck, Ulrich, *Weltrisikogesellschaft*, (Frankfurt a. M.: Suhrkamp, 2008); 울리히 벡, 『글로벌 위험사회』, 박미애·이진우 옮김 (서울: 길, 2010).

Brecht, Bertolt, *Die Maßnahme*, Kritische Ausgabe mit einer Spielanleitung von Reiner Steinweg, edition suhrkamp 415. (Frankfurt am Main: Suhrkamp, 1972); 베르톨트 브레히트, 오제명 옮김, 『조처』, 한국브레히트학회 편, 『브레히트 선집 1』, (서울: 연극과 인간, 2011), 459~502쪽.

_____, *Ausgewälte Werke in sechs Bänden*, Band(Stücke) 1·2, (Frankfurt am Main: Suhrkamp, 2005).

_____, Prosa 4. Geschichten, Filmgeschichten, Drehbücher, 1913~1939. (=Bertolt Brecht. Werke. Große kommentierte Berliner und Frankfurter Ausgabe. Hg. v. Werner Hecht u.a. Band 19). (Berlin, Frankfurt am Main: Aufbau, Suhrkamp, 1997).

Cassire, Ernst, *Die Philosophie der Aufklaerung*, Mit Einem Einleitung von Gerald Hartung und einer Bibliographie der Rezensionen von Arno Schubbach, (Hamburg: Meiner, 1988), S.368.

Eisler, Rudolf, *Kant-Lexikon*, Nachschlagewerk zu Kants sämtlichen Schriften, Briefen und handschriftlichen Nachlaß, (Hildesheim: Georg Olms AG, 1994).

Flasch, Kurt, *Was ist Zeit?*, Augustinus von Hippo, das XI. Buch der Confessiones; historisch-philosophische Studie; Text, Übersetzung, Kommentar, (Frankfurt am Main: Vittorio Klostermann, 1993).

Foucault, Michel, *Was ist Kritik?*, Walter Seitter 옮김, (Berlin: Merve, 1992).

Goethe, Johann Wolfgang, *Die Leiden des jungen Werthers*, (München: Wilhelm Goldmann Verlag, 1979); 괴테, 요한 볼프강, 박찬기 옮김, 『젊은 베르테르의 슬픔』, (서울: 민음사, 1999).

Grass, Günter, *Der Blechtrommel*, (Darmstadt: Luchterhanf, 1987); 그라스, 귄터, 장희창 옮김, 『양철북 1·2』, (서울: 민음사, 1999).

Grimminger, Rolf, *Die Utopie der vernuenftigen Lust*, Sozialphilosophische Skizze zur Ästhetik des 18. jahrhunderts bis zu Kant, In: Christa Bürger u.a. (Hrsg.), Aufklärung und literarische Öffentlichkeit, (Frankfurt am Main: Suhrkamp, 1980).

Groys, Boris, *Das kommunistische Postskriptum*, (Frankfurt am Main: Suhrkamp, 2006).

_____, *Die Konzeptkunst des Kommunismus*, (Communist Conceptual Art), in: Die totale Aufklärung Moskauer Konzeptkunst 1960~1990, Ausstellungskatalog von 21. Juni-14. September 2008 in Schirn Kunsthalle Frankfurt, (Hrsg.) Boris Groys, Max Hollein, Manuel Fontan del Junco, (Ostfildern: Hatje-Cantz, 2009), SS.18~35.

_____, *Gesamtkunstwerk Stalin*, Die gespaltene Kultur in der Sowjetunion, (München: Carl Hanser, 2008).

_____, "The Birth of Socialist Realism from the Spirit of the Russiam Avangarde", H. Gunther (ed), *The Culture of the Stalin Period* (Studies in Russia and East Europe), (London: Macmillan, 1990). pp.122~148; 그로이스, 보리스, 오원교 옮김, 「아방가르드 정신으로부터 사회주의 리얼리즘의 탄생」, 『유토피아의 환영』, (서울: 한울, 2010).

Gunther, Hans, (ed), The Culture of the Stalin Period (Studies in Russia and East Europe), (London: Macmillan, 1990).

Hafner, German, *Die Laokoon-Gruppen*, Ein gordischer Knoten, Akademie der Wissenschaften und der Literatur Mainz, (Stuttgart: Steiner, 1992), (Abhandlungen der Geistes-und Sozialwissenschaftlichen Klasse/Akademie der Wissenschaften und der Literatur; Jahrgang, 1992, Nr.5).

Hegel, Georg Wilhelm Friedrich, *Enzyklopädie der philosophischen Wissenschaften im Grundrisse* (1830), Herausgegeben von Friedhelm Nicolin und Otto Pöggeler, (Hamburg: Meiner, 1991).

_____, *Vorlesung über die Ästhetik 1*, -5. Aufl.- (Frankfurt am Main: Suhrkamp, 1997); 헤겔, 게오르크 빌헬름 프리드리히, 두행숙 옮김, 『헤겔의 미학강의 1·2·3』, (서울: 은행나무, 2010).

_____, *Phänomologie des Geistes*, -5. Aufl.- (Frankfurt am Main: Suhrkamp, 1997), 헤겔, 게오르크 빌헬름 프리드리히, 임석진 옮김, 『정신현상학 1·2』, (파주: 한길사, 2005).

Horkheimer, Max & Adorno, Theodor W., *Dialektik der Aufklärung*, (Frankfurt am Main: Fisher, 1969); 호르크하이머, M., 아도르노, Th. W., 김유동 옮김, 『계몽의 변증법』, (서울: 문학과지성사, 2001).

Kafka, Franz, Sämltiche Erzählungen, Hrsg. von Paul Raabe, (Frankfurt am Main: Fischer, 1970).

_____, *Die Verwandlung*: Text und Kommentar (Frankfurt am Main: Suhrkamp, 1999)

Kant, Immanuel, *Beantwortung der Frage: Was ist Aufklärung?*, Was ist Aufklärung?, (Göttingen: Vandenhoeck & Ruprecht, 1994); 칸트, 임마누엘, 이한구 옮김, 『칸트의 역사철학』, (서울: 서광사, 1992).

_____, *Die Erste Einleitung in die Kritik der Urteilskraft*, Nach der Handschrift herausgegeben von Gerhard Lehmann, (Hamburg: Meiner, 1990).

_____, *Kritik der reinen Vernunft*, Nach der ersten und zweiten Original-Ausbage herausgegeben von Raymund Schmidt. Mit einer Bibliogr. von Heiner Klemme. -3. Aufl.- (Hamburg: Meiner, 1990); 칸트, 임마누엘, 백종현 옮김, 『순수이성 비판 1·2』, (서울: 아카넷, 2006).

_____, *Kritik der praktischen Vernunft*, Hrsg. von Karl Vorländer. Mit einer Bibliogr. von Heiner Klemme. -10. Aufl.- (Hamburg: Meiner, 1990); 칸트, 임마누엘, 박종현 옮김, 『실천이성 비판』, (서울: 아카넷, 2008).

_____, *Kritik der Urteilskraft*, Herausgegeben von Karl Vorländer, Mit einer Bibliographie von Heiner Klemme. -7. Aufl,- (Hamburg: Meiner, 1990); 칸트, 임마누엘, 백종현 옮김, 『판단력 비판』, (서울: 아카넷, 2009).

Karl Marx & Friedrich Engels, Werke (MEW), Institut für Marxismus und Lenismus beim ZK der SED (Berlin: Diez, 1956~90); 마르크스, 카를 & 엥겔스, 프리드리히, 최인호 등 옮김, 김세균 감수, 『칼 맑스/프리드리히 엥겔스 저작선집』, (서울: 박종철출판사, 1997).

Kulenkampff, Jens, *Kants Logik des ästhetischen Urteils*, (Frankfurt am Main: Klostermann, 1994).

Lehmann, Hans-Thies & Primavesi, Patrick(hrsg.), *Heiner Mueller-Handbuch*, (Stuttgart:

J.B. Metzler, 2003).

Lessing, Gotthold Ephraim, Werke, Band II, Kritische und philosophische Schriften, (München: Artemis &Winkler, 1995).

Malewitsch, Kasimir, *Die gegenstandlose Welt*, Neue Bauhausbücher, (Mainz: Florian Kupferberg Verlag, 1980).

Marx, Karl und Engels, Friedrich, *Das Kommunistische Manifest*, Mit einer Einleitung von Eric Hobsbawm, (Hamburg: Argument Verlag, 1999).

Müller, Heiner, *Der Lohndrücker, Philoktet. Die Schlacht*: Textausgabe mit Materialien, (Stuttgart: Klett, 1986).

_____, Werke. Hrsg. von Frank Hörnigk: Werke 1: Die Gedichte: BD 1., (Frankfurt am Main: Suhrkamp, 1998).

_____, Werke. Hrsg. von Frank Hörnigk: Werke 3·4·5: Stücke 1·2·3: BD 3·4·5., (Frankfurt am Main: Suhrkamp, 2001).

Nietzech, Friedrich, *Die Geburt der Tragödie*, Sämtliche Werke, Kritische Studienausgabe in 15 Bänden, KSA 1, (Berlin: Walter de Gruyter, 1988).

_____, *Der Fall Wagner, Götzen-Dämmerung, u.a.*, Sämtliche Werke, Kritische Studienausgabe in 15 Bänden, KSA 6, (Berlin: Walter de Gruyter, 1988).

Rancière, Jacques, *LE PARTAGE DE SESSIBLE*: esthetique et politique, (Paris: La Fabrique- Editions, 2000); 랑시에르, 자크, 오윤성 옮김, 『감성의 분할』, (서울: 도서출판 b, 2008).

Rhi, Shun-ye, *Aporie des Schönen*, (Bielefeld: Aisthseis, 2002).

Ritter, Joachim, *Historisches Wörterbuch der Philosophie*, (Basel: Schwabe & Co, 1971).

Schiller, Friedrich, Sämtliche Werke, Auf Grund der Originaldrucke, herausgegeben von Gerhard Fricke und Herbert G. Goepfert (München: C. Hanser, 1980~93).

_____, *Die Räuber*: Ein Schauspiel, Kommertar von Wilhelm Große, (Suhrkamp BasisBibliothek), (Frankfurt am Main: Suhrkamp, 2005).

Teichert, Dieter, *Immanuel Kant, >Kriitik der Urteilskraft<*, Ein Einführender Kommentar, (Paderborn: Schöningh, 1992).

Vergilius Maro, Publius, *Aeneis*, hrsg. von Gian Biagio Conte, (Berlin: de Gruyter, 2009) (Bibliotheca Teubneriana).

_____, *Aeneis*, bearbeit von Ernst Bury, Teil 1: Textauswahl mit Wort- und Sacherläuterungen, (Stuttgart: Ernst Klett, 1987).

Weber, Max, *Die Protestantische Ethik und der Geist des Kapitalismus*, Hrsg. und eingeleitet von Dirk Kaesler, (München: C.H. Beck, 2006).

Weber, Max, Gesammelte Aufsätze zur Wissenschaftslehre, (Tübingen: J.C.B. Mohr, 1973), SS.582~613, *Wissenschaft als Beruf*; 베버, 막스, 전성우 옮김, 『직업으로서의 학문』, (파주: 나남, 2009).

_____, *Laokoon oder über die Grenze der Sprache*, Rapporte, (Frankfurt am Main: Suhrkamp, 1968).

Wright, Elizabeth, *Postmodern Brecht*, (London: Loutledge, 1994); 라이트, 엘리자베스, 김태원, 이순미 옮김, 『포스트모던 브레히트』, (서울: 현대미학사, 2000).

김수행, 『『자본론』의 현대적 해석』, (서울: 서울대학교 출판부, 2011).

김창우, 『분단시대 작가 하이너 뮐러 연구』, (대구: 경북대학교 출판부, 2008).

카프카, 프란츠, 이주동 옮김, 『변신』, 『카프카 전집 1』, (서울: 솔, 2003).

박경리, 『토지』, (서울: 나남출판, 2003).

뮐러, 하이너, Der glücklose Engel, 박설호 옮김, 『새롭게 읽는 독일 현대시』, (오산: 한신대학교 출판부, 2007).

뮐러, 하이너, 이창복·정민영 옮김, 『하이너 뮐러 문학선집』, (서울: 한마당, 1998).

벤야민, 발터, 『역사의 개념에 대하여』: 발터 벤야민 선집 5, 최성만 옮김, (서울: 도서출판 길, 2008).

브레히트, 베르톨트, 정지창 옮김, 『상어가 사람이라면』: 베르톨트 브레히트 단편선, (서울: 한마당, 1986).

실러, 프리드리히, 김광요 외 편역, 『군도』, 『독일희곡선』, (서울: 한국문화사, 1995).

레싱, 고트홀트 에프라임, 윤도중 옮김, 『함부르크 연극론』, (서울: 지식을 만드는 지식, 2009).

_____, 윤도중 옮김, 『라오콘: 미술과 문학의 경계에 관하여』, (서울: 나남, 2008).

아리스토텔레스, 천병희 옮김, 『시학』, (서울: 문예출판사, 1976).

양희석, 경상대학교 사회과학연구소 엮음, 「가치의 변증법과 형이상학」, 『마르크스의 방법론과 가치론』, (서울: 한울, 2000).

오제명, 『브레히트의 교육극』, (서울: 한마당, 1993).

_____, 한국브레히트학회 (편), 「조처」, 『브레히트의 연극세계』, (서울: 열음사, 2001).

이순예, 「근대성, 합리와 비합리의 변증법」, 『담론201』 13: 1, (한국사회역사학회, 2010).

_____, 「예술과 천재」, 『인문논총』 54, (서울대학교 인문학연구원, 2005).

_____, 『예술, 서구를 만들다』, (서울: 인물과 사상, 2009).

_____, 「자연과 자유가 하나로 되게 하는 칸트의 미적 판단력」, 『독어교육』 24, (한국독어독문학교육학회, 2002).

정성진, 경상대학교 사회과학연구소 엮음, 「마르크스 사회과학과 실천」, 『마르크스의 방법론과 가치론』, (서울: 한울, 2000).

호메로스, 천병희 옮김, 『오뒷세이아』, (서울: 도서출판 숲, 2006).

찾아보기